Personal tax on partnership business income

蒋玉芳 编著

合伙企业经营所得个税

中国财经出版传媒集团
中国财政经济出版社

图书在版编目（CIP）数据

合伙企业经营所得个税 / 蒋玉芳编著. -- 北京：中国财政经济出版社，2021.11（2023.2 重印）
ISBN 978-7-5223-0814-2

Ⅰ.①合… Ⅱ.①蒋… Ⅲ.①合伙企业-企业所得税-研究-中国 Ⅳ.①F812.422

中国版本图书馆 CIP 数据核字（2021）第 199197 号

责任编辑：陈志伟　　责任印制：史大鹏
封面设计：卜建辰　　责任校对：张　凡

合伙企业经营所得个税
HEHUO QIYE JINGYING SUODE GESHUI

中国财政经济出版社 出版

URL：http：//www.cfeph.cn
E-mail：cfeph@cfeph.cn

社址：北京市海淀区阜成路甲 28 号　邮政编码：100142
营销中心电话：010-88191522
天猫网店：中国财政经济出版社旗舰店
网址：https：//zgczjjcbs.tmall.com
北京时捷印刷有限公司印刷　各地新华书店经销
成品尺寸：170mm×240mm　16 开　24 印张　370 000 字
2021 年 11 月第 1 版　2023 年 2 月北京第 3 次印刷
定价：89.00 元
ISBN 978-7-5223-0814-2
（图书出现印装问题，本社负责调换，电话：010-88190548）
本社质量投诉电话：010-88190744
打击盗版举报热线：010-88191661　QQ：2242791300

推荐语

（排名不分先后　姓氏笔画排序，但女士优先）

合伙企业的税收规定，长期滞后于企业法律法规及经营实践，原因在于合伙企业本身的特殊属性。作为传统意义上的“税收透明体”，合伙企业实质上是不存在任何所得税税负问题的，其产生的任何所得（包含经营所得或被动所得）均需要传导到其上面的合伙人后，才会由合伙人去承担相应的纳税义务，核算思路亦有多种可能性。关于合伙人个人所得税纳税义务发生时间、所得的税目类别等是较为典型的、困扰征纳双方的问题。2007 年颁布的《中华人民共和国合伙企业法》，引入了有限合伙人的概念，有利于企业投资架构，对于以往“合伙人对合伙事务承担无限连带责任”的传统观念带来了根本性的冲击，但之后相关税务处理规定并未明确界分不同合伙人纳税义务。一些地方为了促进当地投资环境的发展，纷纷出台了地方性的政策。这些政策在一些条文里对于个人所得税法具体规定有所冲突，甚至部分地方的规制、征管形成“税收洼地”。近年来，尤其创投企业的快速发展，针对多层有限合伙架构下，自然人 LP 分得所得的税目归属问题，是否穿透，在目前的政策规定下还存在一定的争议和困惑。税收规定及执法的不确定性、征纳冲突势必引发涉税风险。

本书作者具有多年丰富的税收实践经验，在认真梳理相关法律法规、文献的基础上，对合伙企业个人所得税的系列相关问题进行了深入研究，较为清晰地分析了合伙企业个人所得税的原理、政策、实务操作、税务风险及权益核算，对征纳双方税收实践具有较好的指导作用，对相关政策的改革完善具有一定意义。

李蕾

云南财经大学财政与公共管理学院（税收研究所）　副教授

平素接触合伙税收，总觉雾里看花，看不透，也说不透。阅读与学习蒋老师的新书，不仅你看透了，她也说透了。从不同的视角，道出庐山真面，是一本实实在在可以解决问题的好作品！

王骏

北京中翰税务师事务所集团合伙人、中国财税浪子

蒋玉芳老师的著作，特色之一是通过大量的案例，对合伙企业涉税法律法规和税收处理实务等做了全面细致的梳理和分析。税收案例是“税”与“法”有机结合的载体，一方面体现出具体的经济活动及其会计、税收处理；另一方面又是相关法律条文的应用，使法律精神得到展示。通过阐述案例的事件背景、来龙去脉、因果关系、法律依据，最后得出分析结论与启示，这种写作方法，与对合伙企业所得税问题的平铺直叙相比较，具有更强的可读性和启发性。

朱柏铭

浙江大学　教授、博士生导师

作为国内首部专门针对合伙企业个人所得税展开深度研究的著作，蒋老师倾注大量心血和艰辛劳动。研究内容与时俱进、问题解决导向，具有很好的实践指导意义！

陈爱华

厦门大学会计学博士，厦门国家会计学院　副教授

蒋玉芳老师的新作，以合伙企业为主体，以经营所得为核心，从税收政策、征管制度、案例实务、涉税风险和会计核算等五个方面，全面、系统、深入地介绍了合伙企业个人所得税，极具理论与实务价值。温婉如“玉”、“芳”华正茂，书如其人，非常值得推荐。

苏强

兰州财经大学　教授

多年来，合伙企业的税收问题一直是税收实务工作的难点及热点问题。蒋玉芳老师结合自己多年来的丰富工作经验，对合伙企业个人所得税的方方面面

进行了分析及总结，以大量的案例为我们呈现了合伙企业个人所得税的操作实务。在有关部门逐渐规范合伙税收的当下，本书对广大税务工作者可以说是及时雨。

姜新录

国家税务总局兰州市税务局

序言

Preface

我的职业生涯很单一：上税务学校学税收专业，从事税收工作，唯一一点小水花样的波澜：受当年社会事件影响，当初是“定向招生”的我们，响应省局的号召，被分配到了千里之外的一个县税务局。当天就直接到了城关所，成了一名远在异乡工作的税务干部。

三十余年的基层税务工作，见证了很多：1994年的工商税制改革、国地税分家、营改增、金三上线、五证合一、网报、发票电子化等等；也经历了很多，永远留在脑海中的一件事：刚上班、新环境、单位统一发了带横梁的“二八”自行车，只会一只脚溜着骑车的我紧急练习，学会了上却一时还不会下，下户路上摔跤、撞人……单位知道了。食堂吃饭时，坐在对面的一位让人敬尊的老局长，边吃饭边抬头发愁地看着我们几个外地的女孩：暂把车子上交吧，自已去买斜梁的，报销。那是我第一次体会到组织很温暖，以致直到我两年后调离县城，与局里当地的年轻人一样一直带姓称呼老局长为叔。

三十年的时长，起点到终点，变化太多。离开家乡是个傍晚，在县城火车站，父亲把没出过远门的我托付给了一位顺路的老乡。火车到兰州，中转上了去包头的火车。中途在狄家台下车时已快到第二天中午，又坐市内长途客车到的市区（先到市局报道）。那是7月16日，永远记着的一个日子，漫天的黄沙，时不时还飞过塑料袋（后来知道那就是沙尘暴）。我当时流着泪说：怎么把我分配到这么一个地方。三十年的时光足以让一个城市发生翻天覆地的变化，从我周围环境、气候的变化证明着这一点。而税务工作的变化更是不可一一详述：从手工发票、完税证、缴款书、现金、转账支票到现在的网络申报、三方协议、电子发票；下户一张张翻凭证查账到现在的大数据管税，信息科技的飞速发展，一切从前皆成为了过往。但时间慷慨地容我留下的是一份对税收工作的感情和对税收业务的执念。

记得2006年在分局管户时，有一次一户企业是征收企业所得税还是个人所得税，大家争论激烈，其中一观点：私营企业就应该缴纳个人所得税，我反对，但是却不能在理论上说服同事。这是一个“梗”，多久都要解开。

2018年对税务干部来说是个大年份，忘不掉。国地税合并，人事变动。心浮气躁的环境氛围，我开始转移注意力。朋友圈几位优秀的税务律师影响着我的思路，在他们的鼓励下，我开始尝试法考。正是因为这一步，为后续工作包括整理书稿，有了“法律+税收”的扎实理论基础。恰逢个税改革，在法制部门工作的我，有幸参加了总局“每一竿子”的个税培训。期间因单位安排给辖区律所、事务所的财务人员进行经营所得个税业务培训，发现很多实务问题仍是无法解决，也没有资料可以参考。所以，2019年4月又争取去参加了省局的个税培训，因此结缘上挂省局个税处，无意中开始了个税业务问题探讨和研究，期间关注经营所得个税自是必然。接触个税业务的范围与量产生变化，在实务操作申报系统后，很多难题迎刃而解。工作之余也开始思考：许多关于经营所得个税的业务，不复杂怎么老有纳税人咨询？直到有一天一位财税朋友发来一长串关于合伙企业个税的文字，问：怎么纳税申报？与其告诉一个人不如写出来供大家参考，所以，开始把纳税人咨询的问题根据自己的理解写出来发在公众号“税和湛蓝”。再后来，有老师建议“可以整理成书稿”时，那自然已是水到渠成，因为2020年11月底主观题（法考）考试前夕，法考人经历过的“考前感”我也有了：法律知识的储备到了“巅峰”，尤其对非法人组织在《民法典》中有了全新的认识。

参加完考试立即全身心投入稿件整理，这是一个很累人的过程，一是目前我国合伙企业税制不完善，征管制度也缺失，实务中纳税人认为的争议也多，一些难点热点问题不是一两句话可以说清说明；二是刚参加完法考，身体有些透支，并且有些政策不明确的地方需要大量查资料、请教老师，和远方同行、同事反复讨论，但功夫不负有心人，终于在2月底初步完稿。

现在，经过几个月的打磨，书稿已交出版社。

首先，要感谢省局个税处的每位领导和同事。

其次，是远方的领导、老师、同行和同事：不厌其烦地应邀和我讨论业务，在此特别感谢（按地域远近排名）：税政司个税处张海川；嘉善县税务局叶全华；兰州财经大学教授苏强（高级会计师、著有《新准则下企业所得税年度纳税申报表填报案例解析》等）；甘肃省税务局个税处郭鹏（三师）、刘伟伟（税务师）；甘肃省税务局征科处张豹；金昌市税务局个税科周尚娟；兰州市税务局姜新录（税务师、著有《企业重组财税处理实务与案例》等）、赵蓉琳（税务师、省局专业骨干）；白银市司法局陈浩、白银区税务局征管科荆晖，谢谢你们！

当然，我也感谢我和我的家人，支持与坚持，让我在从事税务工作三十余年之际达成了心愿：通过了法律职业资格考试，并且学以致用，把自己多年积累的业务知识归集成册，出版发行，给大家提供一个理解合伙企业个税政策、实务操作，风险防范和权益核算的参考资料。

心愿完成，非常感谢！

蒋玉芳

于2021年7月13日

前言

Preface

在现代税收治理环境下，纳税人应该有“法治理念”，这是一种趋势。

“十四五”的开局之年，党中央、国务院印发的《关于进一步深化税收征管改革的意见》，是关于新时期税收征管改革的重要制度安排，为“十四五”时期高质量推进新发展阶段税收现代化确立了总体规划，标志着我国将进入“以数治税”的分类精准监管时期。

税收征管制度的改革，目标是在不断完善税务执法制度和机制的同时，建设以税收大数据为驱动力的具有高集成功能、高安全性能、高应用效能的智慧税务。智慧税务，将充分运用大数据、云计算、人工智能、移动互联网等现代信息技术，着力推进内外部涉税数据汇聚联通、线上线下有机贯通，驱动税务执法、服务、监管制度创新和业务变革，进一步优化组织体系和资源配置。而涉税涉费信息对外提供机制的健全，会打造规模大、类型多、价值高、颗粒度细的税收大数据。那么，便捷纳税人、缴费人的同时，也为精准实施税务监管带来前所未有的契机，智能化税收大数据分析标志着风险管理制度将日趋完善。

目前，与税收治理体系和治理能力现代化相适应的风险控制机制（简称：内控平台）已建设完备；一户式2.0上线；满足各级税务机关日常监控、管理需要的税收征管质量监控评价体系（简称：5C监控评价）初显成效。那么，在大数据管税方式下，一切基于经济行为的涉税事项都将是“透明体”。

在个人所得税方面，2018年启动的税制改革，在对中低收入者降低税负的同时，重在加大对高收入者的税收调节力度。新的《个人所得税法》以及实施条例在2019年1月1日正式实施后，我国将建立“代扣代缴、自行申报、汇算清缴、多退少补、优化服务、事后抽查”为主的个税征管模式。这种信用承诺制的申报制度是完全还责于纳税人，纳税人涉税风险加大。

同时，2019年8月20日，国家发展改革委办公厅　国家税务总局办公厅联合发布了《关于加强个人所得税纳税信用建设的通知》（发改办财金规［2019］860号），来强化个人所得税纳税信用协同共治，促进纳税人依法诚信纳税。以自然人纳税人识别号为唯一标识，建立相关个人所得税纳税信用管理、奖惩等机制，形成全国自然人纳税信用信息库，并与全国信用信息共享平台建立数据共享机制，目的是培育诚信意识、践行社会主义核心价值观。促使每一位纳税人珍惜纳税信用。

所以在新时代税收征管现代化新局面下，个人所得税纳税义务人（包括扣缴义务人），不论是取得综合所得、分类所得的纳税人，还是取得（各项）经营所得的纳税人；以及掌握、控制税权的税务机关及其工作人员，都应该强化风险防控的意识、并且依法规范自己的涉税行为。

2020年，一场席卷全球的新冠肺炎疫情严重影响了世界经济，截至目前，疫情在一些国家仍未被完全控制，世界格局也正在悄然发生变化，这是百年未有的大变局，机会和挑战并存，故我们不能让涉税风险先行，应有“法治理念”。

蒋玉芳

2021年9月

修改说明

本书自2021年11月出版以来，收到许多税务同行、财税读者的好评与点赞。《合伙企业经营所得个税》一书的出版，填补了国内市场合伙企业涉税专业书籍的一个空白。

但书出版的时间节点，是中国国民经济和社会发展第十四个五年规划纲要（简称“十四五”规划）实施的开局之年。“十四五”期间，我国个人所得税制度的完善处于研究具体实现路径的关键阶段，个税政策适时会有调整，发生较大的变化。所以，为了使本书内容与新的个人所得税政策、制度保持一致，笔者尽量在保持全书基本构架与内容的基础上，依据2021年12月至今（2023年1月底）个税政策、制度的变化，修订了本书涉及的相关内容，并且有机会修正了第一次印刷中存在的不足以及勘误，同时针对一些实务热点、疑难问题，增加了案例及分析等。

一、根据《财政部 税务总局关于权益性投资经营所得个人所得税征收管理的公告》（财政部 税务总局公告2021年第41号），补充、完善了书中关于合伙企业与核定征收的相关内容。

二、根据《国家税务总局关于办理2021年度个人所得税综合所得汇算清缴事项的公告》（国家税务总局公告2022年第1号），修订了书中涉及“同时取得综合所得和经营所得的纳税人，应当如何选择在综合所得或经营所得中申报减除费用6万元、专项扣除、专项附加扣除以及依法确定的其他扣除”的内容。

三、单独增加了“专题三十一：创投企业单一投资基金核算与年度所得整体核算”。

四、补充、增加了一些实务热点、疑难问题。比如，合伙企业存在的“混合性投资业务”、网络主播改变所得性质偷逃税、个人养老金制度以及单一纳税人年度中间征收方式变化如何衔接申报等。并且对实务中存在争议的部分内容补充了案例，进行了法理分析。

五、根据《中华人民共和国印花税法》，修订了书中与合伙企业有关的印花税实务问题。

六、修正了第一版书稿中存在的不足及勘误等、并对《个人所得税经营所得纳税申报表（A）表》在书中出现的序次、所在位置进行了调整，以更方便大家阅读和查看。

全书仍然分为四章：

第一章：经营所得个人所得税税收政策以及征管制度的沿革与现状

第二章：专题案例实务解析与拓展

第三章：经营所得常见涉税风险识别及应对

第四章：合伙企业合伙人权益会计核算和税会差异

在此，真诚感谢读者朋友在公众号“税和湛蓝”给我留言来交流书中所涉及的业务、存在的疑惑，并且提出了可以改进的意见、建议，非常感谢！同样，也非常感谢中国财政经济出版社的编辑同志，辛苦了！

蒋玉芳

于2023年2月23日

目录

Contents

第一章　经营所得个人所得税税收政策以及征管制度的沿革与现状

一、经营所得与个人独资企业、合伙企业

2000年6月20日，国务院发布《国务院关于个人独资企业和合伙企业征收所得税问题的通知》（国发〔2000〕16号，简称国发〔2000〕16号），决定自2000年1月1日起，对个人独资企业和合伙企业停止征收企业所得税。其投资者的生产、经营所得，比照个体工商户的生产、经营所得征收个人所得税。

国发〔2000〕16号文件正文中没有自2000年1月1日起“应该”或者“必须”征收个人所得税的表述，可能是因为还有一些遗留问题，比如财政部、国家税务总局相继出台的《关于印发〈关于个人独资企业和合伙企业投资者征收个人所得税的法规〉的通知》（财税〔2000〕91号）文第四条提到：个人独资企业和合伙企业停止征收企业所得税后，原有按照企业所得税有关法规享受的税收优惠、尚未执行到期的，可在2000年12月31日前继续执行。从2001年1月1日起，停止执行企业所得税优惠政策，统一按照个人所得税法的有关规定执行，这属于特事特办。

笔者理解，“停止征收”是“应该”的涵义，不是“可以”，也就是说，如无企业所得税优惠政策尚未执行完毕的特别情形，必须自2000年1月1日起依法执行，别无选择。这一点可以根据《中华人民共和国企业所得税法》（2018年12月29日第十三届全国人民代表大会常务委员会第七次会议《关于修改〈中华人民共和国电力法〉等四部法律的决定》第二次修正，简称《企业所得税法》）来印证。《企业所得税法》第一条第一款规定：在中华人民共和国境内，企业和其他取得收入的组织（以下统称企业）为企业所得税的纳税人，依照本法的规定缴纳企业所得税。而第二款规定：个人独资企业、合伙

企业不适用本法。即在中华人民共和国境内，取得收入的企业为企业所得税的纳税人，但是，凡事都有例外，《企业所得税法》特别规定，个人独资企业、合伙企业不适用本法，这是法定的。这里的个人独资企业、合伙企业，是指依照中国法律、行政法规成立的个人独资企业、合伙企业。

征管实践中却不难发现这样的问题：尽管个人独资企业、合伙企业已停止征收企业所得税过了20年，但是人们在认知上还是有误区，实务操作中往往划分不清企业类型，错误认定所得税税种，甚至会人为转嫁所得税的纳税义务，比如：

（1）对个人独资企业，税务机关在税种认定环节，给企业错误认定了企业所得税税种，企业则错上加错申报缴纳着企业所得税，而对于投资者从个人独资企业取得的经营所得，税企双方都未意识到个人所得税还未申报纳税；

（2）对一些个人合伙企业，对“合伙企业”认定了“企业所得税”税种，个人合伙人不进行经营所得个人所得税纳税申报；

（3）对合伙企业合伙人均为法人合伙人的，税务机关却认定了“经营所得个人所得税”税种；

（4）对有限责任公司，主要是自然人投资的一人有限公司，税务机关却认定了“经营所得个人所得税”税种；

（5）对农民专业合作社，所得税税种也认定为“经营所得个人所得税”等等。

显然这都是错误的，违反了税收法定原则。

首先，前面已提到过，《企业所得税法》规定了企业所得税的适用范围，并且排除了个人独资企业和合伙企业；其次，《中华人民共和国税收征收管理法》（以下简称《税收征管法》）第三条第一款规定，“税收的开征、停征以及减税、免税、退税、补税，依照法律的规定执行；法律授权国务院规定的，依照国务院制定的行政法规的规定执行。”这里的法律是指全国人民代表大会及其常务委员会通过、公布的法律，指狭义的法律。

同时，《税收征管法》第三条第二款还做出了效力性的强制规定：“任何机关、单位和个人不得违反法律、行政法规的规定，擅自做出税收开征、停征以及减税、免税、退税、补税和其他同税收法律、行政法规相抵触的决定。”（注：所谓效力性强制规定，是指如果违反该规定，则行为无效）。

所以，对企业征收企业所得税还是对其投资人征收经营所得个人所得税，税务机关或者纳税人都应该严格执行法律、行政法规的规定。对已经错误的所得税税种认定和纳税申报，应该依法整改：退还误征税款；补征应纳税款。这样才能维护法律的尊严和权威，才能更好地培育财税人对税收法律发自内心的敬仰与遵从，从而创造依法治税的公平营商环境。

最要不得的是，有的征纳双方都持不以为然的态度，认为“反正都是所得税，只要一直申报缴纳着就应该没问题”，所以放任“错误的所得税税种认定和纳税申报”截止目前仍然继续着。

或者随意做出不同税种的停或者征的调整：即只是终止错误的认定，然后重新认定新的所得税税种，而对错误的纳税申报任其自然。

二、经营所得与个税政策及征管制度

（一）经营所得与扣缴义务人

《中华人民共和国个人所得税法》（2018 年 8 月 31 日第十三届全国人大常委会第五次会议表决通过，以下简称《个人所得税法》）第二条列举的个人所得税应税所得有九项，包括：

（1）工资、薪金所得；

（2）劳务报酬所得；

（3）稿酬所得；

（4）特许权使用费所得；

（5）经营所得；

（6）利息、股息、红利所得；

（7）财产租赁所得；

（8）财产转让所得；

（9）偶然所得。

其中，“（五）经营所得”是唯一一项没有扣缴义务人的所得。

同时，第十条（二）规定“取得应税所得没有扣缴义务人”的，纳税人应当依法办理纳税申报。本条所规范的纳税申报，详细申报规则将在“（四）经营所得与个税申报表”部分介绍。

而第十三条规定，纳税人取得应税所得没有扣缴义务人的，应当在取得所得的次月 15 日内向税务机关报送纳税申报表，并缴纳税款。这里，实务中有两点我们需要区分：

一是把第三方中介机构，如会计师（或税务师）事务所的代理申报理解为代扣代缴了，这是不对的。因为代扣代缴是法定义务，扣缴义务人必须按期依法履行，否则，税务机关会依据相关法律进行处罚；而代理申报是一种代理服务，是平等主体之间一种基于双方意思表示一致而达成的合同法律关系，如违约，守约方可请求对方依约承担违约责任。

至于个体工商户、个人独资企业和合伙企业通过自然人电子税务局（扣缴端），帮助投资人代办经营所得个人所得税纳税申报，业主、投资者、个人合伙人自行缴款，这是一种委托关系，也不属于法定的代扣代缴。

当然，委托和代理也有所不同，这里我们不再展开讨论，有兴趣的朋友可以查看《中华人民共和国民法典》（2020 年 5 月 28 日第十三届全国人民代表大会第三次会议通过，简称民法典）关于代理和委托部分的相关知识。

二是个人取得经营所得，临时需要向税务机关申请代开增值税发票时，大部分地区主管税务机关对经营所得，按照不含增值税的销售额（开票金额）附征经营所得个人所得税，附征率各地不同：比如；甘肃 1%、四川 1.2%、江西 1.3%、青海 0.4%、吉林 1.5%、北京 0.5%。但这也不属于代扣代缴，税务机关不是扣缴义务人。

（二）经营所得与纳税义务人

通过官方文件可以了解到，我国个人所得税 40 年的发展是渐进完善的过程，新中国成立后的第一部《中华人民共和国个人所得税法》（1980 年 9 月 10 日由第五届全国人民代表大会第三次会议通过并颁布实施），自 1981 年 1 月 1 日起实施，其中第二条规定，“下列各项所得，应纳个人所得税：

（1）工资、薪金所得；

（2）劳务报酬所得；

（3）特许权使用费所得；

（4）利息、股息、红利所得；

（5）财产租赁所得；

（6）经中华人民共和国财政部确定征税的其他所得。”

而与经营类所得相关的应税项目，在税收法律官方文件中最早出现于 1993 年 10 月 31 日第八届全国人民代表大会常务委员会第四次会议修订的《中华人民共和国个人所得税法》，其中第二条规定，“下列各项个人所得，应纳个人所得税：

（1）工资、薪金所得；

（2）个体工商户的生产、经营所得；

（3）对企事业单位的承包经营、承租经营所得；

（4）劳务报酬所得；

（5）稿酬所得；

（6）特许权使用费所得；

（7）利息、股息、红利所得；

（8）财产租赁所得；

（9）财产转让所得；

（10）偶然所得；

（11）经国务院财政部门确定征税的其他所得。”

但在当时，经营类所得的纳税义务人范围还仅限于个体工商户和对企事业单位的承包、承租经营者。

开篇我们已经介绍过，2000 年 1 月 1 日起，经营类所得的纳税人范围扩大到了个人独资企业的投资者、合伙企业的个人合伙人。

而 2019 年 1 月 1 日起，修订后的《个人所得税法》正式实施，其中在第二条，将旧法的“个体工商户的生产、经营所得；对企事业单位的承包经营、承租经营所得”进行了调整，两项合并为一项“经营所得”。这是一个随着国家经济的发展和税收调节收入作用的发展而演变的过程。今后，随着个人所得税税制的发展和成熟、优化与完善，所得项目还会不断地整合、变化。

依据新的《个人所得税法》及其实施条例和其他规范文件的规定，经营所得纳税义务人包括：个体工商户业主、个人独资企业投资人、合伙企业个人合伙人、承包承租经营者个人以及其他从事生产、经营活动的个人（以下统称投资人），其在中国境内取得经营所得，应当办理纳税申报。这里的经营所得包括从境内取得的所得，也包括从境外取得的所得。

（三）经营所得与法定申报主体

2019 年 1 月 1 日前，经营类所得纳税申报适用《国家税务总局关于发布生产经营所得及减免税事项有关个人所得税申报表的公告》（国家税务总局公告 2015 年第 28 号，简称国家税务总局公告 2015 年第 28 号，已全文废止）发布的附件 1. 个人所得税生产经营所得纳税申报表（A 表），附件 2. 个人所得税生产经营所得纳税申报表（B 表）以及附件 3. 个人所得税生产经营所得纳税申报表（C 表）。并且在我们国家的大部分地区，自然人纳税人填写的附件 1. 个人所得税生产经营所得纳税申报表（A 表）或附件 2. 个人所得税生产经营所得纳税申报表（B表），尽管表内信息栏包括投资者信息和被投资单位信息，但在当时的申报系统填报这两种申报表时，“纳税人类型”选择的是“组织”。这样，相当于自然人纳税人以“被投资单位”的名义进行了申报，同时借用“被投资单位”的三方协议（税务机关、企业开户银行、企业签订的财税库银三方协议）缴纳了税款。以附件2. 个人所得税生产经营所得纳税申报表（B表）为例，如表1－1所示。

表1－1　　个人所得税生产经营所得纳税申报表（B表）

税款所属期：　年　月　日至　年　月　日　　金额单位：人民币元（列至角分）

投资者信息	姓名		身份证件类型		身份证件号码	
	国籍（地区）				纳税人识别号	
被投资单位信息	名称				纳税人识别号	
	类型	□个体工商户　□承包、承租经营单位　□个人独资企业　□合伙企业				

从多年的征管实践看，这种受制于当时征管手段和信息技术的申报方式，因为纳税义务人和申报主体脱节，对征纳双方来说，确实存在很多漏洞和涉税风险。

日常征管也比较粗放，税源管理过程中从征管系统也只能统计到哪些“企业”已申报了经营所得个人所得税，哪些“企业”属于未申报户；至于哪些投资人申报了，哪些投资人未申报，是一个未知数，也未纳入征管质量考核范围。长此以往形成了一个误区：许多人一直以为个人独资企业、合伙企业、个体工商户就是经营所得个人所得税的纳税义务人。

2019年可以说是一个分界线。

为保障综合与分类相结合的个人所得税制顺利实施，国家税务总局发布《国家税务总局关于修订个人所得税申报表的公告》（国家税务总局公告2019年第7号，简称国家税务总局公告2019年第7号），修订了国家税务总局公告2015年第28号发布的个人所得税有关申报表，规定自2019年1月1日起启用修订后的《个人所得税经营所得纳税申报表（A表）》、《个人所得税经营所得纳税申报表（B表）》、《个人所得税经营所得纳税申报表（C表）》。

同年12月31日，为鼓励个人积极参与公益慈善捐赠事业，落实投资人个人所得税税前符合条件的公益慈善捐赠支出的扣除，国家税务总局又发布《国家税务总局关于修订部分个人所得税申报表的公告》（国家税务总局公告2019年第46号，简称国家税务总局公告2019年第46号）修订国家税务总局公告2019年第7号发布的《个人所得税经营所得纳税申报表（A表）》。修订后的申报表在表内第18行增加了“准予扣除的捐赠额”。且明确说明扣除捐赠额需要附报《个人所得税公益慈善事业捐赠扣除明细表》（见表1-2）。

表1-2　　个人所得税经营所得纳税申报表（A表）

税款所属期：　　年　　月　　日至　　年　　月　　日

纳税人姓名：

纳税人识别号：□□□□□□□□□□□□□□□□□□□□□□□□□　　金额单位：人民币元（列至角分）

被投资单位信息		
名称		
纳税人识别号（统一社会信用代码）	□□□□□□□□□□□□□□□□□□□□□□□□□	
征收方式（单选）		
□查账征收（据实预缴）　□查账征收（按上年应纳税所得额预缴）　□核定应税所得率征收 □核定应纳税所得额征收　□税务机关认可的其他方式		
个人所得税计算		
项　目	行次	金额/比例
一、收入总额	1	
二、成本费用	2	
三、利润总额（第3行=第1行-第2行）	3	
四、弥补以前年度亏损	4	
五、应税所得率（%）	5	
六、合伙企业个人合伙人分配比例（%）	6	
七、允许扣除的个人费用及其他扣除（第7行=第8行+第9行+第14行）	7	
（一）投资者减除费用	8	
（二）专项扣除（第9行=第10行+第11行+第12行+第13行）	9	
1. 基本养老保险费	10	
2. 基本医疗保险费	11	
3. 失业保险费	12	
4. 住房公积金	13	
（三）依法确定的其他扣除（第14行=第15行+第16行+第17行）	14	
1.	15	
2.	16	
3.	17	
八、准予扣除的捐赠额（附报《个人所得税公益慈善事业捐赠扣除明细表》）	18	
九、应纳税所得额	19	
十、税率（%）	20	

续表

个人所得税计算		
项　　目	行次	金额/比例
十一、速算扣除数	21	
十二、应纳税额（第22行=第19行×第20行-第21行）	22	
十三、减免税额（附报《个人所得税减免税事项报告表》）	23	
十四、已缴税额	24	
十五、应补/退税额（第25行=第22行-第23行-第24行）	25	
声明：本表是根据国家税收法律法规及相关规定填报的，本人对填报内容（附带资料）的真实性、可靠性、完整性负责。 纳税人签字： 年　　月　　日		
经办人签字： 经办人身份证件类型： 经办人身份证件号码： 代理机构签章： 代理机构统一社会信用代码：	受理人： 受理税务机关（章）： 受理日期：　　　年　　月　　日	

《个人所得税经营所得纳税申报表（A表）》填表说明

一、适用范围

本表适用于查账征收和核定征收的个体工商户业主、个人独资企业投资人、合伙企业个人合伙人、承包承租经营者个人以及其他从事生产、经营活动的个人在中国境内取得经营所得，办理个人所得税预缴纳税申报时，向税务机关报送。

合伙企业有两个或者两个以上个人合伙人的，应分别填报本表。

二、报送期限

纳税人取得经营所得，应当在月度或者季度终了后15日内，向税务机关办理预缴纳税申报。

三、本表各栏填写

（一）表头项目

1. 税款所属期：填写纳税人取得经营所得应纳个人所得税款的所属期间，应填写具体的起止年月日。

2. 纳税人姓名：填写自然人纳税人姓名。

3. 纳税人识别号：有中国公民身份号码的，填写中华人民共和国居民身份证上载明的“公民身份号码”；没有中国公民身份号码的，填写税务机关赋予的纳税人识别号。

（二）被投资单位信息

1. 名称：填写被投资单位法定名称的全称。

2. 纳税人识别号（统一社会信用代码）：填写被投资单位的纳税人识别号或者统一社会信用代码。

（三）征收方式

根据税务机关核定的征收方式，在对应框内打“√”。采用税务机关认可的其他方式的，应在下划线填写具体征收方式。

（四）个人所得税计算

1. 第 1 行“收入总额”：填写本年度开始经营月份起截至本期从事经营以及与经营有关的活动取得的货币形式和非货币形式的各项收入总额。包括：销售货物收入、提供劳务收入、转让财产收入、利息收入、租金收入、接受捐赠收入、其他收入。

2. 第 2 行“成本费用”：填写本年度开始经营月份起截至本期实际发生的成本、费用、税金、损失及其他支出的总额。

3. 第 3 行“利润总额”：填写本年度开始经营月份起截至本期的利润总额。

4. 第 4 行“弥补以前年度亏损”：填写可在税前弥补的以前年度尚未弥补的亏损额。

5. 第 5 行“应税所得率”：按核定应税所得率方式纳税的纳税人，填写税务机关确定的核定征收应税所得率。按其他方式纳税的纳税人不填本行。

6. 第 6 行“合伙企业个人合伙人分配比例”：纳税人为合伙企业个人合伙人的，填写本行；其他则不填。分配比例按照合伙协议约定的比例填写；合伙协议未约定或不明确的，按合伙人协商决定的比例填写；协商不成的，按合伙人实缴出资比例填写；无法确定出资比例的，按合伙人平均分配。

7. 第 7 ~ 17 行“允许扣除的个人费用及其他扣除”：

（1）第 8 行“投资者减除费用”：填写根据本年实际经营月份数计算的可在税前扣除的投资者本人每月 5 000 元减除费用的合计金额。

（2）第 9 ~ 13 行“专项扣除”：填写按规定允许扣除的基本养老保险费、基本医疗保险费、失业保险费、住房公积金的金额。

（3）第 14 ~ 17 行“依法确定的其他扣除”：填写商业健康保险、税延养老保险以及其他按规定允许扣除项目的金额。

8. 第 18 行“准予扣除的捐赠额”：填写按照税法及相关法规、政策规定，可以在税前扣除的捐赠额，并按规定附报《个人所得税公益慈善事业捐赠扣除明细表》。

9. 第 19 行“应纳税所得额”：根据相关行次计算填报。

（1）查账征收（据实预缴）：第 19 行 =（第 3 行 - 第 4 行）×第 6 行 - 第 7 行 - 第 18 行。

（2）查账征收（按上年应纳税所得额预缴）：第 19 行 = 上年度的应纳税所得额 ÷12 × 月份数。

（3）核定应税所得率征收（能准确核算收入总额的）：第 19 行 = 第 1 行 × 第 5 行 × 第 6 行。

（4）核定应税所得率征收（能准确核算成本费用的）：第 19 行 = 第 2 行 ÷（1 - 第 5 行）× 第 5 行 × 第 6 行。

（5）核定应纳税所得额征收：直接填写应纳税所得额。

（6）税务机关认可的其他方式：直接填写应纳税所得额。

10. 第 20 ~21 行“税率”和“速算扣除数”：填写按规定适用的税率和速算扣除数。

11. 第 22 行“应纳税额”：根据相关行次计算填报。第 22 行 = 第 19 行 × 第 20 行 - 第 21 行。

12. 第 23 行“减免税额”：填写符合税法规定可以减免的税额，并附报《个人所得税减免税事项报告表》。

13. 第 24 行“已缴税额”：填写本年度在月（季）度申报中累计已预缴的经营所得个人所得税的金额。

14. 第 25 行“应补/退税额”：根据相关行次计算填报。第 25 行 = 第 22 行 - 第 23 行 - 第 24 行。

（五）备注

填写个人认为需要特别说明的或者税务机关要求说明的事项。

四、其他事项说明

以纸质方式报送本表的，建议通过计算机填写打印，一式两份，纳税人、税务机关各留存一份。

最后两次个人所得税申报表的修订，结合新税制新政策的规定，在简化了申报内容、规范了数据口径的基础上，归纳起来还发生了以下大的变化，仍以

《个人所得税经营所得纳税申报表（B表）》为例：

1. 与国家税务总局公告2015年第28号发布的申报表相比，虽然申报表名称未发生变化，仍然为《个人所得税经营所得纳税申报表（B表）》，但是，表格整体结构发生变化，表内逻辑关系也进行了调整，详情将在“（四）经营所得与个税申报表”部分介绍；

2. 最大的亮点还在于配合申报系统对表头的设计，通过新表格的设计使纳税申报主体发生了改变，经营所得个人所得税纳税义务人（即自然人个人）和申报系统的申报主体合二为一（如表1－3所示）。“被投资单位信息”以及单位“纳税人识别号（统一社会信用代码）”只是一个必填写项目而已了。

表1－3　　　　个人所得税经营所得纳税申报表（B表）

税款所属期：　　年　月　日至　年　月　日

纳税人姓名：

纳税人识别号：□□□□□□□□□□□□□□□□□□□□□□□□□　　金额单位：人民币元（列至角分）

被投资单位信息	名称		纳税人识别号（统一社会信用代码）		
项　目				行次	金额/比例
一、收入总额				1	
其中，国债利息收入				2	
二、成本费用（3＝4＋5＋6＋7＋8＋9＋10）				3	
（一）营业成本				4	
（二）营业费用				5	
（三）管理费用				6	
（四）财务费用				7	
（五）税金				8	
（六）损失				9	
（七）其他支出				10	
三、利润总额（11＝1－2－3）				11	
四、纳税调整增加额（12＝13＋27）				12	
（一）超过规定标准的扣除项目金额（13＝14＋15＋16＋17＋18＋19＋20＋21＋22＋23＋24＋25＋26）				13	

续表

项　　目	行次	金额/比例
1. 职工福利费	14	
2. 职工教育经费	15	
3. 工会经费	16	
4. 利息支出	17	
5. 业务招待费	18	
6. 广告费和业务宣传费	19	
7. 教育和公益事业捐赠	20	
8. 住房公积金	21	
9. 社会保险费	22	
10. 折旧费用	23	
11. 无形资产摊销	24	
12. 资产损失	25	
13. 其他	26	
（二）不允许扣除的项目金额（27 = 28 + 29 + 30 + 31 + 32 + 33 + 34 + 35 + 36）	27	
1. 个人所得税税款	28	
2. 税收滞纳金	29	
3. 罚金、罚款和被没收财物的损失	30	
4. 不符合扣除规定的捐赠支出	31	
5. 赞助支出	32	
6. 用于个人和家庭的支出	33	
7. 与取得生产经营收入无关的其他支出	34	
8. 投资者工资薪金支出	35	
9. 其他不允许扣除的支出	36	
五、纳税调整减少额	37	
六、纳税调整后所得（38 = 11 + 12 − 37）	38	
七、弥补以前年度亏损	39	
八、合伙企业个人合伙人分配比例（%）	40	
九、允许扣除的个人费用及其他扣除（41 = 42 + 43 + 48 + 55）	41	
（一）投资者减除费用	42	
（二）专项扣除（43 = 44 + 45 + 46 + 47）	43	
1. 基本养老保险费	44	
2. 基本医疗保险费	45	
3. 失业保险费	46	

续表

项　目	行次	金额/比例
4. 住房公积金	47	
（三）专项附加扣除（48 = 49 + 50 + 51 + 52 + 53 + 54）	48	
1. 子女教育	49	
2. 继续教育	50	
3. 大病医疗	51	
4. 住房贷款利息	52	
5. 住房租金	53	
6. 赡养老人	54	
（四）依法确定的其他扣除（55 = 56 + 57 + 58 + 59）	55	
1. 商业健康保险	56	
2. 税延养老保险	57	
3.	58	
4.	59	
十、投资抵扣	60	
十一、准予扣除的个人捐赠支出	61	
十二、应纳税所得额（62 = 38 − 39 − 41 − 60 − 61）或［62 = （38 − 39）× 40 − 41 − 60 − 61］	62	
十三、税率（%）	63	
十四、速算扣除数	64	
十五、应纳税额（65 = 62 × 63 − 64）	65	
十六、减免税额（附报《个人所得税减免税事项报告表》）	66	
十七、已缴税额	67	
十八、应补/退税额（68 = 65 − 66 − 67）	68	

谨声明：本表是根据国家税收法律法规及相关规定填报的，是真实的、可靠的、完整的。 纳税人签字： 年　月　日	
经办人： 经办人身份证件号码： 代理机构签章： 代理机构统一社会信用代码：	受理人： 受理税务机关（章）： 受理日期：　年　月　日

《个人所得税经营所得纳税申报表（B表）》填表说明

一、适用范围

本表适用于个体工商户业主、个人独资企业投资人、合伙企业个人合伙人、承包承租经营者个人以及其他从事生产、经营活动的个人在中国境内取得经营所得，且实行查账征收的，在办理个人所得税汇算清缴纳税申报时，向税务机关报送。

合伙企业有两个或者两个以上个人合伙人的，应分别填报本表。

二、报送期限

纳税人在取得经营所得的次年3月31日前，向税务机关办理汇算清缴。

三、本表各栏填写

（一）表头项目

1. 税款所属期：填写纳税人取得经营所得应纳个人所得税款的所属期间，应填写具体的起止年月日。

2. 纳税人姓名：填写自然人纳税人姓名。

3. 纳税人识别号：有中国公民身份号码的，填写中华人民共和国居民身份证上载明的“公民身份号码”；没有中国公民身份号码的，填写税务机关赋予的纳税人识别号。

（二）被投资单位信息

1. 名称：填写被投资单位法定名称的全称。

2. 纳税人识别号（统一社会信用代码）：填写被投资单位的纳税人识别号或统一社会信用代码。

（三）表内各行填写

1. 第1行“收入总额”：填写本年度从事生产经营以及与生产经营有关的活动取得的货币形式和非货币形式的各项收入总金额。包括：销售货物收入、提供劳务收入、转让财产收入、利息收入、租金收入、接受捐赠收入、其他收入。

2. 第2行“国债利息收入”：填写本年度已计入收入的因购买国债而取得的应予免税的利息金额。

3. 第3～10行“成本费用”：填写本年度实际发生的成本、费用、税金、损失及其他支出的总额。

（1）第4行“营业成本”：填写在生产经营活动中发生的销售成本、销货成本、业务支出以及其他耗费的金额。

（2）第 5 行“营业费用”：填写在销售商品和材料、提供劳务的过程中发生的各种费用。

（3）第 6 行“管理费用”：填写为组织和管理企业生产经营发生的管理费用。

（4）第 7 行“财务费用”：填写为筹集生产经营所需资金等发生的筹资费用。

（5）第 8 行“税金”：填写在生产经营活动中发生的除个人所得税和允许抵扣的增值税以外的各项税金及其附加。

（6）第 9 行“损失”：填写生产经营活动中发生的固定资产和存货的盘亏、毁损、报废损失，转让财产损失，坏账损失，自然灾害等不可抗力因素造成的损失以及其他损失。

（7）第 10 行“其他支出”：填写除成本、费用、税金、损失外，生产经营活动中发生的与之有关的、合理的支出。

4. 第 11 行“利润总额”：根据相关行次计算填报。第 11 行 = 第 1 行 − 第 2 行 − 第 3 行。

5. 第 12 行“纳税调整增加额”：根据相关行次计算填报。第 12 行 = 第 13 行 + 第 27 行。

6. 第 13 行“超过规定标准的扣除项目金额”：填写扣除的成本、费用和损失中，超过税法规定的扣除标准应予调增的应纳税所得额。

7. 第 27 行“不允许扣除的项目金额”：填写按规定不允许扣除但被投资单位已将其扣除的各项成本、费用和损失，应予调增应纳税所得额的部分。

8. 第 37 行“纳税调整减少额”：填写在计算利润总额时已计入收入或未列入成本费用，但在计算应纳税所得额时应予扣除的项目金额。

9. 第 38 行“纳税调整后所得”：根据相关行次计算填报。第 38 行 = 第 11 行 + 第 12 行 − 第 37 行。

10. 第 39 行“弥补以前年度亏损”：填写本年度可在税前弥补的以前年度亏损额。

11. 第 40 行“合伙企业个人合伙人分配比例”：纳税人为合伙企业个人合伙人的，填写本栏；其他则不填。分配比例按照合伙协议约定的比例填写；合伙协议未约定或不明确的，按合伙人协商决定的比例填写；协商不成的，按合伙人实缴出资比例填写；无法确定出资比例的，按合伙人平均分配。

12. 第 41 行“允许扣除的个人费用及其他扣除”：填写按税法规定可以税

前扣除的各项费用、支出，包括：

(1) 第42行“投资者减除费用”：填写按税法规定的减除费用金额。

(2) 第43～47行“专项扣除”：分别填写本年度按规定允许扣除的基本养老保险费、基本医疗保险费、失业保险费、住房公积金的合计金额。

(3) 第48～54行“专项附加扣除”：分别填写本年度纳税人按规定可享受的子女教育、继续教育、大病医疗、住房贷款利息、住房租金、赡养老人等专项附加扣除的合计金额。

(4) 第55～59行“依法确定的其他扣除”：分别填写按规定允许扣除的商业健康保险、税延养老保险，以及国务院规定其他可以扣除项目的合计金额。

13. 第60行“投资抵扣”：填写按照税法规定可以税前抵扣的投资金额。

14. 第61行“准予扣除的个人捐赠支出”：填写本年度按照税法及相关法规、政策规定，可以在税前扣除的个人捐赠合计额。

15. 第62行“应纳税所得额”：根据相关行次计算填报。

(1) 纳税人为非合伙企业个人合伙人的：第62行＝第38行－第39行－第41行－第60行－第61行。

(2) 纳税人为合伙企业个人合伙人的：第62行＝(第38行－第39行)×第40行－第41行－第60行－第61行。

16. 第63～64行“税率”“速算扣除数”：填写按规定适用的税率和速算扣除数。

17. 第65行“应纳税额”：根据相关行次计算填报。第65行＝第62行×第63行－第64行。

18. 第66行“减免税额”：填写符合税法规定可以减免的税额，并附报《个人所得税减免税事项报告表》。

19. 第67行“已缴税额”：填写本年度累计已预缴的经营所得个人所得税金额。

20. 第68行“应补/退税额”：根据相关行次计算填报。第68行＝第65行－第66行－第67行。

四、其他事项说明

以纸质方式报送本表的，应当一式两份，纳税人、税务机关各留存一份。

这种方式下，原来以“被投资单位”的名义进行纳税申报，且用“被投资单位”三方协议代自然人（纳税人）缴款的方式已行不通了。

以自然人电子税务局（税务端）为例，进入经营所得申报模块，当“选择办理事项”选定【经营所得个人所得税年度申报】时，则“纳税人类型”就锁定在“自然人”（无法选择到“组织”）。这时，“纳税人识别号（统一社会信用代码）”必须输入自然人的纳税人识别号（一般为身份证号码，这区别于企业的纳税人识别号）；“身份证件类型”选择“居民身份证”，才能获取到被投资企业基础信息，其中包含企业类型、投资者信息等，然后进行下一步的操作（如图 1－1 所示）。

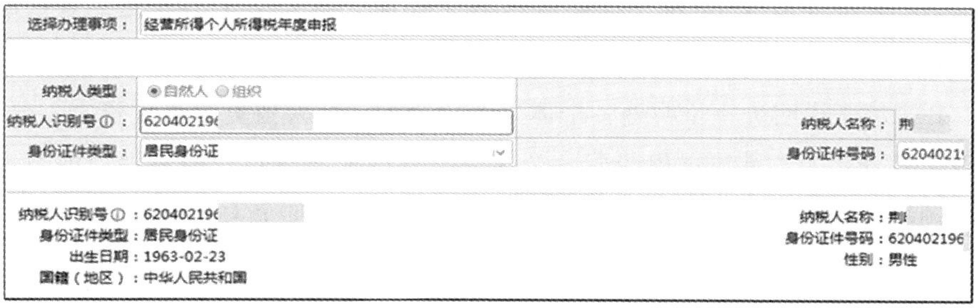

图 1－1

否则，纳税人获取不到基础信息，无法完成纳税申报。

以上操作，完整流程将在“专题一：合伙人个人月（季）度如何申报缴纳经营所得个人所得税？”中进行介绍。

（四）经营所得与个税申报表

投资人取得经营所得进行个人所得税纳税申报时，现在适用的申报表以及申报规则、报送阶段、适用范围如下：

1.《个人所得税经营所得纳税申报表（A 表）》（简称 A 表，见表 1－2）

根据《国家税务总局关于个人所得税自行纳税申报有关问题的公告》（国家税务总局公告 2018 年第 62 号，简称国家税务总局公告 2018 年第 62 号）第二条第二款规定，纳税人取得经营所得，按年计算个人所得税，由纳税人在月度或季度终了后 15 日内，向经营管理所在地主管税务机关办理预缴纳税申报，并报送 A 表。

A 表填表说明进一步明确：查账征收和核定征收的个体工商户业主、个人独资企业投资人、合伙企业个人合伙人、承包承租经营者个人以及其他从事生产、经营活动的个人，在中国境内取得经营所得，办理个人所得税预缴纳税申报时，向税务机关报送 A 表。

其实，目前的 A 表填表说明不够精细，应该是（投资人）在中国境内取得经营所得，实行查账征收的纳税人，在每月（季）预缴申报时；实行核定征收的纳税人（不包括定期定额户），在每月申报纳税时，都应该填报 A 表。

2.《个人所得税经营所得纳税申报表（B 表）》（简称 B 表，见表 1－3）

同样，国家税务总局公告 2018 年第 62 号第二条第二款规定，纳税人在取得所得的次年 3 月 31 日前，向经营管理所在地主管税务机关办理汇算清缴，并报送 B 表；

B 表填表说明进一步明确：个体工商户业主、个人独资企业投资人、合伙企业个人合伙人、承包承租经营者个人以及其他从事生产、经营活动的个人，在中国境内取得经营所得，且实行查账征收的，在办理个人所得税汇算清缴纳税申报时，向税务机关报送 B 表。即只有在境内取得经营所得，且实行查账征收的纳税人才进行汇算清缴，且报送 B 表。

其余实行核定征收（包括核定应税所得率、核定应纳税所得额、以及税务机关认可的其他核定方式）的纳税人都不需要进行经营所得个人所得税的汇算清缴，当然也就不填报 B 表。

如果非要申报一下 B 表，点击【经营所得个人所得税年度申报】模块，正常情况下会得到一个提示：您上一年度的征收方式不为查账征收，不能进行年度汇算申报。

这一点不难理解：实行核定征收的纳税人年内每月（季）已进行了纳税申报，这区别于实行查账征收的纳税人在每月（季）进行的预缴申报。

3.《个人所得税经营所得纳税申报表（C 表）》（简称 C 表，见表 1－4）

根据国家税务总局公告 2018 年第 62 号第二条第二款规定，从两处以上取得经营所得的，选择向其中一处经营管理所在地主管税务机关办理年度汇总申报，并报送 C 表。

那么，理论上，在中国境内从两处以上取得经营所得的纳税人都应选择向其中一处经营管理所在地主管税务机关办理年度汇总申报，并报送 C 表。这里的纳税人应该包括实行查账征收的，也包括实行核定征收的。其中，核定征收的，还包括定期定额户。

表 1－4　　　　个人所得税经营所得纳税申报表（C 表）

税款所属期：　　年　　月　　日至　　年　　月　　日

纳税人姓名：

纳税人识别号：□□□□□□□□□□□□□□□□□□□□□□□□　　金额单位：人民币元（列至角分）

			单位名称	纳税人识别号（统一社会信用代码）	投资者应纳税所得额
被投资单位信息	汇总地				
	非汇总地	1			
		2			
		3			
		4			
		5			

项　　目	行次	金额/比例
一、投资者应纳税所得额合计	1	
二、应调整的个人费用及其他扣除（2＝3＋4＋5＋6）	2	
（一）投资者减除费用	3	
（二）专项扣除	4	
（三）专项附加扣除	5	
（四）依法确定的其他扣除	6	
三、应调整的其他项目	7	
四、调整后应纳税所得额（8＝1＋2＋7）	8	
五、税率（%）	9	
六、速算扣除数	10	
七、应纳税额（11＝8×9－10）	11	
八、减免税额（附报《个人所得税减免税事项报告表》）	12	
九、已缴税额	13	
十、应补/退税额（14＝11－12－13）	14	

谨声明：本表是根据国家税收法律法规及相关规定填报的，是真实的、可靠的、完整的。 纳税人签字： 年　　月　　日	
经办人： 经办人身份证件号码： 代理机构签章： 代理机构统一社会信用代码：	受理人： 受理税务机关（章）： 受理日期：　　年　　月　　日

《个人所得税经营所得纳税申报表（C表）》填表说明

一、适用范围

本表适用于个体工商户业主、个人独资企业投资人、合伙企业个人合伙人、承包承租经营者个人以及其他从事生产、经营活动的个人在中国境内两处以上取得经营所得，办理合并计算个人所得税的年度汇总纳税申报时，向税务机关报送。

二、报送期限

纳税人从两处以上取得经营所得，应当于取得所得的次年3月31日前办理年度汇总纳税申报。

三、本表各栏填写

（一）表头项目

1. 税款所属期：填写纳税人取得经营所得应纳个人所得税款的所属期间，应填写具体的起止年月日。

2. 纳税人姓名：填写自然人纳税人姓名。

3. 纳税人识别号：有中国公民身份号码的，填写中华人民共和国居民身份证上载明的“公民身份号码”；没有中国公民身份号码的，填写税务机关赋予的纳税人识别号。

（二）被投资单位信息

1. 名称：填写被投资单位法定名称的全称。

2. 纳税人识别号（统一社会信用代码）：填写被投资单位的纳税人识别号或者统一社会信用代码。

3. 投资者应纳税所得额：填写投资者从其各投资单位取得的年度应纳税所得额。

（三）表内各行填写

1. 第1行“投资者应纳税所得额合计”：填写投资者从其各投资单位取得的年度应纳税所得额的合计金额。

2. 第2~6行“应调整的个人费用及其他扣除”：填写按规定需调整增加或者减少应纳税所得额的项目金额。调整减少应纳税所得额的，用负数表示。

（1）第3行“投资者减除费用”：填写需调整增加或者减少应纳税所得额的投资者减除费用的金额。

（2）第4行“专项扣除”：填写需调整增加或者减少应纳税所得额的“三险一金”（基本养老保险费、基本医疗保险费、失业保险费、住房公积金）的合计金额。

(3) 第5行“专项附加扣除”：填写需调整增加或者减少应纳税所得额的专项附加扣除（子女教育、继续教育、大病医疗、住房贷款利息、住房租金、赡养老人）的合计金额。

(4) 第6行“依法确定的其他扣除”：填写需调整增加或者减少应纳税所得额的商业健康保险、税延养老保险以及国务院规定其他可以扣除项目的合计金额。

3. 第7行“应调整的其他项目”：填写按规定应予调整的其他项目的合计金额。调整减少应纳税所得额的，用负数表示。

4. 第8行“调整后应纳税所得额”：根据相关行次计算填报。第8行＝第1行＋第2行＋第7行。

5. 第9~10行“税率”“速算扣除数”：填写按规定适用的税率和速算扣除数。

6. 第11行“应纳税额”：根据相关行次计算填报。第11行＝第8行×第9行－第10行。

7. 第12行“减免税额”：填写符合税法规定可以减免的税额，并附报《个人所得税减免税事项报告表》。

8. 第13行“已缴税额”：填写纳税人本年度累计已缴纳的经营所得个人所得税的金额。

9. 第14行“应补/退税额”：按相关行次计算填报。第14行＝第11行－第12行－第13行。

四、其他事项说明

以纸质方式报送本表的，应当一式两份，纳税人、税务机关各留存一份。

定期定额户，是指核定月经营额和征收率的纳税户，其经营所得个人所得税纳税申报，目前未纳入自然人电子税务局（ITS），而是在核心征管“定期定额申报”功能菜单的【定期定额户自行申报】模块进行。这样，在自然人电子税务局填报的C表就提取不到定期定额户的历史申报数据，所以，需要办理年度汇总申报的纳税人，目前暂不包括定期定额户。

但是，关于定期定额户需要关注两种特殊情形【具体在“（五）经营所得与纳税申报途径”和“纳税申报类风险（五）《个人所得税经营所得申报表（C表）》申报中的涉税风险”部分介绍】。

至于A表、B表、C表的之间目前的申报规则是：

查账征收的纳税人：未填报 A 表进行预缴申报，则不能进行 B 表的汇缴申报；更不能进行 C 表的汇总申报；即报完 A 表，才可报送 B 表，报完了 B 表，才可报送 C 表；

核定征收的纳税人：未填报 A 表进行纳税申报，则不能进行 C 表的汇总申报。

否则系统会阻断填报（如图 1－2 所示），无法完成申报。

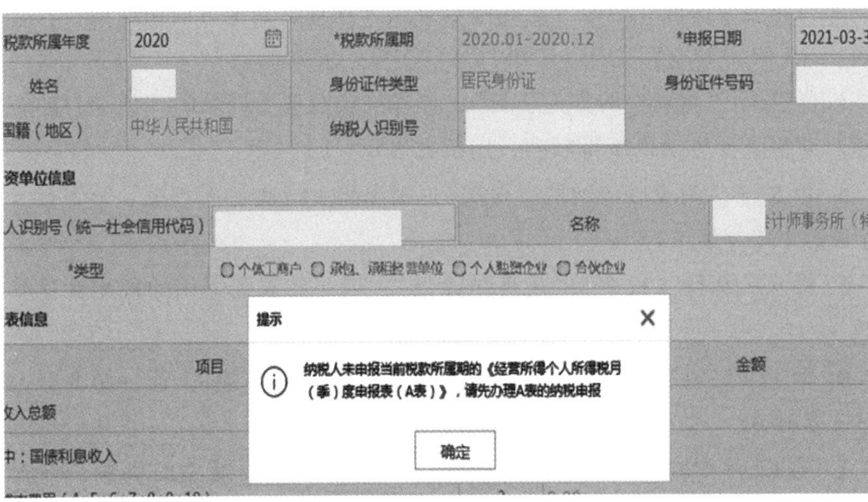

图 1－2

涉及从两处以上取得经营所得的纳税人，如果既有查账征收又有核定征收的，进行汇总申报报送 C 表时，C 表同时提取查账征收户 B 表的“应纳税所得额”和核定征收户 A 表的“应纳税所得额”。那么，如果查账征收户的 B 表未完成，则 C 表提取的数据为 0。

当然，对于纳税人未按照申报规则填报的错误操作，申报系统有补救措施：纳税人报完 C 表后，发现有未申报的 B 表，则对于还未报送的 B 表，可以继续填表申报，只是报送完 B 表后，需要同时更正已报送的 C 表（也可以作废 C 表重新报送）。

实务中还有一个点大家常常混淆：把汇算清缴（B 表）和汇总申报（C 表）不加以区分。我们刚介绍了，两者完全不同，一定要从适用阶段、报表名称、表内内容等方面严格区分。

（五）经营所得与纳税申报途径

经营所得个人所得税纳税申报途径，2019 年 1 月 1 日前，外部端主要是各地的“电子税务局”或网报系统入口。

2019 年 1 月 1 日起，基于综合与分类相结合的个人所得税税制需要顺利落实到位，国家税务总局响应税制改革，为提高纳税服务质量，建立了多渠道的办税服务途径，即全国统一上线的“自然人税收管理系统（ITS）”【升级后统称“自然人电子税务局（ITS）”】。所以，经营所得纳税申报路径发生了变化，除局端外，使用外部端的纳税人（不包括定期定额户）要求全部规范到“自然人电子税务局 WEB 端和扣缴客户端”进行申报。

但在实务中，仍有不规范的操作。比如，个别纳税人（不包括定期定额户）在“电子税务局”尚未关闭原功能模块前还在电子税务局（不同于“自然人电子税务局”）进行经营所得个税申报；在局端，有大厅工作人员“选择”在金税三期“通用申报”模块给纳税人办理经营所得个人所得税纳税申报（2021 年第一季度还有此现象），这是不规范的（除了定期定额户都应当在自然人电子税务局进行纳税申报），因为不同模块数据不同步，导致同一纳税人当年申报数据无法进行一人式的归集，影响年度纳税申报，给税企双方造成不必要的麻烦，所以，不论是纳税人还是税务人员，应及时关注税务机关工作动态，熟悉、掌握申报系统，规范操作，以便提高双方办税质量和效率，为个人所得税云平台建设和全国数据大集中打好基础。

2020 年，自然人电子税务局功能不断升级和完善，目前经营所得个人所得税申报途径主要有：

1. 自然人电子税务局（税务端，适用税务人员）；

2. 自然人电子税务局（扣缴端，适用扣缴义务人全员全额扣缴申报及代理经营所得纳税申报）（当单位类型是个体工商户、个人独资企业或合伙企业时，系统上方会显示生产经营申报通道）；

3. 自然人电子税务局（WEB 端，适用扣缴义务人、个人所得税纳税人，有经营所得的纳税人登录，才可显示经营所得菜单模块）；

4. 自然人电子税务局（APP 端，适用个人所得税纳税人）（有经营所得的纳税人登录，才显示经营所得菜单模块）。

其中，扣缴端可填报 A 表、B 表；WEB 端可填报 A 表、B 表、C 表；APP 端设置了 A 表、C 表，但目前未启用。而税务端，A 表、B 表、C 表都可以申报。

另外客户端，也可以进行经营所得纳税申报，填报 A 表、B 表。

特别提醒：定期定额户，正常情况下不可以在扣缴端和 WEB 端进行申报。

在税务端以前可以申报，只是会有提示校验（如图 1－3 所示），但不阻断申报，点击“是”可进入具体业务层面进行填报。但现在（2021 年）不可以，直接阻断（如图 1－4 所示）无法进入具体业务层面进行申报。

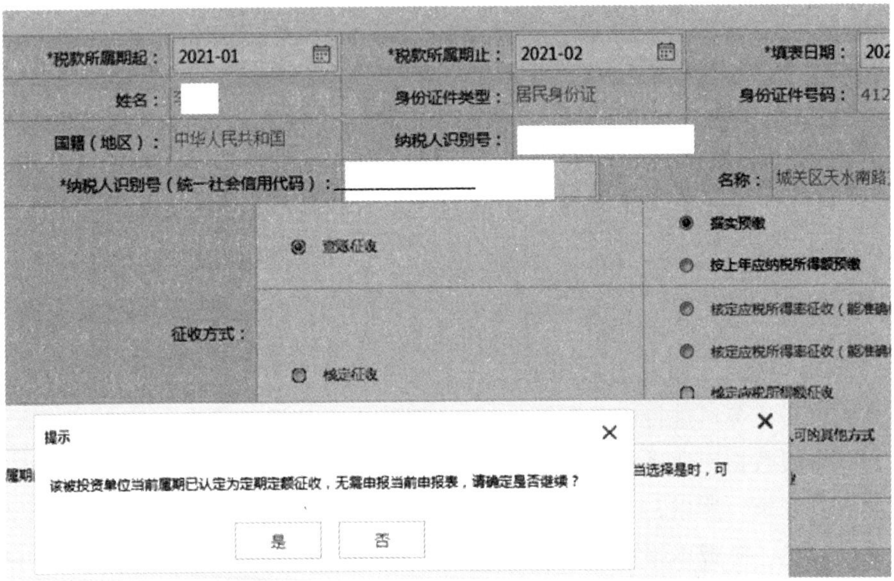

图 1－3

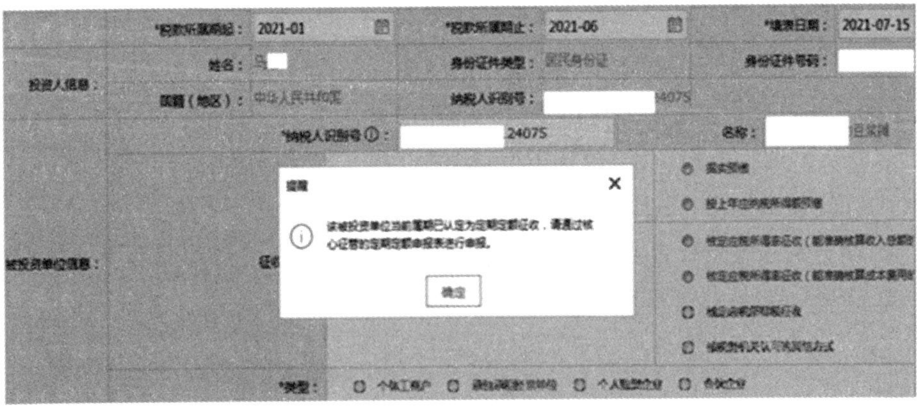

图 1－4

所以目前，定期定额户仍按各地税务局此前规定的方式和渠道办理申报纳税。

2019 年 1 月 1 日起自然人税收管理系统（ITS）全面上线，使用过程中不断升级、完善，到现在的自然人电子税务局（ITS），纳税人的申报路径发生了一些变化。尤其定期定额户，申报路径不断调整，目前只能通过金三系统核心征管的定期定额申报表进行申报。后期的变化、调整请关注税务动态。

（六）经营所得与纳税申报方式

经营所得个人所得税申报方式主要有：

1. 个体工商户、个人独资企业和合伙企业通过自然人电子税务局（扣缴端），帮助投资人代办经营所得申报。业主、投资者、个人合伙人自行缴款；

2. 业主、投资者、个人合伙人通过自然人电子税务局（WEB 端）自行申报、自行缴款。

3. 业主、投资者、个人合伙人或者其办税人员可以前往被投资单位对应的办税服务厅进行申报。

还有，个体工商户、个人独资企业和合伙企业委托第三方会计师（税务师）事务所代理申报的，可以通过 WEB 端或扣缴端进行申报，业主、投资者、个人合伙人自行缴款。

（七）经营所得与征收方式

1. 征管中的征收方式与核定征收方式

经营所得个人所得税征收方式有：查账征收、核定征收。

核定征收是税务机关依职权的行为，不是可依纳税人申请的事项。所以，纳税人不可以自主选择核定征收方式。

财税［2000］91 号附件 1《关于个人独资企业和合伙企业投资者征收个人所得税的法规》第七条规定，有下列情形之一的，主管税务机关应采取核定征收方式征收个人所得税：

（1）企业依照国家有关规定应当设置但未设置账簿的；

（2）企业虽设置账簿，但账目混乱或者成本资料、收入凭证、费用凭证残缺不全，难以查账的；

（3）纳税人发生纳税义务，未按照规定的期限办理纳税申报，经税务机关责令限期申报，逾期仍不申报的。

核定征收方式包括：定额征收、核定应税所得率征收以及其他合理的征收方式。其他方式包括：核定征收率等（以前具体由各省进行配置）。

目前，自然人电子税务局（ITS）核定征收的方式具体包括：核定应税所得率、其他征收方式（核定征收率、核定应纳税所得额）。

（1）核定应税所得率。采用核定应税所得率征收个人所得税的业户，根据核定依据的不同，其应纳税所得额的计算公式如下：

应纳税所得额 = 收入总额 × 应税所得率

或者应纳税所得额 = 成本费用支出额 ÷（1 – 应税所得率）× 应税所得率

应纳税额 = 应纳税所得额 × 个人所得税税率（即：经营所得 5 级超额累进税率表，详见表 1 – 5）

表 1 – 5　　个人所得税税率

（个体工商户的生产、经营所得和对企事业单位的承包经营、承租经营所得适用）

级数	全年应纳税所得额	税率	速算扣除数
1	不超过 30 000 元的	5%	0
2	超过 30 000 元至 90 000 元的部分	10%	1 500
3	超过 90 000 元至 300 000 元的部分	20%	10 500
4	超过 300 000 元至 500 000 元的部分	30%	40 500
5	超过 500 000 元的部分	35%	65 500

其中涉及合伙企业的，应当再按照分配比例，确定各个自然人投资人应纳税所得额。

业户从事两个或两个以上行业经营项目的，应当根据其主营业务确定适用的应税所得率。

应税所得率的标准按《个人所得税核定应税所得率表》（详见表 1 – 6）执行。

表 1 – 6　　应税所得率表

行　　业	应税所得率（%）
工业、交通运输业、商业	5—20
建筑业、房地产开发业	7—20
饮食服务业	7—25
娱乐业	20—40
其他行业	10—30

关于应税所得率表，需要关注两点：

一是各省依据财税［2000］91 号附件 1《关于个人独资企业和合伙企业

投资者征收个人所得税的法规》确定的本辖区的应税所得率执行标准不同；二是行业划分也有不同。比如“房地产业”和“房地产开发业”。

中华人民共和国国家质量监督检验检疫总局、中国国家标准化管理委员会发布的《国民经济行业分类》（GB/T 4754—2017）中的“房地产业”包括房地产开发经营、物业管理、房地产中介服务、房地产租赁经营、其他房地产业五项。

而财税［2000］91号附件1《关于个人独资企业和合伙企业投资者征收个人所得税的法规》规定，适用7%—20%应税所得率的行业包括“建筑业”“房地产开发业”两项（见表1－6）。所以，国家标准国民经济行业分类中属于“房地产业”的物业管理、房地产中介服务、房地产租赁经营、其他房地产业四项，不在财税［2000］91号附件1《关于个人独资企业和合伙企业投资者征收个人所得税的法规》规定的适用7%—20%应税所得率的范围。

但有些省、直辖市的规定与财税［2000］91号附件1《关于个人独资企业和合伙企业投资者征收个人所得税的法规》的规定不同。比如天津市、甘肃省规定，在其辖区内核定征收个人所得税的个体工商户和个人独资（合伙）企业，对企事业单位的承包经营、承租经营者以及虽未取得营业执照但办理了临时税务登记证、有固定的经营场所从事持续生产经营的个人纳税人（简称业户），“房地产业”适用应税所得率为7%。显然，行业划分出现了差异，税企双方对照适用时应留意这一点。

（2）核定征收率（附征率）。以甘肃为例，采用核定征收率征收方式的业户，其应纳税额的计算公式如下：

应纳税额＝收入总额×核定征收率

收入总额为不含增值税收入额。

业户从事两个或两个以上行业经营项目的，应当根据其主营业务确定适用的核定征收率。

个人所得税附征率标准按《定额征收个人所得税附征率表》执行（见“专题八：经营所得核定征收年末纳税申报应该注意的事项（二）”的表2－16）。

（3）核定应纳税所得额。这种核定征收方式比较简单，实务中虽有但不多，详情我们将在“专题九：关于对核定应纳税所得额存在的误区”部分介绍。

对于目前仍在原申报系统申报纳税的定额征收（双定户），以甘肃为例，根据《国家税务总局甘肃省税务局关于个人所得税经营所得项目核定征收有关问题的公告》（国家税务总局甘肃省税务局公告2020年第3号）规定：

应纳税额 = 核定的增值税计税依据 × 个人所得税附征率

个人所得税附征率标准按《定额征收个人所得税附征率表》执行（见“专题八：经营所得核定征收年末纳税申报应该注意的事项（二）”的表2－16）。

同样，业户从事两个或两个以上行业经营项目的，应当根据其主营业务确定适用的个人所得税附征率（以实际收入额占总收入额最大比例为标准）。

2. 两种定率征收方式与应纳税所得额的逻辑关系

需要关注的是，对于合伙企业，有一个细节：核定征收率和核定应税所得率除了计算公式不同以外，在自然人电子税务局（ITS）申报A表时，前者依据表内逻辑关系，第一步把“收入总额”按照“合伙企业个人合伙人分配比例”分配给每个自然人合伙人，再适用核定的“征收率”，然后直接得出“应纳税额”。第二步：完成上一步后，系统自动用“应纳税额”倒算出“应纳税所得额”，再带出适用“税率”、速算扣除数（如“专题八”的表2－20）。

而核定应税所得率的，“收入总额”按照“合伙企业合伙人分配比例”分配给每个自然人合伙人，然后以适用的“应税所得率”计算直接得出“应纳税所得额”，再适用5%—35%超额累进税率、速算扣除数，计算各个自然人投资者的“应纳税额”。

表内数据间这样的逻辑构建，针对核定征收率、核定应税所得率、核定应纳税所得额三种征收方式，如果纳税人需要汇总申报，完全解决了填报C表第1行“投资者应纳税所得额合计”从A表以及B表取数、自动汇总“应纳税所得额”的问题。

3. 各地核定征收现状与现代征管制度的冲突

经营所得个人所得税的核定征收，实务中存在很多问题，突出的是核定征收户占比过高，并且各地核定定率有差别，因地而异。所以个税筹划“遍地开花”。

“个税筹划”的卖点总是离不开核定征收，比如“税收洼地 + 个人独资 + 核定，税负直降到5%”等。也包括热门话题“平台经济 + 个独（个体）核定”，其实质无非就是找个能改变所得性质的所谓“税收洼地”，然后“争取”核定征收的纳税方式。

这种状况，其实已严重影响了税收的公平原则，也挫伤了人们的纳税积极性，不利于建立现代化的税收征管体系。

4. 国家税务总局关于规范查账征收的相关文件

针对核定中存在的问题，国家税务总局根据《税收征管法》及其实施细则和《国务院关于批转国家税务总局加强个体私营经济税收征管强化查账征收工作意见的通知》，在2006年12月15日公布了《个体工商户建账管理暂行办法》（国家税务总局令第17号，根据2018年6月15日《国家税务总局关于修改部分税务部门规章的决定》修正）。其中，第三条规定，符合下列情形之一的个体工商户，应当设置复式账：

（1）注册资金在20万元以上的。

（2）销售增值税应税劳务的纳税人或营业税纳税人月销售（营业）额在40 000元以上；从事货物生产的增值税纳税人月销售额在60 000元以上；从事货物批发或零售的增值税纳税人月销售额在80 000元以上的。

（3）省税务机关确定应设置复式账的其他情形。

第四条规定，符合下列情形之一的个体工商户，应当设置简易账，并积极创造条件设置复式账：

（1）注册资金在10万元以上20万元以下的。

（2）销售增值税应税劳务的纳税人或营业税纳税人月销售（营业）额在15 000元至40 000元；从事货物生产的增值税纳税人月销售额在30 000元至60 000元；从事货物批发或零售的增值税纳税人月销售额在40 000元至80 000元的。

（3）省税务机关确定应当设置简易账的其他情形。

国家税务总局出台《个体工商户建账管理暂行办法》旨在规范和加强个体工商户税收征收管理，促进个体工商户加强经济核算。但目前各地核定征收比例仍居高不下，情况总体不容乐观。

对于特殊行业，国家税务总局发布文件也进行了规范。《国家税务总局关于进一步加强高收入者个人所得税征收管理的通知》（国税发［2010］54号，简称国税发［2010］54号）第二条（三）1规定，税务师、会计师、律师、资产评估和房地产估价等鉴证类中介机构不得实行核定征收个人所得税。

2011年4月15日，国家税务总局又发布《国家税务总局关于切实加强高收入者个人所得税征管的通知》（国税发［2011］50号，简称国税发［2011］50号），其中，第二条（三）1规定，对律师事务所、会计师事务所、税务师事务所、资产评估和房地产估价等鉴证类中介机构，不得实行核定征收个人所得税。

但实务中，特殊行业的核定征收仍然存在。

三、经营所得与利润总额

要确定个体工商户业主、个人独资企业投资者和合伙企业个人合伙人取得的经营所得，准确核算个体工商户、个人独资企业和合伙企业层面的利润总额是关键。

经营所得和利润总额不同，前者是税法的概念，利润总额是会计核算的结果，也是财务会计报表的项目。

本书主要以合伙企业会计核算和税务处理为例进行探讨，个体工商户、个人独资企业的会计核算并不复杂，所以不作为讨论重点。

（一）合伙的起源与经济发展

1997 年制定的《中华人民共和国合伙企业法》（中华人民共和国第八届全国人民代表大会常务委员会第二十四次会议于 1997 年 2 月 23 日通过，以下简称《合伙企业法》）第二条规定，本法所称合伙企业，是指依照本法在中国境内设立的由各合伙人订立合伙协议，共同出资、合伙经营、共享收益、共担风险，并对合伙企业债务承担无限连带责任的营利性组织。它与作为起源形态出现的个人合伙，是有区别的。

财税【2000】91 号附件 1《关于个人独资企业和合伙企业投资者征收个人所得税的规定》第二条规定，本法规所称个人独资企业和合伙企业是指：（一）依照《中华人民共和国个人独资企业法》和《中华人民共和国合伙企业法》登记成立的个人独资企业、合伙企业；（二）依照《中华人民共和国私营企业暂行条例》【注：2018 年已废止】登记成立的独资、合伙性质的私营企业；（三）依照《中华人民共和国律师法》登记成立的合伙制律师事务所；（四）经政府有关部门依照法律法规批准成立的负无限责任和无限连带责任的其他个人独资、个人合伙性质的机构或组织。所以，税法规定的合伙企业，其设立法律依据主要是《合伙企业法》、《中华人民共和国合伙企业登记管理办法》【注：《中华人民共和国市场主体登记管理条例》（中华人民共和国国务院令第 746 号，简称《条例》，自 2022 年 3 月 1 日起施行，《中华人民共和国合伙企业登记管理办法》同时废止，通稿一致，后不再备注】以及《中华人民共和国律师法》和《律师事务所管理办法》等，而调整个人合伙的法律规范，在 2019 年底前主要是《民法通则》，2021 年 1 月 1 日起则适用《民法典》。

合伙企业建立在合伙人个人的信用基础之上，合伙人的信用就是合伙企业的信用。合伙企业的债务合伙人之间互相背锅，对外承担连带责任，对内按照份额承担责任。

合伙企业早起主要存在于家庭作坊，规模不大，风险也可控制，但是企业发展受到限制，也不利于资金筹集。随着经济的发展、新兴行业的出现，尤其资本密集型企业的出现。为了克服公司制企业的不足，比如股东不可以劳务出资，公司信息保密性不好等，2006 年《合伙企业法》修订，合伙企业区分为普通合伙企业与有限合伙企业。所以，形式更灵活、可防控普通合伙人的过度风险、也更切合风险投资的有限合伙企业出现。

常见的比如投资基金合伙企业：张三、李四设立“甲有限公司”，甲公司作为普通合伙人，与乙、丙、丁作为有限合伙人设立“戊有限合伙企业”，这样“普通合伙人的无限连带责任”再次被甲有限公司隔离。

而合伙企业真正因为可以“节税”而迅速发展是国发［2000］16 号文的发布。2000 年以前，个人独资企业、合伙企业并未被排除在《企业所得税法》的适用范围之外，企业的利润弥补亏损后，首先企业需要缴纳 25% 的企业所得税。企业如果分红了，则投资人（或股东）还需要按照 20% 的税率缴纳股息红利个人所得税，税负比较高。

国家为了促进经济的发展，2000 年 1 月 1 日起对个人独资企业、合伙企业停止征收企业所得税，对投资人从企业取得的经营所得比照个体工商户的生产、经营所得征收个人所得税。减少了一道税，税负大幅降低，确实鼓励了一大批个人投资者成立个人独资企业、合伙企业。

但实际上，由于我们国家合伙企业经营所得个人所得税税收政策起步晚，加之不够完善，征管制度也有缺失，所以近些年，随着资本市场的兴起，各种合伙构架的企业，包括多层架构的合伙企业成为了“避税”的“重灾区”。

（二）合伙企业与主体资格

合伙企业不是法人企业，但具有民事主体资格，可以以合伙企业的名义从事经营活动。合伙企业具有高度的人合性，遵从意思自治，对合伙事务，许多事项是约定优先：有约定看约定，没有约定才需要全体合伙人一致通过。出资方式也比较灵活，可以是货币，也可以是非货币性财产，普通合伙人还可以用劳务出资。

根据《合伙企业法》，合伙企业分为普通合伙企业与有限合伙企业。普通合伙企业包括一般普通合伙企业和特殊的普通合伙企业。普通合伙企业的合伙人都是普通合伙人（GP）；而有限合伙企业中至少有一个合伙人是普通合伙人。所以，当合伙人只剩普通合伙人时，原有限合伙企业应该变更为普通合伙企业；当合伙人全部为有限合伙人（LP）时，原合伙企业应该解散，不能变更为有限责任公司；或者只有一个自然人普通合伙人时，原有限合伙企业可以变更为个人独资企业，否则应当解散（清算注销），同样，不能变更为一人有限责任公司。

同理，一人有限责任公司和个人独资企业也不可以相互转换。法律地位不同、主体资格不同、投资人对外承担的责任也不同。一人有限责任公司的股东，一般情况下对公司的债务不承担责任，除非被刺破公司面纱（否定法人独立人格）以后，才可能对公司的债务对外承担无限连带责任。而个人独资企业的投资者，对个人独资企业的债务对外承担无限责任。

比如在实务中，有一自然人先成立了一个个人独资企业，查账征收。后面因“个转企”的要求又新成立了个一人有限责任公司，两个企业共同存续了一年多。2020 年 6 月，个人独资企业聘请中介做了企业合并重组的账务处理，将个人独资企业资产、负债按原账面金额转入了一人有限公司。对于这种情况，基层请示上级应不应该征收个人所得税？如果要征应如何计征？最后税务机关依据法律法规做出一致观点：“两企业”不可以合并，要求个人独资企业做了注销清算。

《合伙企业法》规定的自然人合伙人有普通合伙人，也有有限合伙人，但是相关税收政策计算其经营所得个人所得税时不加区分。

合伙企业设立条件之一“有两个以上合伙人”。前面提到的特别法《律师法》和《律师事务所管理办法》规定，设立合伙律师事务所，除应当符合本法（即《律师法》、《律师事务所管理办法》）规定的条件外，还应当有三名以上合伙人。这是识别合伙企业税源管理基础信息中，合伙人人数维护是否异常的一个条件。

同样，合伙企业名称当中应当标明“普通合伙”或者“有限合伙”或者“特殊普通合伙”字样（特别法规定的律师事务所等除外），也是识别税务登记环节企业注册类型划分是否正确的法定条件。

（三）合伙企业经营所得与利润总额

1. 合伙人经营所得与确定其经营所得的基础

前面已提到过，经营所得是税法上的概念。

依据财税［2000］91 号附件 1《关于个人独资企业和合伙企业投资者征

收个人所得税的法规》）第四条规定："合伙企业每一纳税年度的收入总额减除成本、费用以及损失后的余额，作为投资者个人的生产经营所得，比照个人所得税法的"个体工商户的生产经营所得"应税项目，适用5%—35%的五级超额累进税率，计算征收个人所得税。

第五条规定"合伙企业的投资者按照合伙企业的全部生产经营所得和合伙协议约定的分配比例确定应纳税所得额"。

也就是说，合伙企业遵循税法"先分后税"的原则，按照合伙企业的全部生产经营所得和合伙协议约定的分配比例，确定投资者的经营所得，继而确定投资者的应纳税所得额。从这我们可判断，税法上投资者分配的是合伙企业（层面）核算的"应纳税所得额"，也可以说是合伙企业（层面）的"全部生产经营所得"。

A表填表说明第6条规定，第6行"合伙企业个人合伙人分配比例"：纳税人为合伙企业个人合伙人的，填写本行；其他则不填。分配比例按照合伙协议约定的比例填写；合伙协议未约定或不明确的，按合伙人协商决定的比例填写；协商不成的，按合伙人实缴出资比例填写；无法确定出资比例的，按合伙人平均分配。

这与《合伙企业法》第三十三条规定的顺序"一致"：合伙企业的利润分配、亏损分担，按照合伙协议的约定办理；合伙协议未约定或者约定不明确的，由合伙人协商决定；协商不成的，由合伙人按照实缴出资比例分配、分担；无法确定出资比例的，由合伙人平均分配、分担。

即税法规定的"经营所得"的"分配"和《合伙企业法》规定的"利润"的"分配"适用"分配依据"的法定顺序相同：一是约定，完全体现民事主体（合伙人）意思自治；二是协商，仍然体现意思自治的原则；三是实缴出资比例；四是平均分配。

关于"分配"一词，有些研究合伙企业税收理论的老师提出了不同意见，认为这里使用"分配"不妥，应该是"分摊"，原因是：A表、B表"分配"的生产经营所得和其他所得，包括合伙企业分配给所有合伙人的所得和企业当年留存的所得（利润），等于有些所得还没真正地分配给合伙人，所以不能叫"分配"。笔者认为，理解一个词不能只看字面，还要看用词"环境"或者"语境"以及用词目的等。这里的"分配"是经营所得相关个人所得税法里的"分配"，目的是规范经营所得法定纳税义务发生的时间，它不同于《合伙企业法》和会计上对利润的"实际分配"。中国汉字博大精深，不能强求不同领域、不同法律体系的“分配”其分配对象以及涵义必须相同。因此，个人所得税法此处使用“分配”一词并无不妥。

2. 经营所得分配与利润分配的关系

实务中有财税朋友一直很纠结：《合伙企业法》规定分配的是“利润”，不是分所得，A 表、B 表却“分配”的是经营所得，所以“表格设计有问题”。这种观点值得探讨：

是的，《合伙企业法》规定分配的是“利润”，完全正确，但是却需要厘清一些范畴问题：《合伙企业法》是商事组织法，税法是经济法，两者规范的范围不同。《合伙企业法》规范的是投资者之间的关系，包括利润分配关系。投资人之间分配利润的请求权基础是合伙协议，合伙人之间是平等的民事法律关系，原则是高度意思自治，且分配的利润是根据合伙企业规模大小适用《企业会计准则》或《小企业会计准则》核算的结果。而税法管不了那么多，税法干涉不了《合伙企业法》的规定与企业会计核算的事，相关个税法只规范投资人之间“经营所得”的分配关系，这种分配必须以会计利润作为基础，按照税法进行纳税调整，然后确定每个合伙人的经营所得，继而确定每个合伙人的应纳税所得额。此原理适用 A 表，也适用 B 表。

所以，不能因为两者适用“分配比例”的法定顺序规则一致（一是约定，二是协商，三是实缴出资比例，四是平均分配），就混淆两种不同领域，即“两条线上”的分配。A 表、B 表设计方面需要纠结的问题并不在这。

关于这一点，早在 2012 年，国家税务总局税收科学研究所研究员、国家税务总局重点课题——“合伙企业制所得税制研究”课题组组长魏志梅，在《投资与合作》杂志 2012 年 6 月号，公开发表过《理解国家的合伙税收政策》一文。其中有观点认为：合伙企业虽不是纳税主体，但是“应纳税所得额”的核算主体。即在合伙企业层面必须先核算出“应纳税所得额”，再按照“先分后税”原则分配给每位合伙人。所以，这里的分配，分的是“税基”，不同于《合伙企业法》、会计上对利润的分配。

3. A 表、B 表的设计原理与“应纳税所得额”

也许还有财税朋友会说，A 表第 3 行也写的是“利润总额”，这不是在分配“利润”吗？为什么用公式计算个税的时候却要“分配”经营所得？

笔者的观点是，理解政策、制度不能只看文字表面。

相关个人所得税税收文件规定，给合伙人“分配”全部经营所得，是指纳税人按照税法规定申报缴纳经营所得个人所得税时，首先要把合伙企业层面的“应纳税所得额”分配给合伙人，即第一步是计算合伙人从合伙企业取得的经营所得；第二步是在经营所得扣除合伙人可以扣除的费用以后，再确定合伙人的应纳税所得额；第三步是依适用税率计算应纳税额。这里的申报一般指的是年度申报，适用的是B表。

而A表的月（季）度预缴申报（指查账征收户），此时给合伙人分配的就不一定是合伙企业层面的应纳税所得额了。这一点与企业所得税预缴申报的原理相同：有些超过税法规定标准列支的成本、费用，企业所得税预缴申报时可以不予调整。那么，预缴企业所得税的计税依据就不是企业的应纳税所得额。所以，A表第3行写“利润总额”不存在问题。

只是税法在这里规定“投资者的工资不得在税前扣除”，但即使A表第3行“利润总额”是合伙企业调整了“投资者的工资”后的余额，那也不是真正税法意义上的“应纳税所得额”，仍然只是查账征收户据实预缴申报时的预缴依据而已。

4. 合伙企业的会计核算与利润总额

合伙企业会计核算，依据《关于印发中小企业划型标准规定的通知》（工信部联企业［2011］300号）附件《中小企业划型标准规定》，根据企业规模大小执行《企业会计准则》或者《小企业会计准则》【注：《关于印发〈小企业会计准则〉的通知》（财会［2011］17号）附件】。

《小企业会计准则》第三条规定，符合本准则第二条规定的小企业，可以执行本准则。本准则未作规范的可参考《企业会计准则》中的相关规定进行处理。

也可以选择执行《企业会计准则》，但执行《企业会计准则》的，不得同时选择执行《小企业会计准则》的相关规定。

《小企业会计准则》适用于在中华人民共和国境内依法设立的、符合《中小企业划型标准规定》所规定的小型企业标准的企业，那么，合伙企业也不例外可以适用《小企业会计准则》。根据《小企业会计准则》的相关规定，符合条件选择《小企业会计准则》的小企业，在不违反会计准则中确认、计量和报告规定的前提下，可以根据企业的实际情况自行增设、分拆、合并会计科目。小企业不存在的交易或者事项，可不设置相关会计科目。对于明细科目，小企业可以比照本附录中的规定自行设置。

所以，符合条件选择《小企业会计准则》的合伙企业作为一类特殊的非法人主体，可以设置删除一些不存在业务的科目，增设一些需要的会计科目，也可对一些科目进行明细化。

比如，可增设“合伙人资本”等科目；也可删除“实收资本”“资本公积”“所得税费用”等科目。

具体如何适用，在“第四章：合伙企业合伙人权益会计核算和税会差异”部分介绍。

利润总额，是一项报表项目，因为合伙企业层面不缴纳企业所得税，所以没有所得税费用，那么，企业的利润总额就是净利润。

合伙企业的利润核算至关重要，因为是经营所得（个人所得税）纳税申报的基础。

合伙企业不能独立承担民事责任，投资者（即合伙人）不只是负责出资，还对合伙企业的债务对外承担无限连带责任。根据最早的权益理论，业主（合伙人）不论以什么名目从合伙企业取得的收入，都是企业运营带来的新增财富的一部分，皆属于企业的利润，不得作为企业的经营费用。

所以，合伙企业是否增设相关会计科目核算合伙人的“工资薪金”等，核算的利润总额可能不一致。

5. 合伙企业层面应纳税所得额的计算

合伙企业应纳税所得额的计算，是指对查账征收户，按照《国家税务总局个体工商户个人所得税计税办法》（国家税务总局令第 35 号，简称国家税务总局令第 35 号）、财税［2000］91 号附件 1《关于个人独资企业和合伙企业投资者征收个人所得税的法规》等文件，以会计核算的利润总额为基础进行的纳税调整。一般是在年报，即填写 B 表时进行。

但是，国家税务总局令第 35 号第十二条规定，“损失是指个体工商户在生产经营活动中发生的固定资产和存货的盘亏、毁损、报废损失，转让财产损失，坏账损失，自然灾害等不可抗力因素造成的损失以及其他损失。个体工商户发生的损失，减除责任人赔偿和保险赔款后的余额，参照财政部、国家税务总局有关企业资产损失税前扣除的规定扣除”；第三十九条规定，“个体工商户资产的税务处理，参照企业所得税相关法律、法规和政策规定执行”。

因此，合伙企业计算应纳税所得额，涉及资产的税务处理、发生的损失可参照企业所得税税前列支的相关政策进行处理。而“未列明的成本、费用”如何列支？目前没有充分明确的政策依据，实务中处理此类业务存在争议。总局应做出回应，鉴于现行企业所得税制度的规范和完善，明确其在一定范围内作为合伙企业（包括个人独资企业、个体工商户）计算应纳税所得额的准用性规范非常必要。限于本书探讨范围，在此不再展开。只介绍几个需要关注的点：

（1）应纳税所得额的计算，以权责发生制为原则，属于当期的收入和费用，不论款项是否收付，均作为当期的收入和费用；不属于当期的收入和费用，即使款项已经在当期收付，均不作为当期收入和费用。

本办法和财政部、国家税务总局另有规定的除外。

（2）严格区分国家税务总局令第35号第八条规定的“收入总额”中的“利息收入”与《国家税务总局关于〈关于个人独资企业和合伙企业投资者征收个人所得税的法规〉执行口径的通知》（国税函［2001］84号）第二条规定的“以合伙企业名义对外投资分回利息或者股息、红利的……”中的“利息”。

前者“利息收入”是基于双方借贷关系产生的收入，并入合伙企业的收入总额（比如国债利息收入，是国家通过借款、发行债券等方式所欠的债务而发生的利息，即不是向国家投资而取得，只是目前属免税所得】；而后者“利息”，是基于合伙企业向外投资所取得的利息，比如债券投资，双方之间是投资关系，此利息不并入合伙企业的收入，应单独作为投资者取得的利息所得，按照分配比例确定各个投资者的利息所得，分别按分类所得（“利息所得”）应税项目计算缴纳个人所得税（其中，法人合伙人并入企业所得计算缴纳企业所得税）。

（3）凡实行查账征收方式的合伙企业（也包括个人独资企业），应纳税所得额的计算比照国家税务总局令第35号的规定确定，但下列项目的扣除依照财税［2000］91号附件1第六条规定执行，因为以下六项费用扣除标准与个体工商户的执行标准不同（注：这里只列举财税（2008）65号、国家税务总局令第35号发布后仍存在不同的）：

A. 投资者及其家庭发生的生活费用不允许在税前扣除。投资者及其家庭发生的生活费用与企业生产经营费用混合在一起，并且难以划分的，全部视为投资者个人及其家庭发生的生活费用，不允许在税前扣除（注：个体工商户难以分清的费用，其40%视为与生产经营有关费用，准予扣除）。

B. 企业生产经营和投资者及其家庭生活共用的固定资产，难以划分的，由主管税务机关根据企业的生产经营类型、规模等具体情况，核定准予在税前扣除的折旧费用的数额或比例（注：个体工商户没有明确规定）。

C. 企业计提的各种准备金不得扣除。

（四）合伙人与分配比例

实务中有不少财税朋友问，那我申报时A表第6行、B表的第40行“合伙企业个人合伙人分配比例（%）”填写多少合适？我可以随意修改吗？

答案是肯定的：不能。

为什么会这么问？可能还是未弄清A表、B表中“合伙企业个人合伙人分配比例（%）”的源缘。2019年以前，纳税人在申报系统填表申报时，申报表带出来的是合伙企业各个合伙人的出资比例，且不可修改，等于默认了利润分配比例和经营所得分配比例就是出资比例。这其实存在很多问题。

新《个人所得税法》及其实施条例正式实施后，国家税务总局出台了系列配套政策和征管制度，包括我们前面介绍过的A表、B表的修订。电子服务平台“自然人电子税务局（ITS）”也全面上线。这时在自然人电子税务局（ITS）填写A表或者B表进行纳税申报的时候，“合伙企业个人合伙人分配比例（%）”支持维护了，也支持删除。这样，纳税人申报时，作为合伙人在申报系统“分配”取得的经营所得（数据）更接近其实际取得的经营所得，个人合伙人之间互负税负的难题迎刃而解（详情在“专题三：合伙人工资薪金等会计核算与经营所得分配比例再探讨”部分介绍）。

但是，维护和删除必须是有依据的。依据就是在合伙企业会计核算“利润总额”的基础上，经过纳税调整，计算出“每个合伙人从合伙企业取得的全部经营所得”占“合伙企业应纳税所得额”的份额，即百分比值。

可能这里有财税朋友会说：A表、B表中“合伙企业个人合伙人分配比例%”填表说明写着：“分配比例按照合伙协议约定的比例填写；合伙协议未约定或不明确的，按合伙人协商决定的比例填写；协商不成的，按合伙人实缴出资比例填写；无法确定出资比例的，按合伙人平均分配”。

那么我就按照这个填表说明，填写了合伙协议的约定（比如两合伙人平均分配利润）50%，这不是按照要求填写了分配比例吗？既符合《合伙企业法》的规定，又符合申报表的填表说明，没问题了吧？

不一定！

前面我们介绍过《合伙企业法》规定的利润分配和相关税法规定的“经营所得”分配，两者分配不在“一条线上”，分配对象，尤其分配比例具体数值两者可能不相等，所以不能混淆（详情在“专题二：合伙人领取的工资薪金、利息补贴，如何进行税务处理？”部分介绍）。

（五）合伙人涉税风险和应对

合伙人经营所得个人所得税涉及税务风险识别和应对，在“第三章：经营所得常见涉税风险识别及应对”部分介绍，这里不再展开探讨。

第二章 专题案例实务解析与拓展

笔者在30余年的基层税务实务工作中，接触了许多的财税人员，包括企业财务或是中介财税公司的人员，还有从事个税工作的税务人员。大家对合伙企业税收政策以及经营所得个人所得税的纳税申报都不太熟悉，在纳税申报中填报《个人所得税经营所得纳税申报表（A表）、（B表）、（C表）》更是云里雾里，错误很多。

所以，笔者以收集到的实务案例，根据合伙企业合伙人税务处理原理，结合《个人所得税经营所得纳税申报表（A表）、（B表）、（C表）》填报规则，主要介绍合伙企业经营所得个人所得税税收政策、实务操作、执行口径。希望能帮助到大家。当然，政策梳理与写作的过程，对自身也是一个学习提升业务能力的途径。不断地研究和探讨将是本人职业生涯的终极追求！

本专题的业务探讨，主要是对笔者在公众号“税和湛蓝”原推出的文章，根据现行税收政策和征管制度以及电子服务平台的升级、完善，再次进行全面梳理和重新写作，供大家一起学习讨论。希望所探讨的业务可以作为财税朋友理解、掌握合伙企业经营所得个税相关业务的参考资料。

专题一：合伙人个人月（季）度如何申报缴纳经营所得个人所得税？

基本信息：甲、乙、丙、丁四人成立了A会计师事务所（普通合伙），属查账征收户。甲、乙、丙、丁都是合伙事务的执行人。2019年年末A会计师事务所报表显示会计利润53万元。

其中，1—12 月收入总额 1 820.87 万元，成本费用 1 767.87 万元，且四人均无综合所得。合伙协议约定平均分配企业利润，无其他调整事项，也不考虑其他税金。

补充资料：甲、乙、丙、丁实际出资比例为 40%、20%、20%、20%。另外，甲购买了一款符合条件的商业健康保险，全年共计支付保费 2 600 元；丁 4 岁的小女儿正在上幼儿园，但是未在单位填报相关信息。

案情分析实务操作

（一）确定经营所得法定申报主体

合伙企业的个人合伙人取得来源于境内注册的合伙企业生产、经营所得，纳税义务人是自然人合伙人，法定申报主体也是自然人合伙人。

合伙企业有两个或者两个以上自然人合伙人的，应当分别填写 A 表进行纳税申报。

即 A 会计师事务所的四个合伙人甲、乙、丙、丁应分别填报 A 表进行申报。以甲在自然人电子税务局（税务端）申报为例（如图 2－1 所示）。

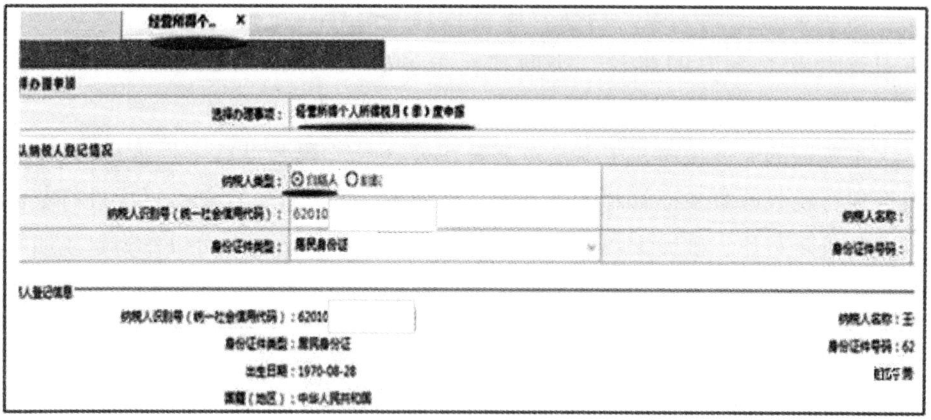

图 2－1　甲电子申报

当“选择办理事项”选择“经营所得个人所得税月（季）度申报”时，“纳税人类型”就锁定在“自然人”，“纳税人识别号（统一社会信用代码）”只能填写甲合伙人的“纳税人识别号（一般为身份证号码，这区别于 A 会计师事务所的纳税人识别号）。然后，点击【通过身份证阅读器读取身份信息】，从金三核心征管获取到与甲有投资关系的A会计师事务所的基础信息、征收方式等，然后点击【下一步】进入业务受理功能页面进行填表申报。

（二）税款的计算

1. 计算依据：《个体工商户个人所得税计税办法》（国家税务总局令第35号）；如果涉及其他未列明的成本、费用列支规定，则可依据企业所得税税前列支相关政策进行处理（需要具体问题具体分析）。

2. 计算步骤：

第一步：计算A会计师事务所生产经营活动的“应纳税所得额”

“应纳税所得额”＝收入总额－成本费用－损失

＝1 820.87－1 767.87＝53（万元）

第二步：计算甲、乙、丙、丁来源于A会计师事务所生产经营活动的经营所得。

依题意，甲、乙、丙、丁实际出资比例为40%、20%、20%、20%，那么申报时系统会在A表第6行“合伙企业个人合伙人分配比例（%）”带出合伙人的投资比例。现在要按照协议的约定平均分配企业利润，则可以在主管税务机关（一般在申报征收岗）对投资者分配比例进行修改（如图2－2所示）。

图2－2　未修改前的“分配比例”

注：输入A合伙企业的纳税人识别号，点击【获取最新数据】，则系统带出的“分配比例（%）”是甲、乙、丙、丁实际的出资比例40%：20%：20%：20%。然后，修改为实际的分配比例25%（重新获取会重置为系统数据）。

当然，纳税人进行申报时也可以自行修改、删除带出的投资比例。

那么，这里的“合伙企业个人合伙人分配比例（%）”应该修改为多少呢？

首先，根据《合伙企业法》的相关规定，合伙企业的利润分配、亏损分担，按照合伙协议的约定办理；合伙协议未约定或者约定不明确的，由合伙人协商决定；协商不成的，由合伙人按照实缴出资比例分配、分担；无法确定出资比例的，由合伙人平均分配、分担。本案中合伙协议约定平均分配合伙利润。那么，甲、乙、丙、丁应当按照25%的比例分配A合伙企业的利润53万元。

其次，如果案例中A会计师事务所的成本费用中不涉及合伙人工资薪金等所得的调整，那么，在经营所得个人所得税月（季）度预缴申报阶段，其余事项无需调整，合伙协议约定的利润分配比例和税法的“分配比例”相同（都采用“约定分配比例”这个顺序，且均为25%）。同时，分配对象（金额）也相等，是53万元。所以需要对第一步中企业层面的“应纳税所得额”正确理解。

这样，甲、乙、丙、丁各来源于合伙企业的经营所得 $=53\times25\%=13.25$（万元）。

第三步：计算甲、乙、丙、丁个人经营所得的应纳税所得额。

均无综合所得，所以，甲、乙、丙、丁各自的应纳税所得额 $=13.25-6$（减除费用）$=7.25$（万元）。

第四步，查找适用税率，计算应纳税额。

以甲为例，2019年应纳税额 = 应纳税所得额 × 适用税率 − 速算扣除数 $=7.25\times10\%-0.15=0.575$（万元）。

（三）填表申报

1. 申报渠道：甲、乙、丙、丁可以在自然人电子税务局（税务端），也可以通过自然人电子税务局（WEB端）进行申报，还可以在自然人电子税务局（扣缴端）由企业代办申报，或者由第三方代理记账公司在自然人电子税务局（客户端）代理申报。

2. 申报期限：甲、乙、丙、丁应当在月度或者季度终了后15日内，分别填报A表办理预缴纳税申报。

3. 填表：以甲为例（详见表2-1）：

表 2－1　　个人所得税经营所得纳税申报表（A 表）（截选）　　单位：元

□查账征收（据实预缴）　□查账征收（按上年应纳税所得额预缴）　□核定应税所得率征收 □核定应纳税所得额征收　□税务机关认可的其他方式		
项　　目	行次	金额/比例
一、收入总额	1	18 208 700.00
二、成本费用	2	17 678 700.00
三、利润总额（第 3 行 = 第 1 行 － 第 2 行）	3	530 000.00
四、弥补以前年度亏损	4	
五、应税所得率（%）	5	
六、合伙企业个人合伙人分配比例（%）	6	25.0000
七、允许扣除的个人费用及其他扣除（第 7 行 = 第 8 行 + 第 9 行 + 第 14 行）	7	60 000.00
（一）投资者减除费用	8	60 000.00
（二）专项扣除（第 9 行 = 第 10 行 + 第 11 行 + 第 12 行 + 第 13 行）	9	
1. 基本养老保险费	10	
2. 基本医疗保险费	11	
3. 失业保险费	12	
4. 住房公积金	13	
（三）依法确定的其他扣除（第 14 行 = 第 15 行 + 第 16 行 + 第 17 行）	14	
1.	15	
2.	16	
3.	17	
八、准予扣除的捐赠额（附报《个人所得税公益慈善事业捐赠扣除明细表》）	18	
九、应纳税所得额	19	72 500.00
十、税率（%）	20	10.00
十一、速算扣除数	21	1 500.00
十二、应纳税额（第 22 行 = 第 19 行 × 第 20 行 － 第 21 行）	22	5 750.00
十三、减免税额（附报《个人所得税减免税事项报告表》）	23	0
十四、已缴税额	24	0
十五、应补/退税额（第 25 行 = 第 22 行 － 第 23 行 － 第 24 行）	25	5 750.00

1. 甲 2 400 元的商业健康保险为什么没有扣除？

根据《国家税务总局关于推广实施商业健康保险个人所得税政策有关征管问题的公告》（国家税务总局公告 2017 年第 17 号）规定，取得个体工商户的生产经营所得、对企事业单位的承包承租经营所得的个体工商户业主、个人独资企业投资者、合伙企业个人合伙人和承包承租经营者（以下统称纳税人），对其购买的符合规定的商业健康保险产品支出，可按照《财政部 税务总局 保监会关于将商业健康保险个人所得税试点政策推广到全国范围实施的通知》（财税［2017］39号，简称财税［2017］39号）的规定标准在个人所得税前扣除。

这里的规定标准是指2 400元/年的限额扣除。

即纳税人按保单（保单凭证上打印有享受扣除必须的税优识别码，如没有，则不可以扣除）载明的年度总保费金额，在不超过2 400元/年的标准内据实扣除；一年内保费金额超过2 400元的部分，不得税前扣除。以后年度续保时，按上述规定执行。

享受扣除的时间，是在年度申报填报B表时，“扣除金额”具体填写至“允许扣除的其他费用”第56行（需注明商业健康保险），并且同时点击附表【商业健康保险】填报《商业健康保险税前扣除情况明细表》。主表和附表之间自动进行校验。也就是说，对于查账征收的纳税人，个人购买的符合条件的商业健康保险，税前可以享受的扣除金额，目前只能在B表填报扣除。

所以，案例中，纳税人甲报送A表预缴申报时，第14行“依法确定的其他扣除”“商业健康保险”置灰，不可填写数据来申报扣除。

2. 为什么不扣除丁可以享受的子女教育专项附加扣除呢？

根据《个人所得税法》第十五条第二款规定，取得经营所得的个人，没有综合所得的，计算其每一纳税年度的应纳税所得额时，应当减除费用6万元、专项扣除、专项附加扣除以及依法确定的其他扣除。

专项附加扣除在办理汇算清缴时减除。

所以，案例中，纳税人丁符合条件的子女教育专项附加扣除，可在次年3月31日前进行汇算清缴，报送B表时扣除。

当然，如果是实行核定征收的纳税人，不属于B表的适应范围，也不能扣除专项附加扣除。

3. 合伙人享受专项附加扣除，如何维护人员类别和相关信息？

一位纳税人问：合伙人每月不在合伙企业领取工资，在个税系统录入人员类别时选择雇员还是其他？如选择其他，合伙人个人个税显示无任职受雇信息，这样无法取得合伙人专项附加扣除数据，经营所得汇算清缴时系统不能预填专项附加扣除信息，请问如何处理？

是的，合伙人不同于雇员，在人员信息采集那里不该选择“雇员”，应选择“其他”（如图2-3所示）。

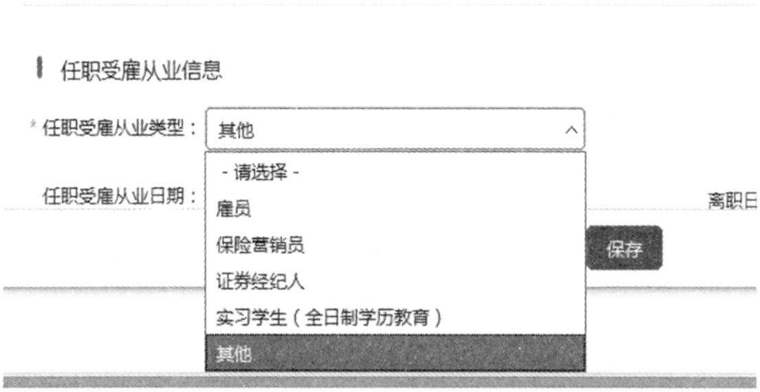

图 2－3　人员信息采集申报

经营所得年度汇算清缴申报时，如果纳税人只有经营所得，且任职受雇从业类型选择了“其他”，那么不能预填专项附加扣除信息，可以根据具体数据手动输入。

因为“专项附加扣除信息采集表”，针对取得综合所得的纳税人，如果纳税人只是取得经营所得，则不需要填写。当然如果纳税人在其他企业还有工资薪金，人员信息采集该纳税人的“任职受雇从业类型”选择了“雇员”，且填报过“专项附加扣除信息表”，则会在 B 表带出专项附加扣除信息。这时需要纳税人根据适用的税收政策以及具体情况进行选择，然后确定是否在经营所得中享受扣除。

4. 假设甲合伙人在其他单位供职，薪资所得以及综合所得汇缴还能扣除 6 万元的费用吗？

《个人所得税法实施条例》第十五条第二款规定，取得经营所得的个人，没有综合所得的，计算其每一纳税年度的应纳税所得额时，应当减除费用 6 万元、专项扣除、专项附加扣除以及依法确定的其他扣除。

关于是否减除费用，填表申报时 A 表一般会有提示（如图 2－4 所示）。

所以，计算经营所得个人所得税时，当合伙人有综合所得时，6 万元的减除费用应当在综合所得中扣除，不可以在经营所得中重复再扣除。

这一点不可以做反向思考：比如，我在经营所得中扣除了减除费用等，在综合所得中还可以扣除吗？

但这是以前的规定。《国家税务总局关于办理 2021 年度个人所得税综合所得汇算清缴事项的公告》（国家税务总局公告 2022 年第 1 号，简称国家税务总局公告 2022 年第 1 号）规定，同时取得综合所得和经营所得的纳税人，可在

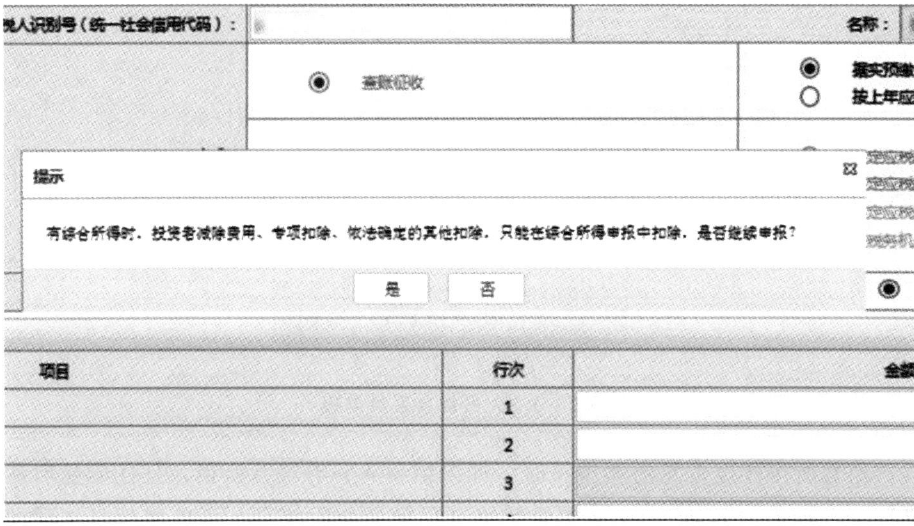

图 2-4　A 表申报

综合所得或经营所得中申报减除费用 6 万元、专项扣除、专项附加扣除以及依法确定的其他扣除，但不得重复申报减除。也就是说，纳税人汇算 2021 年的经营所得和综合所得时，就可以选择扣除。

同时，为了减少税务风险，申报系统也做了一些调整：对已经在经营所得年度汇算填报减除费用、三险一金、专项附加扣除等扣除的纳税人，在提供综合所得年度汇算预填服务时，将减除费用等数据设置为 0（即无法填报）；而对于想重新选择的纳税人，系统也支持纳税人更正经营所得申报后在综合所得年度汇算中扣除 6 万元/年的减除费用。本案中，甲选择在经营所得中扣除 6 万元的减除费用，没问题，但是不能在综合所得中重复扣除。

专题拓展

1．对于实行核定征收的纳税人，商业健康保险如何扣除？

实行核定征收的纳税人，可以在填报 A 表的最后一个月（月报）或者最后一个季度（季报）申报时，或者被投资单位注销申报时，点击【商业健康险】进行填写扣除，其他税款所属期，第 14 行“依法确定的其他扣除”“商业健康保险”置灰，不可以扣除。

扣除时应向主管税务机关报送《商业健康保险税前扣除情况明细表》，主管税务机关按程序相应调减其应纳税所得额或应纳税额。纳税人未续保或退保的，应当及时告知主管税务机关，终止商业健康保险税前扣除。那么，依据目前的核定征收方式以及申报制度、规则，笔者判断，核定应税所得率、核定应纳税所得、核定征收率征收的纳税人，都可以在A表最后一个月（或季度）申报，或者被投资单位注销时申报扣除，因为这些征收方式在A表有应纳税所得额或者应纳税额（目前无实务案例，无法验证）。

2. 可享受税前扣除的商业健康保险，包括单位（或者单位和个人共同）购买的吗？

财税［2017］39号第二条规定，适用商业健康保险税收优惠政策的纳税人，是指取得工资薪金所得、连续性劳务报酬所得的个人，以及取得个体工商户生产经营所得、对企事业单位的承包承租经营所得的个体工商户业主、个人独资企业投资者、合伙企业合伙人和承包承租经营者。

第四条（一）规定，单位统一组织为员工购买或者单位和个人共同负担购买符合规定的商业健康保险产品，单位负担部分应当实名计入个人工资薪金明细清单，视同个人购买，并自购买产品次月起，在不超过200元/月的标准内按月扣除。那么，个体工商户、个人独资企业或合伙企业为投资人购买（或者与投资人共同购买）符合规定的商业健康保险产品支出，单位负担的部分，是否也应计入投资人的经营所得，视同个人购买，然后在纳税人（投资人）的经营所得中限额扣除？笔者认为可以。

3. 个人从中国境内两处或者两处以上取得经营所得，符合条件的商业健康保险如何扣除？

个人在中国境内从两处或者两处以上取得经营所得或者承包承租经营所得，且自行购买商业健康保险的情形，如何在税前扣除商业健康保险，文件未做明确规定。是否和文件已明确的工资薪金所得一样“只能选择在其中一处扣除”？笔者理解应该是的。

最后需要注意，普通的商业健康保险和有税优识别码的“税优健康险”是不同的。可以个人所得税税前扣除的商业健康保险必须是有税优识别码的。

4. 个人税收递延型商业养老保险优惠政策（包括查账征收、核定征收）。

目前政策明确，计算经营所得个人所得税时，在个人层面可扣除的保险有两类，除前面介绍的商业健康保险外，还有递延型商业养老保险。根据《财政部 税务总局 人力资源社会保障部 中国银行保险监督管理委员会 证监会关于开展个人税收递延型商业养老保险试点的通知》（财税［2018］22号）、《国家税务总局关于开展个人税收递延型商业养老保险试点有关征管问题的公告》（国家税务总局公告2018年第21号）的相关规定，试点地区内的纳税人可以享受递延型养老保险税前扣除的优惠政策。目前试点地区包括上海市、江苏省、福建省（含厦门市），自2018年5月1日起实施。

享受递延型养老保险税前扣除优惠政策的个人，凭中国保险信息技术管理有限责任公司相关信息平台出具的《个人税收递延型商业养老保险扣除凭证》（以下简称“税延养老扣除凭证”），办理税前扣除。

分别情况涉税处理如下：

A. 取得经营所得的个体工商户业主、个人独资企业投资者、合伙企业自然人合伙人和承包承租经营者，属查账征收的纳税人，其购买的符合规定的养老保险产品支出，准予在年度申报时按当年金额和扣除限额孰低的方法计算可扣除额（即予以限额据实扣除）。

具体扣除限额填报至B表的第57行“允许扣除的其他费用”（需注明税延养老保险），同时点击附表【税延养老保险】填报《个人税收递延型商业养老保险税前扣除情况明细表》。

这里的扣除限额按照不超过当年应税收入的6%和12 000元孰低办法确定。而合伙企业自然人合伙人的应税收入按合伙企业收入总额乘以合伙人分配比例确定。

B. 实行核定征收的，可以在A表的最后一个月（月报）或者最后一个季度（季报）申报时，或者被投资单位注销申报时，点击附表【税延养老保险】进行填写扣除。其他税款所属期，也灰置不可以扣除。并同时向主管税务机关报送《个人税收递延型商业养老保险税前扣除情况明细表》和税延养老扣除凭证，主管税务机关按程序相应调减其应纳税所得额或应纳税额。

纳税人缴费金额发生变化、未续保或退保的，应当及时告知主管税务机关，重新核定应纳税所得额或应纳税额。

C. 个人在试点地区范围内从两处或者两处以上取得所得的，只能选择在其中一处享受试点政策。

D. 计入个人商业养老资金账户的投资收益，在缴费期间暂不征收个人所得税。

5. 递延型商业养老保险金领取时个人所得税相关政策。

《财政部 税务总局关于个人取得有关收入适用个人所得税应税所得项目的公告》（财政部 税务总局公告2019年第74号）规定，个人按照财税［2018］22号规定领取的税收递延型商业养老保险的养老金收入，其中25%部分予以免税，其余75%部分按照10%的比例税率计算缴纳个人所得税，税款计入“工资、薪金所得”项目，由保险机构代扣代缴后，在个人购买税延养老保险的机构所在地办理全员全额扣缴申报。

这里需要特别关注：《关于个人养老金有关个人所得税政策的公告》（财政部 税务总局公告2022年第34号，简称34号公告）第六条第二款第二项规定，上海市、福建省、苏州工业园区等已实施个人税收递延型商业养老保险试点的地区，自2022年1月1日起统一按照本公告规定的税收政策执行。即上述试点地区，2022年1月1日起，不再执行个人税收递延型商业养老保险税收政策，统一执行个人养老金的税收政策。关于个人养老金的税收政策以及征管制度，可从以下方面进行了解：

A. 本公告规定的税收政策，自2022年1月1日起在个人养老金先行城市实施。先行城市名单由人力资源社会保障部会同财政部、税务总局另行发布。

B. 自2022年1月1日起，对个人养老金实施递延纳税优惠政策。在缴费环节，个人向个人养老金资金账户的缴费，按照12000元/年的限额标准，在综合所得或经营所得中据实扣除；在投资环节，计入个人养老金资金账户的投资收益暂不征收个人所得税；在领取环节，个人领取的个人养老金，不并入综合所得，单独按照3%的税率计算缴纳个人所得税，其缴纳的税款计入“工资、薪金所得”项目。

C. 个人缴费享受税前扣除优惠时，以个人养老金信息管理服务平台出具的扣除凭证为扣税凭据。

D. 取得工资薪金所得、按累计预扣法预扣预缴个人所得税劳务报酬所得的，其缴费可以选择在当年预扣预缴或次年汇算清缴时在限额标准内据实扣除。选择在当年预扣预缴的，应及时将相关凭证提供给扣缴单位。扣缴单位应按照本公告有关要求，为纳税人办理税前扣除有关事项。取得其他劳务报酬、稿酬、特许权使用费等所得或经营所得的，其缴费在次年汇算清缴时在限额标准内据实扣除。

E. 个人按规定领取个人养老金时，由开立个人养老金资金账户所在市的商业银行机构代扣代缴其应缴的个人所得税．商业银行有关分支机构应及时对在该行开立个人养老金资金账户纳税人的纳税情况进行全员全额明细申报，保证信息真实准确。

那么就是说，在“先行城市名单”中所在地区的个体工商户业主、个人独资企业投资人、合伙企业个人合伙人、承包承租经营者个人以及其他从事生产、经营活动的个人，在中国境内取得经营所得，于2023年的1月1日至3月31日汇算清缴2022年度的经营所得个人所得税时，就可依据上述政策享受个人养老金递延纳税优惠政策。另外，有几个应注意的细节：Ⅰ根据《国务院办公厅关于推动个人养老金发展的意见》，在中国境内参加城镇职工基本养老保险或者城乡居民基本养老保险的劳动者，可以参加个人养老金制度。个人养老金实行个人账户制度，缴费完全由参加人个人承担，实行完全积累．那么，对投资人也如此。所以，投资人参加个人养老金制度的缴费，在纳税人计算其经营所得的应纳税所得额时按照规定扣除，与企业（层面）的成本费用无关。Ⅱ符合条件的个人缴费享受税前扣除优惠，可以在综合所得或经营所得中据实扣除，所以，年度内既有综合所得又有经营所得的纳税人，可以选择扣除。只不过选择在经营所得（包括在其他劳务报酬、稿酬、特许权使用费等综合所得）中扣除的，纳税人只能在次年办理汇算清缴时在限额标准内据实扣除。具体可以扣除的个人养老金，应该填写在B表第55行"（四）、依法确定的其他扣除"项下的行次【申报时是否需填写附表？目前（截至2023年1月10日）政策不明确】。并且按照目前规定，选择在经营所得或综合所得中扣除后，年内不能再改变。Ⅲ 最需要关注的是，达到法定条件，个人按规定领取的个人养老金（不论缴费环节是在综合所得还是在经营所得中扣除的），不并入综合所得，单独按照3%的税率计算缴纳个人所得税，其缴纳的税款计入"工资、薪金所得"项目。所以，参加个人养老金制度，不但要关注纳税的递延，也应关注所得项目以及适用税率的变化。

专题二：合伙人领取的工资薪金、利息补贴，如何进行税务处理？

基本信息：A有限合伙企业，查账征收，有两个合伙人：某高校王教授，是有限合伙人（简称LP），货币出资100万元；张某，普通合伙人（简称GP），执行合伙企业事务，以劳务出资。并且约定：张某每月从合伙企业领取工资1万元；王教授每月领取0.5万元作为利息补贴，其余经营所得两人平均分配。

2019年，A合伙企业年收入总额500万元，支付雇佣人员工资、薪金等费用100万元，支付水、电、房租等办公费用100万元，张某全年领取工资12万元，王教授全年领取利息补贴6万元。

2019 年前三季度，A 合伙企业为王教授、张某代办了《个人所得税经营所得纳税申报表（A 表）》预缴申报，已预缴经营所得个人所得税分别为 20.9 万元、20 万元。

补充资料：2019 年张某无综合所得。2020 年 1 月，在武汉发生疫情后，张某通过在医院工作的好友直接给某医院捐款 20 万元、口罩 8 000 个。

王教授缴纳特殊党费 1 万元。

案情分析实务操作

（一）确定经营所得法定纳税义务人以及申报主体

合伙企业的个人合伙人取得来源于境内注册的合伙企业生产、经营的所得，纳税义务人、法定申报主体都是自然人合伙人。

合伙企业有两个或者两个以上自然人合伙人的，应分别填写 A 表办理个人所得税预缴纳税申报。

合伙人王教授、张某应分别填报 A 表。以王教授为例（如图 2－5 所示）。

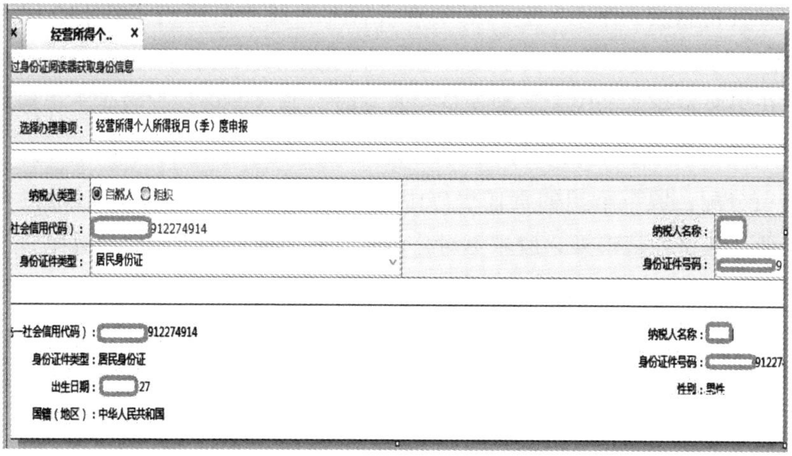

图 2－5　王教授填报 A 表

选择申报渠道之一“自然人电子税务局（税务端）进行纳税申报。申报操作说明已经在“专题一：合伙人个人月（季）度如何申报缴纳经营所得个人所得税？”介绍，在这里不再赘述。

（二）税款计算

1. 计算依据：《个体工商户个人所得税计税办法》（国家税务总局令第35号）；

2. 计算步骤：

第一步：计算A合伙企业生产经营活动的“应纳税所得额”。

“应纳税所得额” = 收入总额 - 成本费用 - 损失 = 500 - 100 - 100 = 300（万元）；或者“应纳税所得额” = 282 + 12 + 6 = 300（万元）。

对于在企业层面的这一步计算，大家疑议或者在实务中有困惑的还是“张某工资薪金12万元和王教授利息补贴6万元（合计18万元）”的处理。

首先说明，因为是A表的预缴申报，所以这里的“应纳税所得额”既不是税法意义上经过纳税调整的“应纳税所得额”，也和一般企业的利润总额不同，所以加了“ ”号。

为什么在这里计算A合伙企业生产经营活动的“应纳税所得额”时18万元“不减去”或者需要“加回来”？为什么不能和企业所得税一样允许其在税前扣除呢？笔者理解，商事主体即企业组织形式不同，投资人的权益也不同。

比如公司制法人企业，公司的所有者权益是股东的所有者权益，股东认缴（或实缴）的出资额（注册资本或股本），除衡量股东对公司承担出资责任的大小，还代表股东权益的大小：如在公司盈利时，对企业税后利润应当先提取法定公积金（还可提取任意公积金），然后才可按照股东权益的大小（所占股份比例）进行分配；股东承担的责任也有限，即股东只对公司承担按时足额缴纳出资的义务，除特殊情形外，股东不对公司的对外债务承担责任。也就是说，在股东有限责任和公司独立法人资格的规范下，法人的财产和股东个人财产完全分离，公司和股东之间存在“一道风险隔离带”，所以，风险隔离后的股东换个身份可以在公司任职受雇（比如持有公司股份的董、监、高们），并且任职受雇取得的工资薪金会计上可以在费用中列支，当然也可以在企业所得税税前列支。

而合伙企业作为非法人主体，企业经营决策权、利益分配权都很灵活，只要合伙人之间协商一致，无冲突时（当然指合法经营前提下）外界则不横加干涉。但是合伙企业不能独立承担民事责任，投资者（即合伙人）不只是负责出资，还应当对合伙企业的债务对外承担无限连带责任，对内承担协议约定的按份责任。

任何一个企业的设立都有目标，使所有者权益（收益）最大化是根本的目标。而在最早的权益（权益分为债权人权益和所有者权益，这里说的是所有者权益，不是债权人权益）理论中，占主导地位且与合伙企业组织形式相对应的、企业的存在就是为业主（合伙人）创造价值。业主（合伙人）之外的人，都相当于“外部人”，与企业的关系是债权债务关系。那么，企业计量的收益，应该反映在一定期间为业主（合伙人）创造了多少财富（这就是业主权益理论），即站在业主（合伙人）角度来衡量权益（其他的都在债权人权益当中去反映）：哪些是业主（合伙人）的收入？哪些是业主（合伙人）的费用？然后收益是多少？而收益，就是指一个主体期末与期初财富的“扎差”，即增量。所以，合伙人的工资、薪金，还有作为投资补偿的“利息补贴”等等，不论以什么名目分享给合伙人，都是企业运营带来的、新增财富的一部分，皆属于企业的利润，不是企业的经营费用。

当然，非合伙人的工资薪金支出，则属于经营费用，可以在核算合伙企业的利润总额时扣除。回到本案例，A 合伙企业的经营利润应该是 300 万元（即 500 - 100 - 100 = 300 万元）。所以，如果合伙企业基于上述权益理论进行会计核算，利润总额 300 万元，和第一步按照税法计算的 A 合伙企业生产经营活动的“应纳税所得额”300 万元是一致的。

也就是说，会计核算的利润总额 300 万元，其中 18 万元已经以利息补贴和工资薪金的名义分给了王教授（6 万元）和张某（12 万元）；其余 282 万元再平均分配；

而按照个税法相关规定，合伙人填报 A 表进行预缴申报时，分配的对象也是 300 万元。其中王教授 147 万元，张某 153 万元，所以，不涉及“合伙人工资薪金和利息补贴等”项目的调整。

实务中，许多财税人员因为把握不准这块业务的会计核算（甚至一直误以为合伙企业会计核算没有可依据的会计准则，笔者曾很长一段时间也这么认为），加之国家税务总局在 2000 年 8 月 23 日发布《国家税务总局关于律师事务所从业人员取得收入征收个人所得税有关业务问题的通知》（国税发［2000］149 号，简称国税发［2000］149 号），其中第一条规定“律师个人出资兴办的独资和合伙性质的律师事务所的年度经营所得，从 2000 年 1 月 1 日起，停止征收企业所得税，作为出资律师的个人经营所得，按照有关规定，比照‘个体工商户的生产、经营所得’应税项目征收个人所得税。在计算其经营所得时，出资律师本人的工资、薪金不得扣除。”所以，就认为在计算经营所得时“合伙企业合伙人的工资薪金等不可以扣除”是源于税法的规定，这个理解是有偏差的。

关于合伙企业会计核算，前面已介绍过，依据《中小企业划型标准规定》，根据企业规模大小可选择执行《企业会计准则》或者《小企业会计准则》。选择《小企业会计准则》的，在不违反会计准则中确认、计量和报告规定的前提下，可以根据企业的实际情况自行增设、分拆、合并会计科目。

如果企业设置了“合伙人资本”、“合伙人提款（或往来）”等科目，并且合伙人的工资薪金等没有在合伙企业的成本费用中核算，那么，国税发［2000］149号第一条的规定，就是类似于一种注意性规定，换言之，只是起到提示的作用，是对合伙人填报A表进行纳税申报时，对分配对象（“应纳税所得额”）确认的一种提示，并不会对合伙企业会计要素确认、计量产生影响。

相反，这种会计核算方式下，如果税法允许在预缴申报A表中的分配对象（“应纳税所得额”）可以扣除合伙人的工资薪金、利息补贴等，那么就是类似法律拟制性的规定了。这时，税会存在差异，纳税申报时需要在会计基础上进行纳税调整，但也是通过申报表进行调整，不涉及会计处理，在此我们不展开讨论。

但是，如果合伙企业执行《企业会计准则》或者《小企业会计准则》进行核算，未增设“合伙人资本（或投资）”、“合伙人提款（或往来）”等科目，直接把合伙人的工资、薪金，利息补贴等项目核算到费用了，则存在税会差异。那么纳税申报填报A表就应该进行调整，把扣除的18万元加回来。

即会计核算利润总额为282万元，税法却要求在A表分配的是经过调整的300万元。

这就是第一章提到的“经营所得分配与利润分配的关系”。按照《合伙企业法》，王教授和张某依据合伙协议【1】平均分配282万元利润；而按照个税法，在填报A表预缴申报时，应该依据合伙协议【2】分配300万元。这里的合伙协议【2】包括两部分：一是张某每月从合伙企业领取工资1万元和王教授每月领取0.5万元作为利息补贴；二是其余经营所得（利润）282万元两人平均分配（即合伙协议【1】）。

这也就是A表填表说明“分配比例按照合伙协议约定的比例填写”中的“合伙协议【2】”。

进一步理解：合伙协议【2】是税法从整体的角度看：合伙人从合伙企业取得“经营所得合计”占“合伙企业的应纳税所得额”的比例。

至此，可以清晰看到：《合伙企业法》规范的利润分配对象、分配协议【1】以及分配比例（可能同时有好几个），与税法要规范的“应纳税所得额”分配对象、分配协议【2】以及分配比例会有不同，这很正常，因为是不同领域的分配，涵义也不同。

第二步：计算王教授、张某来源于A合伙企业生产经营活动的经营所得 。

按照“合伙协议【2】”：

王教授来源于A合伙企业的经营所得额 = 282 ÷ 2 + 6 = 147（万元）

张某来源于A合伙企业的经营所得额 = 282 ÷ 2 + 12 = 153（万元）

第三步：计算王教授、张某个人经营所得的应纳税所得额。

王教授有综合所得，减除费用6万元、专项扣除、专项附加扣除以及依法确定的其他扣除在综合所得的应纳税所得额中扣除的，不能在经营所得重复扣除。所以，应纳税所得额 = 147万元；

张某无综合所得，计算其年度的应纳税所得额时，应当减除费用6万元、专项扣除、专项附加扣除以及依法确定的其他扣除。

其中，专项附加扣除在办理汇算清缴时减除。

张某2019年应纳税所得额 = 153 - 6（减除费用）= 147（万元）。

第四步：查找适用税率，计算应纳税额。

王教授：2019年应纳税额 = 应纳税所得额 × 适用税率 - 速算扣除数 = 147 × 35% - 6.55 = 44.9（万元），已预缴20.9万元，应补缴24万元；

张某：2019年应纳税额 = 应纳税所得额 × 适用税率 - 速算扣除数 = 147 × 35% - 6.55 = 44.9（万元），已预缴20万元，应补缴24.9万元。

（三）纳税申报

1. 申报渠道：王教授、张某可以在自然人电子税务局（税务端）（即办税服务大厅）申报，也可以通过自然人电子税务局（Web端）进行申报，还可以在自然人电子税务局（客户端）由企业代办申报或者第三方代理申报等；

自然人电子税务局（手机APP）也设计了经营所得申报功能模块，但是截止修稿时（2021年6月29日）还未启用，请纳税人随时关注官方动态，以进行便捷纳税申报。

至于合伙人缴纳税款的方式，总体是自行缴款；具体方法有银联缴款、银行端凭证缴款或者投资人与税务局、银行签订的三方协议缴款，因各地不一，这里不再展开讨论。

2. 申报期限：王教授、张某应当在月度或者季度终了后15日内，分别填写A表办理预缴纳税申报。

3. 填表申报：

填表申报，首先需要计算A表第6行的“合伙企业个人合伙人分配比例

（%）”，因为本案例中绝对不是50%。

王教授来源于A合伙企业的经营所得147万元，占调整后的企业利润（即“应纳税所得额”）的百分比 = 147 ÷ 300 = 49%；

张某来源于A合伙企业的经营所得153万元，占调整后的企业利润（即“应纳税所得额”）的百分比 = 153 ÷ 300 = 51%；

然后以王教授为例（详见表2-2）填报。

表2-2　　个人所得税经营所得纳税申报表（A表）（截选）　　单位：元

□查账征收（据实预缴）　□查账征收（按上年应纳税所得额预缴）　□核定应税所得率征收 □核定应纳税所得额征收　□税务机关认可的其他方式		
个人所得税计算		
项　　目	行次	金额/比例
一、收入总额	1	5 000 000.00
二、成本费用	2	2 000 000.00
三、利润总额（第3行 = 第1行 - 第2行）	3	3 000 000.00
四、弥补以前年度亏损	4	
五、应税所得率（%）	5	
六、合伙企业个人合伙人分配比例（%）	6	49.0000
七、允许扣除的个人费用及其他扣除（第7行 = 第8行 + 第9行 + 第14行）	7	0
（一）投资者减除费用	8	0
（二）专项扣除（第9行 = 第10行 + 第11行 + 第12行 + 第13行）	9	
1. 基本养老保险费	10	
2. 基本医疗保险费	11	
3. 失业保险费	12	
4. 住房公积金	13	
（三）依法确定的其他扣除（第14行 = 第15行 + 第16行 + 第17行）	14	
1.	15	
2.	16	
3.	17	
八、准予扣除的捐赠额（附报《个人所得税公益慈善事业捐赠扣除明细表》）	18	

续表

个人所得税计算		
项　　目	行次	金额/比例
九、应纳税所得额	19	1 470 000.00
十、税率（%）	20	35.0000
十一、速算扣除数	21	65 500.00
十二、应纳税额（第22行=第19行×第20行-第21行）	22	449 000.00
十三、减免税额（附报《个人所得税减免税事项报告表》）	23	0
十四、已缴税额	24	209 000.00
十五、应补/退税额（第25行=第22行-第23行-第24行）	25	240 000.00

注：1. 第6行“合伙企业个人合伙人分配比例（%）”为49%。因为材料交代王教授、张某实际出资比例为100%：0，而按照个税法计算的分配比例为49%：51%，则必须对“合伙企业个人合伙人分配比例（%）”进行修改【可以在主管税务机关（一般在申报征收岗）“投资者分配比例维护（ITS）”岗修改（修改后，重新获取会重置为系统数据），纳税人也可根据实际的具体分配比例自行维护】。

2. 第8行“投资者减除费用”修改为0（王教授有综合所得，所以不能重复扣除），然后自动代出第7行的“允许扣除的个人费用及其他扣除”为0（只说本案例，有9至17行其他扣除的除外）。

专题拓展

1. 劳务出资与工资薪金所得。

根据《合伙企业法》的相关规定，合伙人以劳务出资的（或者说出资人以其所掌握的技术、管理经验作为资本入股），其在合伙企业对企业进行的日常管理系其履行出资人的出资义务，这区别于劳动者向用人单位提供劳务。根据出资人之间的合作协议约定，出资人每月从合伙企业领取一定数额的“工资”属于出资权益，即属于税法规定的经营所得【具体可参阅司法判例（2017）湘0104民初7835号、（2018）湘01民终1197号】。

2. 合伙人的工资薪金等在预缴申报时调整还是等到汇算清缴时调整？

有财税朋友说，在A表预缴申报时合伙人的工资薪金等可以扣除，在汇算清缴填报B表时再调整。笔者认为不妥，最简单的理由：比如在本案例中，合伙人的工资薪金等如果在第2行的“成本费用”中包括了，那么第8行再扣除“投资者减除费用”，不是重复扣除了吗？这完全不符合个税法相关规定。况且，自然人投资人（合伙人）6 000元/月的费用扣除是所得税扣除项（在申报中扣除），不是合伙企业的费用扣除项目（即不在合伙企业的账面核算）。

所以，纳税人在填报 A 表进行预缴申报时，就应该对合伙人的工资薪金等项目依据会计核算作出判别，然后针对性进行处理，再进行纳税申报。

还有财税朋友说：在 B 表第 35 行不是可以调整“投资者工资薪金支出”吗？所以在 A 表可以扣除。

是的，在 B 表第 35 行能进行调整，但那是汇算清缴时 B 表的调整项目，前提是 B 表第 3 行“成本费用”中包括了合伙人工资薪金等，按照税法必须进行的调整。这和 A 表预缴时的调整不是一回事，不是一个阶段的事。难道说在 A 表第 3 行调整了就可以在 B 表的第 35 行不调整了？如果是，那么 B 表第 3 行“成本费用”中列支的合伙人工资薪金怎么办？

一位财税朋友的留言可以帮助大家理解这一点：月（季）度预缴申报时的 A 表，第 3 行“利润总额”应该是不扣除合伙人工资薪金和利息补贴等的金额，这样可以避免重复扣除；而汇算清缴时 B 表第 11 行的“利润总额”按会计利润填写，金额是扣除了合伙人工资薪金和利息补贴等后的金额，因为在第 35 行可调整，所以，不担心重复扣除。

3. 合伙人与全年一次性奖金税收政策。

有纳税人问：合伙人可以适用全年一次性奖金计征个税的政策吗？

《国家税务总局关于调整个人取得全年一次性奖金等计算征收个人所得税方法问题的通知》（国税发［2005］9 号）第一条规定，全年一次性奖金是指行政机关、企事业单位等扣缴义务人根据其全年经济效益和对雇员全年工作业绩的综合考核情况，向雇员发放的一次性奖金。

上述一次性奖金也包括年终加薪、实行年薪制和绩效工资办法的单位根据考核情况兑现的年薪和绩效工资。

《财政部关于个人所得税法修改后有关优惠政策衔接问题的通知》（财税［2018］164 号）第一条规定，居民个人取得全年一次性奖金，符合国税发［2005］9 号规定的，在 2021 年 12 月 31 日前，不并入当年综合所得，以全年一次性奖金收入除以 12 个月得到的数额，按照本通知所附按月换算后的综合所得税率表（以下简称月度税率表），确定适用税率和速算扣除数，单独计算纳税。计算公式为：

应纳税额 = 全年一次性奖金收入 × 适用税率 − 速算扣除数

居民个人取得全年一次性奖金，也可以选择并入当年综合所得计算纳税。

根据《关于延续实施全年一次性奖金等个人所得税优惠政策的公告》（财政部 税务总局公告 2021 年第 42 号），此政策执行期限延长至 2023 年 12 月

31 日。

这里有几点需要关注：（1）在一个纳税年度内，对每一个纳税人，该计税办法只允许采用一次。如果一个人年内在几处取得数次奖金，那么只能选取其中一处一次（这里的次指一月）的奖金来适用政策。实务中有人说同一月份的几处可以合并适用，这是错误的理解。（2）年内发放时可以先分开单独计算缴纳个税，年度汇算时再重新选择是否适用该政策。选择不适用则合并计税（这样更有利于个税筹划）。（3）如果没有全年一次性奖金，有半年奖、季度奖、加班奖、先进奖、考勤奖等，则可以选择其中一项适用该政策。

而在一个单位，是合伙人就不是雇员，合伙人不同于雇员。

所以，合伙企业向雇员发放的绩效奖金可以适用全年一次性奖金优惠政策。但合伙人不适用。

专题三：合伙人工资薪金等会计核算与经营所得分配比例再探讨

基础信息：A 律师事务所（普通合伙），属查账征收，增值税一般纳税人，核为按月申报。四位合伙律师：甲律师，货币出资 60 万元，乙律师出资 20 万元，丙、丁各出资 10 万元。合伙协议约定：甲律师每月领取工资 0.75 万元，其余为办案分成。乙、丙、丁三位律师只领办案分成。其余利润四人平均分配。

2020 年 1—8 月，A 律师事务所收入总额 850 万元，支付雇佣律师及兼职律师、行政人员工资、薪金等费用 550 万元，支付水、电、房租等办公费用 100 万元。甲律师 1—8 月领取工资 6 万元，办案分成 110 万元，乙、丙、丁律师办案分成分别为 20 万元，10 万，10 万。1—8 月利润 44 万。合伙协议约定 A 律师事务所报销合伙人办案费用。

8 月前，A 律师事务所已为合伙律师代办申报了 A 表。其中，为甲、乙律师代办申报已预缴个人所得税分别为 264 179.96 元、21 577.71 元。

案例分析实务操作

一、确定经营所得法定纳税义务人以及申报主体

纳税义务人、法定申报主体：甲、乙、丙、丁。

甲、乙、丙、丁律师应分别填报 A 表，办理经营所得（个税）预缴纳税申报。

二、税款计算

（一）计算依据

《个体工商户个人所得税计税办法》（国家税务总局令第 35 号）；

（二）税款计算

第一步：计算 A 律所生产经营活动的“应纳税所得额”。

“应纳税所得额”=收入总额－成本费用－损失=850－550－100=200（万元）

或者应纳税所得额=44+6+110+10+20+10=200（万元）

第二步：计算甲、乙律师来源于 A 律所的生产经营活动经营所得。

A 律所“利润”为 44 万元，合伙人平均分配，所以，甲、乙、丙、丁律师来源于 A 律所的经营所得、占比分别为：

甲律师来源于 A 律所的经营所得额=44÷4+6+110=127（万元）

经营所得占 A 律所“应纳税所得额”（%）=127÷200=63.5%

乙律师来源于 A 律所的经营所得额=44÷4+20=31（万元）

经营所得占 A 律所“应纳税所得额”（%）=31/200=15.5%

（同理：丙、丁取得经营所得占 A 律所“应纳税所得额”比例分别为 10.5%、10.5%）。

第三步：计算甲、乙律师个人经营所得的应纳税所得额。

（假设甲、乙律师均没有综合所得，则可以扣除基本减除费用、专项扣除、专项附加扣除以及依法确定的其他扣除。其中，专项附加扣除在办理汇算清缴时减除）

甲律师 1—8 月份“应纳税所得额”=127－0.5×8=123（万元）；

乙律师 1—8 月份“应纳税所得额”=31－0.5×8=27（万元）。

第四步：查找适用税率，计算应纳税额。

甲律师：1—8 月应纳税额=应纳税所得额×适用税率－速算扣除数=1 230 000×35%－65 500=365 000（元），已预缴 264 179.96 元，应补缴 100 820.04 元；

乙律师：1—8 月应纳税额=应纳税所得额×适用税率－速算扣除数=

270 000×20% −10 500 =43 500（元），已预缴 21 577.71 元，应补缴 21 922.29 元。

三、填表申报

（一）申报方式：略

（二）申报路径：略

（三）申报期限：9 月 15 日前。

（四）填表申报：以甲、乙为例（详见表 2－3、表 2－4）。

表 2－3　甲律师个人所得税经营所得纳税申报表（A 表）（截选）　单位：元

□查账征收（据实预缴）　□查账征收（按上年应纳税所得额预缴）　□核定应税所得率征收　□核定应纳税所得额征收　□税务机关认可的其他方式		
个人所得税计算		
项　　目	行次	金额/比例
一、收入总额	1	8 500 000.00
二、成本费用	2	6 500 000.00
三、利润总额（第 3 行 = 第 1 行 − 第 2 行）	3	2 000 000.00
四、弥补以前年度亏损	4	
五、应税所得率（%）	5	
六、合伙企业个人合伙人分配比例（%）	6	63.5000
七、允许扣除的个人费用及其他扣除（第 7 行 = 第 8 行 + 第 9 行 + 第 14 行）	7	40 000.00
（一）投资者减除费用	8	40 000.00
（二）专项扣除（第 9 行 = 第 10 行 + 第 11 行 + 第 12 行 + 第 13 行）	9	
1. 基本养老保险费	10	
2. 基本医疗保险费	11	
3. 失业保险费	12	
4. 住房公积金	13	
（三）依法确定的其他扣除（第 14 行 = 第 15 行 + 第 16 行 + 第 17 行）	14	
1.	15	
2.	16	
3.	17	
八、准予扣除的捐赠额（附报《个人所得税公益慈善事业捐赠扣除明细表》）	18	
九、应纳税所得额	19	1 230 000.00

续表

个人所得税计算		
项　　目	行次	金额/比例
十、税率（%）	20	35.0000
十一、速算扣除数	21	65 500.00
十二、应纳税额（第22行=第19行×第20行-第21行）	22	365 000.00
十三、减免税额（附报《个人所得税减免税事项报告表》）	23	0
十四、已缴税额	24	264 179.96
十五、应补/退税额（第25行=第22行-第23行-第24行）	25	100 820.04

表2-4　乙律师个人所得税经营所得纳税申报表（A表）（截选）　单位：元

□查账征收（据实预缴）　□查账征收（按上年应纳税所得额预缴）　□核定应税所得率征收 □核定应纳税所得额征收　□税务机关认可的其他方式		
个人所得税计算		
项　　目	行次	金额/比例
一、收入总额	1	8 500 000.00
二、成本费用	2	6 500 000.00
三、利润总额（第3行=第1行-第2行）	3	2 000 000.00
四、弥补以前年度亏损	4	
五、应税所得率（%）	5	
六、合伙企业个人合伙人分配比例（%）	6	15.5000
七、允许扣除的个人费用及其他扣除（第7行=第8行+第9行+第14行）	7	40 000.00
（一）投资者减除费用	8	40 000.00
（二）专项扣除（第9行=第10行+第11行+第12行+第13行）	9	
1. 基本养老保险费	10	
2. 基本医疗保险费	11	
3. 失业保险费	12	
4. 住房公积金	13	
（三）依法确定的其他扣除（第14行=第15行+第16行+第17行）	14	
1.	15	
2.	16	
3.	17	

续表

个人所得税计算		
项　　目	行次	金额/比例
八、准予扣除的捐赠额（附报《个人所得税公益慈善事业捐赠扣除明细表》）	18	
九、应纳税所得额	19	270 000.00
十、税率（%）	20	20.0000
十一、速算扣除数	21	10 500.00
十二、应纳税额（第22行=第19行×第20行-第21行）	22	43 500.00
十三、减免税额（附报《个人所得税减免税事项报告表》）	23	0
十四、已缴税额	24	21 577.71
十五、应补/退税额（第25行=第22行-第23行-第24行）	25	21 922.29

专题拓展

1. 实务中普遍存在的“合伙企业个人合伙人分配比例（%）”计算问题。

本案例中，A律所会计核算时，合伙人的工资薪金等计入了“成本费用”，这是实务中企业普遍的一种做法：不增设“合伙人资本（或投资）”“合伙人提款（或往来）”“合伙人损益或损益汇总”等科目，直接按照《小企业会计准则》进行核算，前面介绍过，这样核算也符合规定。但是会计核算正确不能保证纳税申报一定正确。

征管实务中发现，一般企业对“利润总额”进行调整，调整合伙人的工资薪金等项目，然后直接按照合伙协议约定的“分配比例”填在第6行“合伙企业个人合伙人分配比例（%）”栏，计算每个合伙人的经营所得。比如本案例，企业计算税款及申报如下：

（一）税款计算：

第一步：“应纳税所得额”=收入总额-成本费用-损失=850-550-100=200（万元），或者“应纳税所得额”=44+6+110+10+20+10=200（万元）。

第二步：计算甲、乙律师来源于A律所的经营所得：

合伙人平均分配，所以甲律师来源于A律所的经营所得=200÷4=50（万元），甲律师取得经营所得占A律所应纳税所得额(%)=50÷200=25%；

乙律师来源于A律所的经营所得=200÷4=50（万元）；

乙律师取得经营所得占 A 律所应纳税所得额（%）＝50 ÷ 200 ＝ 25%；

（同理：丙、丁来源于 A 律所的经营所得分别为 50 万元，占比分别为 25%）。

（二）填表申报，分别以甲、乙为例（详见表 2－5、表 2－6）

表 2－5　甲律师个人所得税经营所得纳税申报表（A 表）（截选）　单位：元

□查账征收（据实预缴）　□查账征收（按上年应纳税所得额预缴）　□核定应税所得率征收 □核定应纳税所得额征收　□税务机关认可的其他方式		
个人所得税计算		
项　目	行次	金额/比例
一、收入总额	1	8 500 000.00
二、成本费用	2	6 500 000.00
三、利润总额（第 3 行＝第 1 行－第 2 行）	3	2 000 000.00
四、弥补以前年度亏损	4	
五、应税所得率（%）	5	
六、合伙企业个人合伙人分配比例（%）	6	25.0000
七、允许扣除的个人费用及其他扣除（第 7 行＝第 8 行＋第 9 行＋第 14 行）	7	40 000.00
（一）投资者减除费用	8	40 000.00
（二）专项扣除（第 9 行＝第 10 行＋第 11 行＋第 12 行＋第 13 行）	9	
1. 基本养老保险费	10	
2. 基本医疗保险费	11	
3. 失业保险费	12	
4. 住房公积金	13	
（三）依法确定的其他扣除（第 14 行＝第 15 行＋第 16 行＋第 17 行）	14	
1.	15	
2.	16	
3.	17	
八、准予扣除的捐赠额（附报《个人所得税公益慈善事业捐赠扣除明细表》）	18	
九、应纳税所得额	19	460 000.00
十、税率（%）	20	30.0000
十一、速算扣除数	21	40 500.00
十二、应纳税额（第 22 行＝第 19 行 × 第 20 行－第 21 行）	22	97 500.00
十三、减免税额（附报《个人所得税减免税事项报告表》）	23	0
十四、已缴税额	24	264 179.96
十五、应补/退税额（第 25 行＝第 22 行－第 23 行－第 24 行）	25	－166 679.96

表 2-6　乙律师个人所得税经营所得纳税申报表（A 表）（截选）　　单位：元

□查账征收（据实预缴）　□查账征收（按上年应纳税所得额预缴）　□核定应税所得率征收　□核定应纳税所得额征收　□税务机关认可的其他方式		
个人所得税计算		
项　　目	行次	金额/比例
一、收入总额	1	8 500 000.00
二、成本费用	2	6 500 000.00
三、利润总额（第 3 行 = 第 1 行 - 第 2 行）	3	2 000 000.00
四、弥补以前年度亏损	4	
五、应税所得率（%）	5	
六、合伙企业个人合伙人分配比例（%）	6	25.0000
七、允许扣除的个人费用及其他扣除（第 7 行 = 第 8 行 + 第 9 行 + 第 14 行）	7	40 000.00
（一）投资者减除费用	8	40 000.00
（二）专项扣除（第 9 行 = 第 10 行 + 第 11 行 + 第 12 行 + 第 13 行）	9	
1. 基本养老保险费	10	
2. 基本医疗保险费	11	
3. 失业保险费	12	
4. 住房公积金	13	
（三）依法确定的其他扣除（第 14 行 = 第 15 行 + 第 16 行 + 第 17 行）	14	
1.	15	
2.	16	
3.	17	
八、准予扣除的捐赠额（附报《个人所得税公益慈善事业捐赠扣除明细表》）	18	
九、应纳税所得额	19	460 000.00
十、税率（%）	20	30.0000
十一、速算扣除数	21	40 500.00
十二、应纳税额（第 22 行 = 第 19 行 × 第 20 行 - 第 21 行）	22	97 500.00
十三、减免税额（附报《个人所得税减免税事项报告表》）	23	0
十四、已缴税额	24	21 577.71
十五、应补/退税额（第 25 行 = 第 22 行 - 第 23 行 - 第 24 行）	25	75 922.29

2. 不同“合伙企业个人合伙人分配比例（%）”计算结果的比较和分析（详见表2－7）：

表2－7　　合伙人取得经营所得（不同）分配比例结果对比表　　单位：元

“实际”所得（万元）	合伙人	分配比例	应补（退）税	分配比例	“分配”所得（万元）	应补（退）税
127	甲	63.5%	100 820.04	25%	50	－166 679.96
31	乙	15.5%	21 922.29	25%	50	75 922.29
21	丙	10.5%	23 500.00	25%	50	97 500.00
21	丁	10.5%	23 500.00	25%	50	97 500.00

从表2－7可以看到，如果按照合伙协议25%作为合伙人甲、乙、丙、丁分配合伙企业层面“应纳税所得额”的“合伙企业个人合伙人分配比例（%）”，则甲、乙、丙、丁应补缴税款出现了较大差异。比如甲，按照实际来源于A律所的经营所得127万元和所占比例63.5%，本应补缴税款100 820.04元，但是简单“整体”按照25%的协议分配比例平均分配后，甲的应纳税额却出现负数，但是乙、丙、丁却需要补缴的税款翻了3倍多。

原因是乙、丙、丁的“计税依据”翻倍。比如乙，实际来源于A律所的经营所得，1—8月份分成加“利润分配”后的应纳税所得额共有31万元，但是按照25%“分配”后，计征个人所得税的“经营所得”却是50万元。所以这种“平均分配”计算缴纳税款方式，会使税负从甲转嫁到了乙、丙、丁，完全不符合个人所得税法高收入者多负担的原则。所以，如果合伙人的工资薪金等计入了企业的成本费用，那么，调整“利润总额”后，正确计算A表第6行“合伙企业个人合伙人分配比例（%）”就非常关键。

2021年9月底（恰好笔者在校验本书稿）财政部发布了《律师事务所相关业务会计处理规定》（简称《规定》），适用于依照《中华人民共和国律师法》在中国境内设立的合伙律师事务所及个人律师事务所（以下统称事务所），自2022年1月1日起施行。《规定》中关于合伙律师工资薪金等的会计处理与实务中普遍的做法思路基本一致，但至此，该类事务所会计核算有了明确、统一的政策依据，解决了诸多实务难题。《规定》明确：在“应付职工薪酬”科目下增设“应付合伙（或个人）律师酬金”明细科目，核算事务所的合伙（或个人）律师为事务所提供法律服务、参与经营管理而获得的，除利润分配之外的各种形式的报酬，包括工资、奖金、津贴、补贴、福利费、社会保险费、住房公积金、工会经费、教育经费、非货币性福利等。事务所在确认合伙（或个人）律师的上述报酬时，借记“主营业务成本”、“其他业务成本”、“管理费用”等科目，贷记“应付职工薪酬——应付合伙（或个人）律师酬金”科目；事务所在实际向合伙（或个人）律师支付上述报酬时，借记“应付职工薪酬——应付合伙（或个人）律师酬金”科目，贷记“银行存款”等科目。

但是，有些困惑还是无法解决，就是实务中长期存在的“零申报”。比如某某医院（有限合伙），两个合伙人，其工资薪金计入了成本费用，全年亏损。纳税申报时对合伙人工资薪金调整后仍然亏损。

那么，从A表的逻辑关系，第3行“利润总额”为负数（数据不可修改）。则第19行“应纳税所得额”为0（不可修改），两合伙人分别申报A表，均不需要缴纳经营所得个人所得税（且无“已预缴税款”）（此逻辑关系也在B表存在）。但实际上，两个合伙人本年均取得工资薪金分别约为26万元，21万元。

这是目前合伙企业合伙人经营所得纳税申报中存在的一种非常普遍的现象：合伙企业亏损，合伙人应纳税所得额为0，应纳税额为0，但是合伙人所得还挺高。这正常吗？这是税企双方一个涉税风险点（具体风险点在“第三章：经营所得常见涉税风险识别及应对”部分介绍）。

3. 实务中会计核算存在的一些困惑。

《合伙企业法》第十六条规定，合伙人（GP）可以用劳务出资。对于这种出资方式，会计核算在确认和计量存在问题。

另外，合伙企业收到合伙人投资计入哪个科目核算，目前也无明确的规定。遗憾的是，《规定》也对此未做规定，而计入“实收资本”“资本公积”企业往往会被主管税务机关征收印花税。问题如何解决？可以增设会计科目，用以核算合伙人所占份额即权益。

专题四：合伙企业年度中间有合伙人退伙如何申报缴纳经营所得个人所得税？

基本信息：A合伙企业成立于2018年6月，4个合伙人甲、乙、丙、丁，都是执行合伙事务的合伙人，平时在合伙企业分别领取了6万元、7万元、5万元、5万元工资，共计23万元（其中，属于1—10月份8万元，丁取得5万元），年末A合伙企业会计利润30万元（合伙协议约定平均分配），无其他调整事项。

补充资料：合伙人实际出资比例为40%、20%、20%、20%。A合伙企业2020年1—10月份收入总额17 208 730.93元，成本费用17 078 730.93元（其中，管理费用16 954 828.23元、税金103 252.30元、其他支出20 650.40元）；2020年1—12月收入总额18 208 730.93元，成本费用17 908 730.93元。甲、乙、丁均无综合所得。丙在某企业任职，每月取得工资薪金12 000元，缴纳"三险一金"1 800元。

另外，甲、丁均购买了一款符合条件的商业健康保险，全年各自支付保费2 600元；乙当年缴纳养老保险3 200元；丁4岁的女儿正在上幼儿园。

2020年11月初丁依约定申请退伙，分回收益（暂不考虑经营所得以外的所得）。1—10月，丁已预缴经营所得个人所得税3 408.34元。

案例分析实务操作

（一）《合伙企业法》规定的退伙与退伙结算

退伙，是合伙人在合伙企业存续期间退出合伙组织、消灭合伙人资格的行为。合伙人退伙时，不论是约定退伙还是法定退伙，都要给合伙人办理退伙结算。办理结算退伙，其他合伙人应当与该退伙人按照退伙时的合伙企业财产状况进行结算，退还退伙人的财产份额。

需要注意的是：结算和清算不同：结算是指合伙人退伙时，其他合伙人与退伙人按照退伙时的合伙企业财产状况进行结算，退还退伙人的财产份额，退还后合伙企业的财产减少，同时，其他合伙人的财产份额也会发生变化。

而清算是合伙企业解散，应当由清算人对合伙企业进行清算。清算包括但不限于以下事务：

1. 清理合伙企业财产，分别编制资产负债表和财产清单；
2. 处理与清算有关的合伙企业未了结事务；
3. 清缴所欠税款；
4. 清理债权、债务；
5. 处理合伙企业清偿债务后的剩余财产；
6. 代表合伙企业参加诉讼或者仲裁活动。

清算期间，合伙企业存续，但不得开展与清算无关的经营活动。

很明显，两概念不能混淆，合伙人退伙不涉及清算问题。

（二）合伙企业合伙人依约定退伙时的税务处理

合伙人丁依约定退伙，结算其1—10月份退伙前应从A合伙企业取得的经营所得，需要结清税款，确定纳税义务人和法定纳税申报主体：纳税义务人是丁，法定申报主体是丁。

（三）合伙人退伙前应取得的经营所得与预缴纳税申报

1. 税款计算。

第一步：计算截至10月底，合伙企业“应纳税所得额”

“应纳税所得额”=收入总额-成本、费用-损失

=1 720.87-1 707.87+8=21（万元）

注：甲、乙、丙、丁1—10月份从A合伙企业取得的工资薪金8万元不得在合伙企业的经营所得中扣除。

第二步：计算丁来源于A合伙企业的经营所得

1—10月，A合伙企业利润=1 720.87-1 707.87=13（万元），4位合伙人平均分配，所以，丁来源于A合伙企业的经营所得=13×25%+5=8.25（万元）

丁取得经营所得占A合伙企业“应纳税所得额”比例=8.25÷21=39.2857%。

第三步：计算丁经营所得的应纳税所得额

丁无综合所得，故应纳税所得额=8.25-5（减除费用）=3.25（万元）。

第四步，查找适用税率，计算应纳税额

2020年1—10月丁应纳税额=应纳税所得额×适用税率-速算扣除数=3.25×10%-0.15=0.175（万元）；

已预缴0.340834万元，应补缴税款为0（这里需要关注：预缴申报时余额不会出现负值）。

2. 填表申报。

以自然人电子税务局（税务端）为例：从菜单列表的【经营所得个人所得税月（季）度申报（ITS）】进入功能页面，选择办理事项【经营所得个人所得税月（季）度申报】（如图2-6所示）。

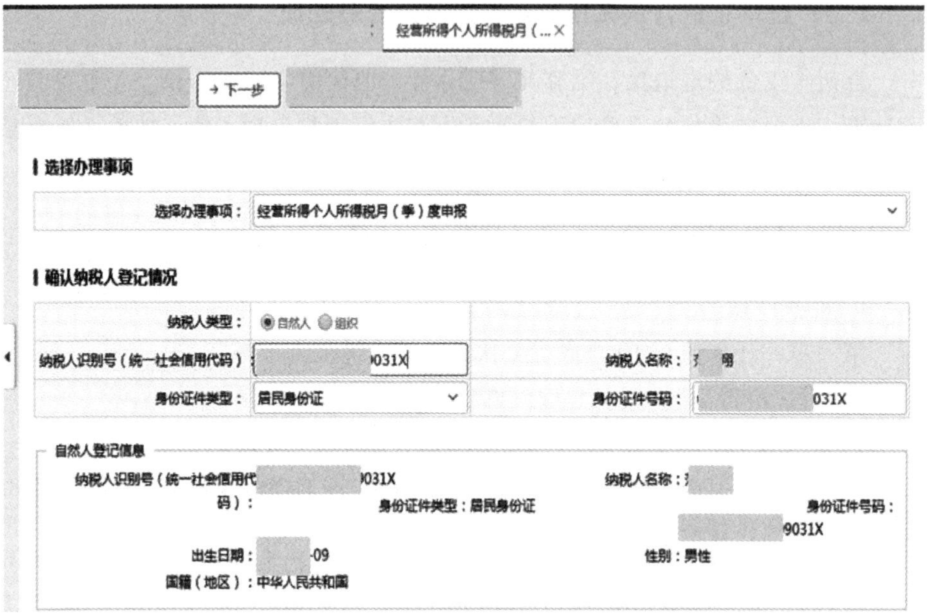

图 2－6　经营所得个人所得税月（季）申报

输入纳税义务人、法定申报主体丁的纳税人识别号（一般为身份证号码），点击“下一步”，带出如图 2－7 所示，进入业务受理功能页面。

特别需要注意：在此功能模块完成图 2－7 的填表申报，条件是 A 合伙企业还未因丁退伙而办理税务登记变更，在核心征管基础信息中，丁与 A 合伙企业仍然存在投资与被投资关系。

结合本案例，A 合伙企业成立于 2018 年 6 月，A 表填表日期是 2020 年 12 月 30 日（如图 2－7 所示），则根据当前这个时间系统做默认值：默认“税款所属期起”为 2020－01；如果填表日期是 2021 年的 1 月，则系统默认“税款所属期起”为 2020－01 或者是企业在 2020 年新开业（设立）时的月份（假设 A 合伙企业成立于 2020 年 2 月 15 日，则“税款所属期起”为 2020－02）。

也就是说，目前，在自然人电子税务局（ITS），“税款所属期起”的具体日期关联着企业的“开业（设立）日期”或者年度的起始日期 1 月 1 日。

同样，“税款所属期止”，因为填表日期是 2020 年 12 月 30 日，则根据当前这个时间系统做默认值：默认“税款所属期止”为 2020－11（即系统当前时间的上一月份的最后一日）；如果填表日期在 2021 年 1 月期间，则默认为上年 12 月 31 日。

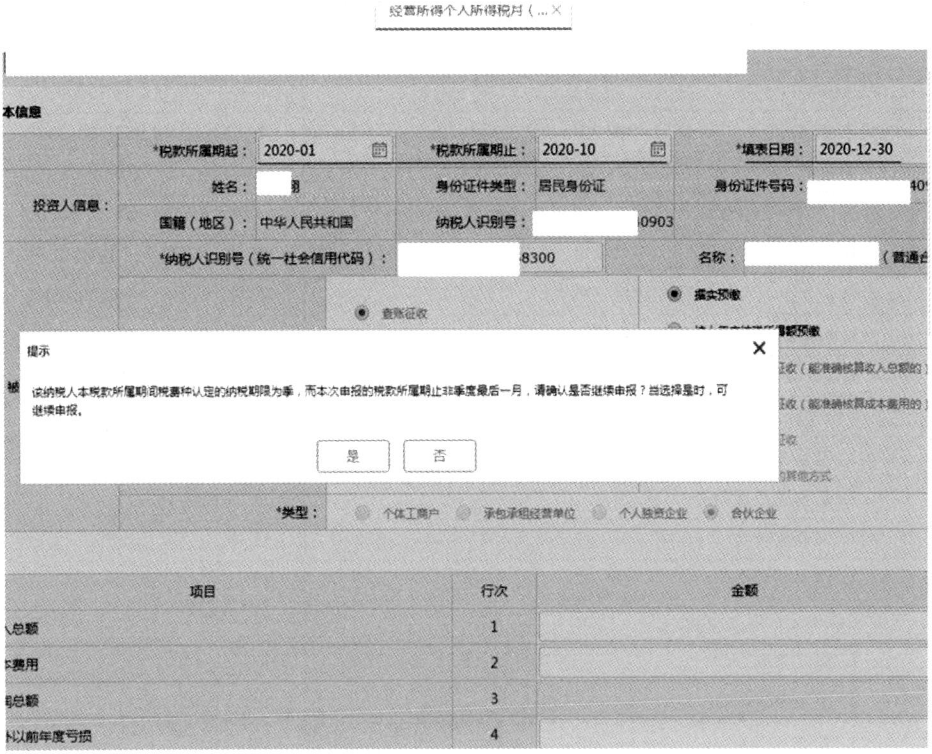

图 2－7　纳税人丁所得申报

注：税款所属期起：如果当前时间为 1 月，则默认为上年 1 月 1 日与企业开业（设立）年月的 1 日孰大值；当前时间不为 1 月，则默认为当前系统年度 1 月 1 日与企业开业（设立）年月的 1 日孰大值。税款所属期止：默认为系统当前时间的上一月份的最后一日。

而默认值可以修改（这里仅指“税款所属期止”），这是关键点。

合伙人丁 2020 年 10 月退伙，12 月纳税申报时，系统默认“税款所属期起”2020－01，“税款所属期止”2020－11，那么可以手动选择“税款所属期止”为 2020－10。

这里需要解释一下：税务机关对 A 合伙企业合伙人经营所得个人所得税的纳税申报期限核定为季，现在丁退伙进行纳税申报，重新选择了“税款所属期止”为 2020－10，这与核定的纳税申报期限不符，所以，系统会出现提示（如图 2－7 所示），但不阻断申报。纳税人可以根据退伙前从合伙企业取得经营所得的所属月份进行修改，然后继续申报（详见表 2－8）。

表 2－8　　丁个人所得税经营所得纳税申报表（A 表）（部分）　　单位：元

项目	行次	金额
一、收入总额	1	17 208 730.93
二、成本费用	2	16 998 730.93
三、利润总额	3	210 000.00
四、弥补以前年度亏损	4	
五、应税所得率（%）	5	
六、合伙企业个人合伙人分配比例（%）	6	39.2857
七、允许扣除的个人费用及其他扣除	7	50 000.00
（一）投资者减除费用	8	50 000.00
（二）专项扣除（9＝10＋11＋12＋13）	9	
1. 基本养老保险费	10	
2. 基本医疗保险费	11	
3. 失业保险费	12	
4. 住房公积金	13	
（三）依法确定的其他扣除（14＝15＋16＋17）	14	
1. 商业健康保险	15	
2. 税延养老保险	16	
3. 其他	17	
八、准予扣除的个人捐赠支出（附报《个人所得税公益慈善事业捐赠扣除明细表》）	18	
九、应纳税所得额	19	32 499.97
十、税率（%）	20	10.00
十一、速算扣除数	21	1 500.00
十二、应纳税额（22＝19×20－21）	22	1 750.00
十三、减免税额（附报《个人所得税减免税事项报告表》）	23	0
十四、已缴税额	24	3 408.34
十五、应补/退税额（25＝22－23－24）	25	0

注：1. 丁退伙取得经营所得进行纳税申报，必须先填报 A 表进行预缴申报，然后才可填写 B 表进行年度汇缴申报。

2. 减除费用，因为税款所属期为 1—10 月，系统自动带出减除费用 50 000 元。这里的“减除费用”也支持修改，比如退伙人当年还有综合所得的，减除费用、专项扣除、专项附加扣除、依法确定的其他扣除选在综合所得中扣除，这里就不可以重复扣除。

3. 居民个人经营所得预缴申报时，税前不可以扣除子女教育支出（12 000 元）以及商业健康保险 2 600 元（如表 2－8，A 表第 15、16 行置灰不可填写）。

4. A 表是预缴申报表，只有第 3 行“利润总额”可以为负值，“应补/退税额”不可以为负，所以显示为 0。

至于合伙人退伙后，应当在多长期限内报送 A 表进行纳税申报，目前征管规范无明确的规定。如本案例中，A 表具体应在 2020 年 11 月 1 日至 2021 年 1 月 15 日（这里未考虑延期申报情形）期间的哪个截止日期前申报？待总局明确。

但是我们会在本专题案例拓展部分，根据《合伙企业法》的相关规定，结合实务案例进行分析。

（四）合伙人退伙前应取得的经营所得与汇缴纳税申报

1. 税款计算

丁退伙前（1—10 月）取得经营所得应纳税额 =［（收入总额 – 成本 – 费用 – 损失）× 分配比例 – 60 000 – 专项扣除 – 专项附加扣除 – 依法确定的其他扣除 – 准予扣除的公益慈善事业捐赠］× 适用税率 – 速算扣除数。

丁于 2020 年 10 月退伙，1—10 月期间应纳税所得额 = 8.25 – 6（减除费用）– 0.24 – 1.2 = 0.81（万元）。

2. 填表申报（详见表 2 – 9）

表 2 – 9　　丁个人所得税经营所得纳税申报表（B 表）（截选）　　单位：元

项　　目	行次	金额/比例
一、收入总额	1	17 208 730.93
其中：国债利息收入	2	
二、成本费用（3 = 4 + 5 + 6 + 7 + 8 + 9 + 10）	3	17 078 730.93
（一）营业成本	4	
（二）营业费用	5	
（三）管理费用	6	16 954 828.23
（四）财务费用	7	
（五）税金	8	103 252.30
（六）损失	9	
（七）其他支出	10	20 650.40
三、利润总额（11 = 1 – 2 – 3）	11	130 000.00
四、纳税调整增加额（12 = 13 + 27）	12	80 000.00
（一）超过规定标准的扣除项目金额（13 = 14 + 15 + 16 + 17 + 18 + 19 + 20 + 21 + 22 + 23 + 24 + 25 + 26）	13	
1. 职工福利费	14	

续表

项　　目	行次	金额/比例
2. 职工教育经费	15	
3. 工会经费	16	
4. 利息支出	17	
5. 业务招待费	18	
6. 广告费和业务宣传费	19	
7. 教育和公益事业捐赠	20	
8. 住房公积金	21	
9. 社会保险费	22	
10. 折旧费用	23	
11. 无形资产摊销	24	
12. 资产损失	25	
13. 其他	26	
（二）不允许扣除的项目金额（27 = 28 + 29 + 30 + 31 + 32 + 33 + 34 + 35 + 36）	27	
1. 个人所得税税款	28	
2. 税收滞纳金	29	
3. 罚金、罚款和被没收财物的损失	30	
4. 不符合扣除规定的捐赠支出	31	
5. 赞助支出	32	
6. 用于个人和家庭的支出	33	
7. 与取得生产经营收入无关的其他支出	34	
8. 投资者工资薪金支出	35	80 000.00
9. 其他不允许扣除的支出	36	
五、纳税调整减少额	37	
六、纳税调整后所得（38 = 11 + 12 − 37）	38	210 000.00
七、弥补以前年度亏损	39	
八、合伙企业个人合伙人分配比例（%）	40	39.2857
九、允许扣除的个人费用及其他扣除（41 = 42 + 43 + 48 + 55）	41	74 400.00
（一）投资者减除费用	42	60 000.00
（二）专项扣除（43 = 44 + 45 + 46 + 47）	43	
1. 基本养老保险费	44	
2. 基本医疗保险费	45	
3. 失业保险费	46	

续表

项　　目	行次	金额/比例
4. 住房公积金	47	
（三）专项附加扣除（48＝49＋50＋51＋52＋53＋54）	48	12 000.00
1. 子女教育	49	12 000.00
2. 继续教育	50	
3. 大病医疗	51	
4. 住房贷款利息	52	
5. 住房租金	53	
6. 赡养老人	54	
（四）依法确定的其他扣除（55＝56＋57＋58＋59）	55	2 400.00
1. 商业健康保险	56	2 400.00
2. 税延养老保险	57	
3.	58	
4.	59	
十、投资抵扣	60	
十一、准予扣除的个人捐赠支出	61	
十二、应纳税所得额（62＝38－39－41－60－61）或［62＝（38－39）×40－41－60－61］	62	8 099.97
十三、税率（%）	63	5.00
十四、速算扣除数	64	0
十五、应纳税额（65＝62×63－64）	65	405.00
十六、减免税额（附报《个人所得税减免税事项报告表》）	66	0
十七、已缴税额	67	3 408.34
十八、应补/退税额（68＝65－66－67）	68	－3 003.34

注：1. 丁退伙汇缴申报填报 B 表时，第 42 行“投资者减除费用”自动带出 60 000 元（详情在“专题十一：关于经营所得年度汇总申报以及 C 表填报的 5 个疑难问题”部分介绍，这里不再展开）。

2. 丁汇缴申报填报 B 表时，扣除的商业健康保险，扣除规则待定，但目前，总局建议按年度标准（2 400 元）扣除。

3. 丁退伙后，填报 B 表进行汇缴申报本年度经营所得（个人所得税）的申报期限，即退伙人丁应该在多长期限内报送 B 表，目前征管规范也没有规定，是在次年 3 月 31 日前还是退伙后的一定期间内，具体时间待总局明确（我们会在本专题拓展部分，根据《合伙企业法》的相关规定，结合实务案例进行分析）。

4. 汇算清缴填报 B 表时，如果“应纳税额”小于“已缴税额”，“应补/退税额”行可显示负数。即丁可以申请退回多预缴经营所得个人所得税 3 003.34 元（一般情形，退回纳税人本人账户）。

5. B 表“税款所属年度”：2020【默认，可修改，但修改后会有相应的提示。比如我们修改为 2021，则有提示：纳税人未申报当前税款所属期的《经营所得个人所得税月（季）度申报表（A）表》，请先办理 A 表的纳税申报。即 2021 年未填报过 A 表，则无法申报 B 表。此申报规则，我们在第一章已介绍过，这里不再赘述】。“税款所属期”：2020.01—2020.12，不可修改，由税款所属年度自动带出。

（五）其他合伙人年末经营所得个税预缴申报与退伙的衔接

丁退伙后，甲、乙、丙作为A合伙企业的合伙人继续经营。年末，甲、乙、丙平均分配A合伙企业利润，如何处理与退伙人丁的分配关系，非常重要。

1. 税款计算

第一步：计算A合伙企业2020年度生产经营活动的“应纳税所得额”。

“应纳税所得额”=收入总额-成本费用-损失=18 208 730.93-17 908 730.93+(60 000+70 000+50 000+50 000)=530 000（元）。

或者“应纳税所得额”=300 000+(60 000+70 000+50 000+50 000)=530 000（元）。

同样，这里调整了不得在税前扣除的甲、乙、丙、丁合伙人工资薪金支出230 000元。

第二步：计算甲、乙、丙来源于A合伙企业生产经营活动的经营所得及比例。

因为丁退伙前，甲、乙、丙、丁四人按照协议平均分配合伙企业利润。丁退伙后，甲、乙、丙三人仍然按照协议平均分配合伙企业利润。A合伙企业全年30万元的利润，有3.25万元已在10月分给了退伙人丁，所以，年末，甲、乙、丙三人再平均分配时需要扣除已分出去的部分。

甲来源于A合伙企业的经营所得=(300 000-32 500)÷3+60 000(工资)=149 166.67（元）。

乙来源于A合伙企业的经营所得=(300 000-32 500)÷3+70 000（工资)=159 166.67（元）。

丙来源于A合伙企业的经营所得=(300 000-32 500)÷3+50 000（工资)=139 166.67（元）。

这样，甲、乙、丙取得经营所得占A合伙企业调整后利润总额（即应纳税所得额）的比例为：

甲取得经营所得占A合伙企业“应纳税所得额”的比例=149 166.67÷530 000=28.1447%。

乙取得经营所得占A合伙企业“应纳税所得额”的比例=159 166.67÷530 000=30.0314%。

丙取得经营所得占A合伙企业“应纳税所得额”的比例=139 166.67÷

530 000 = 26.2579%。

注：丁 1—10 月取得的经营所得 8.25 万元（包括已分走的 3.25 合伙企业利润）占 A 合伙企业年度“应纳税所得额”53 万元的比例为 15.566%，所以，全年各合伙人占比（例）合计 100%。

第三步：计算甲、乙、丙各经营所得的应纳税所得额、应纳税额。

甲当年没有综合所得，所以甲 2020 年应纳税所得额 = 530 000 × 28.1447% − 60 000（减除费用）= 89 166.91（元）。

应纳税额 = 应纳税所得额 × 适用税率 − 速算扣除数 = 89 166.91 × 10% − 1 500 = 7 416.69（元）。

乙当年也没有综合所得，所以乙 2020 年应纳税所得额 = 530 000 × 30.0314% − 60 000（减除费用）− 3 200 = 95 966.42（元）。

应纳税额 = 应纳税所得额 × 适用税率 − 速算扣除数 = 95 966.42 × 20% − 10 500 = 8 693.28（元）。

丙在某企业任职，每月取得工资薪金 12 000 元，所以，丙自合伙企业取得经营所得的应纳税所得额 = 530 000 × 26.2579% = 139 166.87（元）。

因为丙有综合所得又有经营所得，所以“投资者减除费用”、“专项扣除”、“依法确定的其他扣除”在综合所得中扣除。

丙 2020 年经营所得应纳税额 = 应纳税所得额 × 适用税率 − 速算扣除数 = 139 166.87 × 20% − 10 500 = 17 333.37（元）。

2. 填表申报。

申报途径：略

申报方式：略

申报期限：2021 年 1 月 15 日（当年延期到了 1 月 20 日）前进行预缴申报。以乙为例（详见表 2－10）。

表 2－10　乙个人所得税经营所得纳税申报表（A 表）（截选）　单位：元

征收方式	□查账征收（据实预缴）　□查账征收（按上年应纳税所得额预缴） □核定应税所得率征收　□核定应纳税所得额征收 □税务机关认可的其他方式 ________	
项　目	行次	金额/比例
一、收入总额	1	18 208 730.93
二、成本费用	2	17 678 730.93
三、利润总额（3 = 1 − 2）	3	530 000.00

续表

项　　目	行次	金额/比例
四、弥补以前年度亏损	4	
五、应税所得率（%）	5	
六、合伙企业个人合伙人分配比例（%）	6	30.0314
七、允许扣除的个人费用及其他扣除（7=8+9+14）	7	63 200.00
（一）投资者减除费用	8	60 000.00
（二）专项扣除（9=10+11+12+13）	9	3 200.00
1. 基本养老保险费	10	3 200.00
2. 基本医疗保险费	11	
3. 失业保险费	12	
4. 住房公积金	13	
（三）依法确定的其他扣除（14=15+16+17）	14	
1.	15	
2.	16	
3.	17	
八、应纳税所得额	18	95 966.42
九、税率（%）	19	20.00
十、速算扣除数	20	10 500.00
十一、应纳税额（21=18×19-20）	21	8 693.28
十二、减免税额（附报《个人所得税减免税事项报告表》）	22	0
十三、已缴税额	23	0
十四、应补/退税额（24=21-22-23）	24	8 693.28

注：1. 第6行“合伙企业个人合伙人分配比例%”，可以保留四位小数。

2. 乙当年缴纳养老保险3 200元，可以在预缴申报A表中扣除。

3. 税款所属期：2020-01-01至2020-12-31。

（六）其他合伙人经营所得个税年度汇缴申报与退伙的衔接

1. 税款计算。

仍然适用公式：

合伙人取得经营所得的应纳税所得额=[（收入总额-成本-费用-损失）×分配比例-60 000-专项扣除-专项附加扣除-依法确定的其他扣除-准予扣除的公益慈善事业捐赠]×适用税率-速算扣除数。

甲当年没有综合所得，所以甲2020年全年应纳税所得额=530 000×

28.1447% −60 000（减除费用）−2 400 =86 766.91（元）；

应纳税额 = 应纳税所得额 × 适用税率 − 速算扣除数 =86 766.91 ×10% −1 500 =7 176.69（元）。

乙当年也没有综合所得，所以乙 2020 年全年应纳税所得额 =530 000 ×30.0314% −60 000（减除费用）−3 200 =95 966.42（元）；

应纳税额 = 应纳税所得额 × 适用税率 − 速算扣除数 =95 966.42 ×20% −10 500 =8 693.28（元）。

2. 填表申报。

申报途径：略

申报方式：略

申报期限：次年 3 月 31 日前，进行汇算清缴申报。以乙为例（详见表 2 −11）。

表 2 −11　乙个人所得税经营所得纳税申报表（B 表）（截选）　单位：元

项　　目	行次	金额/比例
一、收入总额	1	18 208 730.93
其中，国债利息收入	2	
二、成本费用（3 =4 +5 +6 +7 +8 +9 +10）	3	17 908 730.93
（一）营业成本	4	
（二）营业费用	5	
（三）管理费用	6	
（四）财务费用	7	
（五）税金	8	
（六）损失	9	
（七）其他支出	10	
三、利润总额（11 =1 −2 −3）	11	300 000.00
四、纳税调整增加额（12 =13 +27）	12	230 000.00
（一）超过规定标准的扣除项目金额（13 = 14 +15 +16 +17 +18 +19 +20 +21 +22 +23 +24 +25 +26）	13	
1. 职工福利费	14	
2. 职工教育经费	15	
3. 工会经费	16	
4. 利息支出	17	
5. 业务招待费	18	

续表

项　　目	行次	金额/比例
6. 广告费和业务宣传费	19	
7. 教育和公益事业捐赠	20	
8. 住房公积金	21	
9. 社会保险费	22	
10. 折旧费用	23	
11. 无形资产摊销	24	
12. 资产损失	25	
13. 其他	26	
（二）不允许扣除的项目金额（27 = 28 + 29 + 30 + 31 + 32 + 33 + 34 + 35 + 36）	27	230 000.00
1. 个人所得税税款	28	
2. 税收滞纳金	29	
3. 罚金、罚款和被没收财物的损失	30	
4. 不符合扣除规定的捐赠支出	31	
5. 赞助支出	32	
6. 用于个人和家庭的支出	33	
7. 与取得生产经营收入无关的其他支出	34	
8. 投资者工资薪金支出	35	230 000.00
9. 其他不允许扣除的支出	36	
五、纳税调整减少额	37	
六、纳税调整后所得（38 = 11 + 12 − 37）	38	530 000.00
七、弥补以前年度亏损	39	
八、合伙企业个人合伙人分配比例（%）	40	30.0314
九、允许扣除的个人费用及其他扣除（41 = 42 + 43 + 48 + 55）	41	63 200.00
（一）投资者减除费用	42	60 000.00
（二）专项扣除（43 = 44 + 45 + 46 + 47）	43	
1. 基本养老保险费	44	3 200.00
2. 基本医疗保险费	45	
3. 失业保险费	46	
4. 住房公积金	47	

续表

项　　目	行次	金额/比例
（三）专项附加扣除（48 =49 +50 +51 +52 +53 +54）	48	
1. 子女教育	49	
2. 继续教育	50	
3. 大病医疗	51	
4. 住房贷款利息	52	
5. 住房租金	53	
6. 赡养老人	54	
（四）依法确定的其他扣除（55 =56 +57 +58 +59）	55	
1. 商业健康保险	56	
2. 税延养老保险	57	
3.	58	
4.	59	
十、投资抵扣	60	
十一、准予扣除的个人捐赠支出	61	
十二、应纳税所得额（62 =38 －39 －41 －60 －61）或［62 =（38 －39）×40 －41 －60 －61］	62	95 966.42
十三、税率（%）	63	20.00
十四、速算扣除数	64	10 500.00
十五、应纳税额（65 =62 ×63 －64）	65	8 693.28
十六、减免税额（附报《个人所得税减免税事项报告表》）	66	0
十七、已缴税额	67	8 693.28
十八、应补/退税额（68 =65 －66 －67）	68	0

注：2020 年乙取得经营所得应纳税额等于已缴税额，故无需补税。

（七）合伙人退伙结算与纳税申报（详情在“专题五：个人合伙人从合伙企业取得的收入，需要划分不同的所得进行纳税申报？”部分介绍）

（八）案例再解析，年度中间有合伙人退出后，其他合伙人年末如何进行纳税申报？

这是一个实务案例，纳税人发过来了一张图片（如图 2 －8 所示），且提出了自己的问题。

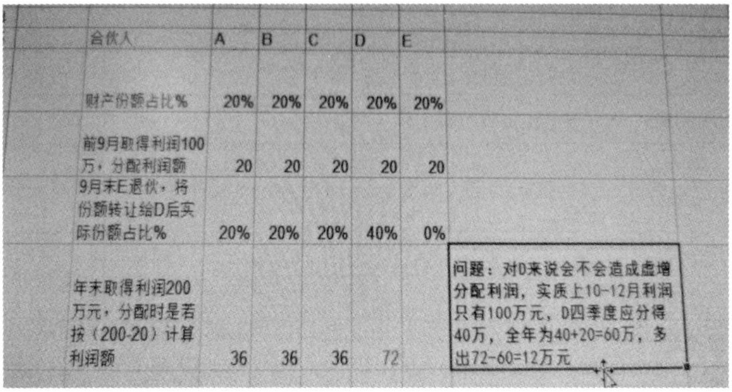

合伙人	A	B	C	D	E
财产份额占比%	20%	20%	20%	20%	20%
前9月取得利润100万，分配利润额	20	20	20	20	20
9月末E退伙，将份额转让给D后实际份额占比%	20%	20%	20%	40%	0%
年末取得利润200万元，分配时是若按（200-20）计算利润额	36	36	36	72	

问题：对D来说会不会造成虚增分配利润，实质上10-12月利润只有100万元，D四季度应分得40万，全年为40+20=60万，多出72-60=12万元

图 2-8　纳税人年度纳税情况

基本情况：某合伙企业，有 5 个合伙人 A、B、C、D、E，各占合伙企业财产份额为 20%。2020 年 1—9 月合伙企业盈利 100 万元，无其他纳税调整事项，5 人平均分配 100 万元盈利后 E 退出。E 退出后，A、B、C、D 财产份额各占 20%：20%：20%：40%。

年末合伙企业共盈利 200 万元。

2021 年 1 月申报期，要进行纳税申报了，D 纳税人犯难了：全年盈利 200 万元，退出的 E 在 9 月份分走 20 万元，年末其余的 180 万元 4 个合伙人按照比例分配：

A 合伙人按照 20% 比例，应该分得 36 万元；

B 合伙人按照 20% 比例，应该分得 36 万元；

C 合伙人按照 20% 比例，应该分得 36 万元；

D 合伙人按照 40% 比例，应该分得 72 万元；

可是 D 实际全年只分到了 60 万元。因为后半年 4 个人按比例分配了 100 万元：A 分配到 20 万元、B 分配到 20 万元、C 分配到 20 万元、D 分配到 40 万元，这样全年 D 就分到了 60 万元呀？是不是 E 的退出必须虚增了 D 的收入 12 万元？

这就是实务中大家共同存在的一个问题：本末倒置。利用分配比例算收入，然后想填表进行申报，结果自己也疑惑犯难了。

原理刚才已介绍，在此不再展开讨论。我们直接介绍纳税申报过程：

（一）该合伙企业盈利分配情况

1—9 月，A 分配 20 万元，B 分配 20 万元，C 分配 20 万元，D 分配 20 万元，E 分配 20 万元，共计 100 万元。

10—12 月，A 分配 20 万元，B 分配 20 万元，C 分配 20 万元，D 分配 40

万元，共计100万元。

那么，全年A分配40万元，B分配40万元，C分配40万元，D分配60万元，E分配20万元，共计200万元。

（二）各合伙人所得占比

这样，A、B、C、D、E取得“经营所得”占合伙企业全年“应纳税所得额”的比例分别为：

A合伙人：20%（即：40/200）；

B合伙人：20%（即：40/200）；

C合伙人：20%（即：40/200）；

D合伙人：30%（即：60/200）；

E合伙人：10%（即：20/200）。

（三）填表申报（申报期内），以D为例（详见表2－12）

表2－12　合伙人D个人所得税经营所得纳税申报表（A表）（截选）　　单位：元

□查账征收（据实预缴）　□查账征收（按上年应纳税所得额预缴）　□核定应税所得率征收 □核定应纳税所得额征收　□税务机关认可的其他方式		
个人所得税计算		
项　　目	行次	金额/比例
一、收入总额	1	5 000 000.00
二、成本费用	2	3 000 000.00
三、利润总额（第3行＝第1行－第2行）	3	2 000 000.00
四、弥补以前年度亏损	4	
五、应税所得率（%）	5	
六、合伙企业个人合伙人分配比例（%）	6	30
七、允许扣除的个人费用及其他扣除（第7行＝第8行＋第9行＋第14行）	7	60 000.00
（一）投资者减除费用	8	60 000.00
（二）专项扣除（第9行＝第10行＋第11行＋第12行＋第13行）	9	
1. 基本养老保险费	10	
2. 基本医疗保险费	11	
3. 失业保险费	12	
4. 住房公积金	13	
（三）依法确定的其他扣除（第14行＝第15行＋第16行＋第17行）	14	

续表

个人所得税计算		
项　　目	行次	金额/比例
1.	15	
2.	16	
3.	17	
八、准予扣除的捐赠额（附报《个人所得税公益慈善事业捐赠扣除明细表》）	18	
九、应纳税所得额	19	540 000.00
十、税率（%）	20	35
十一、速算扣除数	21	65 500.00
十二、应纳税额（第 22 行 = 第 19 行 × 第 20 行 − 第 21 行）	22	123 500.00
十三、减免税额（附报《个人所得税减免税事项报告表》）	23	
十四、已缴税额	24	
十五、应补/退税额（第 25 行 = 第 22 行 − 第 23 行 − 第 24 行）	25	123 500.00

注：纳税人填报 A 表、B 表的收入、费用是合伙企业年度的累计数，所以，对于年度中间新入伙的合伙人，其经营所得个人所得税的计算和纳税申报原理与此相同：先按照合伙企业合伙协议（可能存在几个分配协议）计算每个合伙人取得的“不同形式的经营所得”，再计算所得占比即税法上的分配比例，然后进行纳税申报。

专题拓展

1. 合伙人退伙时纳税申报常见问题。

年度中间合伙企业有合伙人退伙，实务中的难点是退伙人因退伙取得收入如何计算缴纳经营所得个人所得税？如何填表申报？需要报送哪些报表？报送期限又如何规定？年末其他合伙人如何计算税款？如何填表申报？与已退伙人有什么关联？退伙人还需要汇算清缴填报 B 表吗？

2. 合伙人退伙时纳税申报税款所属期的选择问题。

前面我们以丁为例，介绍了退伙时填报 A 表的预缴申报，以及合伙人退伙时，经营所得纳税申报“税款所属期”的选择问题。即在 2020 年自然人电子税务局（ITS）升级后，退伙人“税款所属期”问题基本解决：A 表的“税款所属期止”支持修改，那么，纳税人（退伙人）可以根据具体的退伙时间进行选择了。纳税人（合伙人）先申报缴纳退伙前取得的经营所得应纳的税款，然后再考虑退伙结算所得应纳税款的事宜（详情在“专题五：个人合伙人从合伙企业取得的收入，需要划分不同的所得进行纳税申报?”部分介绍）。

3. 合伙人退伙后，下一申报期是否还需要进行预缴申报？

丁退伙，共取得经营所得 82 500 元，占 A 合伙企业“应纳税所得额”530 000 元的 15.566%，如果已及时报送了 A 表进行了预缴申报，且填报 B 表进行了汇算清缴、多退少补，合伙企业已作税务登记变更，则年末不需要再重复报送（其实已无法申报，因为丁已不在合伙企业“投资者信息”里了）。

有财税朋友担心，退伙人如果不再申报，那么年末合伙人的分配比例不是 100%【即申报表的“合伙企业个人合伙人分配比例（%）不是 100%】。这个担心不该有，一是纳税人填报 A 表时，系统校验的是分配比例是否超过 100%，而不是是否达到 100%。二是如果丁“退伙”进行了 A、B 表的纳税申报后，未及时办理税务登记变更而到了下一申报期，那另当别论，稍后在“6. 法定的变更期限与退伙人纳税申报期限的关系”部分举例说明。

4. 年度中间有新的合伙人入伙，如何选择税款所属期？

不论是合伙企业依据《合伙企业法》第十三条规定，在企业登记事项发生变更后，执行合伙事务的合伙人自做出变更决定或者发生变更事由之日起 15 日内，向企业登记机关申请办理的变更登记（纳税人已办理变更登记的信息会共享到主管税务机关），还是律师事务所依据《律师事务所管理办法（2018 年修正）》在合伙人变更之日起 15 日内，经所在地设区的市级或者直辖市的区（县）司法行政机关报原审核机关备案的，纳税人均应当自登记管理机关变更登记之日起 30 日内或者有关机关批准或者宣布变更之日起 30 日内，向原税务登记机关提交资料，申报办理变更税务登记。

完成变更税务登记后，新入伙合伙人的初始投资信息会显示在合伙企业的“投资者信息”，纳入日常税务管理。其中，“投资者信息”包括投资方证件、证件号码、投资方经济性质、所在地、投资金额、比例，投资“有效期起”、“有效期止”等。合伙企业“投资者信息”中有投资“有效期起”具体日期，笔者认为这完全可以解决新合伙人入伙后纳税申报的“税款所属期”问题。

但是，刚才我们介绍了，目前，在自然人电子税务局（ITS），“税款所属期起”的具体日期关联着企业的“开业（设立）日期”或者年度的起始日期 1 月 1 日，而没有直接关联“投资方信息”中的投资“有效期起”具体时间。这样，当新入伙的个人合伙人进行纳税申报时，系统会自动默认“税款所属期起”为企业“开业（设立）日期”或者年度的 1 月 1 日（至少目前如此）。

5. 退伙（包括入伙）的变更登记与合伙协议的效力。

上面提到的合伙企业事项（合伙人）发生变更，合伙企业应当按期进行变更登记，这是法律的管理性强制规范。

管理性强制规范是法律强制规范的一种，目的是对企业实施便捷有序的管理。比如，因各种原因，企业未按期进行变更登记，那么超期后，企业仍可以在原登记机关办理变更登记，但是，企业登记机关会依据《合伙企业法》第九十五条第二款、第三款的规定或者税务机关依据《税收征管法》以及《税务登记管理办法（2019 年修正）》的相关规定，对未依法办理变更登记的企业责令限期登记；逾期不登记的，处以 2 000 元以上 20 000 元以下的罚款。

合伙企业登记事项发生变更，执行合伙事务的合伙人未按期申请办理变更登记的，应当赔偿由此给合伙企业、其他合伙人或者善意第三人造成的损失。

而入伙（退伙）协议，根据退伙（入伙）事由已成立且有效。所以，变更登记是入伙（退伙）协议的对抗要件【即不进行变更登记，入伙（退伙）协议不得对抗善意第三人】，但不是生效要件。也就是说，入伙（退伙）协议不以完成变更登记为生效条件。

当然，涉及税务事项从依据入伙（退伙）协议完成变更登记时起算。因为不进行税务登记变更，新入伙合伙人的信息不在合伙企业“合伙人投资信息”中，则无法进行纳税申报；同样，不进行税务登记变更，原合伙人还在“合伙人投资信息”中（这里可以理解为代持），所以仍需要按期进行纳税申报。这一点大家应该关注到。

6. 法定的变更期限与退伙人纳税申报期限的关系。

前面我们介绍了纳税人应当自登记管理机关变更登记之日起 30 日内或者有关机关批准或者宣布变更之日起 30 日内，向原税务登记机关提交资料，申报办理变更税务登记。

但是在纳税申报方面，合伙人（退伙）变化后，退伙人需要在多长期限内完成 A 表、B 表的报送，目前的税收征管并无明确的规定。

结合实务案例，笔者对 A 表、B 表的报送期限分析如下：

某律师事务所，有 4 名合伙人，分别是 A、B、C、D，出资比例 30%：30%：20%：20%。2020 年 8、9 月份，B、C、D 三名合伙人相继退出，E、F 合伙人加入。10 月申报期，律师事务所代办完成 A、B、C、D 四名合伙人 3 季度经营所得个人所得税预缴申报，报送了 A 表后作了变更税务登记。

经营情况：律师事务所 1—6 月利润总额 40 万元，其中 A、B、C、D 分别可取得 12 万元、12 万元、8 万元、8 万元。7—12 月份亏损，全年利润总额 35 万元。

年末合伙人分配利润如图 2 -9 所示。

2021 年 1 月申报期，纳税人发来该图片资料（如图 2－9 所示），问如何把 B、C、D 多缴的个人所得税退回来？因为这 3 人无法纳税申报。

合伙人	A	B	C	D	E	F
1—6月合伙人分配比例（%）	30%	30%	20%	20%		
1—6月利润总额40万元	12	12	8	8		
9—12月变更后	34%				33%	33%
年末取得利润额35万元	7	12	8	8		
合伙人所得占比	20%	34%	23%	23%	0%	0%

图 2－9　年末合伙人利润分配

笔者在自然人电子税务局（税务端）进行了核查，才知道原来该律所 1—6 月盈利，7 月申报期给 3 名合伙人 B、C、D 代办了经营所得个人所得税的预缴申报（A 表）并缴纳了税款；7—9 月份亏损，10 月申报期也给 3 人代办了预缴申报（A 表），同时在所属司法部门完成合伙人变更备案手续的基础上进行了变更税务登记，但是当时未报送 B 表进行汇算清缴。

2021 年 1 月申报期想汇算了，律所才发现 3 名原合伙人无法进行纳税申报了（原因在“专题二十一：个人合伙人为代持合伙人，经营所得谁来申报？”部分介绍）。咨询的时候已经是申报期的最后两天了，纳税人着实着急。最后在主管税务机关的操作下才完成了 A 表的申报（因为又到了一个申报期，所以采取恢复退伙人的信息，先填报其 A 表，才能再报 B 表）。

所以，笔者理解，尽管合伙人（退伙）变化后，退伙人需要在多长期限内完成 A 表、B 表的报送，目前的税收征管规范无明文规定，但是纳税人应该注意两点：一是 B 表，包括 A 表的填报一定要在变更税务登记完成之前报送。否则，变更税务登记完成，退伙人解除了与合伙企业的投资关系，其无法再继续填报 A 表、B 表，给征纳双方都带来不必要的麻烦。二是报送 A 表、B 表的时间不要进入下一个纳税申报期（不论月报或者季报）。比如该律所进入了第四季度税款的申报期，则必须又要先完成 A 表的预缴纳税申报，才能进行 B 表的汇算申报。

这还不是最复杂的，还有一种情况，经营所得个人所得税核定为按季申报的合伙企业，合伙人退伙后，完成了 A 表、B 表的报送，比如本专题案例中的合伙人丁，如果合伙企业未及时进行变更税务登记，进入了下一申报期（2021 年 1 月），在税务管理系统，丁还是合伙企业的合伙人，应当报送 A 表。那前面已报送且修改了“税款所属期止”的A表怎么办？B表又怎么办？更正申报吗？

总之，变更税务登记和A表、B表的纳税申报应及时完成，以免造成不必要的麻烦和涉税风险（该律所尽管在税务局的操作下完成了纳税申报，但留下了税务风险，详情我们在“第三章 经营所得常见涉税风险识别及应对”部分介绍）。

专题五：个人合伙人从合伙企业取得的收入，需要划分不同的所得进行纳税申报？

专题四介绍了个人合伙人退伙的，首先需要对退伙前取得的经营所得进行纳税申报，并且介绍了相关政策和征管制度以及操作实务。当时在公众号发文后，有财税朋友着急地问：个人合伙人退伙取得的所得，按照经营所得项目进行纳税申报的法律依据是什么？为何不认定是财产转让所得？

这也难怪，实务中这一块业务大家理解不一，争议也较多，好几个省的税务局12366纳税服务中心都有该类问题的咨询，如新疆税务、深圳税务。

关于第一问，相信此刻看完专题四开始了专题五阅读的您一定明白了缘由，不用笔者再多介绍了。现在，仍继续引用专题四的案例信息回答第二问。

基本信息：A合伙企业成立于2018年6月，属于工程造价咨询企业，有四个合伙人，分别是自然人甲、乙、丙、丁，分别出资240万元、120万元、120万元、120万元。都是执行合伙事务的合伙人，每个合伙人平时在合伙企业分别领取了6万元、7万元、5万元、5万元工资（其中，属于1—10月份8万元），年末A合伙企业会计利润30万元，当年A合伙企业未进行过利润分配、也没有合伙人提过款项。合伙协议约定平均分配合伙利润，无其他调整事项。

补充资料：A合伙企业2020年1月至10月份的收入总额为17 208 730. 93元，成本费用17 078 730. 93元（其中，管理费用16 954 828. 23元、税金103 252. 30元、其他支出20 650. 40元）；1—12月收入总额18 208 730. 93元，成本费用17 908 730. 93元。甲、乙、丁均无综合所得。丙在某企业任职，每月取得工资薪金12 000元，缴纳“三险一金”1 800元。

另外，甲、丁均购买了一款符合条件的商业健康保险，全年各自支付保费2 600元；乙当年缴纳养老保险3 200元；丁4岁的女儿正在上幼儿园。

2020年10月丁依约定申请退伙，从合伙企业分回现金245万元。年底，乙以300万元的价格转让了在A合伙企业的财产份额给王一锤。

案例分析实务操作

（一）丁退伙结算依法取回财产份额

根据《合伙企业法》相关规定，合伙人退伙，其他合伙人应当与该退伙人按照退伙时的合伙企业财产状况进行结算，退还退伙人的财产份额。

A 合伙企业当年未进行过利润分配等，所以，丁退伙时取得的 245 万元中包括 A 合伙企业截至 10 月底未进行分配而留存的所得（利润）。

（二）退伙结算取得财产份额与划分所得项目进行的纳税申报

1. 截至 10 月底，丁退伙前从 A 合伙企业可取得经营所得 8.25 万元，其纳税申报已介绍，这里不再赘述。

2. 根据《国家税务总局关于个人终止投资经营收回款项征收个人所得税问题的公告》（国家税务总局公告 2011 年第 41 号）规定，个人因各种原因终止投资、联营、经营合作等行为，从被投资企业或合作项目、被投资企业的其他投资者以及合作项目的经营合作人取得股权转让收入、违约金、补偿金、赔偿金及以其他名目收回的款项等，均属于个人所得税应税收入，应按照“财产转让所得”项目适用的规定计算缴纳个人所得税。那么，丁退伙依据财产份额取得 245 万元的所得，除一部分应按照经营所得进行纳税申报外，其余部分应按照“财产转让所得”申报缴纳个人所得税。

应纳税所得额 = 取得的股权转让收入、违约金、补偿金、赔偿金及以其他名目收回款项合计数 − 原实际出资额（投入额）及相关税费 = 245 − 120 − 8.25（已按经营所得缴纳个人所得税的部分所得）= 116.75（万元）。

应纳税额 = 116.75 × 20% = 23.35（万元）。

3. 纳税申报。

（1）扣缴义务人：《个人所得税法》第九条规定，个人所得税以所得人为纳税人，以支付所得的单位或者个人为扣缴义务人。丁退伙取得所得，支付方为 A 合伙企业，代扣代缴义务人为 A 合伙企业。

（2）申报期限：《个人所得税法》第十条规定，扣缴义务人应当按照国家规定办理全员全额扣缴申报，并向纳税人提供其个人所得和已扣缴税款等信息。

第十二条第二款规定，纳税人取得利息、股息、红利所得，财产租赁所得，财产转让所得和偶然所得，按月或者按次计算个人所得税，有扣缴义务的人，由扣缴义务人按月或者按次代扣代缴税款。

丁退伙，与A合伙企业及其他合伙人结算取得所得，A合伙企业支付结算款，其为扣缴义务人。这一点与合伙人转让财产份额不同。财产份额转让，是转让方与接收方之间结算转让款（详情在“专题六：合伙人转让财产份额如何申报缴纳经营所得个人所得税？”部分介绍）。

（3）填表申报：以“自然人电子税务局（税务端）”申报为例（如图2－10所示）：

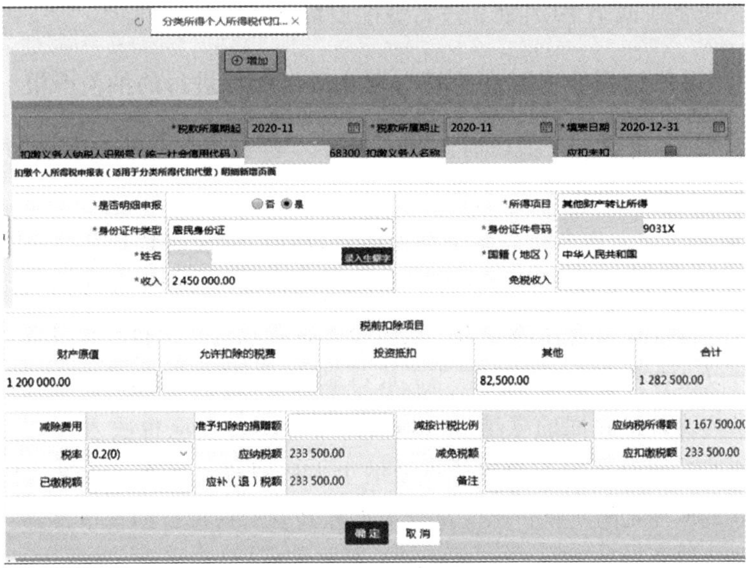

图2－10　丁退伙结算申报

注：财产转让所得个人所得税，由支付方A合伙企业代扣代缴，并按规定办理全员全额扣缴申报，这是法定的义务。

扣缴义务人未扣缴的，纳税人应当在取得所得的次年6月30日前，按相关规定向主管税务机关办理纳税申报，并报送《个人所得税自行纳税申报表（A表）》。税务机关通知限期缴纳的，纳税人应当按照期限缴纳税款。

纳税人自行申报（即报送《个人所得税自行纳税申报表（A表）》）的纳税地点，实务中有争议。应该是在被投资单位所在地。

专题拓展

1.《合伙企业法》规定的退伙时间。

《合伙企业法》规定了各种情形的退伙和退伙生效时间。但是对退伙后的结算时间未有具体的规定，只在第五十一条第二款规定，退伙时有未了结的合伙企业事务的，待该事务了结后进行结算。

由此可知，退伙和结算的时间可能会有差异。

2. 退伙取得经营所得和财产转让所得纳税义务发生时间一致吗？

退伙和结算的时间可能会有差异，那么，退伙退还的合伙财产份额中经营所得纳税义务发生时间和收到财产转让所得，扣缴义务人代扣代缴税款的时间也会有不同：经营所得，不论合伙企业是否实际分配（支付），只要合伙企业有经营所得，个人合伙人即产生了纳税义务；而财产转让所得，扣缴义务人履行代扣代缴义务是在结算支付时，这一点应该引起注意。

3. 合伙人退伙，合伙企业扣减的赔偿金额可以从合伙人的计税依据扣除吗？

《合伙企业法》规定，退伙人对给合伙企业造成的损失负有赔偿责任的，相应扣减其应当赔偿的数额。那么，纳税人的计税依据是否也可以扣除该赔偿金？笔者认为可以减除该部分赔偿款，以纳税人实际收到的结算款作为退伙退回的财产份额，分别缴纳个人所得税。

专题六：合伙人转让财产份额如何申报缴纳经营所得个人所得税？

首先，明确《合伙企业法》规定的两个法律概念：财产和财产份额。财产的责任主体是合伙企业；财产份额强调合伙人，责任主体（或者权利主体）是合伙人，即合伙企业拥有自己的财产，而合伙人拥有财产份额，依据财产份额去享有权利等，所以两者不同，不能混淆。

而关于“合伙份额”，笔者未查询到出处，书面使用更广泛（注：本书稿也不刻意区分）。

其次，需要区分，合伙人（个人）转让财产份额与合伙企业转让财产份额不同。前者转让财产份额取得财产转让所得，由纳税人按照比例税率20%缴纳个人所得税。后者涉及多层合伙架构的镶嵌，转让所得需并入合伙企业的收入总额。

《合伙企业法》第二十二条规定，除合伙协议另有约定外，合伙人向合伙人以外的人转让其在合伙企业中的全部或者部分财产份额时，须经其他合伙人一致同意。

合伙人之间转让在合伙企业中的全部或者部分财产份额时，应当通知其他合伙人。

财产份额的转让，与合伙人退伙不同。财产份额对外转让需要符合法定的条件，并且转让是转让方与受让方之间的行为，结算发生于原合伙人与接收财产份额的新合伙人之间。后续在法律上，合伙企业只需要配合完成合伙协议的修订和合伙人登记变更；会计核算，合伙企业只需要变更合伙人明细科目。即：合伙企业与合伙人之间无结算关系。

同理，合伙人之间转让财产份额的，结算也发生在合伙人之间，与合伙企业无关。

许多财税人把退伙与转让合二为一来理解，是不严谨的。有的时候，是退伙和入伙同时发生，即原合伙人退伙，与合伙企业进行结算；同时新合伙人入伙，但这绝不是财产份额的转让，因为退伙结算不会发生在转让方与受让方之间。

（一）合伙人转让财产份额与所得项目

本专题引用“专题五：个人合伙人从合伙企业取得的收入，需要划分不同的所得进行纳税申报?”中的案例。

根据《个人所得税法实施条例》第六条（八）的规定，个人转让其持有的合伙企业财产份额属于财产转让所得。

2020年底乙转让其持有的A合伙企业的财产份额，依题意，A合伙企业当年未进行过利润分配，所以，乙转让财产份额取得收入300万元中包括A合伙企业当年经营取得的经营收益以及未分配留存的收益。所以，乙应该区别所得项目进行纳税申报：对应归属到合伙人乙的经营所得部分，计算缴纳“经营所得”项目的个人所得税，并进行汇算清缴，多退少补；其余部分，即超过财产原值的部分，按照“财产转让所得”项目缴纳个人所得税。

（二）合伙人转让合伙企业财产份额与纳税申报

1. 对应当归属于财产份额转让方、来源于A合伙企业的经营所得的纳税申报

乙在年底转让其持有的A合伙企业的财产份额，所以税款计算是整年，不难理解。这部分经营所得的预缴申报（A表）和汇算清缴申报（B表），可阅读专题四“其他合伙人年末经营所得个税预缴申报与退伙的衔接”、“其他合伙人经营所得年度汇缴申报与退伙的衔接”中乙的纳税申报（见表2-10、表2-11）；

如果是年度中间合伙人乙转让财产份额，则阅读“合伙人退伙前应取得的经营所得与预缴纳税申报”、“合伙人退伙前取得的经营所得与汇缴纳税申报”，其中，经营所得个人所得税计算和填表申报可参照退伙人丁的实务操作

（如图2－6、图2－7、表2－8、表2－9所示）。这里不再展开介绍。

关于合伙人转让财产份额，目前按照财产转让所得征收个人所得税实务操作中存在的难题，我们在本专题案例拓展部分介绍。

2. 转让合伙企业财产份额取得收入，应按照“财产转让所得”部分的纳税申报：

（1）税款计算：

应纳税所得额＝转让财产的收入额－财产原值－合理费用＝300－120－15.916667（已按经营所得缴纳个人所得税）＝164.083333（万元）。

应纳税额＝164.083333×20%＝32.816667（万元）。

（2）填表申报：以在“自然人电子税务局（税务端）”申报为例（如图2－11所示）：

图2－11　转让所得纳税申报

注：1. 个人所得税以所得人为纳税人，以支付所得的单位或者个人为扣缴义务人。乙转让持有的合伙企业财产份额给了王一锤，那么，王一锤应该代扣代缴乙“财产转让所得”的个人所得税，并于次月申报期，向合伙企业所在地主管税务机关进行扣缴申报。

2. 同样，扣缴义务人未扣缴税款的，纳税人取得财产转让所得的，应当在取得所得的次年6月30日前，按相关规定向主管税务机关办理纳税申报，并报送《个人所得税自行纳税申报表（A表）》。

税务机关通知限期缴纳的，纳税人应当按照期限缴纳税款。

3. 纳税地点：向被投资企业所在地主管税务机关进行申报纳税，报送《个人所得税自行纳税申报表（A表）》。

专题拓展　合伙人转让合伙企业财产份额纳税申报中的难点问题探讨

合伙企业个人投资者转让财产份额，个人所得税纳税申报中报表填报的衔接问题，目前是难点，总局也无明确的规定。

1. 转让方（原合伙人）报送 A 表后，是否还需要报送 B 表？

试想，如果转让方（原合伙人）不报送 B 表，那么一些应该在 B 表享受扣除的项目如何扣除？所以，笔者观点，应该报送。

2. 受让方（新合伙人）申报 A 表的税款所属期如何确定？

受让人（新合伙人）作为新的投资方入伙，执行合伙事务的合伙人需要在登记管理机关或其他行政管理机关办理变更（或备案）登记。新合伙人的初始投资信息在“投资方历史信息查询”模块和合伙企业“投资方信息”都可查询。“投资方信息”会显示新合伙人的证件种类、号码、名称、经济性质、投资比例、金额、所在地以及投资“有效期起”、“有效期止”等信息。

我们在专题四的案例拓展部分已经介绍过了，目前，在自然人电子税务局（ITS），“税款所属期起”的具体日期关联着企业的“开业（设立）日期”或者年度的起始日期 1 月 1 日，而没有直接关联“投资方信息”中的投资“有效期起”的具体时间。所以，假如新合伙人王一锤作为受让方，是于 2020 年 4 月加入合伙企业，则 2020 年各申报期内，王一锤预缴申报 A 表时，“税款所属期起”会自动默认为 2020 年 1 月 1 日（申报年度的起始日期）。

其实，随着自然人电子税务局不断升级完善，如果合伙人预缴申报 A 表时，“税款所属期起”直接提取“投资方信息”中的投资方“有效期起”的具体时间，那么，这个难题也可迎刃而解。但目前不行，因为该日期维护不规范，直接关联税务风险会骤增，除非系统可自动设置日期。

3. 原合伙人已缴税款能否带入新合伙人？

笔者观点：不带入。

即合伙人转让财产份额的业务，可以看成两笔业务办理纳税申报：一是原合伙人的退伙；二是新合伙人的入伙。这样可以解决申报表的衔接问题。

实务中，有财税朋友问：如果案例中的乙把财产份额转让给王一锤，年底汇算清缴时，甲、乙、丙、丁、王一锤的财产份额相加超过 100%，这能申报吗？

这个问题的提出，说明大家对合伙人退伙，或者合伙人转让财产份额后，合伙人对经营所得部分如何进行纳税申报以及报送什么申报表的衔接问题还是不太清楚。

可以总结一下：对于年度中间有个人合伙人退伙的，对退伙前应当归属于该退伙人的经营所得和其他所得，应及时报送 A 表进行预缴申报，然后再及时报送 B 表进行汇缴申报。

合伙人转让财产份额的，同样对转让前应当归属于转让方（原合伙人）的经营所得和其他所得，应及时报送 A 表进行预缴申报，然后还需要及时报送 B 表进行汇缴申报。

而对于受让方（新合伙人），其进行 A 表纳税申报时，包括查账征收户的预缴申报或者核定征收户的纳税申报，其“税款所属期起”系统会自动默认，具体在“2. 受让方（新合伙人）申报 A 表的税款所属期如何确定?”部分已介绍，这里不再展开。

总之，掌握两条原则：一是退伙人（或转让方）不能重复报送同一税款所属期的 A 表、B 表（根本报不了，如重复填报，则出现阻断提示，以 B 表为例，如图 2－12 所示）。二是 A 表、B 表校验“合伙企业个人合伙人分配比例（%）”合计是否超过 100%。当然，如合伙人都是个人，那么，正确的填报，同一税款所属期 A 表、B 表的比例合计一定是 100%，也不可能出现超过 100% 的情形。

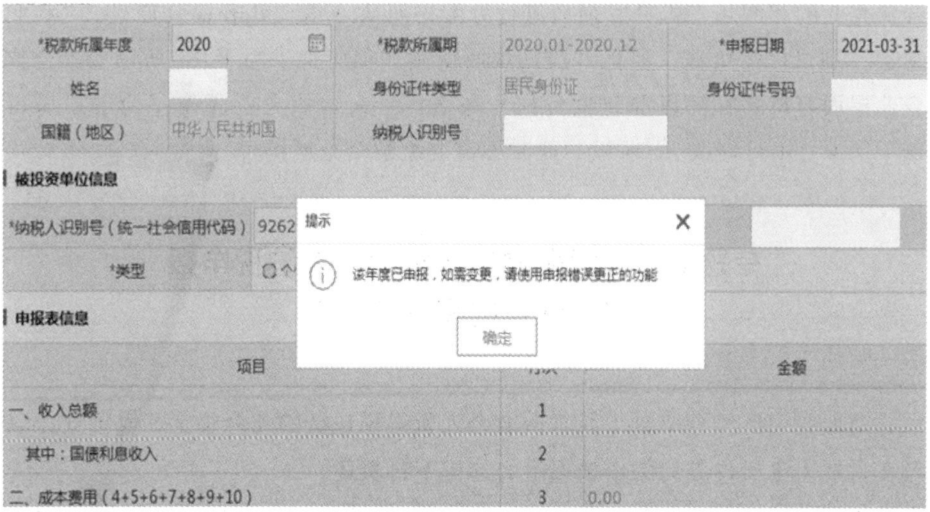

图 2－12　退伙人申报 B 表

所以，丁退伙时，如已经及时报送了 A 表和 B 表；同样，乙转让财产份额后，及时报送了 A 表和 B 表。那么，年底怎么还会出现甲、乙、丙、丁、王一锤都参加汇缴，使“合伙企业个人合伙人分配比例（%）”相加超过 100%呢？

即使因为各种原因，年底甲、乙、丙、丁、王一锤都参加汇缴清缴（前提是退伙人或者转让方信息还在），每个合伙人经营所得占合伙企业年度应纳税所得额的比例相加也不会超过 100%。

4. 新入伙的合伙人与企业的以前年度亏损。

《合伙企业法》第四十四条规定，入伙的新合伙人与原合伙人享有同等权利，承担同等责任。入伙协议另有约定的，从其约定。

新合伙人对入伙前合伙企业的债务承担无限连带责任。

关于税收征管规范，有财税朋友咨询：假如 2020 年 5 月，某合伙人加入甲合伙企业，该企业 2020 年以前年度待弥补的亏损额为 200 万元。甲合伙企业 2020 年盈利 150 万元，弥补亏损后仍亏损 50 万元。是否新加入合伙人在合伙企业实际盈利时就需要按照“先分后税”缴纳个人所得税？

提出该问题，单说纳税申报，对目前实务操作还是不太熟悉。

对照 A 表（见表 1－2）或者 B 表（见表 1－3），“弥补以前年度亏损”行在前，“合伙企业个人合伙人分配比例”行在后，所以，从表的逻辑关系，合伙企业的利润是先弥补亏损后进行分配；而从 A 表、B 表设计原理，“利润总额”项可以为负数，但是“应纳税所得额”项应大于等于 0，所以如果合伙企业层面有待弥补的以前年度亏损，那么，个人合伙人层面的“应纳税所得额”为 0（不可修改）。所以，此时不需要缴纳个人所得税。

专题七：经营所得核定征收年末纳税申报应该注意的事项（一）

前面我们已经介绍过了经营所得个人所得税包括的几种核定征收方式，以及在自然人电子税务局的申报渠道，这里不再赘述。

关于定期定额户，在“第一章二（七）经营所得与征收方式”部分也已做过介绍，这里不再展开。本专题主要对核定应税所得率、征收率，举例解析税收政策和征管制度：

基本信息：A 合伙企业，经营范围：酒店管理；餐饮管理及咨询；企业管理咨询；市场营销策划等。有四个合伙人，分别是自然人甲、乙、丙、丁，都是执行合伙事务的合伙人，每个合伙人平时在合伙企业领取了工资。且甲、乙、丁均无综合所得。合伙协议约定平均分配合伙利润，无其他调整事项。

补充资料：合伙人实际出资比例为 40%、20%、20%、20%。A 合伙企业 2019 年 1—12 月收入总额 1 820.873 万元。

另外，甲、丁均购买了一款符合条件的商业健康保险，全年各自支付保费 2 600 元；乙当年缴纳养老保险 3 200 元。甲还通过慈善机构捐赠 10 万元。丁 4 岁的女儿正在上幼儿园。

该纳税人不属于国税发［2010］54 号和国税发［2011］50 号规定的不允许核定征收的特殊行业、特殊类型的纳税人。当地税务机关对 A 合伙企业实行核定应税所得率征收方式。

根据财税［2000］91 号附件 1《关于个人独资企业和合伙企业投资者征收个人所得税的规定》第九条规定，“其他行业”应税所得率（%）为 10%—30%。具体幅度授权各省、自治区、直辖市税务局制定。

A 合伙企业所在省执行应税所得率的标准详见表 2－13，A 合伙企业属其他行业，应税所得率为 10%。

表 2－13　　个人所得税核定应税所得率表

行　　业	应税所得率（%）
工业、交通运输业、商业	5%
建筑业、房地产业、	7%
饮食业	7%
娱乐业	20%
其他行业	10%

问题：12 月份，合伙人如何进行纳税申报？

案例分析实务操作

（一）确定经营所得法定申报主体

A 合伙企业有四个合伙人甲、乙、丙、丁，均是纳税义务人和法定申报主体，应分别填写 A 表进行纳税申报。

（二）税款的计算

2019 年度甲、乙、丙、丁各来源于 A 合伙企业的经营所得的应纳税所得额和应纳税额分别为：

甲应纳税所得额 = 18 208 730.00 × 10% × 25% − 2 400 = 452 818.25（元）

应纳税额 = 452 818.25 × 30% − 40 500 = 95 345.48（元）

乙应纳税所得额 = 18 208 730.00 × 10% × 25% = 455 218.25（元）

应纳税额 = 455 218.25 × 30% − 40 500 = 96 065.48（元）

丙应纳税所得额 = 18 208 730.00 × 10% × 25% = 455 218.25（元）

应纳税额 = 455 218.25 × 30% − 40 500 = 96 065.48（元）

丁应纳税所得额 = 18 208 730.00 × 10% × 25% − 2 400 = 452 818.25（元）

应纳税额 = 452 818.25 × 30% − 40 500 = 95 345.48（元）

（三）纳税申报

1. 申报时间：2020 年 1 月 15 日前
2. 纳税地点：A 合伙企业所在地
3. 填表申报：以甲、乙为例（详见表 2 − 14、表 2 − 15）

表 2 − 14　甲个人所得税经营所得纳税申报表（A 表）（截选）　单位：元

□查账征收（据实预缴）　□查账征收（按上年应纳税所得额预缴）　□核定应税所得率征收 □核定应纳税所得额征收　□税务机关认可的其他方式		
项　目	行次	金额/比例
一、收入总额	1	18 208 730.00
二、成本费用	2	
三、利润总额（第 3 行 = 第 1 行 − 第 2 行）	3	
四、弥补以前年度亏损	4	
五、应税所得率（%）	5	10
六、合伙企业个人合伙人分配比例（%）	6	25.0000
七、允许扣除的个人费用及其他扣除（第 7 行 = 第 8 行 + 第 9 行 + 第 14 行）	7	
（一）投资者减除费用	8	
（二）专项扣除（第 9 行 = 第 10 行 + 第 11 行 + 第 12 行 + 第 13 行）	9	

续表

项　　目	行次	金额/比例
1. 基本养老保险费	10	
2. 基本医疗保险费	11	
3. 失业保险费	12	
4. 住房公积金	13	
（三）依法确定的其他扣除（第14行＝第15行＋第16行＋第17行）	14	
1. 商业健康保险	15	2 400.00
2.	16	
3.	17	
八、准予扣除的捐赠额（附报《个人所得税公益慈善事业捐赠扣除明细表》）	18	
九、应纳税所得额	19	452 818.25
十、税率（%）	20	30
十一、速算扣除数	21	40 500.00
十二、应纳税额（第22行＝第19行×第20行－第21行）	22	95 345.48
十三、减免税额（附报《个人所得税减免税事项报告表》）	23	0
十四、已缴税额	24	0
十五、应补/退税额（第25行＝第22行－第23行－第24行）	25	95 345.48

注：实行核定应税所得率征收方式，在填写A表计算个人合伙人的应纳税所得额时：

1. 依据《财政部 税务总局关于公益慈善事业捐赠个人所得税政策的公告》（财政部 税务总局公告2019年第99号）的规定，经营所得采取核定征收方式的，不扣除公益捐赠支出。所以，甲通过公益机构的公益捐赠支出10万元不可以扣除。填报A表时，第18行“准予扣除的捐赠额”置灰不可填写。

2. 符合扣除条件的“商业健康保险”可以在本月（季）填报A表时扣除，其余月份灰置不可填写扣除（政策依据参考专题一专题拓展“1. 对于实行核定征收的纳税人，商业健康保险如何扣除?”）。

3. 符合扣除条件的“商业健康保险”填报在“依法确定的其他扣除项目”进行扣除时，并且需要报送《商业健康保险税前扣除情况明细表》，因主表“商业健康保险”项调用附表的数据，系统进行限额校验【按照不超过标准2 400元/年扣除】。

表2－15　　乙个人所得税经营所得纳税申报表（A表）（截选）　　单位：元

□查账征收（据实预缴）　□查账征收（按上年应纳税所得额预缴）□核定应税所得率征收 □核定应纳税所得额征收　□税务机关认可的其他方式		
项　　目	行次	金额/比例
一、收入总额	1	18 208 730.00
二、成本费用	2	
三、利润总额（第3行＝第1行－第2行）	3	

续表

项目	行次	金额/比例
四、弥补以前年度亏损	4	
五、应税所得率（%）	5	10
六、合伙企业个人合伙人分配比例（%）	6	25.0000
七、允许扣除的个人费用及其他扣除（第7行=第8行+第9行+第14行）	7	
（一）投资者减除费用	8	
（二）专项扣除（第9行=第10行+第11行+第12行+第13行）	9	
1. 基本养老保险费	10	
2. 基本医疗保险费	11	
3. 失业保险费	12	
4. 住房公积金	13	
（三）依法确定的其他扣除（第14行=第15行+第16行+第17行）	14	
1.	15	
2.	16	
3.	17	
八、准予扣除的捐赠额（附报《个人所得税公益慈善事业捐赠扣除明细表》）	18	
九、应纳税所得额	19	455 218.25
十、税率（%）	20	30
十一、速算扣除数	21	40 500.00
十二、应纳税额（第22行=第19行×第20行-第21行）	22	96 065.48
十三、减免税额（附报《个人所得税减免税事项报告表》）	23	0
十四、已缴税额	24	0
十五、应补/退税额（第25行=第22行-第23行-第24行）	25	96 065.48

注：1. 核定应税所得率征收方式下，填写A表计算个人合伙人应纳税所得额时，“投资者减除费用”、“专项扣除”、“依法确定的其他扣除”【注：除符合条件的商业健康保险、递延养老保险（注：自2022年1月1日起递延养老保险不再执行）之外，下同】不可以扣除（全为灰置项）。所以，乙当年缴纳养老保险3 200元无法扣除。

其实，丁纳税申报时，也不可以扣除子女教育专项附加扣除。

2. 第5行“应税所得率”不可以修改。

3. 第6行“合伙企业个人合伙人分配比例（%）”支持修改。

专题八：经营所得核定征收年末纳税申报应该注意的事项（二）

基本信息（上接专题七）：甲和姜某另投资成立餐饮企业 B（合伙企业、小规模纳税人），甲、姜某分别投资 50 万元，协议约定平均分配企业利润和承担亏损。当地税务机关对其采用核定应纳税所得额的征收方式，核定应纳税所得额 15 000 元/月。

1—3 季度甲、姜某已分别累计缴纳经营所得个人所得税 = 15 000 ×9（月）× 20% －10 500 = 16 500（元）。

2019 年姜某个人购买了一款符合条件的商业健康保险，全年共计支付保费 2 300 元。

另外，姜某办理了一分店经营餐饮，是个体工商户。当地税务机关对其采用定额征收方式，核定月经营额 100 000 元/月。

依据所在省关于个人所得税经营所得项目核定征收有关问题的公告，当地饮食业核定征收率为 1%（详见表 2－16），并且月收入额核定在 3 万元以下的（含 3 万元），个人所得税征收率暂核定为 0。

表 2－16　　定额征收个人所得税附征率表

行　　业	个人所得税附征率（%）
工业、交通运输业、商业	0.6%
建筑业、房地产业	1.0%
饮食业	1.0%
娱乐业	1.8%
其他行业	1.2%

案例分析实务操作

一、B 合伙企业

（一）B 合伙企业有两个自然人合伙人，甲、姜某

甲、姜某是经营所得个人所得税纳税义务人、法定申报主体。应分别填写

A 表进行纳税申报。

（二）2019 年合伙人应纳税所得额、应纳税额计算

姜某：

全年应纳税所得额 = 15 000 × 12（月）－2 300 = 177 700（元）；

2019 年 12 月份应补缴经营所得个人所得税额 = 177 700.00 × 20% － 10 500 － 16 500 = 8 540（元）。

甲：

全年应纳税所得额 = 15 000 × 12（月）= 180 000（元）；

2019 年 12 月份应补缴经营所得个人所得税额 =（180 000.00 × 20% － 10 500）－16 500 = 9 000（元）。

因为甲符合条件的商业健康保险已在其从 A 合伙企业取得的经营所得中申报扣除，这里不再重复扣除。

（三）填表申报

1. 申报渠道：B 合伙企业属核定应纳税所得额征收方式的纳税户，甲、姜某填写 A 表可以在自然人电子税务局（税务端）（即办税服务大厅）申报，也可以通过自然人电子税务局（网页端）进行申报，还可以在“自然人电子税务局（客户端）由 B 合伙企业代办申报或者由第三方代理申报。

2. 申报期限：甲、姜某应当在月度或者季度终了后 15 日内，办理纳税申报，报送 A 表。以姜某、甲为例（详见表 2－17、表 2－18）。

表 2－17　姜某个人所得税经营所得纳税申报表（A 表）（截选）　单位：元

□查账征收（据实预缴）　□查账征收（按上年应纳税所得额预缴）　□核定应税所得率征收 □核定应纳税所得额征收　□税务机关认可的其他方式		
项　　目	行次	金额/比例
一、收入总额	1	
二、成本费用	2	
三、利润总额（第 3 行 = 第 1 行 － 第 2 行）	3	
四、弥补以前年度亏损	4	
五、应税所得率（%）	5	
六、合伙企业个人合伙人分配比例（%）	6	

续表

项　　目	行次	金额/比例
七、允许扣除的个人费用及其他扣除（第7行=第8行+第9行+第14行）	7	
（一）投资者减除费用	8	
（二）专项扣除（第9行=第10行+第11行+第12行+第13行）	9	
1. 基本养老保险费	10	
2. 基本医疗保险费	11	
3. 失业保险费	12	
4. 住房公积金	13	
（三）依法确定的其他扣除（第14行=第15行+第16行+第17行）	14	
1. 商业健康保险	15	2 300.00
2.	16	
3.	17	
八、准予扣除的捐赠额（附报《个人所得税公益慈善事业捐赠扣除明细表》）	18	
九、应纳税所得额	19	177 700.00
十、税率（%）	20	20
十一、速算扣除数	21	10 500.00
十二、应纳税额（第22行=第19行×第20行-第21行）	22	25 040.00
十三、减免税额（附报《个人所得税减免税事项报告表》）	23	0
十四、已缴税额	24	16 500.00
十五、应补/退税额（第25行=第22行-第23行-第24行）	25	8 540.00

注：1. 填报方式：输入纳税人识别号，在第19行直接带出核定的应纳税所得额。但是支持修改，所以，发生允许税前扣除的商业健康保险、税延养老保险等扣除的，按扣除后的应纳税所得额填报。

2. 扣除时间：商业健康保险、税延养老保险可以在A表最后一个月（月报）或者最后一个季度（季报），或者被投资单位注销时申报扣除。

3. 扣除额度：税延养老保险：按当年金额和扣除限额孰低的方法计算可扣除额。扣除限额按照不超过当年应税收入的6%和12 000元孰低的办法确定；

商业健康险：按保单载明的年度总保费的金额，在不超过2 400元/年的标准内据实扣除。

表 2－18　　甲个人所得税经营所得纳税申报表（A 表）（部分）　　单位：元

□查账征收（据实预缴）　□查账征收（按上年应纳税所得额预缴）　□核定应税所得率征收
□核定应纳税所得额征收　□税务机关认可的其他方式

项　　目	行次	金额/比例
一、收入总额	1	
二、成本费用	2	
三、利润总额（第 3 行 = 第 1 行 – 第 2 行）	3	
四、弥补以前年度亏损	4	
五、应税所得率（%）	5	
六、合伙企业个人合伙人分配比例（%）	6	
七、允许扣除的个人费用及其他扣除（第 7 行 = 第 8 行 + 第 9 行 + 第 14 行）	7	
（一）投资者减除费用	8	
（二）专项扣除（第 9 行 = 第 10 行 + 第 11 行 + 第 12 行 + 第 13 行）	9	
1. 基本养老保险费	10	
2. 基本医疗保险费	11	
3. 失业保险费	12	
4. 住房公积金	13	
（三）依法确定的其他扣除（第 14 行 = 第 15 行 + 第 16 行 + 第 17 行）	14	
1.	15	
2.	16	
3.	17	
八、准予扣除的捐赠额（附报《个人所得税公益慈善事业捐赠扣除明细表》）	18	
九、应纳税所得额	19	180 000.00
十、税率（%）	20	20
十一、速算扣除数	21	10 500.00
十二、应纳税额（第 22 行 = 第 19 行 × 第 20 行 – 第 21 行）	22	25 500.00
十三、减免税额（附报《个人所得税减免税事项报告表》）	23	0
十四、已缴税额	24	16 500.00
十五、应补/退税额（第 25 行 = 第 22 行 – 第 23 行 – 第 24 行）	25	9 000.00

二、姜某餐饮分店取得经营所得

（一）税款计算

每个季度应纳个人所得税 =（100 000 ×3 －30 000 ×3）×1% =2 100（元），全年合计缴纳经营所得个人所得税 8 400 元。

（二）申报渠道

定期定额户目前还在原申报系统申报，略。

三、年度汇总申报

在中国境内，从事生产、经营活动的个人，从两处以上取得经营所得，需要合并计算个人所得税并办理年度汇总纳税申报，向税务机关报送 C 表。A 合伙企业为实行核定应税所得率的企业、B 合伙企业为实行核定应纳税所得额的企业，所以，甲需要对从 A 合伙企业、B 合伙企业取得的经营所得进行汇总申报。

1. 法定申报主体：甲

2. 个人所得税的年度汇总税款计算：

甲合并计算的应纳税所得额 =452 818.25 +180 000 =632 818.25（元）

应补缴个税 =（632 818.25 ×35% －65 500）－（95 345.48 +16 500 +9 000）=35 140.91 元；

3. 申报时限：甲取得经营所得的次年 3 月 31 日前，当然是办理 A 表申报后；

4. 申报地点，在其中一处从事生产经营所在地的主管税务机关办理汇总纳税申报。

5. 申报渠道：目前，甲可以在自然人电子税务局（税务端）（即办税服务大厅）申报，也可以通过自然人电子税务局 Web 端申报（个人所得税手机 App 端目前未启用）。

6. 填表申报：甲汇总申报（详见表 2 －19），如选择在 A 合伙企业所在地汇总申报。

表 2－19　　个人所得税经营所得纳税申报表（C 表）（部分）　　单位：元

被投资单位信息	单位名称			纳税人识别号（统一社会信用代码）	投资者应纳税所得额
	汇总地		A 合伙企业	X	452 818.25
	非汇总地	1	B 合伙企业	X	180 000.00
		2			
		3			
		4			
		5			
一、投资者应纳税所得额合计				1	632 818.25
二、应调整的个人费用及其他扣除（2＝3＋4＋5＋6）				2	
（一）投资者减除费用				3	
（二）专项扣除				4	
（三）专项附加扣除				5	
（四）依法确定的其他扣除				6	
三、应调整的其他项目				7	
四、调整后应纳税所得额（8＝1＋2＋7）				8	632 818.25
五、税率（%）				9	35
六、速算扣除数				10	65 500.00
七、应纳税额（11＝8×9－10）				11	155 986.39
八、减免税额（附报《个人所得税减免税事项报告表》）				12	
九、已缴税额				13	120 845.48
十、应补/退税额（14＝11－12－13）				14	35 140.91

注：1. 甲汇总申报填报 C 表时，选择对应需要汇总申报的年份，本表上半部分“被投资单位信息”自动获取被投资单位信息。汇缴地由纳税人自行选择后，第一行“投资者应纳税所得额合计”自动带出甲 2019 年度的最后一月（季）两 A 表的“应纳税所得额合计”，不可修改。

2. 目前，自然人电子税务局（ITS）可选择的三种核定征收方式，包括核定应税所得率、核定应纳税所得额、核定征收率，如果已填报 A 表，C 表都可获取到其“应纳税所得额”。所以可以说，除了不在自然人电子税务局（ITS）进行纳税申报的定期定额户外，核定征收方式都是汇总申报表 C 表的汇总对象。

3. 姜某投资了 B 合伙企业，同时经营餐饮分店。餐饮分店属定期定额户，因目前暂不包括在需要办理汇总申报的被投资企业里面。所以，姜某 2019 年度不需要进行汇总申报。如果填报 C 表进行申报则有如下提示（如图 2－13 所示）：

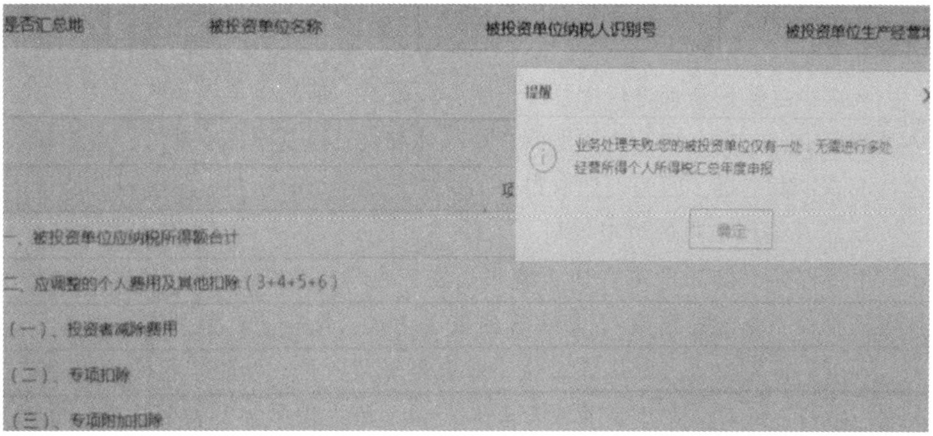

图 2-13　姜某 2019 年 C 表填报

专题拓展

实务中，关于年度汇总申报，很多财税朋友列举了一些案例问到底该不该进行汇总申报。根据目前自然人电子税务局（ITS）提供的申报通道，我们分类分析，并给出观点：

1. 各种特殊情形是否需要汇总申报?

（1）一个投资人，投资了三家企业，都是个人独资企业，两个企业是定期定额（笔者注：实务中一般只有个体工商户才定期定额管理，哪里的个人独资企业可以实行定期定额征收呢?)，一个企业是核定应税所得率，这样需要汇总报送 C 表吗?

观点：如果一个投资人投资的两个实体实行定期定额征收，一个核定应纳税所得率征收，则该投资人不需要进行汇总申报。因为目前需要办理汇总申报的暂不包括定期定额户。所以，该投资人需要办理汇总申报的经营所得只有一处。

（2）如果一处是单定，一处是双定，需要填报 C 表吗?

观点：首先，这里的“单定”，是指核定应税所得率或核定征收率或核定应纳所得税额?“双定”是指定期定额户?如果是，那么同一投资人，投资的一户企业实行“单定”，一户企业实行“双定”，则不需要进行汇总申报。

（3）如果双定额个体工商户负责人在别处还有工资薪金收入，工资薪金已经申报综合所得个人所得税，那么，该个体工商户是否需要再申报经营所得清算汇缴？

观点：意思是是否进行汇总申报呢？如果是，那不需要，因为该双定额个体工商户负责人只有从该个体工商户这一处取得了经营所得，那么，就不需要进行汇总年度申报，因为别处取得的工资薪金属于综合所得，不是经营所得。

2. 汇总纳税申报的填报规则。

甲投资人，投资的 A 合伙企业属查账征收户，另投资一个人独资企业 B 核定征收（不是定期定额），则甲如何报送 A 表、B 表、C 表？

观点：首先投资人甲从 A 合伙企业取得经营所得，纳税申报的填报规则：A 表→B 表→C 表；从 B 企业取得经营所得，填报规则：A 表→C 表，这样，甲从 A 合伙企业、B 个人独资企业取得的经营所得，经过不同规则的填表申报在 C 表汇总了。也就是说，C 表的第一行“应纳税所得额”自动取自 A 表第 19 行和 B 表的第 62 行合计数。

3. 汇总申报 C 表中可以扣除哪些费用项目？

（1）核定征收的 C 表不能扣除 6 万么？请问有具体文件吗？

（2）如果一个是核定征收，一个是查账征收但亏损了，是不是 C 表就可以扣除 6 万和专项附加扣除了？

（3）C 表自动从 A 表或者 B 表取数，是不是意味着核定的情况也可能在 C 表产生需要补税的情况了？

观点：C 表是从事生产、经营活动的个人从两处以上取得经营所得，需要在取得所得的次年 3 月 31 日前，选择其中一处从事生产经营所在地的主管税务机关办理汇总纳税申报，报送 C 表。

如果投资者投资的企业都是实行查账征收的，投资者取得的经营所得，如果在 B 表已扣除了两个或者两个以上“投资者减除费用”且未进行调整，那么，投资者在进行 C 表汇总年度申报时，对按照规定准予扣除的个人费用，由其选择在其中一个企业的生产经营所得中扣除。其他企业重复扣除的需要进行纳税调整，填写在第 3 行“投资者减除费用”。

而对于核定征收的纳税人，在每月（季）进行纳税申报时，未扣除“减除费用、专项扣除、专项附加扣除以及依法确定的其他扣除”，那么，在进行 C 表年度汇总申报时，是否可以扣除以上项目？

实务中有财税朋友认为应该可以扣除。且举了一个案例：张三投资了两个合伙企业，假定 A 合伙企业是查账征收，B 合伙企业是核定应税所得率征收。

因 A 合伙企业亏损，张三的应纳税所得额为 0，这样张三没有扣除过减除费用，所以在 C 表年度汇总申报时张三应该可以扣除 6 万元费用。还有一个理由是减除费用强调不能重复扣除，但没说核定的在 C 表就不能扣除，何况减除费用是普惠性政策，不论是查账征收还是核定征收都应该可以扣除。

到底这种观点正确与否？

还得从核定征收的政策规定和计算公式、填表申报说起。

依据财税［2000］91 号附件 1《关于个人独资企业和合伙企业投资者征收个人所得税的法规》第九条规定，实行核定应税所得率征收方式的，应纳所得税额的计算公式如下：

应纳所得税额 = 应纳税所得额 × 适用税率；

应纳税所得额 = 收入总额 × 应税所得率，或 = 成本费用支出额 ÷（1 – 应税所得率）× 应税所得率；

体现在《个人所得税经营所得纳税申报表（A 表）》中：

能准确核算收入总额：第 19 行 = 第 1 行 × 第 5 行 × 第 6 行。

能准确核算成本费用：第 19 行 = 第 2 行 ÷（1 – 第 5 行）× 第 5 行） × 第 6 行。

核定应纳税所得额的，直接填写“应纳税所得额”（第 19 行）；

核定征收率的，前面我们也介绍过了，应纳税额 = 收入总额 × 核定征收率。

体现在《个人所得税经营所得纳税申报表（A 表）》：第 22 行 = 第 1 行 × 第 5 行 × 第 6 行，然后倒推出第 19 行（详见表 2 – 20）。

表 2 – 20　　个人所得税经营所得纳税申报表（A 表）

税款所属期：2019 – 01 – 01 至 2019 – 12 – 31　　金额单位：人民币元（列至角分）

纳税人姓名：王 **　　纳税人识别号：************** 51812

被投资单位信息	名称	****** 普通合	社会统一信用代码	****** 26713
征收方式	税务机关认可的其他方式			
序号	项目			金额
1	一、收入总额			1 417 866.78
2	二、成本费用			0
3	三、利润总额（3 = 1 – 2）			1 417 866.78
4	四、弥补以前年度亏损			0
5	五、合伙企业合伙人分配比例（%）			30.5500
6	六、应税所得率（%）			0.60
7	七、允许扣除的个人费用及其他扣除（7 = 8 + 9 + 14）			0

续表

7	（一）投资者减除费用	0
8	（二）专项扣除（9 = 10 + 11 + 12 + 13）	0
8	1. 基本养老保险	0
8	2. 基本医疗保险	0
8	3. 失业保险	0
8	4. 住房公积金	0
9	（三）依法确定的其他扣除（14 + 15 + 16 + 17 + 18）	0
8	1. 年金	
8	2. 商业健康保险	0
8	3. 税延养老保险	0
8	4. 其他	0
10	八、准予扣除的个人捐赠支出	
11	九、应纳税所得额	40 989.50
12	十、税率（%）	10.00
序号	项目	金额
13	十一、速算扣除数	1 500.00
14	十二、应纳税额（23 = 20 × 21 - 22）	2 598.95
15	十三、减免税额（附报《个人所得税减免税事项报告表》）	0
16	十四、已预缴税额	1 770.41
17	十五、应补（退）税额（26 = 23 - 24 - 25）	828.54

注：表 2 - 20 中的“序号”不是公式中“行”次，并且公式中写的行次与申报系统的 A 表行次可能也不一致，原因是系统中 A 表会多加一行“其他”。所以“应纳税所得额”在申报系统可能在第 20 行；“应纳税额”则在第 23 行。这一点请大家注意，并不是写错了。

所以，不论是税收政策还是税款计算公式以及申报系统，逻辑关系中，核定征收方式下，经营所得中不允许减除各种费用［不包括税法明文规定可以在年度的最后一月或季扣除的符合条件的商业健康保险和递延养老保险（自 2022 年 1 月 1 日起，试点地区的个人税收递延型商业养老保险不再执行。通稿一致，后不再详细备注）］。

那么在 C 表，怎么反而“应该可以”减除了呢？

从 C 表取数规则分析：第一行“投资者应纳税所得额合计”自动取自被投资单位 A 表第 19 行或 B 表的第 62 行“应纳税所得额”，不可修改。

C 表逻辑构架中设计“投资者减除费用”，是因为对按照规定准予扣除的个人费用，需要由投资者选择在其中一个企业的生产经营所得中扣除。如果其他企业的 A 表、B 表中也扣除了“投资者减除费用”，即存在重复扣除。那么就需要在 C 表进行纳税调整（当然不排除特别规定，并且该特别规定应该是法律法规明文规定的）。

所谓“选择在其中一个企业的生产经营所得中扣除”，比方说，张三的“投资者减除费用”，张三要选择在他投资的 A 合伙企业或者 B 合伙企业的生产经营所得中扣除，即不是在 C 表中扣除。

只能在从 A 合伙企业或者 B 合伙企业取得的经营所得中扣除，但是 B 合伙企业是核定征收户，我们已介绍过，核定征收的纳税人，不得减除费用、专项扣除、专项附加扣除以及依法确定的其他扣除【注：符合条件的商业健康保险、递延养老保险（注：2022 年 1 月 1 日起不再执行）除外】。那就只能选择在从 A 合伙企业取得的生产经营所得中扣除，如果 A 合伙企业层面当年度亏损，那对于合伙人个人只能不扣除了（也无法扣除）。

如果认为“减除费用是普惠性政策”，不论查账征收还是核定征收都应该无条件享受，那么，又如何理解财税［2000］91 号附件 1《关于个人独资企业和合伙企业投资者征收个人所得税的法规》第十条规定的“实行核定征税的投资者，不能享受个人所得税的优惠政策”？显然是矛盾的，所以观点错误。

4. 汇总申报 C 表汇总经营所得的范围。

关于汇总申报 C 表可以“汇总”的范围，自 2019 年 1 月 1 日新的《个人所得税法》正式实施后，随着 ITS 全面上线，一人式数据归集的启动，当然是可以汇总一个自然人投资人，当年从境内取得的所有经营所得。但我们已介绍过，目前定期定额户的纳税申报仍然在金三核心征管，尚未并入自然人电子税务局（ITS），所以汇总申报暂不包括。但随着自然人电子税务局的升级完善，定期定额户的纳税申报路径可能会发生变化，我们随时关注。

5. 汇总申报会出现补缴税款吗？

财税［2000］91 号附件 1《关于个人独资企业和合伙企业投资者征收个人所得税的法规》第十二条规定，投资者兴办两个或两个以上企业的（包括参与兴办），年度终了时，应汇总从所有企业取得的应纳税所得额，据此确定适用税率并计算缴纳应纳税款。

在 C 表中，适用的税率依据第 8 行“调整后的应纳税所得额”金额自动带出。那么汇总多处经营所得合并计税的过程中，随着“应纳税所得额”金额的变化，税率可能会跳档，所以有可能会因为汇总申报而补交经营所得个人所得税。

6. 两处以上取得经营所得，一处是查账征收，一处是核定征收，补税合理吗？

核定征收，目的是计算纳税人当期的应纳税所得额。目前没有法律明确规定，核定征收方式的应纳税所得额（暂不包括定期定额户），可以排除在纳税人的年度应纳税所得额之外。

所以，汇总计算经营所得个人所得税，一处是查账征收，一处是核定征收，如果因合并导致“应纳税所得额”增加，引起税率跳档而需补缴经营所得个人所得税，这都有可能，很正常。

专题九：关于对“核定应纳税所得额”存在的误区

实务中有财税朋友提出，假如一个合伙企业被主管税务机关核定了月应纳税所得额，那么，核定的月应纳税所得额应该是在合伙人之间分配。

比如专题八我们例举案例中的B合伙企业，核定月应纳税所得额15 000，有甲、姜某两个合伙人，那就平均分摊，按照先分后税的原则，姜某的全年应纳税所得额应该为{15 000×12×50%－2 300}?

是的，许多人记住了“先分后税”，但是没有彻底弄明白“先分后税”的含义是什么，所以认为不论“合伙企业的收入”还是税务机关“核定的应纳税所得额”都需要在每个合伙人之间进行分配，这种理解是不准确的。

根据《财政部国家税务总局关于合伙企业合伙人所得税问题的通知》（财税［2008］159号）第三条规定，合伙企业生产经营所得和其他所得采取“先分后税”的原则，其中，生产经营所得和其他所得，包括合伙企业分配给所有合伙人的所得和企业当年留存的所得（利润）。

所以，“先分后税”，简单地说，是依据税法的规定确定合伙企业经营所得纳税义务人的原则。采用“先分后税”使“应纳税所得额”核算主体（合伙企业）和纳税主体（合伙人）发生分离。合伙人被确定为纳税义务人，合伙人是自然人的，缴纳经营所得个人所得税；合伙人是法人或者其他组织的，缴纳企业所得税。而确定的基础是合伙企业的生产经营所得和其他所得（即税基），确定的标准优先适用合伙协议约定的分配比例。

而核定应纳税所得额，是税法规定的核定征收方式的其中之一。采取核定征收，说明企业无法准确核算企业的生产经营所得和其他所得（利润），等于没法在表内计算合伙人的应纳税所得额，只能核定应纳税所得额或者应纳税额了，当然，也就更不存在如何适用“先分后税”原则了。

可能有些财税朋友会说，不同的合伙人，从合伙企业取得的所得也许不同，怎么会核定相同的应纳税所得额呢？这个不难理解：针对合伙企业核定应纳税所得额，就是对合伙人一起核定了应纳税所得额。因为税务机关既可以针对合伙企业核定应纳税所得额（如图 2－14 所示），也可以针对自然人合伙人（分别）核定应纳税所得额（如图 2－15 所示）。

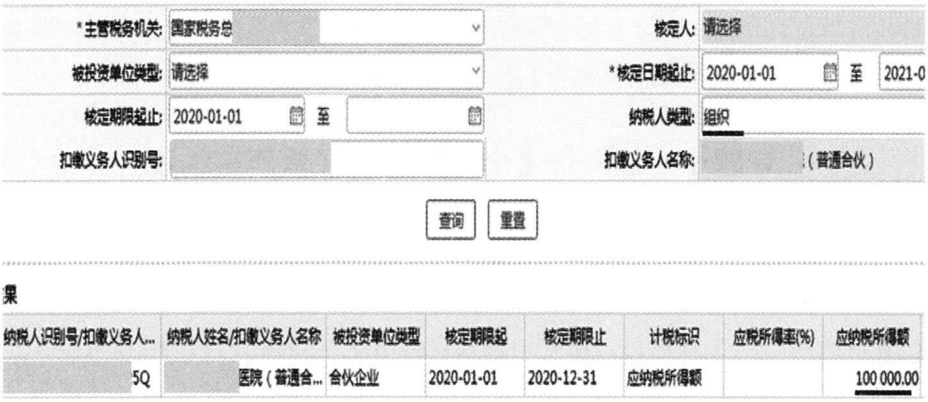

图 2－14　合伙企业应纳税所得额

图 2－15　合伙人应纳税所得额

再从 A 表的逻辑关系和填报过程看，输入自然人合伙人（如姜某）的纳税人识别号，则在第 19 行带出已核定的应纳税所得额（累计数）。并且第 6 行“自然人合伙人分配比例%”和第 19 行“应纳税所得额”两行支持填写（其余置灰不可填写）。但是第 6 行填写对第 19 行不影响。

所以，实行核定应纳税所得额征收方式的合伙企业，被核定的月应纳税所得额是否在自然人合伙人之间进行分配，关键看主管税务机关核定的方式。如果针对合伙企业核定的，那么可以在合伙人之间分配。针对合伙人核定的，则不能分配。

前面我们介绍过，如果发生允许税前扣除的商业健康保险、税延养老保险等扣除的，在最后一个月（月报）或者最后一个季度（季报）申报时，或者被投资单位注销时，可以扣除符合条件的商业健康养老保险或者递延养老保险（自 2022 年 1 月 1 日起不再执行）。

专题十：从两份《个人所得税经营所得纳税申报表（C 表）》分析汇总申报

2020 年 1 月 1 日至 3 月 31 日，是新个税法正式实施后经营所得的第一个汇算清缴期。到 3 月中旬，还有纳税人咨询 B 表、C 表如何适用和填报；也有定期定额纳税户预约经营所得个税汇算清缴的；更有纳税人错误地填报了 C 表等，总之，大家对《个人所得税经营所得纳税申报表》的适用规则不太熟悉。

现在是 2021 年汇算清缴期，我们再次通过对往期报表中错误操作的解读，帮助大家了解实务中易出现的错误。

下面是两份纳税人填报的《个人所得税经营所得纳税申报表（C 表）》，分享给大家一起探讨两个问题：

1. 专业合作社成员为什么被纳入《个人所得税经营所得纳税申报表（C 表）》汇总申报范围的？

2. 有限责任公司为什么被纳入《个人所得税经营所得纳税申报表（C 表）》汇总申报范围的？

【案例 2－1】基本情况：某纳税人投资了“某某县林果种植专业合作社”，另投资设立了“深圳市某餐食吧”，从已报 C 表看，纳税人选择某某县林果种植专业合作社所在地主管税务机关进行了汇总申报，填报了 C 表。在该份 C 表中，“某某县林果种植专业合作社”的成员被纳入了《个人所得税经营所得纳税申报表（C 表）》汇总申报范围（如图 2－16 所示）。

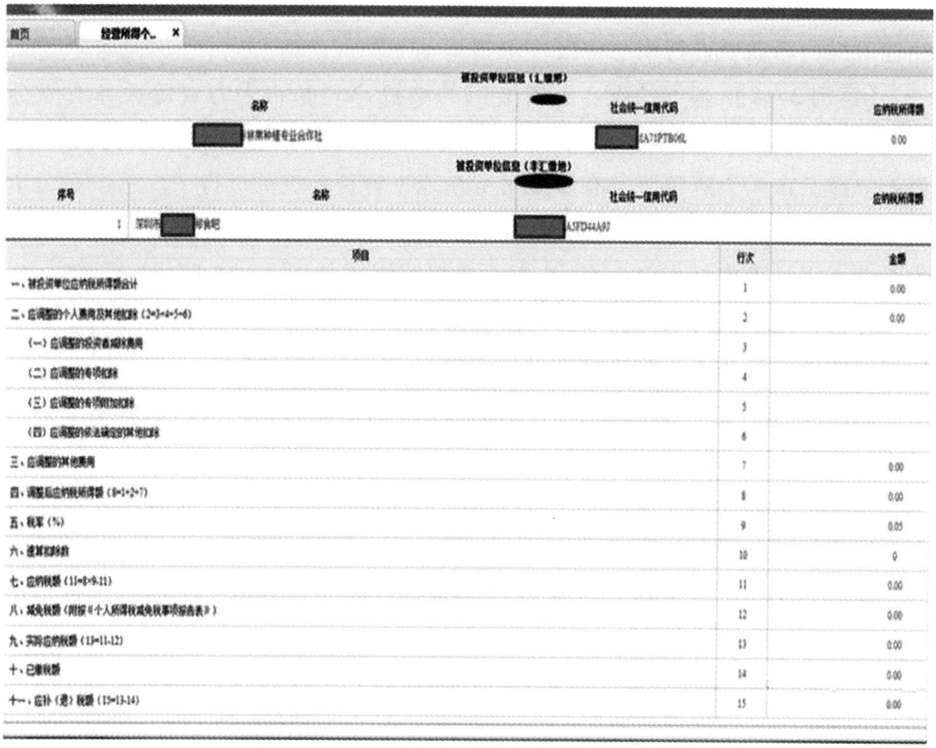

图 2－16　《个人所得税经营所得纳税申报表（C 表）》

分析：1. 某某县林果种植专业合作社，依据《中华人民共和国农民专业合作社法》（2017 年 12 月 27 日第十二届全国人民代表大会常务委员会第三十一次会议修订）设立，取得法人资格，介于营利和非营利之间，属其他经济类型，其投资人是合作社成员，成员以农民为主体，成员不同于合伙人。

依据企业所得税法第一条规定，在中华人民共和国境内，企业和其他取得收入的组织（以下统称企业）为企业所得税的纳税人，依照本法的规定缴纳企业所得税。

个人独资企业、合伙企业不适用本法。

那么，某某林果种植专业合作社作为境内取得法人资格的企业，应当缴纳企业所得税。

投资于某某林果种植专业合作社的成员被作为经营所得个人所得税的纳税义务人纳入 C 表进行了汇总申报，说明某某林果种植专业合作社被认定了“个人所得税——经营所得”，属于企业的所得税税种认定错误，需要纠正。

2. 从图 2－16 的 C 表来看，投资人只从“深圳市某餐食吧”一处取得了经营所得，不需要进行汇总申报（填报 C 表）。

【案例 2－2】 基本情况：A 省某市的纳税户“某市人力资源服务有限公司”，纳税人张某设立在 B 省的“某市数码产品经营部”，从已报 C 表看，纳税人选择某市人力资源服务有限公司所在地主管税务机关进行了汇总申报，填报了 C 表。该份 C 表中，“某市人力资源服务有限公司”被纳入了《个人所得税经营所得纳税申报表（C 表）》汇总申报范围（如图 2－17 所示）。

分析：某市人力资源有限公司，依据公司法成立，属于法人企业，是企业所得税的纳税义务人，其投资者为公司股东。

从图 2－17 看，公司被纳入了纳税人张某经营所得个人所得税的汇总申报范围，为什么？从目前征管资料看，张某不是该公司股东，该公司也未认定个人所得税（经营所得）税种。那么，有一种可能：纳税人张某承包经营该公司，取得了承包经营所得。

这样，纳税人张某从“某某数码产品经营部”一处取得了经营所得，从“某市人力资源有限公司”取得了承包经营所得，需要进行汇总纳税申报。

个人所得税经营所得纳税申报表（C表）

税款所属期：2019-01-01至2019-12-31　　　　金额单位：人民币元（列至角分）

纳税人姓名：[redacted]　　　　纳税人识别号：[redacted]40027

被投资单位信息（汇缴地）

名称	社会统一信用代码	应纳税所得额
[redacted]人力资源服务有限公司	[redacted][illegible]	0.00

被投资单位信息（非汇缴地）

序号	名称	社会统一信用代码	应纳税所得额
1	[redacted]数码产品经营部	[redacted][illegible]	0

项目	行次	金额
一、被投资单位应纳税所得额合计	1	0.00
二、应调整的个人费用及其他扣除（2=3+4+5+6）	2	0.00
（一）应调整的投资者减除费用	3	
（二）应调整的专项扣除	4	
（三）应调整的专项附加扣除	5	
（四）应调整的依法确定的其他扣除	6	
三、应调整的其他费用	7	0.00
四、调整后应纳税所得额（8=1+2+7）	8	0.00
五、税率（%）	9	0.05
六、速算扣除数	10	0.05
七、应纳税额（11=8×9-11）	11	0.05

图 2－17 《个人所得税经营所得纳税申报表（C 表）》

专题十一：关于经营所得年度汇总申报以及 C 表填报的 5 个疑难问题

依据规定，从两处以上取得经营所得的纳税人，应当选择向其中一处经营管理所在地主管税务机关办理年度汇总申报，并报送 C 表。前面已介绍过申报规则，C 表必须是在完成 A 表或者 A 表和 B 表之后，所以邻近 3 月 31 日的最后一段时间，申报 C 表的纳税人明显多了起来，关于 C 表的问题也就突现了。

经营所得汇算清缴期接近尾声的 3 月 24 号，笔者分析了一些纳税人报送的 C 表。整理了实务操作中容易出现错误的 5 个主要疑难问题。重复阐述于此，目的是能帮到大家更好地熟悉申报规则。

（一）需要进行年度汇总申报，报送《个人所得税经营所得纳税申报表（C 表）》的纳税人有哪些

根据国家税务总局公告 2018 年第 62 号第二条第二款规定，如果个体工商户业主、个人独资企业投资者、合伙企业个人合伙人、承包承租经营者个人以及其他从事生产、经营活动的个人从两处以上取得经营所得的，需要选择一处经营管理所在地主管税务机关办理年度汇总申报，并报送 C 表。

理论上，这里的纳税人包括实行查账征收的，也包括实行核定征收的。其中核定征收包括定期定额户。

但目前，实务中需要办理年度汇总申报的纳税人，暂不包括实行定期定额的纳税人。不包括的原因前面我们已多次提及，此处不再述及。

（二）同一个人投资的两个个人独资企业，个税都是核定应税所得率征收的，汇总申报时减除费用 6 万能不能扣？假设该投资者没有综合所得。

答案是不可以扣除。不能扣除的原因我们在“专题八：经营所得核定征收年末纳税申报应该注意的事项（二）”部分已经做了详细介绍，在此不再赘述。只是再举例强化一下 C 表第 3 行的设计原理和作用：

比如，小臻子投资了两个企业，一个翻译工作室（合伙企业），一个是个人独资的画室，均属于查账征收，如果预缴申报时，在两处取得的经营所得中小臻子都扣除了“减除费用”6 万元，分别汇算清缴时也未进行纳税调整。

那么，小臻子选择一处经营管理所在地主管税务机关办理年度汇总申报，并报送C表时，就需要先选择在从其中一个企业取得的生产经营所得中扣除“减除费用”。

假如其选择在从“翻译工作室”取得的经营所得中扣除“减除费用”，那么在“画室”取得的经营所得中就不能再扣除了，需要在C表第3行“投资者减除费用”进行纳税调整，调增投资者应纳税所得额。

（三）年度汇总申报时还需要划分各个企业应该补缴的个人所得税吗？

财税［2000］91号附件1《关于个人独资企业和合伙企业投资者征收个人所得税的法规》第二十条第二款规定，投资者兴办两个或两个以上企业的，应分别向企业实际经营管理所在地主管税务机关预缴税款。年度终了后办理汇算清缴时，区别不同情况分别处理：（一）投资者兴办的企业全部是个人独资性质的，分别向各企业的实际经营管理所在地主管税务机关办理年度纳税申报，并依所有企业的经营所得总额确定适用税率，以本企业的经营所得为基础，计算应缴税款，办理汇算清缴。

并且，国家税务总局公告2015年第28号发布的C表（详见表2－21）也有分配的要求。

表2－21　　个人所得税生产经营所得纳税申报表（C表）

税款所属期：　年　月　日至　年　月　日　　金额单位：人民币元（列至角分）

<table>
<tr><td rowspan="2">投资者信息</td><td>姓名</td><td></td><td>身份证件类型</td><td></td><td>身份证件号码</td><td colspan="2"></td></tr>
<tr><td>国籍（地区）</td><td colspan="3"></td><td>纳税人识别号</td><td colspan="2"></td></tr>
<tr><td rowspan="9">各被投资单位信息</td><td>被投资单位编号</td><td colspan="2">被投资单位名称</td><td colspan="2">被投资单位纳税人识别号</td><td>分配比例%</td><td>应纳税所得额</td></tr>
<tr><td>1. 汇缴地</td><td colspan="2"></td><td colspan="2"></td><td></td><td></td></tr>
<tr><td>2. 其他</td><td colspan="2"></td><td colspan="2"></td><td></td><td></td></tr>
<tr><td>3. 其他</td><td colspan="2"></td><td colspan="2"></td><td></td><td></td></tr>
<tr><td>4. 其他</td><td colspan="2"></td><td colspan="2"></td><td></td><td></td></tr>
<tr><td>5. 其他</td><td colspan="2"></td><td colspan="2"></td><td></td><td></td></tr>
<tr><td>6. 其他</td><td colspan="2"></td><td colspan="2"></td><td></td><td></td></tr>
<tr><td>7. 其他</td><td colspan="2"></td><td colspan="2"></td><td></td><td></td></tr>
<tr><td>8. 其他</td><td colspan="2"></td><td colspan="2"></td><td></td><td></td></tr>
</table>

但目前，虽然财税［2000］91号仍然有效，而配套的国家税务总局公告2015年第28号已全文废止，其附表C表也已废止。

并且，新的《个人所得税法》、国家税务总局公告2018年第62号和国家税务总局公告2019年第7号发布的C表的设计（详见表1－4）都没有划分的要求。

这样不再划分应补缴的经营所得个人所得税，也更方便纳税人。纳税人只需要选择一处经营管理所在地主管税务机关办理年度汇总申报，并报送C表即可。

（四）投资核定征收企业的纳税人填报C表，应纳税所得额的自动生成是汇总其全国所有的经营所得吗？比如一个投资人有多个核定企业。

是的，C表第1行“投资者应纳税所得额合计”是自动汇总纳税人境内当年全部应纳税所得额，有几处汇总几处。

取数规则：如果是核定征收的纳税人，包括核定应纳税所得额、核定应税所得率、核定征收率（目前暂不包括定期定额户）的，该行数据取自A表的第19行“应纳税所得额”；如果是查账征收的纳税人，该行数据取自B表的第62行“应纳税所得额”。

比如，有一投资人，在不同省份，有6个企业，分别是个人独资企业和合伙企业。则年度汇总申报时C表第一行“投资者应纳税所得额合计”应该自动汇总该投资人从6个企业取得经营所得填报的申报表中的“应纳税所得额”。

（五）企业在纳税年度的中间开业，或者由于合并、关闭等原因，使该纳税年度的实际经营期不足12个月的，投资者减除费用在汇算清缴时按全年60 000元扣除了，在C表中需要调整吗？

财税［2000］91号附件1《关于个人独资企业和合伙企业投资者征收个人所得税的法规》第十九条规定，企业在纳税年度的中间开业，或者由于合并、关闭等原因，使该纳税年度的实际经营期不足12个月的，应当以其实际经营期为一个纳税年度。

《中华人民共和国个人所得税法实施条例》（国令第707号）第十五条第二款规定，取得经营所得的个人，没有综合所得的，计算其每一纳税年度的应纳税所得额时，应当减除费用6万元、专项扣除、专项附加扣除以及依法确定的其他扣除。专项附加扣除在办理汇算清缴时减除。

所以，纳税人年度内没有综合所得或选在经营所得扣除费用的，预缴申报时在 A 表按照实际月份扣除投资者减除费用（根据选择的税款所属期会自动带出“投资者减除费用”累计数）。正常汇算清缴上一年度经营所得时，在 B 表，不论实际经营月份，统一可扣除投资者减除费用6万（自动带出，但支持修改），C 表中也不需要调整了。

注销申报本年度的，目前政策不明确，但建议在 B 表按年度计算扣除6万元，如涉及填报 C 表，C 表中也不需要调整了。

专题十二：应缴纳企业所得税？还是经营所得个人所得税？大家帮忙来判断！

有一企业，名称为××商贸有限（责任）公司（一个自然人投资），成立于 2009 年 3 月，主要经营范围：日用品批发。金三系统税务登记基础信息显示该纳税人“登记注册类型”：私营独资企业，查账征收户。

该企业之所以被关注，是在 2019 年 12 月，为培训课件收集素材，梳理经营所得个人所得税涉及风险数据时，内控平台的一条疑点引起了笔者的关注：应认定未认定税（费）种。

既纳闷也有疑惑：××商贸有限责任公司应该认定哪些税种？疑点“应认定未认定税（费）种”具体是指哪个税种未认定？

于是在金三系统相关模块查询了该纳税人的税种认定信息，结果其余应有税种均已认定且正常，而企业的所得税税种认定有变动，变动时间轴如下（如图 2－18 所示）：

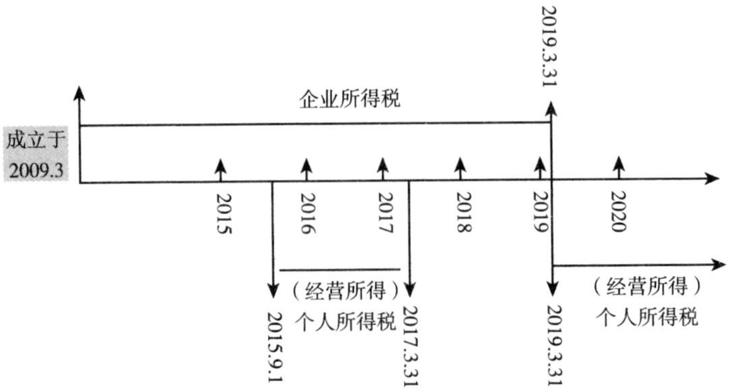

图 2－18　该企业所得税认定变动时间轴

从时间轴可以看到，该企业从成立至今，所得税税种认定发生三次变动，相应的，企业的所得税纳税申报也随着发生变化。

那么，疑点就应该在企业的所得税税种认定了。

要弄清以前年度所得税税种认定的变化原因及申报数据，查询工作量大并且不方便，所以，笔者只查询落实了 2019 年当年这笔业务发生的详情：

原来 2019 年上半年，省局下发的一批疑点数据，其中之一“个人独资、合伙企业个人所得税认定不准确”里面就有 ×× 商贸有限责任公司。督查部门要求管理员核查落实，管理员核查后，认为疑点成立，然后进行了整改，即终止了原认定的企业所得税，重新认定了经营所得个人所得税。督查部门复核，上报结果。到这里流程走完，该项工作结束。

纳税人从下季度开始了经营所得个人所得税纳税申报。

大家看出有什么问题吗？此刻，在看文章的您也许已在自言自语：有限责任公司作为法人企业，所得税应该是企业所得税呀！

这一点，与笔者观点一致。但是，关于疑点是否成立？整改中终止企业所得税税种认定的依据是什么？重新认定经营所得个人所得税的依据又是什么？至少，于此业务相关的税企双方的一部分人员，目前还是“一锅粥”，否则，不会大半年过去了，“整改后的状态”仍在继续……

2020 年初，又一批疑点数据从另一业务部门下发，其中有一类疑点：不应认定已认定企业所得税税种信息。类似的“整改”又出现……

至此，为了防范税企双方的风险，及时纠正实务中这种错误“整改”，笔者认为有必要弄清问题所在。分步分析如下：

（1）国发［2000］16 号规定，自 2000 年 1 月 1 日起，个人独资企业和合伙企业停止征收企业所得税，其投资者的生产经营所得，比照个体工商户的生产、经营所得征收个人所得税。

（2）早在 2009 年，国家工商行政管理总局（现在的国家市场监督管理局）出台新的企业登记注册管理办法，在办理营业执照时采用新的注册类型。当时，造成企业工商营业执照注册类型与税务登记注册类型和税收核算统计企业类型划分不一致。

为此，国家统计局发布国统办字［2008］105 号以衔接不同的分类标准。

国家税务总局也发布《国家税务总局办公厅关于税务登记中企业登记注册类型有关问题的通知》（国税办函［2009］198 号，简称国税办函［2009］198 号），明确税务登记中纳税人登记注册类型的划分仍按照《税务登记管理办法》（国家税务总局令第7号）和《国家税务总局关于换发税务登记证件的通知》（国税发［2006］38号）的规定执行。

这样，市场监督管理局在办理企业注册登记，对企业类型进行分类，营业执照上面采用的是"企业（机构）类型代码表"；而税务登记环节对企业"登记注册类型"进行分类，采用的是国统办字［2008］105号附件《企业登记注册类型对照表》中的"1998年《关于划分企业登记注册类型的规定》"，两者不同，但有对应关系（详见表2－22）：

表2－22　企业登记注册类型对照表（部分）

企业（机构）类型代码表（工商总局）		1998年《关于划分企业登记注册类型的规定》	
1 000	内资公司		
1 150	一人有限责任公司		
1151	有限责任公司（自然人独资）	173	私营有限责任公司
1152	有限责任公司（法人独资）	173	私营有限责任公司
1190	其他有限责任公司	159	其他有限责任公司
4530	合伙企业		
4531	普通合伙企业	172	私营合伙企业
4532	特殊普通合伙企业	172	私营合伙企业
4533	有限合伙企业	172	私营合伙企业
4540	个人独资企业	171	私营独资企业
4550	合伙企业分支机构		
4551	普通合伙企业分支机构	172	私营合伙企业
4552	特殊普通合伙企业分支机构	172	私营合伙企业
4553	有限合伙企业分支机构	172	私营合伙企业
4560	个人独资企业分支机构	171	私营独资企业
9000	其他类型		
9100	农民专业合作经济组织	190	其他企业
9200	农民专业合作经济组织分支机构	190	其他企业
9900	其他	190	其他企业

从表2－22可以看到，税务登记基础信息中的"私营独资企业"，对应营业执照的"个人独资企业"或者"个人独资企业分支机构"。与"有限责任公司"没有关系。

所以，反过来税务部门对于市场监督管理部门办理企业多证合一登记，共享推送过来的信息，在税务登记环节，针对“一人有限责任公司”，“登记注册类型”应该对应选择“私营有限责任公司”，而不是“私营独资企业”。

那么，既然税务登记环节错误选择了“私营独资企业”，而“私营独资企业”即指“个人独资企业”，所以，根据国发［2000］16号规定，投资者（或经营者）从企业取得的经营所得应该缴纳个人所得税。

这就是内控平台数据扫描列其为疑点推送到基层的原因。

因此，本条疑点（包括类似的疑点）成立：企业登记注册类型码选择错误，需要整改。但税种认定正确，不需要对税种认定进行整改。

在征管实务中，管理员需要核对相关资料，对企业的登记注册类型做变更登记，重新选择正确的“登记注册类型”，或者为了不影响企业所得税年报数据统计，提请运维及时处理。

专题拓展

1. 登记注册类型与不同的划分标准。

我们已介绍了，对于企业设立时“登记注册类型”的分类，营业执照和税务登记采用的标准不同，但国家统计局办公室编制了《企业登记注册类型对照表》。所以，两环节的分类标准之间又有了对应关系。

当时，依据基层反映，国家税务总局办公厅发函要求各地办理税务登记时按照原规定处理，同时也请各地地方税务局相应修订综合征管信息系统【注：依据《国家税务总局关于公布全文失效废止和部分条款失效废止的税收规范性文件目录的公告》（国家税务总局公告2018年第33号），本条款废止】。

事实上，金税三期税收管理系统的“登记注册类型”又是依据《中华人民共和国私营企业暂行条例》（1988年6月3日国务院第七次常务会议通过，国务院令第4号）设置的。其中，设置的“私营企业”包括：私营独资企业、私营合伙企业、私营有限责任公司、私营股份有限公司、个人独资以及合伙企业（如图2－19所示）。

需要关注的是，2018年3月19日，李克强签署第698号中华人民共和国国务院令，公布了《国务院关于修改和废止部分行政法规的决定》，已废止《中华人民共和国私营企业暂行条例》。该条例已不是企业设立依据。

实务中，基于以上在内的各种原因，许多人把私营企业、私营独资企业、

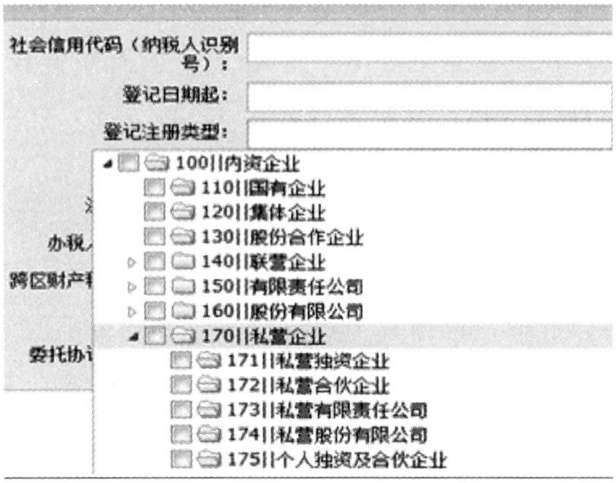

图 2－19　金税三期税收管理系统“私营企业”设置包括

个人独资企业、一人有限（责任）公司等概念混淆不清，因此，不能严格按照《企业登记注册类型对照表》以及相关政策，对照着准确划分企业的“登记注册类型”。往往把企业的登记注册类型“胡搭乱划”，体现在税务登记就是“登记注册类型”错误。

税务登记注册类型的错误，在特定行业，比如律师行业表现更加突出。

根据《律师事务所管理办法》（2008 年 7 月 18 日司法部令第 111 号发布，2018 年 12 月 5 日司法部令第 142 号修正）相关规定，司法部门核准设立律师事务所，组织形式划分比较简单，有三类：国资、合伙、个人（个人律师事务所是 2007 年 10 月十届全国人大常委会第三十次会议 28 日表决通过的修改后的《律师法》新增加的）。三类组织形式不同的律师事务所，设立法律依据相同，但设立流程中所需提供资料各具特别之处。其中，设立国家出资设立的律师事务所，应当提交所在地县级人民政府有关部门出具的核拨编制、提供经费保障的批件。而设立合伙律师事务所，还应当提交合伙协议。

合伙律师事务所按条件设立的分所，属合伙律师事务所一个派出机构，组织形式也是合伙性质。

因此，对不同组织形式的律师事务所及分所，依司法部门发放的《律师事务所执业许可证》和相关资料不难区分其组织性质。

但到税务机关办理税务登记的律师事务所及分所，实务操作中其持证还不完全统一。有些律师事务所和分所，是司法部门核准后又在市场监督管理部门进行了登记，登记类型是合伙企业或个人独资企业。这种情形，税务登记环节对从市场监督管理部门共享的登记信息，按照《企业登记注册类型对照表》，划分企业“登记注册类型”；而另外大部分律师事务所及其分所，是根据现行政策，属于从事生产、经营但未办理工商营业执照而经有关部门（即司法部门）批准的纳税人。税务登记环节划分其“登记注册类型”，目前唯一依据是《国家统计局 国家工商行政管理局关于印发〈关于划分企业登记注册类型的法规〉的通知》（国统字［1998］200号），第一条规定：“本法规以在工商行政管理机关登记注册的各类企业为划分对象。其他经济组织参照本法规执行”。

另外财税［2000］91号附件1《关于个人独资企业和合伙企业投资者征收个人所得税的法规》规定，本法规所称个人独资企业和合伙企业其中包括依照《中华人民共和国律师法》登记成立的合伙制律师事务所、以及经政府有关部门依照法律法规批准成立的负无限责任和无限连带责任的其他个人独资、个人合伙性质的机构或组织。也就是说，合伙制律师事务所、个人律师事务所是税法上的合伙企业或个人独资企业。

所以，应该依据《国家统计局办公室关于印发企业登记注册类型对照表的通知》（国统办字［2008］105号）中的《企业登记注册类型对照表》，把个人律师事务所、合伙律师事务所及分所在税务登记环节分别划分到171“私营独资企业”、173“私营合伙企业”。

但在实务中，“税务登记”复杂化了律师事务所及分所的“登记注册类型”。目前税务部门税源管理基础信息显示，律所“登记注册类型”主要有以下几类：（1）国有企业；（2）其他有限责任公司；（3）私营有限责任公司；（4）私营独资企业；（5）私营合伙企业；（6）其他企业；（7）内资个体（个体工商户）；（8）事业单位；（9）民办非企业单位（法人）；（10）民办非企业单位（合伙）；（11）民办非企业单位（个人）；（12）社会团体；（13）其他。有极个别的是：（14）国有独资公司；（15）股份合伙企业；（16）集体企业。

显然实务操作出现了问题，造成律所出现这么多复杂的登记类型。一定程度会联动影响后续日常征管中企业所得税税种的认定、纳税人的纳税申报、税款缴纳以及税收核算、统计的正确性。

比如，个人律师事务所，司法部门颁发的执业许可证上标注的组织形式是“个人”，税务登记环节被错误划分到523“民办非企业单位（个人）”，或者410“内资个体（个体工商户）”等，这样的划分是否有法律依据？

首先，民办非企业单位（个人）是依据《民办非企业单位登记暂行办法》（中华人民共和国民政部令第18号）在民政部门核准登记的。虽然《民办非企业单位登记暂行办法》第四条规定，民办非企业单位行业包括“……，

（九）法律服务”，但是，《司法部关于合作和合伙律师事务所基层法律服务所、法律援助中心应否纳入民办非企业单位登记的批复》（司复［2000］8号）规定，律师事务所、基层法律服务所、法律援助中心均不进行民政登记。所以，《律师事务所执业许可证》由司法部门发放，发放机关不同，不可混同。

其次，个体工商户是依据《个体工商户登记管理办法》（2019年国家市场监督管理总局令第14号），有经营能力的公民经市场监督管理部门登记，从事工商业经营的市场主体。《民法典》也明确了个体工商户的法律地位：具备民事主体资格。是具有中国特色的民事主体。

通常认为，个体工商户属于特殊自然人（即商自然人，区别于普通的自然人）。按照现行政策，律师事务所不需办理工商登记，那个人律师事务所怎么会是领取营业执照的个体工商户呢？

而登记注册类型划分错误，可能影响相关税收政策的贯彻落实。比如，财政部 税务总局于2021年4月2日发布《关于实施小微企业和个体工商户所得税优惠政策的公告》（财政部 税务总局公告2021年第12号），其第二条规定，对个体工商户年应纳税所得额不超过100万元的部分，在现行优惠政策基础上，减半征收个人所得税。

既然个人律师事务所不属于民办非企业单位（个人），也不是依法取得营业执照的个体工商户，那么，也就不是国家税务总局令第35号第三条规定的税法上的个体工商户，则个体工商户专属的税收政策就与律所无关。但实务中，一些被错误划分到410“内资个体（个体工商户）”的个人律师事务所，从2021年第一季度开始享受着“个体减半优惠政策”，这不符合税收政策，存在税务风险。

这里需要说明的一点是：有些个人律师事务所因在司法部门核准成立后又在市场监督管理部门办理了“个体营业执照”，所以税务登记环节自然被划分到了410“个体工商户”。这是由于登记机关不规范造成的。

2. 登记注册类型与所得税税种认定。

不同的企业类型是认定所得税税种的基础，“登记注册类型”错误，大概率会导致企业的所得税税种认定错误。税种认定错误，等于人为转移了经营所得的纳税义务人，违反了税收法定原则。关于所得税税种认定错误在实务中的各种表现，在第一章“一、经营所得与个人独资企业、合伙企业”已做介绍，此处不再赘述。

3. 不同划分标准的统一与建议。

分类标准的不同、金三功能模块设置的不完善以及登记机关的不规范给税源管理登记带来这么多困惑和难题，不利于提高征管数据质量，并且金三相关模块的设置依据已废止，那么统一标准、升级和完善征管软件，多部门配合规范登记机关，非常必要，因为，现代化的征管制度离不开高质量的数据。

值得一提的是，本专题中××商贸有限（责任）公司的错误税种认定已在2020年7月整改到位。

专题十三：关于律师事务所，被许多财税大咖们“遗忘”的两个文件

2016年以来，关于律师业（合伙人）个人所得税的征收方式，实务中一直争议不断，业界律师们都希望能核定征收。尤其《国家税务总局关于强化律师事务所等中介机构投资者个人所得税查账征收的通知》（国税发［2002］123号，简称国税发［2002］123号）废止后，呼声更比以前强烈。

笔者看到过几篇阐述文章，观点不同，但没过多关注。

2019年底，因为业务需要，和同事讨论、梳理了相关文件，发现有“两个”文件（事实上还有各省出台的公告），实实在在被许多人“遗忘了”，一个是国税发［2010］54号，一个是国税发［2011］50号。

为什么说“被遗忘了?”

在2002年2月29日，国家税务总局发布国税发［2002］123号规定，任何地区均不得对律师事务所实行全行业核定征税办法。要按照税收征管法和国发［1997］12号文件的规定精神，对具备查账征收条件的律师事务所，实行查账征收个人所得税。已经对律师事务所实行全行业核定征税办法的地区，必须在年底前自行纠正；其中第三条“对按照税收征管法第35条的规定确实无法实行查账征收的律师事务所，经地市级地方税务局批准，应根据《财政部 国家税务总局关于印发〈关于个人独资企业和合伙企业投资者征收个人所得税的规定〉的通知》（财税［2000］91号）中确定的应税所得率来核定其应纳税额”。对实行核定征税的律师事务所，应督促其建账建制，符合查账征税条件后，应尽快转为查账征税。

同时规定，会计师事务所、税务师事务所、审计师事务所以及其他中介机构的个人所得税征收管理，也应按照上述有关原则进行处理。

很明确，国税发［2002］123号规定律师事务所不得全行业核定征收，但

是对于确实无法查账征收的，可以经过法定程序后，核定应税所得率来实施管理。

2015年10月11日，国务院发布《国务院关于第一批取消62项中央指定地方实施行政审批事项的决定》（国发［2015］57号，简称国发［2015］57号），废止国税发［2002］123号第三条，即取消了对律师事务所征收方式的核准。

同年11月25日，国家税务总局根据国发［2015］57号，发布了《国家税务总局关于贯彻落实〈国务院关于第一批取消62项中央指定地方实施行政审批事项的决定〉的通知》（税总发［2015］141号，简称税总发［2015］141号）。

2016年1月28日，国家税务总局根据税总发［2015］141号等规定，相继又发布了《国家税务总局关于3项个人所得税事项取消审批实施后续管理的公告》（国家税务总局公告2016年第5号），其中，“三、关于‘取消对律师事务所征收方式的核准’的后续管理”规定，《国家税务总局关于强化律师事务所等中介机构投资者个人所得税查账征收的通知》（国税发［2002］123号）第三条废止后，统一按照《中华人民共和国税收征收管理法》及其实施细则、财税［2000］91号等相关规定实施后续管理。这是做了原则性规定。

于是，许多人就认为：取消了对律师事务所征收方式的核准，那么目前，律师事务所就可以自主选择征收方式了，可以核定征收了。甚至这个观点在律师行业普遍存在，尤其2019年新个税法实施以来，律师行业积极向税务总局反馈意见和建议：建议中国律师业可以自主选择核定征税措施。

可是，大家却都不提及两个文件：

一个是2010年5月31日，国家税务总局发布的《国家税务总局关于进一步加强高收入者个人所得税征收管理的通知》（国税发［2010］54号，简称国税发［2010］54号），其中，第二条（三）1规定，税务师、会计师、律师、资产评估和房地产估价等鉴证类中介机构不得实行核定征收个人所得税。

另一个文件是2011年4月15日，国家税务总局发布的《国家税务总局关于切实加强高收入者个人所得税征管的通知》（国税发［2011］50号，简称国税发［2011］50号），其中，第二条（三）1规定，对律师事务所、会计师事务所、税务师事务所、资产评估和房地产估价等鉴证类中介机构，不得实行核定征收个人所得税。

这就是说，国家税务总局2010年发布国税发［2010］54号，规定税务师、会计师、律师、资产评估和房地产估价等鉴证类中介机构不得实行核定征收个人所得税。

而前面我们介绍了，发布在2002年的国税发［2002］123号第三条是在不允许律师事务所全行业核定征收，特殊情形可以核定征收的环境下适用的。到了2010年，全行业都不得实行核定征收了。并且，2011年4月11日，总局为了切实加强对高收入者个人所得税征收管理，又发布国税发［2011］50号，进一步强调“律师事务所、会计师事务所、税务师事务所、资产评估和房地产估价等鉴证类中介机构，不得实行核定征收个人所得税”。那么，国税发［2002］123号第三条自然没有了适用环境。

因此，2015年10月11日国务院发布国发［2015］57号，其中取消国税发［2002］123号第三条规定的行政审批事项时，该条款早已名存实亡。取消不影响国税发［2010］54号、国税发［2011］50号的征管规定：律师事务所、会计师事务所、税务师事务所、资产评估和房地产估价等鉴证类中介机构，不得实行核定征收个人所得税。

何况，各省还出台了配套的公告，比如，2018年9月30日，甘肃省税务局出台《国家税务总局甘肃省税务局关于个人所得税经营所得项目核定征收有关问题的公告》（国家税务总局甘肃省税务局公告2018年第12号），第二条第二款规定，由国家税务总局明确的特殊行业、特殊类型的纳税人应按查账征收方式，据实征收个人所得税，不适用核定征收方式（公告已到期，现执行国家税务总局甘肃省税务局公告2020年第3号）。

所以，目前，在没有出台新的针对律师行业（合伙人）个人所得税征管规定时，律师事务所就不得适用核定征收。纳税人应该从相关文件全面梳理、学习政策，而不应该只看到一个文件中的一个条款的废止，就认为事务所可以自主选择征收方式了。

专题拓展

1. 税收征管与地方规定。

2020年12月31日，北京市财政局 税务局发布《关于调整个人独资企业和合伙企业个人所得税应税所得率的通知》（京财税［2020］2645号）调整工业、交通运输业、商业个人独资企业和合伙企业个人所得税的应税所得率，自2021年1月1日起，执行5%的应税所得率标准。调整的原文件是《北京市财政局 北京市地方税务局关于个人独资企业和合伙企业投资者核定征收个人所得税有关政策问题的通知》（京财税［2010］18号）。

这就有意思了，因为从公开的官方信息查，京财税［2010］18号迄今有效，那么附表中"对律师、会计师、税务师、审计师以及其他中介机构按照25%的应税所得率征收经营所得个人所得税"，还在执行吗？

这不是和国税发［2010］54号，国税发［2011］50号相矛盾吗？

但从文件发布时间看，京财税［2010］18号发布在前，国税发［2010］54号实施在后，所以，京财税［2010］18号规定的对律师、会计师、税务师、审计师以及其他中介机构按照25%的应税所得率核定征收经营所得个人所得税的规定"条款"应该是"名存实亡"了。

2. 实务中的另一个"遗留问题"。

在"专题十二：应缴纳企业所得税？还是经营所得个人所得税？大家帮忙来判断！"的专题拓展"1. 登记注册类型与不同的划分标准"部分我们介绍了，由于各种原因，实务中个人律师事务在税务登记环节被错误划分到了"个体工商户"，并且错误享受了财政部 税务总局公告2021年第12号文规定的个税减半优惠政策。

但是，通过查询统计同时也发现，在享受个税减半优惠政策的"个体工商户"类型的个人律师事务所中，不少甚至是定期定额户，这与国税发［2010］54号、国税发［2011］50号的规定矛盾，执法风险很高，应该引起税企双方的高度关注。

专题十四：合伙企业的分支机构缴纳企业所得税吗？

基本信息：××律师事务所，税务登记信息显示属合伙企业，有7个合伙人，查账征收户，增值税小规模纳税人。2015年经当地省司法部门批准设立了分所（分支机构），名称为××（安宁）律师事务所，分所独立核算，自负盈亏。税务登记信息显示分所"企业登记类型"为"其他企业"，从业人员5人。

税费种认定信息也显示，该分所自从2015年5月成立以来，就一直认定着企业所得税（如图2-20所示）。纳税申报记录也是企业所得税。

企业所得税	应纳税所得额		10...	101040001		2015-10-01	2016-03-31	否
企业所得税	应纳税所得额		10...	101040001		2016-04-01	2099-12-31	是
企业所得税	企业所得税 税所得额		10...	101040001		2015-05-01	2015-09-30	否

图 2－20 该所税费种——企业所得税

从税务登记基础信息与税源管理数据中，发现问题了吗？

根据《税务登记管理办法（2019 修正）》相关规定，从事生产、经营的纳税人未办理工商营业执照但经有关部门批准设立的，应当自有关部门批准设立之日起 30 日内申报办理税务登记，税务机关发放税务登记证及副本；特别法《律师事务所管理办法》第二十四条规定，律师事务所设立申请人应当在领取执业许可证后的 60 日内，按照有关规定办理税务登记等其他事项。也就是说律师事务所不需要进行工商登记，经司法部门核准后就是可从事民商事活动的主体，按照规定期限办理税务登记即可。

《律师事务所管理办法》第三十三条规定，成立 3 年以上并具有二十名以上执业律师的合伙律师事务所，根据业务发展需要，可以在本所所在地的市、县以外的地方设立分所。设在直辖市、设区的市的合伙律师事务所也可以在本所所在城区以外的区、县设立分所。

合伙律师事务所申请设立的分所，参照《企业登记注册类型对照表》（见表 2－22），税务登记环节应该划归到“私营合伙企业”，即合伙企业的分支机构也属于税法规定的合伙企业。所以，案例中税务登记环节把该分所划归到 190“其他企业”是错误的。

其原因一是发证机关不同，二是税务登记注册类型 190“其他企业”对应市场监督管理部门发放的营业执照上 9100“农民专业合作经济组织”以及 9200“农民专业合作经济组织分支机构”和 9900“其他”（见表 2－22）。

对于分所，成立的条件之一是有三名以上律师事务所派驻的专职律师（律师事务所到经济欠发达的市、县设立分所的，前款规定的派驻律师条件可以降至一至二名，具体适用地区由省、自治区、直辖市司法行政机关确定）。而对于律师事务所派驻分所的专职律师，《律师事务所管理办法》没有明确的要求。实务中有些既可以派驻本所的招聘律师，也可以派驻合伙律师；有些分所章程规定至少派驻一名本所的合伙人；有些协议约定分所负责人必须是本所的原合伙人等。

特别需要注意的是，专职律师（不论招聘律师还是合伙律师）派驻分所后在分所执业，便不再是本所的执业律师。因为派驻分所的律师，需要参照《律师执业管理办法》有关律师变更执业机构的规定办理变更手续，由准予设立分所的省、自治区、直辖市司法行政机关予以换发执业证书，原执业证书交回原颁证机关。

合伙性质的分所除本所派驻的律师外，还可以依照《律师事务所管理办法》的规定面向社会聘用律师。也可以再吸收“合伙人”入伙执业。

那么，××（安宁）律师事务所作为分所，税收管理中属“合伙企业”，且实行独立核算，自负盈亏。分所的经营所得（应纳税所得额）按照“先分后税”原则，每一位合伙人是纳税义务人。合伙人是自然人的，缴纳个人所得税；合伙人是法人和其他组织的，缴纳企业所得税 。因此，分所（企业层面）作为纳税义务人缴纳企业所得税是错误的。

错误属实，该如何核查整改？首先，该分所的“投资方信息”维护错误，需要整改。分所独立核算自负盈亏，按照协议其投资由律师事务所派驻分所的专职律师和再吸收的“合伙人”出资，所以，分所的“投资方信息”应当维护分所投资律师的相关信息，不应该维护××律师事务所的相关信息（如图 2－21 所示）。

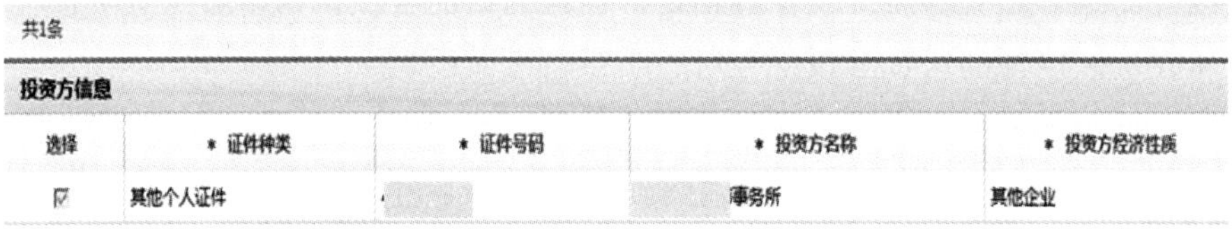
共1条

投资方信息

选择	* 证件种类	* 证件号码	* 投资方名称	* 投资方经济性质
☑	其他个人证件		事务所	其他企业

图 2－21　投资方信息

其次，税种认定错误需要整改：应终止错误认定的企业所得税税种，重新认定经营所得个人所得税税种。

最后，涉及企业的所得税多年来的错误申报如何处理，我们在第一章“一、经营所得与个人独资企业、合伙企业”部分已做过介绍，这里也不再赘述。

专题拓展

1. 总、分（所）机构“登记注册类型”的关联影响。

实务中，如果总机构的登记注册类型划分不准确，分支机构的登记注册类型那就五花八门了。继续以实务案例进行解析：

某律师事务所，从对外宣传官网看，是某省最早一批成立的合伙制律师事务所。创办于1992年，是一个规模比较大的律师事务所，但在税务登记环节“登记注册类型”的划分却出了问题，划归到了“其他企业”。后续成立的多个分所，目前处于正常经营状态的（不包括一个组织临时登记）5个，其中3个分所的“登记注册类型”划分错误（如图2－22所示），也划分到了“其他企业”，如，××（庆阳）律师事务所、××（两当）律师事务所、××（舟曲）律师事务所。

纳税人名称	纳税人	课征主体登记类型	登记注册类型	行业
（酒泉）律师事务所	正常	单位纳税人税务登记	私营合伙企业	律师及相关法律服务
（兰州新区）律师事…	正常	单位纳税人税务登记	私营合伙企业	律师及相关法律服务
律师事务所	正常	组织临时登记	私营股份有限公司	再生物资回收与批发
（庆阳）律师事务所	正常	单位纳税人税务登记	其他企业	律师及相关法律服务
律师事务所	正常	单位纳税人税务登记	其他企业	律师及相关法律服务
（两当）律师事务所	正常	单位纳税人税务登记	其他企业	律师及相关法律服务
（舟曲）律师事务所	正常	单位纳税人税务登记	其他企业	律师及相关法律服务
（舟曲）律师事务所	正常	组织临时登记	内资个体	其他未列明专业技术服…
（兰州新区）律师事…	注销	单位纳税人税务登记	其他	律师及相关法律服务

图2－22　某律所及分所登记注册类型

登记注册类型是认定企业所得税税种的主要依据，如果错误，往往所得税税种认定也就出了问题。共6个律师事务所（包括本所、分所），只有一个分所的所得税执行了经营所得（个人所得税）税种，并且还是后期更正的，在2016年2月以前执行的一直是企业所得税税种（如图2－23所示）。

企业所得税	应纳税所得额		10104	101...		2015-10-01	2016-06-30	否
企业所得税	应纳税所得额		10104	101...		2015-07-01	2015-09-30	否
个人所得税	经营所得		10106	101...		2019-01-01	2099-12-31	是
个人所得税	经营所得		10106	101...		2016-02-01	2018-12-31	否
个人所得税	工资薪金所得		10106	101...		2019-01-01	2099-12-31	是

图2－23　某分所所得税税种认定记录

其余律师事务所（包括本所、分所），截至目前，仍然在申报缴纳着企业所得税。

但有一个非常有意思的现象：该律师事务所按照法人企业或者其他组织在

缴纳企业所得税，但是每一位合伙律师却均未被所在律师事务所按照累计预扣法预扣预缴过“工资薪金”个人所得税。说明合伙律师（投资人）明白自己是合伙人，从律所取得的“工资薪金”不按照综合所得项目缴纳个人所得税。

同一纳税人，对适用个人所得税和企业所得税采用“双重标准”确定纳税义务，要不得，而且涉税风险很大。

2. 分支机构“登记注册类型”的误解。

根据《个人独资企业登记管理办法》（2019 年国家市监总局令第 14 号）、《条例》以及《中华人民共和国市场主体登记管理条例实施细则》（国家市场监督管理总局令第 52 号，自 2022 年 3 月 1 日起施行）的相关规定，个人独资企业，合伙企业都可以设立分支机构。

对于个人独资企业以及合伙企业设立的分支机构，其组织形式依据国统办字［2008］105 号中的《企业登记注册类型对照表》，税务登记时应保持和总机构一致，划分到 171 “私营独资企业” 或者 172 “私营合伙企业”（见表 2 -22）。

特别法《律师事务所管理办法》也规定，符合条件的合伙律师事务所也可在规定地区按照要求成立分所。前面我们介绍了，本所、分所都属于税法规定的合伙企业，税务登记环节，分所应该划归到“私营合伙企业”。

但实务中，分（所）支机构在税务登记环节经常出现误解划分，尤其对合伙企业分支机构，税务登记岗人员分不清其性质时，往往都被划到了 190 “其他企业”。甚至被错误划分到 173 “私营有限责任公司” 或者 900 “其他”等。

3. 分支机构投资方信息维护的实务难题。

个人独资企业、合伙企业设立分支机构，人数和设立资产一般无限制，核算形式也比较灵活，有独立核算、独立核算自负盈亏、独立核算统负盈亏、非独立核算、其他等。

但特定行业，比如律师事务所，设立分所有人数和设立资产等的限制。《律师事务所管理办法》第三十四条规定，分所应当具备下列条件：

（一）有符合《律师事务所名称管理办法》规定的名称；

（二）有自己的住所；

（三）有 3 名以上律师事务所派驻的专职律师；

（四）有人民币 30 万元以上的资产；

（五）分所负责人应当是具有 3 年以上的执业经历并能够专职执业，且在担任负责人前 3 年内未受过停止执业处罚的律师。

这里的设立资产，《律师事务所管理办法》对投资主体没有明确的规定。所以实务中，有些经本所（律师事务所）全体合伙人协商一致由本所投资（即本所作分所的投资人）的，也有由本所的合伙律师投资或者是派驻分所的专职律师投资的，另外还有由第三方法人企业投资作为合伙人等情形。

此处有细节需要区分：律师行业的合伙人，是个广义的概念。《合伙企业法》规定的合伙企业合伙（投资）人与《律师执业管理办法》、《律师法》等规定的律师事务所合伙人不太相同。根据前者，律师可以同时投资总所、分所，作为多个律师事务所（包括分所）的合伙（投资）人，注重的是投资主体身份；但是，要想依据后两者成为律师事务所合伙人，条件之一是必须在该律所执业（成为律所正式登记的律师），注重的是律师执业身份，与投资无关。律师只能在一个律师事务所执业。即律所（行业）所说的“合伙人”，不一定是《合伙企业法》规定的合伙人。

因此，分所的投资主体比较复杂，并且与一般合伙企业分支机构（一般由合伙企业拨款）的投资主体也不太一样。分所的经营所得和其他所得采取“先分后税”的原则。所以，税务登记环节采集纳税人基本信息时，对“投资方信息”应分别据实录入。具体投资方式包括但不限于以下几种：

（1）本所（律师事务所）投资的，维护本所信息。

税务处理：不论分所是否独立核算，本所从分所取得的经营所得应合并到本所经营所得，在本所合伙人之间进行分配，由本所合伙人（律师）在本所所在地申报缴纳经营所得个人所得税。

在分所执业的招聘律师、兼职律师，从分所取得的工资薪金以及分成收入等，按照工资薪金所得项目，由分所作为扣缴义务人预扣预缴个人所得税。

（2）由本所合伙律师（部分或者全体）投资设立分所（注：执业只能在一个律所），等于本所合伙律师又成立了一个“合伙企业”。本所、分所“投资方信息”都维护投资律师的信息（即谁投资或谁受益就维护谁的信息）。

税务处理：本所合伙律师从两处律所取得了经营所得，预缴申报时，应就两处取得的经营所得分别在总所、分所所在地进行预缴申报，填报 A 表；次年 3 月 31 日前分别在其所在地进行汇算清缴，填报 B 表；同时选择其中一处从事生产经营所在地的主管税务机关办理汇总纳税申报，报送 C 表。

同样，在分所执业的招聘律师、兼职律师从分所取得的工资薪金以及分成收入等，按照工资薪金所得项目，由分所作为扣缴义务人预扣预缴个人所得税。

（3）前期由本所或者本所合伙律师投资，后期由本所派驻分所的专职律师再投资的分所。这种情形，派驻的3名以上的专职律师，变更执业机构、换发执业证书，到分所执业成为分所的负责人，则不但是分所的执业律师了，按照协议还参与利润分配（当然，分所也可以再吸收新的执业合伙人入伙，且参与分配）。那么，税源管理中，分所“投资方信息”应该维护包括派驻律师在内的全部“投资方（或收益分配者）”信息。

（4）由派驻分所的3名以上的专职律师投资设立分所。分所独立核算自负盈亏，只向本所缴纳管理费。这时“投资方信息”就应该维护派驻分所的3名以上专职律师的信息。

税务处理：该派驻律师，从分所取得的经营所得在分所所在地预缴（报送A表）、汇缴（报送B表）经营所得个税。

招聘律师、兼职律师从分所取得的工资薪金以及分成收入等，按照工资薪金所得项目，由分所作为扣缴义务人预扣预缴个人所得税。

【注：派驻分所的专职律师、分所的投资（合伙）人、合伙律师不一定完全相同】。

总之，分所与本所性质一致，是税法上的合伙企业，对于分所的经营所得和其他所得采取“先分后税”的原则，不论哪一种投资方式，有自然人投资（合伙）人，就应认定经营所得个人所得税税种。

至于分所的核算方式（一般为独立核算自负盈亏）、派驻专职律师、投资资产、投资主体等信息，在税务登记环节可以依据《律师事务所分所设立申请登记表》、《律师执业证书》等获取。

但实务中，分所的“投资方信息”“补录”（补录：税务登记的一个环节）情况千差万别：要么维护一个“专职律师”、要么两个，维护三个的占极少数。甚至有些一个也没有维护。

个人所得税（经营所得）税种认定，有些也不符合征管规定。有些分所“投资方信息”维护了个人投资（合伙）人，却不认定个人所得税（经营所得）税种，甚至还错误认定了企业所得税税种；有些分所未维护个人投资（合伙）人的“投资方信息”，却认定了个人所得税（经营所得）税种等。

所以，分所“投资方信息”维护的异常，直接影响了经营所得个人所得税纳税申报质量。

专题十五："合伙企业没有个人合伙人，核定的经营所得个人所得税由谁来申报？

本专题标题源于前一段时间一纳税人在某省税务局12366纳税服务平台咨询的问题：

我们是新成立的合伙企业，合伙人全部为法人合伙人。企业的税（费）种认定显示：个人所得税——经营所得，要按季度进行申报。

请问：个人所得税——经营所得是由个人合伙人自己来申报吗？我们合伙企业全部是法人合伙人，但给我们核定的有个人所得税——生产经营所得税，合伙企业只报工资薪金的个税就可以了吗？生产经营所得税不报会不会产生罚款？

问题不复杂。《合伙企业法》第二条规定，合伙企业，是指自然人、法人和其他组织依照本法在中国境内设立的普通合伙企业和有限合伙企业。所以，合伙人既可以是自然人，也可以是法人或其他组织。但国有独资公司、国有企业、上市公司以及公益性的事业单位、社会团体投资不得成为普通合伙人。

财税［2008］159号第二条规定，合伙企业以每一个合伙人为纳税义务人。合伙企业合伙人是自然人的，缴纳个人所得税；合伙人是法人和其他组织的，缴纳企业所得税。

个人合伙人取得经营所得，个人所得税的纳税义务发生时间是纳税人取得经营所得时（区别于纳税申报时间：月度或者季度终了后15日内）。这里的取得不是指真正分配到了经营所得。合伙企业生产经营所得和其他所得采取"先分后税"的原则进行税务处理，核心意义是以投资各方为纳税义务人缴纳所得税，使不同投资主体不会因合伙经营而改变其税收负担和税收预算归属，也便于管理和平衡税负。

纳税地点，包括预缴纳税申报和汇算清缴，是合伙企业经营管理所在地。当然，如果个体工商户业主、个人独资企业投资人、合伙企业个人合伙人、承包承租经营者个人以及其他从事生产、经营活动的个人在中国境内从两处以上取得经营所得，需要办理年度汇总纳税申报时，可选择向其中一处经营管理所在地主管税务机关办理。那么，具体的汇总申报地点取决于纳税人的选择。

法人或其他组织企业来自于合伙企业的所得，不是“居民企业直接投资于其他居民企业取得的投资收益”，与《企业所得税法》第二十六条以及《中华人民共和国企业所得税法实施条例》第八十三条规定的“符合条件的居民企业之间的股息、红利等权益性投资收益 ”不相符合，所以不属于免税收入。不考虑合伙企业是否分红，均应计入法人企业或其他组织当年的应纳税所得额计算缴纳企业所得税。

纳税地点，因为法人合伙人从合伙企业取得的所得，计算缴纳企业所得税时，需要与法人合伙人自身的所得汇总在一起缴纳，因此，合伙企业法人合伙人的纳税地点仍然是其自身登记注册地，不是合伙企业所在地。

所以，个人合伙人和法人或者其他组织作为合伙人时，从合伙企业取得的经营所得，纳税时间、纳税地点、所缴纳所得税税种、甚至适用税率可能会有差别，因此不能混淆。如果一个合伙企业的合伙人全部是法人或者其他组织时，则合伙人都是企业所得税的纳税义务人。但此处的企业所得税税种认定与合伙企业无关。

回到本专题纳税人咨询的问题，新成立的合伙企业合伙人都是法人，税务机关却认定了经营所得个人所得税税种，属于税种认定错误，需要纠错。

专题拓展

1. 法人或其他组织来自于合伙企业的所得是否可以弥补其自身亏损？

刚才介绍过，法人或其他组织合伙人从合伙企业取得的所得，计算缴纳企业所得税时需要与自身的所得汇总在一起缴纳企业所得税；而当法人或者其他组织亏损时，来自于合伙企业的所得是否可以弥补其自身亏损？税收法律法规包括征管制度无明确的禁止性规定。

所以，法人或其他组织来自于合伙企业的所得可以弥补其自身亏损，因为所谓合并，没有特别规定，则有正负数相抵减的功效。否则就无法理解“合并一起缴纳企业所得税”了。

2. 合伙企业的亏损，法人或者其他组织合伙人在计算其应缴纳的企业所得税时是否可以抵减其盈利？

财税［2008］159号第五条规定，合伙企业的合伙人是法人和其他组织的，合伙人在计算其缴纳企业所得税时，不得用合伙企业的亏损抵减其盈利。

3. 合伙企业对外投资分回的利息或者股息、红利，法人合伙人的计税问题。

关于这个问题，许多财税老师有不同观点。

国税函［2001］84 号第二条规定，合伙企业对外投资分回的利息或者股息、红利，不并入企业的收入，而应单独作为投资者个人取得的利息、股息、红利所得，按“利息、股息、红利所得”应税项目计算缴纳个人所得税。有老师们认为这项规定是“特殊规定”，只针对个人投资者的计税方式。如果合伙人是法人或者其他组织的，合伙企业对外投资取得的利息、股息、红利所得（统称股息红）要归集到合伙企业层面，整个计算合伙企业的“应纳税所得额”。

厦门大学陈爱华教授在他的新著《私募基金会计和税务》一书中用案例阐述了这个观点：

（摘选）自然人合伙人关羽和有限责任公司刘备公司分别出资 4 000 万元和 6 000 万元，设立蜀汉合伙制基金，约定按照实际出资比例 4∶6 分配收益。蜀汉合伙制基金将 1 亿元资金投资于股权投资项目江夏股份有限公司（拟上市）。

2019 年蜀汉合伙基金财务状况：（1）全年实际发生相关费用 200 万元；（2）以前年度结转的未弥补亏损 20 万元；（3）从江夏股份公司分回股息利息红利所得 300 万元。

问题：合伙企业层面的亏损如何弥补？两个合伙人 2019 年的应纳税所得额分别是多少？

解析：（1）合伙企业本身是一个会计核算主体，当年的会计损益 = 股息利息红利 300 - 成本费用 200，弥补以前年度亏损 20 万元，剩余所得 80 万元。同时假设合伙企业层面不存在会计损益和税法应纳税所得额之间的口径差异。

（2）具体计税过程：对于法人投资者，应缴纳企业所得税 = 80 × 60% × 25% = 12（万元）；对于自然人投资者，应按照股息红利缴纳个税 = 300 × 40% × 20% = 24（万元）；合伙企业亏损合计 = 200 + 20 = 220（万元），在法人合伙人分得的应纳税所得额中已弥补亏损 132 万元（即 220 × 60%）；未弥补亏损 88 万元（即 220 × 40%）留待自然人合伙人以后年度弥补。

就上面的案例我和周围几位精通个税业务的同行、同事反复探讨，然后设计两个场景，来继续就案例按归集做法进行推演：

场景一：蜀汉合伙制基金持续经营，2020年财务状况：全年投资收益800万元，发生相关费用300万元。

那么：（1）合伙企业作为会计核算主体，2020年的会计损益＝投资收益800－成本费用300＝500（万元）。同时也假设合伙企业层面不存在会计损益和税法应纳税所得额之间的口径差异。

（2）法人投资者应缴纳企业所得税＝500×60%×25%＝75（万元）；自然人投资者，应缴纳经营所得个人所得税＝（500×40%－88）×35%－6.55＝32.65（万元），即未弥补亏损88万元让自然人合伙人弥补。

我们暂把该计税方式称为“归集法”，即“特殊规定”不影响法人或者其他组织合伙人，合伙企业对外投资取得的股息红利所得需要归集到合伙企业层面，整个计算合伙企业的“应纳税所得额”。这种计税方式下，法人合伙人缴纳企业所得税2019年为12万元，2020年为75万元，两年合计87万元。

个人投资者2019年缴纳股息红利个人所得税24万元；2020年自然人投资者弥补亏损88万元后，缴纳经营所得个人所得税32.65万元。两年合计56.65万元。

但是，这样的计税和弥补亏损在申报环节存在问题：在自然人合伙人弥补亏损的年度（2020年），个人合伙人无法填表进行纳税申报。因为不论是A表还是B表，弥补亏损在先，分配在后（详见表2－23、表2－24）。

即做不到先把500万元按比例分配给每个合伙人，然后再在自然人合伙人的经营所得中弥补上年88万元的亏损。弥补亏损只能在合伙企业层面进行。

表2－23　　个人所得税经营所得纳税申报表（A表）（部分）　　单位：元

一、收入总额	1	8 000 000.00
二、成本费用	2	3 000 000.00
三、利润总额（第3行＝第1行－第2行）	3	5 000 000.00
四、弥补以前年度亏损	4	880 000.00
五、应税所得率（%）	5	
六、合伙企业个人合伙人分配比例（%）	6	40
七、允许扣除的个人费用及其他扣除（第7行＝第8行＋第9行＋第14行）	7	

表 2 – 24　　个人所得税经营所得纳税申报表（B 表）（部分）　　单位：元

五、纳税调整减少额	37	
六、纳税调整后所得（38 行 = 11 行 + 12 行 – 37 行）	38	5 000 000.00
七、弥补以前年度亏损	39	880 000.00
八、合伙企业个人合伙人分配比例（%）	40	40
九、允许扣除的个人费用及其他扣除（41 = 42 + 43 + 48 + 55）	41	
（一）投资者减除费用	42	

场景二：

A 公司（税率 25%）与 B 自然人合伙成立了甲合伙企业（如图 2 – 24 所示），约定按照出资比例 1∶2 分配利润。A 公司 2019 年年度应纳税所得额 1 000万元。投资成立的甲合伙企业当年发生费用 300 万元。从投资的 C 上市公司获得分红 200 万元。甲合伙企业当年向所有投资人分配 720 万元。A 公司分得 240 万元。

图 2 – 24　甲合伙企业

【问题】：A 公司 2019 年年度汇算清缴应如何申报？

（1）甲合伙企业是独立的一个会计核算主体，2019 年的会计损益 = 200（股息红利）– 300 = – 100（万元），即账面亏损 100 万元。同时也假设合伙企业层面不存在会计损益和税法应纳税所得额之间的口径差异。

（2）计算合伙人 A 公司的应纳税所得额时，不能抵减合伙企业的亏损，所以，A 公司 2019 年应纳税所得额为 1 000（万元）（注：等于从甲合伙企业取得的“应纳税所得额”为 0）。

A 公司填报纳税申报表时，A105000《纳税调整项目明细表》第 41 行“（五）合伙企业法人合伙人应分得的应纳税所得额”第 1 列“账载金额”填 240 万元，第 2 列“税收金额”填 0 万元（甲合伙企业对外投资取得的股息红利归集到合伙企业层面，整个计算合伙企业的“应纳税所得额”时，法人合伙人当年取得的“应纳税所得额”为 0），因第 1 列≥第 2 列，将第 1 – 2 列余额填入第 4 列“调减金额”，即 240 万元（240 – 0）（详见表 2 – 25）。

表 2-25　　　　A105000 纳税调整项目明细表（部分）

行次	项　　目	1 账载金额	2 税收金额	3 调增金额	4 调减金额
36	四、特殊事项调整项目（37+38+…+43）				
41	（五）合伙企业法人合伙人应分得的应纳税所得额	2 400 000.00	0	0	2 400 000.00
46	合计（1+12+31+36+44+45）				

B 自然人合伙人按照股息红利项目应缴纳个人所得税 $=200\times2/3\times20\%=26.67$（万元）。至于当年分配的 480 万元，已在其税款所属期的纳税申报期申报纳税，不需要重复缴纳个税。

这里需要注意，B 自然人合伙人取得的股息红利，属于分类所得，个人所得税由扣缴义务人代扣代缴，具体在【分类所得个人所得税代扣代缴申报表（ITS）】模块申报缴纳。

扣缴义务人未扣缴税款的，纳税人应当在取得所得的次年 6 月 30 日前，按相关规定向主管税务机关办理纳税申报，并报送《个人所得税自行纳税申报表（A 表）》，具体在【分类所得个人所得税自行申报（ITS）】模块申报缴纳。税务机关通知限期缴纳的，纳税人应当按照期限缴纳税款。总之，此处的填表申报与 A 表、B 表无关。

这样，合伙企业的费用 300 万元已在从上市公司 C 取得的股息红利中扣除了 200 万元。那么问题就来了：一是已扣除的 200 万元在合伙人中间如何分配？A 公司准予扣除多少呢？二是剩下的亏损 100 万元谁来扣除？当然对以上问题，仍然可以按照“归集法”的思路进行分配，但结果还会回到场景一出现的 A 表、B 表无法完成申报的情形。并且，问题是不是越来越复杂了？

所以，笔者一直的观点是按照以下方式理解国税函［2001］84 号第二条更妥当（因为不论理论上如何计算税款，最后要在申报系统落实，如果计税方式无法在申报系统实现，则只是理论探讨），在此分享三点，供大家参考：

（1）合伙企业对外投资分回的利息或者股息、红利，不并入企业的收入，而应单独作为投资者个人取得的利息、股息、红利所得，按“利息、股息、红利所得”应税项目计算缴纳个人所得税。之所以对个人投资者这么规定，是鉴于税负的公平。因为自然人投资取得的股息红利按照 20% 比例税率计征个税；而个人投资者通过合伙企业再投资取得股息红利，如果把这部分股息红利合并到合伙企业层面，允许再扣除一些成本费用的话，会减少“税基”，那势必造成税负的不公平。

（2）国税函［2001］84 号只提到个人投资者，未提及法人合伙人或其他组织，是因为国税函［2001］84 号发布实施时，适用的《合伙企业法》，还是 1997 年 2 月 23 日第八届全国人民代表大会常务委员会第二十四次会议通过的旧法，当时的合伙人范围是自然人合伙人。

2006 年《合伙企业法》修订后，合伙人范围扩大到了自然人、法人以及其他组织，所以，国税函［2001］84 号第二条的理解也应有体系性："个人独资企业和合伙企业对外投资分回的利息或者股息、红利，不并入企业的收入，"这里是逗号，后面隐含并列的两种情形："如果投资者是个人的"，应单独作为投资者个人取得的利息、股息、红利所得，按"利息、股息、红利所得"应税项目计算缴纳个人所得税；如果合伙人是法人和其他组织的……。所以，笔者理解，不论合伙人是个人还是企业，个人独资企业和合伙企业对外投资分回的利息或者股息、红利，都不并入企业的收入，而是直接分配给"合伙人"。我们暂称这种计税方式为"不归集法"。

（3）在第一章"三、经营所得与利润总额"部分也介绍过：企业"收入总额"中的"利息收入"与国税函［2001］84 号第二条规定的"以合伙企业名义对外投资分回利息或者股息、红利的……"中的"利息"的不同，这也印证了合伙企业对外投资分回的利息或者股息、红利不包括在合伙企业的"收入总额"之中，这里不再赘述。

阐述了观点，回过头我们用这种计税方式重新处理（摘选）中的问题，即合伙企业对外投资取得的股息红利，不论是针对自然人合伙人还是法人合伙人，都不并入合伙企业的收入。

分析：（1）合伙企业是会计核算主体，2019 年会计损益 = 股息利息红利 300 - 成本费用 200 = 100（万元）。未弥补以前年度亏损 20 万元。

（2）计税过程：

法人投资者，应缴纳企业所得税 = 300 × 60% × 25% = 45（万元）

自然人投资者，应按照股息红利缴纳个税 = 300 × 40% × 20% = 24（万元）；合伙企业待弥补亏损合计 = 200 + 20 = 220（万元）。

（注：会计损益 100 万元是会计上的，而待弥补亏损是税法上的）

然后解决场景一：2020 年合伙企业投资收益 800 万元，发生相关费用 300 万元。那么：

（1）合伙企业作为会计核算主体，2020 年的会计损益 = 投资收益 800 - 成本费用 300 = 500（万元）。弥补合伙企业亏损 220 万元，剩余所得 280 万元。同时也假设合伙企业层面不存在会计损益和税法应纳税所得额之间的口径差异。

（2）280万元按照“先分后税”原则，法人投资者应缴纳企业所得税 = 280×60%×25% =42（万元）（假设法人投资者无其他所得）；

自然人投资者，应缴纳经营所得个人所得税 =280×40%×35% -6.55 = 32.65（万元）。

“不归集法”总结：合伙企业对外投资取得的股息红利所得不并入合伙企业收入（该特殊规定应该是针对合伙企业的，不是只针对个人合伙人），这种计税方式下，法人合伙人缴纳企业所得税：2019年为45万元，2020年为42万元，合计87万元。

个人投资者缴纳股息红利个税：2019年为24万元；2020年缴纳经营所得个税32.65万元。合计缴纳56.65万元。

比较两种计税方式，除自然人合伙人两年纳税方式、税款金额一致外，法人合伙人在相同条件下，两年缴纳企业所得税金额一致（详见表2-26）。

表2-26　合伙人（A、B）2019年、2020年所得税数据对比表　单位 万元

A公司	2019年	2020年	合计	B自然人	2019年	2020年	合计
“归集法”	12	75	87	“归集法”	24	32.65	56.65
“不归集法”	45	42	87	“不归集法”	24	32.65	56.65

而不同的是，“归集法”下，法人合伙人缴纳企业所得税有个时间差，2019年缴的少些，2020年缴纳的多些，但是我们前面说了，这种方式下，个人合伙人无法完成纳税申报；而“不归集法”下，个人投资者填报A表进行纳税申报，可顺利实现以上计算结果（以A表为例，详见表2-27）。

所以，即使合伙人是法人或者其他组织的，合伙企业对外投资取得的股息红利都不需要并入合伙企业的收入，而是直接分配给合伙人。

表2-27　个人所得税经营所得纳税申报表（A表）（2020年）　单位：元

□查账征收（据实预缴）　□查账征收（按上年应纳税所得额预缴）　□核定应税所得率征收 □核定应纳税所得额征收　□税务机关认可的其他方式		
个人所得税计算		
项　　目	行次	金额/比例
一、收入总额	1	8 000 000.00
二、成本费用	2	3 000 000.00

续表

个人所得税计算		
项　　目	行次	金额/比例
三、利润总额（第 3 行 = 第 1 行 - 第 2 行）	3	5 000 000.00
四、弥补以前年度亏损	4	2 200 000.00
五、应税所得率（%）	5	
六、合伙企业个人合伙人分配比例（%）	6	40.0000
七、允许扣除的个人费用及其他扣除（第 7 行 = 第 8 行 + 第 9 行 + 第 14 行）	7	
（一）投资者减除费用	8	
（二）专项扣除（第 9 行 = 第 10 行 + 第 11 行 + 第 12 行 + 第 13 行）	9	
1. 基本养老保险费	10	
2. 基本医疗保险费	11	
3. 失业保险费	12	
4. 住房公积金	13	
（三）依法确定的其他扣除（第 14 行 = 第 15 行 + 第 16 行 + 第 17 行）	14	
1.	15	
2.	16	
3.	17	
八、准予扣除的捐赠额（附报《个人所得税公益慈善事业捐赠扣除明细表》）	18	
九、应纳税所得额	19	1 120 000.00
十、税率（%）	20	35
十一、速算扣除数	21	65 500.00
十二、应纳税额（第 22 行 = 第 19 行 × 第 20 行 - 第 21 行）	22	
十三、减免税额（附报《个人所得税减免税事项报告表》）	23	
十四、已缴税额	24	
十五、应补/退税额（第 25 行 = 第 22 行 - 第 23 行 - 第 24 行）	25	326 500.00

注：为简化，未考虑个人合伙人减除费用等。

再解决场景二：A 公司 2019 年年度应纳税所得额 1 000 万元。投资成立的甲合伙企业当年发生费用 300 万元。从投资的 C 上市公司获得分红 200 万元。甲合伙企业当年向所有投资人分配 720 万元。A 公司分得 240 万元。

分析：(1) 甲合伙企业是会计核算主体，2019年的会计损益 = 200（股息红利）- 300 = -100（万元），即账面亏损100万元。同时也假设合伙企业层面不存在会计损益和税法应纳税所得额之间的口径差异。

(2) 合伙人A公司应纳税所得额 = 1 000 + 200 × 1/3 = 1 066.67（万元）；

A公司填报2019年年度纳税申报表时，A105000《纳税调整项目明细表》第41行“（五）合伙企业法人合伙人应分得的应纳税所得额”第1列“账载金额”填240万元，第2列“税收金额”填66.67万元，因第1列≥第2列，将第1 - 2列余额填入第4列“调减金额”，即173.33万元（240 - 66.67）（详见表2 - 28）。

表2 - 28　A105000 纳税调整项目明细表（部分）　单位：元

行次	项　目	账载金额	税收金额	调增金额	调减金额
36	四、特殊事项调整项目（37 + 38 + … + 43）				
41	（五）合伙企业法人合伙人应分得的应纳税所得额	2 400 000	666 700	0	1 733 300
46	合计（1 + 12 + 31 + 36 + 44 + 45）				

B自然人合伙人按照股息红利项目应缴纳个人所得税 = 200 × 2/3 × 20% = 26.67（万元）。至于当年分配的480万元，已在税款所属期的纳税申报期申报纳税，不需要重复缴纳个税。

这样，合伙企业的亏损300万元，留待合伙企业在以后年度、在期限内弥补。

4. 合伙企业的合伙人都是法人合伙人时，合伙企业对外投资分回的利息、股息、红利，如何进行税务处理？

实务中，有财税老师阅读了《合伙企业经营所得个税》（2021年11月第一版）后提出，如果合伙企业的合伙人都是法人合伙人时，合伙企业对外投资取得的利息、股息、红利，能否用“归集法”呢？

首先，说明一下，“归集法”与“不归集法”，是笔者在进行本专题业务分析时，对“股息红”两种计税方式的一种方便自己进行区分的临时说法。

其次，我们刚才分析了“归集法”存在一些无法回避的问题，且推理并表达了观点：理解国税函［2001］84号第二条，法人合伙人应该与个人一样，也适用“不归集法”。即不论合伙人是个人、法人或其他组织，此处，政策应该一致。

那么，当合伙企业的合伙人都是法人合伙人时，合伙企业对外投资分回的利息、股息、红利，也应该适用“不归集法”，保持政策的一贯性。

专题十六：3 月 31 日前，诸如此类特殊情形，纳税人需要参加汇算清缴报送 B 表吗？

在第一章“二、经营所得与个税政策及征管制度”部分，介绍了经营所得个人所得税的几种征收方式，并且也介绍了在境内取得经营所得，且实行查账征收的纳税人（这里的纳税人包括个体工商户业主、个人独资企业投资人、合伙企业个人合伙人、承包承租经营者个人以及其他从事生产、经营活动的个人），在取得所得的次年 3 月 31 日前，向经营管理所在地主管税务机关办理汇算清缴，并报送 B 表”。

但实务中，因为各种原因，会出现许多特殊情形，这时纳税人就会咨询是否还需要在次年 3 月 31 日前参加汇算清缴并报送 B 表。征管问题，历来很复杂，我们以问答的方式做些建议，是更正申报？还是多缴退税？具体如何处理一定及时与主管税务机关沟通。

1. 2020 年合伙企业全年把个人合伙人的工资，都按照工资薪金已预扣预缴了个人所得税，也未进行调整，现在还需要汇算清缴，填报 B 表吗？已缴纳的工资薪金个人所得税税款能抵吗？

财税［2000］91 号附件 1《关于个人独资企业和合伙企业投资者征收个人所得税的法规》规定，投资者的工资不得在税前扣除。所以把合伙人的“工资”计入企业的工资薪金支出，并且按照《个人所得税扣缴申报管理办法》规定的累计预扣法代扣代缴个人所得税，是错误的。扣缴义务人应及时对已报送的《个人所得税扣缴申报表》进行更正，并且根据合伙企业的征收方式分别处理：

（1）如果合伙企业属查账征收户，且纳税义务人（每个自然人合伙人）已按期报送了 A 表，则纳税人需要先更正 A 表，然后于 3 月 31 日前再报送 B 表。否则，如果相同年度已报送 B 表，再更正 A 表申报数据，就需同步更正 B 表（如图 2－25 所示）。

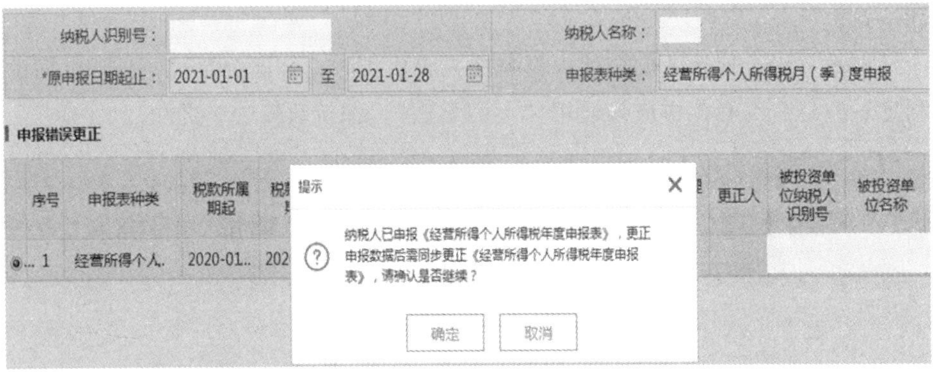

图 2-25　更正 A、B 表数据的规则

同样，如果纳税义务人从多处取得经营所得，涉及年度汇总申报的，更正 B 表，则需要同步更正 C 表（如图 2-26 所示）。所以，最好是在报送 C 表前先更正 B 表。

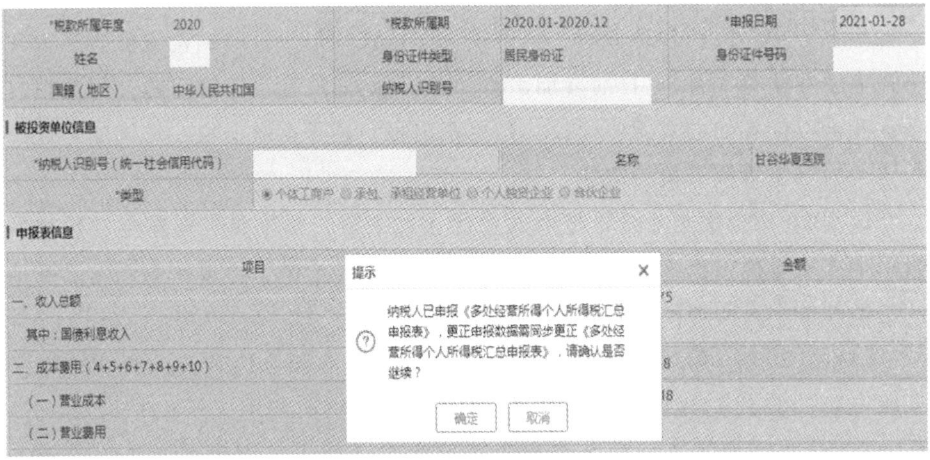

图 2-26　更正 C 表数据的规则

对于已按照工资薪金所得预缴的个人所得税税款，在经营所得个人所得税中无法抵顶。两者分属不同应税项目，适用的税率等都不同。大概只能更正申报后作退税处理吧，具体和主管税务机关沟通。

（2）如果合伙企业属核定征收户，因为申报个人所得税经营所得 A 表时，未扣除各项费用，故不涉及 A 表的更正，也无需报送 B 表。

2. 如果前半年是定期定额户，后半年实行查账征收了，3 月 31 日前是否需要参加汇算清缴？已缴的税款怎么办？

在中国境内取得经营所得，且实行查账征收的，在办理个人所得税汇算清缴纳税申报时，向税务机关报送 B 表。

合伙企业有两个或者两个以上个人合伙人的，应分别填报本表。

所以，在纳税年度内，按照查账征收报送过 A 表，于次年 3 月 31 日前就需要报送 B 表。

对上半年按照核定征收方式已缴的税款，是核定征收期间应缴纳的税款，无需做调整。

这里涉及投资者减除费用的问题：核定征收期间不可以扣除（也无法扣除）“投资者减除费用”；而查账征收期间，投资者取得经营所得，没有综合所得的，计算其每一纳税年度的应纳税所得额时，应当减除费用 6 万元、专项扣除、专项附加扣除以及依法确定的其他扣除。同时取得综合所得的，根据国家税务总局公告 2022 年第 1 号的规定，汇算 2021 年度综合所得和经营所得个税时，可在综合所得或经营所得中申报减除费用 6 万元、专项扣除、专项附加扣除以及依法确定的其他扣除，但不得重复申报减除。也就是说，纳税人汇算 2021 年的经营所得和综合所得时起，就可以选择扣除了。

当然，如果所投资企业是往年成立的老户，那么，纳税人进行预缴申报填报 A 表时，能扣除的减除费用是年初至税款所属期截至月份的累计数。

以某货运信息部为例，在自然人电子税务局（ITS）申报如下（如图 2－27 所示）。

3. 如果上半年征收方式是核定应税所得率，后半年查账征收了，怎么进行汇算清缴？

同 2. 不再赘述。【小插曲】在 1 版 3 次（即本次）印刷时值得给财税老师、读者做个说明的是，笔者了解到，2022 年 3 月，国家税务总局以“经营所得汇算清缴温馨提示”的方式，对此类“单一纳税人从定期定额征收或其他征收方式转为查账征收，应当如何办理查账征收申报”下发了执行口径：纳税人在调整为查账征收方式后的首个申报期，纳税人对年度收入、成本费用、扣除进行累计核算【比如：A 表第一行“收入总额”是包含核定征收期间收入的合计数）】，调整前按定期定额或其他核定方式征收的税款视作当年已缴税款【注：目前核心征管系统和自然人电子税务局（ITS 系统）未完全打通，如纳税人核定征收（指定期定额征收）是在核心征管系统进行的申报，

税款所属期：2020-01-01至2020-09-30　　　　金额单位：人民币元（列至角分）

纳税人姓名：　　　　纳税人识别号：

被投资单位信息	名称	货运信息部	社会统一信用代码	
征收方式	查账征收(据实预缴)			

序号	项目	金额
1	一、收入总额	0.00
2	二、成本费用	0.00
3	三、利润总额（3=1-2）	0.00
4	四、弥补以前年度亏损	
5	五、合伙企业合伙人分配比例（%）	100.00
6	六、应税所得率（%）	
7	七、允许扣除的个人费用及其他扣除（7=8+9+14）	45 000.00
7	（一）投资者减除费用	45 000.00
8	（二）专项扣除（9=10+11+12+13）	
8	1. 基本养老保险	
8	2. 基本医疗保险	

图 2－27　个人所得税经营所得纳税申请表（A 表）

注：该货运信息部，成立于 2019 年 6 月 18 日。2020 年 6 月 30 日前实行定期定额管理。核定应纳税经营额 6 000 元/月。2020 年 7 月开始按照查账征收进行纳税申报。报送第三季度 A 表时，税款所属期是 2020－01－01 至 2020－09－30，可扣除的“投资者减除费用”为 45 000 元【5 000 ×9（月），自动带出，可修改】。

假如该企业 2020 年 2 月成立，则第三季度报送的 A 表“税款所属期”是 2020－02－01 至 2020－09－30，可扣除的投资者减除费用为 40 000 元【5 000 ×8（月）】。

在汇算清缴填报 B 表时，均按照年度扣除额扣除。

则其已缴税额无法在 ITS 系统中带出，短期内各地可先行采取系统后台运维的方式处理】。查账征收的纳税人应按照规定办理经营所得预缴申报并填报经营所得 A 表，年度终了办理经营所得汇算清缴填报经营所得 B 表。

对于 2021 年已转为查账征收但未按上述原则累计核算的，纳税人在办理 2021 年度汇算清缴时统一调整，不再追溯调整其预缴申报【注：同样的，因为核心征管系统和自然人电子税务局（ITS 系统）未完全打通，如纳税人 2021 年核定征收（指定期定额征收）是在核心征管系统进行的申报，则其 2021 年核定征收已缴税额无法在 ITS 系统中带出，处理方式也是提交系统后台运维处理】。

另外需要特别关注的是，纳税人已具备查账征收能力的，不应再调整为定期定额征收或其他核定征收形式。对 2021 年度前期查账征收、后期转为核定征收的，由主管税务机关向纳税人说明理由后调整回查账征收，并在 2021 年度经营所得汇算清缴中调整（即汇算时按查账征收进行）；对 2021 年查账征收、2022 年转为核定征收的，由主管税务机关向纳税人说明理由后调整回查账征收；对 2022 年采取查账征收方式的，以后不得从查账征收方式转为核定征收。有税务人员违规操作的，转督察内审部门依法追责问责。

4. 我们属于国家规定的特殊行业（事务所），按规定不该核定征收，但核定征收了税款，如果按照查账征收，企业是亏损的，无需缴纳个人所得税，现在涉及的税款怎么办？

如果确属国家规定不得实行核定征收的特定行业，但征管实务中实行了核定征收，则税企双方已存在涉税风险。应当及时和主管税务机关沟通解决。

5. 个人独资企业（投资者）应该缴纳经营所得个人所得税，现在给认定的企业所得税，那么，现在应该怎么办？

境内个人独资企业投资者取得经营所得，应缴纳经营所得个人所得税，个人独资企业不是企业所得税的纳税义务人，所得税税种认定错误。具体建议于第一章“一、经营所得与个人独资企业、合伙企业”部分已介绍，此处不再赘述。请与主管税务机关沟通，及时完成 A 表、B 表的填报。

6. 一人有限公司，应该缴纳企业所得税，给认定了经营所得个人所得税，那么，是否需要在 3 月 31 日前参加汇算清缴？

企业的所得税税种认定错误。个人作为有限公司的股东，不需要在次年 3 月 31 日前参加经营所得个人所得税的汇算清缴。

但别忘了及时沟通税务机关，更正错误税种认定后，进行企业所得税的纳税申报和汇算清缴。

7. 合伙企业，认定的所得税税种是企业所得税，现在怎么办？

同 5.，不再赘述。

8. 还有一位财务人问了这么一个问题：如果是个人独资企业应缴纳经营所得个税，税务机关未核定该税种，还需要缴纳吗？

当然需要，建议及时沟通，尽早解决问题，控制双方涉税风险。

9. 另有一位合伙人咨询：我是企业的合伙人，每月从合伙企业领取固定工资每月 10 000 元（应发），假设每月我实发 9 800 元，按照工资薪金扣了个税，年底汇算的时候，又把应纳税所得额给我加回来了，按照应发数，调增了 120 000 元，这种情况我还算可以扣除 60 000 的吧？这笔收入我已经当做生产经营收入了，肯定就得按照生产经营纳税吧？

这种也是属于扣缴单位（合伙企业）报送单位《个人所得税扣缴申报表》时，把合伙人的工资薪金也按照累计预扣法预扣预缴了个人所得税的情形，同时也报送了《个人所得税经营所得纳税申报表（A 表）》。按照问题描述，应该是两报表都报送错误。具体处理同 1. 。

合伙人的工资薪金前面我们已介绍过，不得在税前扣除。不属于合伙人的综合所得。如果合伙人当年只有经营所得，计算其每一纳税年度的应纳税所得额时，可减除费用 6 万元、专项扣除、专项附加扣除以及依法确定的其他扣除。

10. 定期定额户，因为税务机关未及时核定征收方式，系统默认了查账征收。这种情况应该怎么办？

按照查账征收方式填报 A 表、B 表。直到重新核定了定额且开始执行。

总之，未认定经营所得个人所得税税种的，不管什么原因，尽快去主管税务机关确认信息，认定合适的税种；认定错了的，进行整改，认定合适的税种，以免风险进一步扩大。

专题十七：个人合伙人（包括个体业主、个独投资者等）的哪些费用可以在合伙企业的经营所得中扣除？

首先，本专题讨论的前提是合伙企业（或个人独资企业、个体工商户）属查账征收户。

在经营所得个人所得税的纳税申报中，困扰纳税人的其中一个问题是：个人合伙人（包括个体工商户业主、个人独资企业投资人、承包承租经营者个人以及其他从事生产、经营活动的个人）的哪些费用可以在企业层面核算的经营所得中列支？哪些不可以列支而只能由个人承担？即只能在个人从企业取得的经营所得中扣除？

本章专题一、二、三中我们介绍了个人合伙人的工资薪金、利息补贴类所得不可以在税前列支，因为这些所得也是合伙人经营所得的一部分。本专题主要介绍在企业层面的经营所得中可以扣除的合伙人个人费用支出（包括但不限于列举的）。我们仍以合伙企业为例：

实行查账征收方式，企业生产经营所得的确定，主要政策依据是财税［2000］91号附件1《关于个人独资企业和合伙企业投资者征收个人所得税的法规》和《个体工商户个人所得税计税办法》（国家税务总局令第35号）。

1. 国家税务总局令第35号第二十二条第一款规定，个体工商户按照国务院有关主管部门或者省级人民政府规定的范围和标准为其业主和从业人员缴纳的基本养老保险费、基本医疗保险费、失业保险费、生育保险费、工伤保险费和住房公积金，准予扣除。

合伙企业参照计算，那么，合伙企业为合伙人个人按照国务院有关主管部门或者省级人民政府规定的范围和标准缴纳的基本养老保险费、基本医疗保险费、失业保险费、生育保险费、工伤保险费和住房公积金，准予扣除。

当然，这是指合伙企业负担的部分（不涉及合伙人个人承担的部分）。

这里需要注意两点：一是生育保险费、工伤保险费是由企业负担、缴纳，不涉及个人；二是合伙人自己承担的基本养老保险费、基本医疗保险费、失业保险费，符合规定范围和标准的部分，在合伙人个人计算其应纳税所得额时扣除。这里暂不讨论。

2. 国家税务总局令第35号第二十二条第三款规定，个体工商户业主本人缴纳的补充养老保险费、补充医疗保险费（即个体工商户为业主本人缴纳的部分），以当地（地级市）上年度社会平均工资的3倍为计算基数，分别在不超过该计算基数5%标准内的部分据实扣除；超过部分，不得扣除。

同理，合伙企业为个人合伙人缴纳的补充养老保险费、补充医疗保险费，以当地（地级市）上年度社会平均工资的3倍为计算基数，分别在不超过该计算基数5%标准内的部分据实扣除；超过部分，不得扣除。

3. 第二十三条规定，除个体工商户依照国家有关规定为特殊工种从业人员支付的人身安全保险费和财政部、国家税务总局规定可以扣除的其他商业保险费外，个体工商户业主本人或者为从业人员支付的商业保险费，不得扣除。

那么，如果个人合伙人是企业的特殊工种，合伙企业为其支付的人身安全保险费应该可以在合伙企业计算应纳税所得额时扣除。

《关于责任保险费企业所得税税前扣除有关问题的公告》（国家税务总局公告2018年第52号）规定，企业参加雇主责任险、公众责任险等责任保险（属财产保险业务），按照规定缴纳的保险费，准予在企业所得税税前扣除。

那么，依据文件出台背景，合伙企业（包括个人独资企业）实际发生的雇主责任险、公众责任险等责任保险，笔者认为也可以在计算合伙企业的应纳税所得额时扣除。

同样，《国家税务总局关于企业所得税有关问题的公告》（国家税务总局公告2016年第80号）规定，企业职工因公出差乘坐交通工具发生的人身意外保险费支出，准予企业在计算应纳税所得额时扣除；那么，如果保单与具体航班、车次相对应，个人合伙人发生的保单支出，也应该可以在计算合伙企业的应纳税所得额时扣除。

4. 第二十七条第三款规定，个体工商户业主本人向当地工会组织缴纳的工会经费、实际发生的职工福利费支出、职工教育经费支出，以当地（地级市）上年度社会平均工资的3倍为计算基数，在本条第一款规定比例内据实扣除。

那么，合伙企业个人合伙人是否可以适用该条款？笔者认为可以。

5. 财税［2000］91号附件1《关于个人独资企业和合伙企业投资者征收个人所得税的法规》第六条（四）规定，企业生产经营和投资者及其家庭生活共用的固定资产，难以划分的，由主管税务机关根据企业的生产经营类型、规模等具体情况，核定准予在税前扣除的折旧费用的数额或比例。

那么，核定的这部分，与合伙人个人有关，但可以在计算合伙企业的应纳税所得额时扣除。

专题十八：居民个人经营所得税前扣除项目标准、时间明细表

本专题介绍合伙人个人计算应纳税所得额时，哪些项目可在合伙人的经营所得中扣除以及扣除标准、扣除时间。用图表形式介绍如下。

（一）基本减除费用（详见表 2-29）

表 2-29　　居民个人经营所得税前扣除项目标准、时间明细表

序号	扣除项目	扣除标准	扣除时间
一	基本减除费用	60 000 元	办理预缴申报时扣除 （月度或季度终了后 15 日内）

1. 取得经营所得的个人，没有综合所得的，计算其每一纳税年度的应纳税所得额时，应当减除费用 6 万元、专项扣除、专项附加扣除以及依法确定的其他扣除；专项附加扣除在办理汇算清缴填写 B 表时扣除（见表 2-31）；

2. 有综合所得的（这里的综合所得，指纳税人从他处取得的综合所得，不是指从合伙企业取得的），减除费用 6 万元、专项扣除、专项附加扣除以及依法确定的其他扣除已在综合所得的应纳税所得额扣除的，不能重复扣除（即：有综合所得的，在综合所得中扣除）；综合所得包括工资薪金所得、劳务报酬所得、稿酬所得以及特许权使用费所得。如果合伙人取得其中一项，不论金额大小，就是取得了综合所得。依据当时的政策，则在其经营所得中就不能再扣除减除费用 6 万元、专项扣除、专项附加扣除以及依法确定的其他扣除了。实务中，个人合伙人往往不注意这一点，比如合伙人律师在取得经营所得的同时，一般也许还有讲课取得的劳务报酬或者写书取得的稿酬。但申报经营所得填报 A 表、B 表时，仍然扣除这些费用，这是一个很大的税务风险。

而根据国家税务总局公告 2022 年第 1 号的规定（在第一章的专题二，我们已提到过），纳税人 2021 年同时取得经营所得和综合所得的，可以选择在经营所得或者综合所得中扣除减除费用 6 万元、专项扣除、专项附加扣除以及依法确定的其他扣除。即同时取得经营所得和综合所得的纳税人，自 2021 年 1 月 1 日起，对“减除费用 6 万元、专项扣除、专项附加扣除以及依法确定的其他扣除”的扣除有了选择权，税政政策更有利于纳税人“筹划”降低税负，也降低了征纳双方的涉税风险。

3. 不论是预缴申报（A 表）或汇算清缴（B 表），“投资者减除费用”自动带出，但可以修改。并且根据当时的税收政策，纳税人在 ITS 申报时，系统会有提示（如图 2-28 所示），但不阻断申报。刚才我们说了，根据新的政策，2021 年度同时取得经营所得和综合所得的纳税人，可以

选择扣除了，所以，现在纳税人申报时，ITS 申报系统不再有图 2－28 这样的提示。

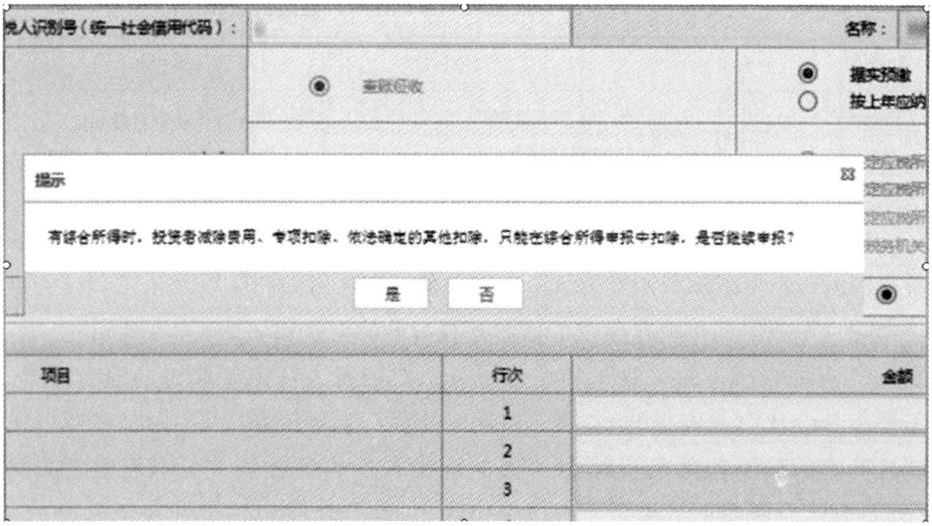

图 2－28　投资者减除费用

4. 合伙企业在纳税年度中间开业，或由于合并、关闭等原因，或合伙人年度中间入伙、退伙等使该纳税年度的实际经营期不足 12 个月的，“投资者减除费用”如何扣除？“专题十一　关于经营所得年度汇总申报以及 C 表填报的 5 个疑难问题”已介绍，这里不再展开。

（二）专项扣除（详见表 2－30）

表 2－30　专项扣除

序号	扣除项目	扣除标准	扣除时间
二	专项扣除		（月度或季度终了后 15 日内）
1	基本养老保险费	按照国家或省（自治区、直辖市）人民政府规定的缴费比例或办法实际缴付的金额	
2	基本医疗保险费		
3	失业保险费		
4	住房公积金	不超过职工工作地所在设区城市上一年度职工月平均工资的 3 倍 ×12%	

注：住房公积金，计算基数“本地区月平均工资”在自然人电子税务局（客户端）会分不同地区有提示。

比如，2020 年张某在甘肃工作，则本地区月平均工资为 5 540 元。那么张某个税前可扣除的住房公积金限额为 1 994.4 元（5 540 × 3 × 12%）。

（三）专项附加扣除（详见表 2－31）

表 2－31　　　　专项附加扣除

序号	扣除项目	扣除标准	扣除时间
三	专项附加扣除		汇算清缴时扣除（次年 3 月 31 日之前）
1	子女教育	每月定额扣除 1 000 元	
2	继续教育	学历教育：每月定额扣除 400 元 职业资格继续教育：当年定额扣除 3 600 元	
3	大病医疗	80 000 元限额内据实扣除	
4	住房贷款利息	每月定额扣除 1 000 元	
5	住房租金	每月定额扣除 1 500 元或 1 100 元或 800 元	
6	赡养老人	赡养人分摊每月定额扣除 2 000 元	

注：根据《国务院关于设立 3 岁以下婴幼儿照护个人所得税专项附加扣除的通知》（国发［2022］8 号）、《国家税务总局关于修订发布〈个人所得税专项附加扣除操作办法（试行）〉的公告》（国家税务总局公告 2022 年第 7 号）的规定，自 2022 年 1 月 1 日起，设立 3 岁以下婴幼儿照护个人所得税专项附加扣除。即纳税人照护 3 岁以下婴幼儿子女的相关支出，按照每个婴幼儿每月 1 000 元的标准定额扣除。

父母可以选择由其中一方按扣除标准的 100% 扣除，也可以选择由双方分别按扣除标准的 50% 扣除，具体扣除方式在一个纳税年度内不能变更。

3 岁以下婴幼儿照护个人所得税专项附加扣除涉及的保障措施和其他事项，参照《个人所得税专项附加扣除暂行办法》有关规定执行。

（四）其他扣除（详见表 2－32）

表 2－32　　　　其他扣除

序号	扣除项目	扣除标准	扣除时间
四	其他扣除		年度申报时扣除
1	符合规定条件的商业健康保险	2 400 元/年（200 元/月）	
2	个人养老保险	12 000 元/年的限额标准	

注：合伙人个人购买的符合条件的商业健康保险、个人养老保险，纳税申报时如何扣除，在“专题一：合伙人个人月（季）度如何申报缴纳经营所得个人所得税？”专题拓展部分已介绍，这里也不再展开。

（五）公益捐赠支出扣除（详见表2-33）

表2-33

序号	扣除项目	扣除标准	扣除时间
五	对公益慈善事业进行捐赠	（1）一般捐赠：未超过应纳税所得额30%的部分 （2）特殊捐赠：全额扣除	预缴申报扣除 或汇算清缴时扣除

注：关于公益性捐赠支出如何扣除，在专题十九专门介绍，这里也不再展开。

专题十九：关于公益性捐赠在B表填报的不同理解（一）

《财政部 税务总局关于公益慈善事业捐赠个人所得税政策的公告》（财政部 税务总局公告2019年第99号，简称财政部 税务总局公告2019年第99号）规定，个人通过境内公益性社会组织、县级以上人民政府及其部门等国家机关，向教育、扶贫、济困等公益慈善事业捐赠（以下简称公益捐赠），发生的公益捐赠支出，可以按照有关规定在计算应纳税所得额时扣除。

本专题以居民个人选择在经营所得个税汇缴申报时扣除公益捐赠支出为例，结合B表的填报，对相关的政策、征管规定和实务操作进行梳理，使实务操作更明晰、便捷：

一、《个人所得税法》及实施条例等规定，经营所得的纳税义务人是个体工商户业主、个人独资企业投资者、合伙企业自然人合伙人、企事业单位承包承租经营者以及从事其他生产、经营活动取得所得的个人。当然，纳税义务人也是法定的申报主体。

二、在第一章“二、经营所得与个税政策及征管制度（三）经营所得与法定申报主体”部分，我们详细介绍了包括B表在内的个人所得税申报表的沿革与变化，其中，B表的修订，不仅结合新税制进一步简并简化了申报内容、规范了数据口径，而且还调整完善了原B表相关填报内容和说明。

从B表整体结构看，表的上半部分（可以从第38行划分），即计算企业“纳税调整后所得”的部分，变化不大；但在表的后半部分，即计算投资者个人“应纳税所得额”的部分，发生了很大的变化。在“投资者减除费用”

的基础上，增加了“专项扣除”“专项附加扣除”以及“依法确定的其他扣除”项。

也就是说，通过B表的修订和自然人电子税务局（ITS）的升级完善，为新个税法下经营所得纳税义务人和法定申报主体完成法定义务创设了实现通道和路径。

三、财政部 税务总局公告2019年第99号第六条（一）规定，个体工商户发生的公益捐赠支出，在其经营所得中扣除；第六条（二）规定，个人独资企业、合伙企业发生的公益捐赠支出，其个人投资者应当按照捐赠年度合伙企业的分配比例（个人独资企业分配比例为百分之百），计算归属于每一个投资者的公益捐赠支出。个人投资者应将归属于“其自己”的个人独资企业、合伙企业的公益捐赠支出和本人需要在经营所得扣除的其他公益捐赠支出合并，在其经营所得中扣除。

这里的“其”就是指个体工商户业主，合伙企业个人合伙人、个人独资企业投资者等。所以，居民个人发生的符合条件的公益性捐赠支出选择汇算清缴时扣除的，是在B表的后半部分，即纳税人的“经营所得（区别于第62行的‘应纳税所得额’）”中扣除，而不是在B表的上半部分、在企业的“纳税调整后所得（第38行）”中扣除。

这就是为什么（第20行）“教育和公益事业捐赠”放在（ 第13行）“超过规定标准的扣除项目金额”项下。理由很简单，税法规定不可以在B表的上半部分扣除公益捐赠支出，那么，在B表的上半部分，公益捐赠扣除标准就是0，因此，已在成本、费用和损失中扣除的、超过税法规定扣除标准（即0）的公益捐赠，就应该在B表第20行“教育和公益事业捐赠”全部调整出去。

四、关于B表第61行“准予扣除的个人捐赠支出”如何计算，我们用案例展示：某会计师事务所（普通合伙），有甲、乙两个合伙人，出资共100万元，出资比例51∶49。2019年年收入282 267.82元，成本及费用72 267.82元，利润总额21万元，营业外支出中列支符合条件的公益捐赠5万元（现金）。假设无其他调整项。以甲某为例：无综合所得，汇算清缴可扣除公益捐赠多少？应补缴个税多少？

补充资料：甲某自己发生符合条件的公益捐赠1万元（现金）。

分析：1. 财政部 税务总局公告2019年第99号第二条（二）规定，居民个人发生的公益捐赠支出，在经营所得中扣除的，扣除限额为当年经营所得应纳税所得额的30%，国务院规定对公益慈善事业捐赠实行全额税前扣除的，从其规定。

这里的应纳税所得额，是指 2019 年合伙人甲、乙的经营所得应纳税所得额，是扣除捐赠额之前的应纳税所得额。

2. 可扣除公益性捐赠限额计算：

会计师事务所 2019 年公益捐赠支出归属于甲的捐赠金额 = 50 000 × 51% = 25 500（元）；

甲某 2019 年符合条件的公益捐赠支出合计 = 25 500 + 10 000 = 35 500（元）；

2019 年会计师事务所“纳税调整后所得” = 210 000 + 50 000 = 260 000（元）；

甲某从会计师事务所取得经营所得的应纳税所得额（扣除捐赠前）= 260 000 × 51% − 60 000 = 72 600（元）；

甲某可扣除公益捐赠限额 = 72 600 × 30% = 21 780（元）；

甲某 2019 年应纳税所得额 = 72 600 − 21 780 = 50 820（元）。

3. 汇算清缴 B 表申报渠道：略。

4. 填表申报（详见表 2－34）：以税务端申报 B 表为例。

表 2－34　　甲某个人所得税经营所得纳税申报表（B 表）（截选）　　单位：元

项　　目	行次	金额/比例
一、收入总额	1	282 267.82
其中：国债利息收入	2	
二、成本费用（3 = 4 + 5 + 6 + 7 + 8 + 9 + 10）	3	72 267.82
（一）营业成本	4	72 267.82
（二）营业费用	5	
（三）管理费用	6	
（四）财务费用	7	
（五）税金	8	
（六）损失	9	
（七）其他支出	10	
三、利润总额（11 = 1 − 2 − 3）	11	210 000.00
四、纳税调整增加额（12 = 13 + 27）	12	50 000.00
（一）超过规定标准的扣除项目金额（13 = 14 + 15 + 16 + 17 + 18 + 19 + 20 + 21 + 22 + 23 + 24 + 25 + 26）	13	50 000.00
1. 职工福利费	14	
2. 职工教育经费	15	
3. 工会经费	16	

续表

项　　目	行次	金额/比例
4. 利息支出	17	
5. 业务招待费	18	
6. 广告费和业务宣传费	19	
7. 教育和公益事业捐赠	20	50 000.00
8. 住房公积金	21	
9. 社会保险费	22	
10. 折旧费用	23	
11. 无形资产摊销	24	
12. 资产损失	25	
13. 其他	26	
（二）不允许扣除的项目金额（27 = 28 + 29 + 30 + 31 + 32 + 33 + 34 + 35 + 36）	27	0
1. 个人所得税税款	28	
2. 税收滞纳金	29	
3. 罚金、罚款和被没收财物的损失	30	
4. 不符合扣除规定的捐赠支出	31	
5. 赞助支出	32	
6. 用于个人和家庭的支出	33	
7. 与取得生产经营收入无关的其他支出	34	
8. 投资者工资薪金支出	35	
9. 其他不允许扣除的支出	36	
五、纳税调整减少额	37	
六、纳税调整后所得（38 = 11 + 12 - 37）	38	260 000.00
七、弥补以前年度亏损	39	
八、合伙企业个人合伙人分配比例（%）	40	51.0000
九、允许扣除的个人费用及其他扣除（41 = 42 + 43 + 48 + 55）	41	60 000.00
（一）投资者减除费用	42	60 000.00
（二）专项扣除（43 = 44 + 45 + 46 + 47）	43	
1. 基本养老保险费	44	
2. 基本医疗保险费	45	
3. 失业保险费	46	
4. 住房公积金	47	

续表

项　　目	行次	金额/比例
（三）专项附加扣除（48＝49＋50＋51＋52＋53＋54）	48	
1. 子女教育	49	
2. 继续教育	50	
3. 大病医疗	51	
4. 住房贷款利息	52	
5. 住房租金	53	
6. 赡养老人	54	
（四）依法确定的其他扣除（55＝56＋57＋58＋59）	55	
1. 商业健康保险	56	
2. 税延养老保险	57	
3.	58	
4	59	
十、投资抵扣	60	
十一、准予扣除的个人捐赠支出	61	21 780.00
十二、应纳税所得额（62＝38－39－41－60－61）或［62＝（38－39）×40－41－60－61］	62	50 820.00
十三、税率（%）	63	10.00
十四、速算扣除数	64	1 500.00
十五、应纳税额（65＝62×63－64）	65	3 582.00
十六、减免税额（附报《个人所得税减免税事项报告表》）	66	0
十七、已缴税额	67	0
十八、应补/退税额（68＝65－66－67）	68	3 582.00

注：1. 第20行“教育和公益事业捐赠”调整5万元，在第62行自动显示表内计算的“应纳税所得额”（不可修改）72 600元，然后乘以30%，结果21 780元填入第61行“准予扣除的个人捐赠支出”，第62行“应纳税所得额”自动又变为50 820元；即：实务中调整第20行后，以表内计算的第62行数乘以30%，结果填入第61行即可，很便捷。

但这里有个风险点需要注意：填入第61行“准予扣除的个人捐赠支出”扣除限额时，系统会提示需要附报《个人所得税公益慈善事业捐赠扣除明细表》，但是，目前系统不进行强制校验，这等于完全还责于纳税人，加大了纳税人涉税风险，所以，纳税人需自行判断和计算，在享受优惠政策的同时，应注意规避风险，准确填报。

2. 纳税人选择在经营所得中扣除公益捐赠支出的，可以在预缴申报（A表）扣除，也可以在汇算清缴（B表）扣除。预缴申报和汇算清缴时计算出的扣除限额也许会不一致。比如，预缴申报时，根据当期累计“应纳税所得额”计算的扣除限额是6 480元，捐赠支出未扣完；汇算清缴时，计算出的扣除限额是21 780元，那么，根据财政部 税务总局公告2019年第99号，应以年度扣除限额21 780元，填报在B表第61行“准予扣除的个人捐赠支出”享受扣除。

专题拓展

《个人所得税经营所得纳税申报表（B 表）》公益性捐赠扣除相关行次设计的原理。

有财税朋友说第 20 行“教育和公益事业捐赠”和第 31 行“不符合扣除规定的捐赠支出”重复，没必要都保留。

其实不是的，这两行是有区别的。第 20 行“教育和公益事业捐赠”是指公益捐赠符合扣除条件，但是公益捐赠支出在经营所得中扣除，应当是在“投资者”的经营所得中扣除，不能在“企业（层面）”扣除，这就等于超过了“企业（层面）的扣除标准”（即在企业层面，扣除标准是 0），那就需要从“企业（层面）”调整出去，到“个人（层面）”的第 61 行“准予扣除的个人捐赠支出”，按照扣除标准去扣除；而第 31 行是指捐赠本身不符合扣除规定，比如未通过中华人民共和国境内的公益性社会组织、县级以上人民政府及其部门等国家机关进行的捐赠，或者不是向教育、扶贫、济困等公益慈善事业的捐赠等，是指不允许税前扣除的项目，需要进行调整。

两行次设计需要实现的目标不同。所以，并不存在重复设置问题。

专题二十：关于公益性捐赠在 B 表填报的不同理解（二）

关于符合条件的公益性捐赠支出在计算应纳税所得额时的扣除，在财政部 税务总局公告 2019 年第 99 号发布后大家热议的阶段，有网友发来了两篇文章，并且留言说了两个不理解的地方：

1. “个体工商户发生的公益捐赠支出，在其经营所得中扣除”，那如果有两个个体工商户，一个有捐赠，另一个没有，有捐赠的超过限额了，此时超过限额的捐赠支出是只可以在捐赠方那里扣除么？

2. 个体工商户发生的捐赠支出只能在个体工商户扣除，而合伙企业如果发生的捐赠支出可以结转到其他合伙企业，或者其他所得中扣除。为什么？

当时，有税务同行也给笔者留言探讨：个体工商户发生捐赠支出，在本个体工商户未扣完的捐赠支出（即剩余部分），可以结转到综合所得或分类所得中扣除吗？

认真阅读了网友发来的两篇文章，仔细想想，觉着大家对财政部税务总局公告 2019 年第 99 号的理解，还是存有疑惑。就以发来文章中的【案例 2－3】为题又进行政策梳理。

【案例 2－3】基本信息（截选）：王某从事多个行业，并且热衷公益。假设其 2019 年的主要所得和公益捐赠情况如下：

（1）其兴办的个体工商户 A 属查账征税，2019 年年度应纳税所得额为 12 万元，捐赠 4 万元；

（2）其兴办的个体工商户 B 实行核定征税，2019 年应税收入为 60 万元，核定的应税所得率为 10%，捐赠 2 万元；

（3）王某与 2 个朋友共同设立会计师事务所 C，属于查账征收。2019 年应纳税所得额为 200 万元（假设是调整捐赠后的金额），王某约定分配比例为 40%，该事务所捐赠 100 万元；

（4）王某与 5 个朋友设立从事投资业务的合伙企业 D，属查账征收户。2019 年应纳税所得额为 300 万元，王某约定分配比例为 20%；

（5）王某 2019 年取得稿酬所得 100 万元，无其他综合所得；

（6）王某个人负担“三险一金”5 万元，专项附加扣除 2.4 万元；

（7）2019 年 5 月，王某还取得转让股权收入 200 万元，原值 80 万元。

当月王某捐赠 30 万元，未在分类所得中扣除。

关于该业务结合基本信息分步介绍如下：

1. 如何理解“个体工商户发生的公益捐赠支出，在其经营所得中扣除”？

财政部 税务总局公告 2019 年第 99 号第六条（一）规定，“个体工商户发生的公益捐赠支出，在其经营所得中扣除”，这里应该有两层意思，举例说明：一是，比如查账征收个体工商户 A 发生的公益性捐赠支出 4 万元，只能在个体工商户 A 的业主（王某）的经营所得应纳税所得额中扣除，不能在个体工商户 A 层面扣除（上一专题已介绍，这里不再展开）；二是，个体工商户 A 发生的公益捐赠支出 4 万元，只能在业主（王某）从个体工商户 A 取得的经营所得中扣除，不能“往外转”到王某从其投资兴办的其他个体工商户或者合伙企业（或者个人独资企业）取得的经营所得中扣除，也不可以结转到王某的综合所得或分类所得中扣除。

再以 B 表为例：个体工商户 A 发生的、已在成本费用中列支的 4 万元公益捐赠支出，在 B 表的第 20 行调整出去，在 61 行按照扣除标准扣除。个体工商户 A 属查账征税，2019 年年度应纳税所得额为 12 万元，如果符合条件的公益捐赠属于可限额扣除的，则税前可扣除捐赠支出 3.6 万元，未扣完的 0.4 万元捐赠支出，不可以结转到王某的综合所得和分类所得中扣除。也不能“往外转”到王某从“其”投资兴办的其他个体工商户或者合伙企业（或者个人独资企业）取得的经营所得中扣除。

所以，第六条（一）规定的“其”，指的就是个体工商户业主，即自然人个人。

当然，王某扣除符合条件的公益捐赠支出，既可以选在预缴申报（A 表）时，也可以选在汇算清缴（B 表）时。假设王某选择在预缴申报（A 表）时扣除，那么，预缴当期扣除不完的，可以在以后期间（季度）继续扣除；也可以选择在汇算清缴时在 B 表中扣除，汇算清缴时还扣除不完的，不得结转到以后年度扣除。

而财政部 税务总局公告 2019 年第 99 号第三条（一）规定，“居民个人发生的公益捐赠支出……在当期一个所得项目扣除不完的公益捐赠支出，可以按规定在其他所得项目中继续扣除”，需要注意的是，这里说的是居民个人，不是个体工商户。所以，本案例中，个体工商户 A 发生的公益性捐赠支出 4 万元，只能由业主（王某）在其从个体工商户 A 取得的经营所得中扣除。

2. “合伙企业发生的捐赠支出可以结转到其他合伙企业扣除”的理解是否正确？

财政部 税务总局公告 2019 年第 99 号第六条（二）规定，“个人独资企业、合伙企业发生的公益捐赠支出，其个人投资者应当按照捐赠年度合伙企业的分配比例（个人独资企业分配比例为百分之百），计算归属于每一个人投资者的公益捐赠支出，个人投资者应将其归属的个人独资企业、合伙企业公益捐赠支出和本人需要在经营所得扣除的其他公益捐赠支出合并，在其经营所得中扣除。”也就是说，个人独资企业、合伙企业发生的公益捐赠支出，归属到投资者以后，与投资人本人需要在经营所得扣除的其他公益捐赠支出（这里指以投资人本人名义进行的公益捐赠支出）合并，在其经营所得中扣除。

结合【案例 2 - 3】，会计师事务所 C 捐赠 100 万元；王某在会计师事务所 C 中对应的应纳税所得额为 $200 \times 40\% = 80$（万元）。这里需要特别注意，王某从合伙企业（会计师事务所 C）取得的 80 万元是其经营所得。

计算其应纳税所得额时，如果王某无综合所得，还可以扣除 6 万元的减除费用，专项扣除、专项附加扣除、以及依法确定的其他扣除，此处假定王某有综合所得。那么，王某从会计师事务所C取得的经营所得应纳税所得额为80万元，则可扣除公益性捐赠支出限额为80×30% =24（万元）。

而王某从会计师事务所C归属到个人的捐赠支出为100×40% =40（万元）。40万元的捐赠在王某从会计师事务所C取得的经营所得中可以扣除24万元，剩余16万元，不可以从王某的其他所得项目中扣除，也不可以在王某从D合伙企业取得的经营所得中扣除，更不得结转到以后年度来扣除。

这一点可以从填表进一步理解，王某从会计师事务所C取得经营所得，公益捐赠扣除如下（详见表2－35）：

表2－35　王某个人所得税经营所得纳税申报表（B表）（截选）　单位：元

项　　目	行次	金额/比例
一、收入总额	1	
其中：国债利息收入	2	
二、成本费用（3 =4 +5 +6 +7 +8 +9 +10）	3	
（一）营业成本	4	
（二）营业费用	5	
（三）管理费用	6	
（四）财务费用	7	
（五）税金	8	
（六）损失	9	
（七）其他支出	10	
三、利润总额（11 =1 －2 －3）	11	1 000 000.00
四、纳税调整增加额（12 =13 +27）	12	1 000 000.00
（一）超过规定标准的扣除项目金额（13 =14 +15 +16 +17 +18 +19 +20 +21 +22 +23 +24 +25 +26）	13	1 000 000.00
1. 职工福利费	14	
2. 职工教育经费	15	
3. 工会经费	16	
4. 利息支出	17	
5. 业务招待费	18	
6. 广告费和业务宣传费	19	

续表

项　　目	行次	金额/比例
7. 教育和公益事业捐赠	20	1 000 000.00
8. 住房公积金	21	
9. 社会保险费	22	
10. 折旧费用	23	
11. 无形资产摊销	24	
12. 资产损失	25	
13. 其他	26	
（二）不允许扣除的项目金额（27 = 28 + 29 + 30 + 31 + 32 + 33 + 34 + 35 + 36）	27	0
1. 个人所得税税款	28	
2. 税收滞纳金	29	
3. 罚金、罚款和被没收财物的损失	30	
4. 不符合扣除规定的捐赠支出	31	
5. 赞助支出	32	
6. 用于个人和家庭的支出	33	
7. 与取得生产经营收入无关的其他支出	34	
8. 投资者工资薪金支出	35	
9. 其他不允许扣除的支出	36	
五、纳税调整减少额	37	
六、纳税调整后所得（38 = 11 + 12 − 37）	38	2 000 000.00
七、弥补以前年度亏损	39	
八、合伙企业个人合伙人分配比例（%）	40	40
九、允许扣除的个人费用及其他扣除（41 = 42 + 43 + 48 + 55）	41	
（一）投资者减除费用	42	
（二）专项扣除（43 = 44 + 45 + 46 + 47）	43	
1. 基本养老保险费	44	
2. 基本医疗保险费	45	
3. 失业保险费	46	
4. 住房公积金	47	
（三）专项附加扣除（48 = 49 + 50 + 51 + 52 + 53 + 54）	48	

续表

项　　目	行次	金额/比例
1. 子女教育	49	
2. 继续教育	50	
3. 大病医疗	51	
4. 住房贷款利息	52	
5. 住房租金	53	
6. 赡养老人	54	
(四) 依法确定的其他扣除 (55 = 56 + 57 + 58 + 59)	55	
1. 商业健康保险	56	
2. 税延养老保险	57	
3.	58	
4.	59	
十、投资抵扣	60	
十一、准予扣除的个人捐赠支出	61	240 000.00
十二、应纳税所得额 (62 = 38 - 39 - 41 - 60 - 61) 或 [62 = (38 - 39) × 40 - 41 - 60 - 61]	62	560 000.00
十三、税率 (%)	63	35
十四、速算扣除数	64	65 500.00
十五、应纳税额 (65 = 62 × 63 - 64)	65	130 500.00
十六、减免税额 (附报《个人所得税减免税事项报告表》)	66	0
十七、已缴税额	67	0
十八、应补/退税额 (68 = 65 - 66 - 67)	68	130 500.00

因为捐赠支出在会计师事务所 C 列支了 100 万元，在第 20 行调整了 100 万元，然后又在第 61 行按照规定限额，在合伙人王某分配的经营所得中扣除了 24 万元。这样扣除，不论从征管还是费用列支的凭据，都符合规定。

如果把剩余的 16 万元要在王某从 D 合伙企业取得的经营所得中去扣除，显得很突兀：王某手上无捐赠票据（在会计师事务所 C 账面列支），合伙企业 D 既没有票据列支捐赠支出，也未在 B 表第 20 行调整支出，就直接在第 61 行扣除一个 16 万元的捐赠支出，不符合规定。

而【案例 2 - 3】中，当月王某捐赠的 30 万元，根据财政部 税务总局公告 2019 年第 99 号第三条（一）规定，既可以选择在当月从其取得的分类所得转让股权收入中扣除（或者在符合条件的期间内追补扣除），也可以在王某从查账征收的个体工商户 A 取得的经营所得中扣除，还可以在王某从会计师事务所 C 取得的经营所得或者从 D 合伙企业取得的经营所得中扣除，当然汇算清缴时从王某取得的稿酬所得中扣除也可以，只要不超过扣除限额。

至于在综合所得、分类所得、经营所得中扣除的公益捐赠支出的顺序，居民个人根据各项所得的收入、公益捐赠支出、适用税率等情况，自行决定。

专题拓展

1. 个人发生的捐赠和个体工商户、个人独资企业或合伙企业发生的捐赠税前扣除的不同处理。

对公益捐赠个税前如何扣除，财税人士一度各抒己见，各持其词。比如有观点认为合伙企业发生的公益性捐赠，扣除不完的可以“往外转”到别的合伙企业去扣除。究其原因，许多的时候是人们对于个人发生的和个体工商户、独资企业或合伙企业发生的公益捐赠税前扣除的不同规定往往没分清楚。

居民个人发生的公益捐赠支出既可以在财产租赁所得、财产转让所得、利息股息红利所得、偶然所得、综合所得中扣除，也可以在经营所得中扣除。在当期一个所得项目扣除不完的公益捐赠支出，可以按规定在其他所得项目中继续扣除；而个体工商户、个人独资企业、合伙企业发生的公益捐赠支出，只能在投资人的经营所得中扣除。

2. 关于公益捐赠在不同所得扣除的衔接问题：

实务中，居民个人发生的公益捐赠支出在不同的所得项目中扣除，如何衔接是大家争议的话题。

财政部 税务总局公告 2019 年第 99 号第三条规定，“居民个人按照以下规定扣除公益捐赠支出：（一）居民个人发生的公益捐赠支出可以在财产租赁所得、财产转让所得、利息股息红利所得、偶然所得（以下统称分类所得）、综合所得或者经营所得中扣除。在当期一个所得项目扣除不完的公益捐赠支出，可以按规定在其他所得项目中继续扣除。（二）居民个人发生的公益捐赠支出，在综合所得、经营所得中扣除的，扣除限额分别为当年综合所得、当年经营所得应纳税所得额的 30%；在分类所得中扣除的，扣除限额为当月分类所得应纳税所得额的 30%。

从第三条（一）（二）可知，如果居民个人选择在分类所得中扣除捐赠支出的，当期指当月，这一点很明确，但是，选择在综合所得和经营所得中扣除的，文件只说“在当期一个所得项目扣除不完的公益捐赠支出，可以按规定在其他所得项目中继续扣除”，文件并未明确“当期”具体指什么？

这就是争议的点。一般财税人认为“当期”具体指“年”，那么：

（一）如果纳税人选择了在工资薪金个税预扣预缴时扣除公益捐赠支出，那就应该逐月一直在工资薪金扣，一直扣到综合所得汇算清缴。直到把综合所得应纳税所得额用完，如果还有未扣除完的捐赠，才能转移到分类所得、经营所得中去扣。

（二）如果纳税人选择了在经营所得预缴税款时扣除，那就应该在经营所得中一直扣除，直到扣完或者扣到经营所得汇算清缴。直到把经营所得应纳税所得额扣完，如果还有未扣除完的捐赠，才能转移到分类所得、综合所得中去扣。

但这样扣除，可能会使纳税人的有些捐赠支出因为时间原因，导致税前扣除落空，产生不同的扣除效果，不太符合财政部 税务总局公告 2019 年第 99 号鼓励规范大家进行社会公益捐赠的初衷，所以，回应实务争议，总局还是需要明确，“当期”具体指“年”还是也包括月？

专题二十一：个人合伙人为代持合伙人，经营所得谁来申报个税？

在一个业务培训班上，有同行提出：某地区有 2 户合伙企业，其合伙人都是国有股份公司员工，合伙只是挂了个名，并不是真正合伙人。合伙企业的盈利、亏损也不需要合伙人承担。所以，合伙人一直不申报经营所得个人所得税，也不愿意申报，因为认为自己不是真正的合伙人。现在应该怎么处理？

恰好，笔者当时在一篇财税短文中也看到这样的描述：合伙企业个人合伙人为代持合伙人，其在企业领取工资的，如果代持合伙人缴纳个税是因为有买房、买车、迁户口等的需要，那最好按工资、薪金申报个税，毕竟经营所得平时预缴，有可能会出现全年没有税的情况。

这属于同一类问题，即实际出资人和个人代持合伙人（即实际出资人和显名合伙人）在合伙企业中的法律地位（身份定性）、显名合伙人从合伙企业取得的“工资薪金”如何界定所得项目等。

关于合伙企业中财产份额的代持，在现实中大量存在，但是目前我国法律无明确的规定。

关于代持，在我国合法化是始于2011年2月16日。这之前法律不允许代持。当时的股权代持行为被界定为“以合法形式掩盖非法目的”。2011年最高人民法院以司法解释的形式承认了有限责任公司股东代持协议的法律效力：《最高人民法院关于适用〈中华人民共和国公司法〉若干问题的规定（三）》（法释［2011］3号，简称法释［2011］3号）第二十五条第一款规定，有限责任公司的实际出资人与名义出资人订立合同，约定由实际出资人出资并享有投资权益，以名义出资人为名义股东，实际出资人与名义股东对该合同效力发生争议的，如无合同法第五十二条规定的情形（现为法律规定的合同无效的情形），人民法院应当认定该合同有效【注：2010年12月6日最高人民法院审判委员会第1504次会议通过，根据2014年2月17日最高人民法院审判委员会第1607次会议《关于修改关于适用〈中华人民共和国公司法〉若干问题的规定的决定》第一次修正，根据2020年12月23日最高人民法院审判委员会第1823次会议通过的《最高人民法院关于修改〈最高人民法院关于破产企业国有划拨土地使用权应否列入破产财产等问题的批复〉等二十九件商事类司法解释的决定》第二次修正），参见专题拓展“4. 委托代持与实际出资人显名环节的涉税问题”中引用的法释［2020］18号】。

第三款规定，实际出资人未经公司其他股东半数以上同意，请求公司变更股东、签发出资证明书、记载于股东名册、记载于公司章程并办理公司登记机关登记的，人民法院不予支持。那就是说，实际出资人要想真正成为公司股东，和第三人一样，一般需要经过法定程序（这里主要指完全隐名出资方式下的代持）。

这说明人民法院认可代持合同具有法律效力，但这规范的是代持当事人内部的民事法律关系，并没有对《公司注册资本登记管理规定》（国家工商行政管理总局令第64号）第八条规定的“股东或者发起人必须以自己的名义出资”做出调整或改变，公司的名义出资人就是公司股东，可以依法主张行使股东权利。

这完全符合商法原则：代持协议是个合同，属民法范畴的一个行为，代持协议是否有效、是否可撤销等，商法对其效力不做界定，主要看是否符合民法的相关规定。如果签订协议主体有效，内容合法（这就排除了非法代持：比如因身份原因被禁止经商的、被代持人所在公司的竞业限制协议、党内反腐法规、有限合伙企业合伙人不得超过50个的限制等），双方意思表示真实，则是一个有效的代持协议。

也就是说，在法律上，代持协议有效，系双方的内部协议，协议效力对内对外有别。

公司股东与合伙企业合伙人、股权与财产份额都不太相同，股权有人合性和资合性，财产份额却注重人合性，合伙企业是典型的人合企业。股东与合伙人的税收管理也有区别。

《国家税务总局 稽查局关于2017年股权转让检查工作的指导意见》（税总稽便函［2017］165号）这样规定："对代持股票转让的营业税征收以及企业之间代持股票转让的企业所得税征收，应按其法定形式确认纳税主体，以代持方为纳税人征收营业税及所得税，如委托方已将收到的转让款缴纳了营业税及所得税，且两方所得税又无实际税负差别的，可以不再向代持方追征税款。"但这样的思路在新个税法实施后，对合伙企业的代持个人不适用。

为什么不适用？合伙企业财产份额代持协议法律效力又如何？笔者结合某地区的其中一户合伙企业（××事务所），站在税法的角度谈几点看法：

首先，合伙企业依法设立。根据《中华人民共和国合伙企业登记管理办法（2019年修正）》（已废止）第十一条的规定，申请设立合伙企业，应当向企业登记机关提交文件，其中包括全体合伙人签署的设立登记申请书；全体合伙人的身份证明；全体合伙人签字、盖章的书面合伙协议以及全体合伙人对各合伙人认缴或者实际缴付出资的确认书等。2022年3月1日起施行的《条例》第十五条、第十六条也规定，市场主体实行实名登记。申请人应当配合登记机关核验身份信息。并且提交相关材料，包括：申请书；申请人资格文件、自然人身份证明；住所或者主要经营场所相关文件；合伙企业合伙协议；法律、行政法规和国务院市场监督管理部门规定提交的其他材料。也就是说，合伙企业都要公开合伙人身份和姓名等。那么，基于登记制度，登记公示体现出来的权力外观导致第三人对权力外观产生信赖，即使真实状况和第三人的信赖不符，只要第三人信赖合理，则对此外部关系的处理应遵照公示公信原则，以登记的公示效力为基础，维护交易秩序和合伙企业的稳定经营，同时在法律上优先保护第三人的民事法律行为。显名合伙人具备合伙人的形式要件，就是合伙企业合格的合伙人。

至于实际出资人和代持合伙人签订的代持协议，同样，如符合民法的规定，就是有效的内部协议，只是协议效力对内对外有别。

税务机关作为税收债权人（代持协议相关第三人），日常税收管理中，基于合伙企业税务登记事项去进行税源管理，代持合伙人（包括完全隐名出资与不完全隐名出资方式）作为合伙企业的投资方，应按照核定的纳税期限，按期办理纳税申报事宜。否则，就会出现在申报系统的未申报清册，需要承担相应的法律责任。

其次，《个人所得税法》及实施条例规定，合伙企业的每一位合伙人是经营所得的纳税义务人，当然，也是法定的申报主体。合伙人是个人的，申报期适用 A 表、B 表或 C 表在自然人电子税务局（ITS）的不同渠道进行纳税申报时，我们前面已详细介绍过，纳税人必须填写自然人合伙人的纳税人识别号，才有可能从金三核心征管（记载基础信息模块）中获取到被投资单位的投资方信息、企业类型、征收方式等，从而完成纳税申报。

而要获取到被投资单位的基础信息，前提是存在有效的“投资关系”。如果没有“投资关系”，比如笔者输入自己的纳税人识别号（身份证号码），因为与××事务所无投资关系，则有如图 2－29 所示的提示。业务受理功能页面的应填写项目也置灰无法填写。即无法进行 A 表、B 表、C 表纳税申报（所以也就不存在委托方已将收到的转让款缴纳所得税的情形）。

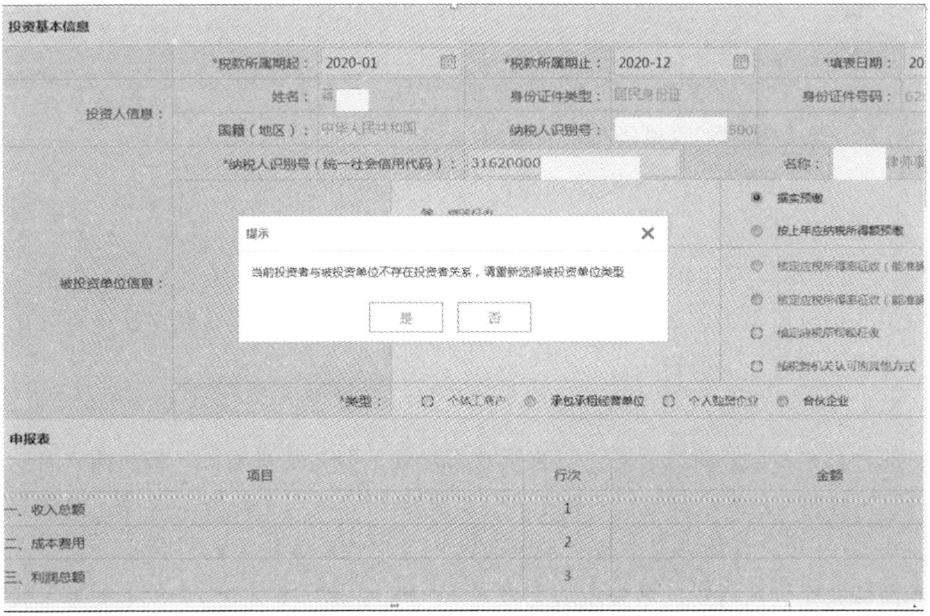

图 2－29 投资基本信息

而要存在这种投资关系，前提是该合伙企业在金三核心征管中维护了符合自然人电子税务局（ITS）建档规范的投资方信息，这样，才可建立有效的关联，在自然人电子税务局（ITS）产生该自然人的纳税人识别号。

显名合伙人作为合伙企业的“投资方”，经过税务登记环节，纳入日常管理，是经营所得的纳税义务人，应当按期进行纳税申报。

而实际出资人信息，在合伙企业工商登记信息中不存在，在金三核心征管中也没有其投资信息，所以，就不可能在核心征管与自然人电子税务局（ITS）之间存在有效的关联，从而就不会在自然人电子税务局（ITS）产生实际出资人的纳税人识别码，所以，也就不能进行正常的纳税申报。

专题拓展

1. 显名合伙人与经营所得。

实务中，一直有合伙企业对合伙人领取的“工资、薪金”按照累计预扣法代扣代缴个人所得税，这是错误的。

合伙企业中，合伙人的身份与雇佣劳动者身份不能并存。是合伙人，即使是代持合伙人（显名合伙人），那就不是雇佣关系。其从合伙企业取得“工资、薪金”，属于经营所得的一种预分配，应合并到“经营所得”计算缴纳个人所得税。

这一点要区分清楚，不能把平时观念中的“工资、薪金”与税法规定的“工资、薪金所得”应税所得项目混淆。

2. 实际出资人与工资薪金所得。

如果实际出资人在合伙企业工作，对合伙企业来说，实际出资人不是《合伙企业法》规定的合伙人。那么，如果从合伙企业取得“工资、薪金”，则属于综合所得，应该由合伙企业作为扣缴义务人，按照累计预扣法代扣代缴工资薪金所得个人所得税。

3. 经营所得与专项附加扣除。

回到本专题开篇的话题，厘清了政策法规，经过纳税辅导，最后两户合伙企业的代持合伙人全部进行了补充申报（包括 2019 年、2020 年的 A 表、B 表）。其中 2019 年以前的补充申报及税款缴纳，在主管税务机关的协调下，在金三系统原来个人所得税的申报模块完成【原因是税款所属期在 2019 年 1 月 1 日以后的个人所得税才可以在自然人电子税务局（ITS）进行补充申报并缴纳税款。申报此前税款会被阻断无法进行（如图 2 - 30 所示）】。

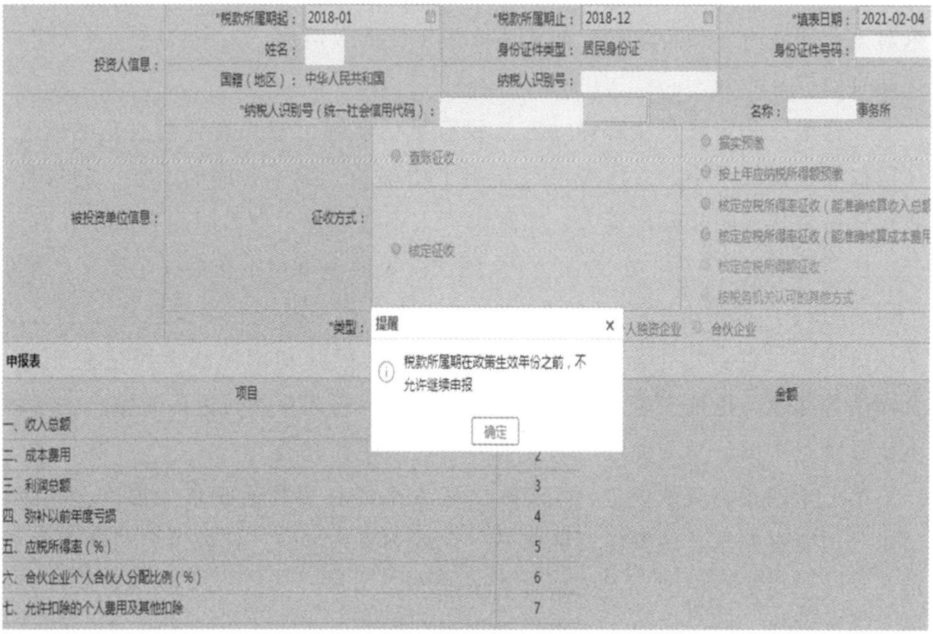

图 2 - 30　金三系统个税申报模块

另外，代持合伙人均为国有股份有限公司员工，所以“投资者减除费用”“专项扣除”“依法确定的其他扣除”在其综合所得中扣除，申报经营所得个人所得税时不能重复扣除。

4. 委托代持与实际出资人显名环节的涉税问题。

这是两个值得关注的问题。

实际出资人委托他人代持财产份额以及实际出资人显名（即解除财产份额代持关系），这两个不同的环节是否涉及个人所得税？如果涉及，应该如何征、缴？实务中颇有争议。

其实，不但财产份额的代持，股权的代持也如此：许多人包括很多财税人都认为，委托代持与解除代持（显名）这两个环节不应该缴纳个人所得税，理由：一是本来就是实际出资人的股权，实质重于形式，不应该重复征税；二是日前税法对此没有明确的规定。

那么，这种观点是否正确？

《最高人民法院关于适用〈中华人民共和国公司法〉若干问题的规定（三）》【法释［2020］18 号，简称公司法司法解释（三）】，其第二十四条第一款规定，“有限责任公司的实际出资人与名义出资人订立合同，约定由实际出资人出资并享有投资权益，以名义出资人为名义股东，实际出资人与名义股东对该合同效力发生争议的，如无法律规定的无效情形，人民法院应当认定该合同有效。”

在这里，公司法司法解释（三）没有承认实际出资人有任何股东的概念。在股权的代持关系中，立法者已经作出了明确的、毫不含糊的、唯一的选择：股权代持委托人叫实际出资人，实际出资人不是股东，也不叫隐名股东，因为公司法司法解释（三）、公司法、《全国法院民商事审判工作会议纪要》（简称《九民纪要》）都没有“隐名股东”这个概念。而受托人叫名义股东。名义股东就是股东（注：以上解读及观点源自中华人民共和国民法典民法总则编、合同编等起草与论证专家、最高法公司法解释系列起草参与论证专家、法学博士生导师、中国法学会商法学研究会秘书长李建伟教授）。

第二十四条第三款规定，“实际出资人未经公司其他股东半数以上同意，请求公司变更股东、签发出资证明书、记载于股东名册、记载于公司章程并办理公司登记机关登记的，人民法院不予支持。”

也就是说，实际出资人要想与名义股东解除代持关系，自己成为公司的股东（即实际出资人显名），对实际出资人来说，需要满足的条件与第三人成为公司股东并无差别。

只是因为隐名出资方式（完全隐名和不完全隐名）的不同，实际出资人的显名规则有所不同。《九民纪要》第 28 条规定，实际出资人能够提供证据证明有限责任公司过半数的其他股东知道其实际出资的事实，且对其实际行使股东权利未曾提出异议的，对实际出资人提出的登记为公司股东的请求，人民法院依法予以支持。公司以实际出资人的请求不符合公司法司法解释（三）第 24 条的规定为由抗辩的，人民法院不予支持。即在不完全隐名出资方式下的代持，实际出资人显名的条件具备时（实际出资人举证证明），依据默示同意规则，实际出资人想显名，随时可显名，不需要征求其他股东的意见。

但不论完全隐名出资的代持或不完全隐名出资的代持，实际出资人显名后，于民法，双方解除了委托；于商法，双方完成了股权转让（包括名义股东向股东以外的人转让股权或名义股东向其他股东转让股权），目标公司的股东发生了变化。

至于委托代持，也存在两种情形。一是由受托方直接投资目标公司。即实际出资人出资，由受托方向目标公司出资，受托方持有目标公司股权；二是受托方间接投资目标公司。即实际出资人出资目标公司，取得股权，再委托受托人代持目标公司股权。前者实际出资人未取得目标公司股东资格及其项下的股权，委托代持不存在股权转让行为；但后者完成了一次从实际出资人到名义股东的股权转让。

而以上皆属于商法与民法的范畴，适用商法与民法（典）的规范。

那么，委托代持与解除代持（显名）中涉及的此类股权转让，是否也属于税法规定的股权转让应税行为？

《股权转让所得个人所得税管理办法（试行）》（国家税务总局公告2014年第67号，简称国家税务总局公告2014年第67号）第三条规定，本办法所称股权转让是指个人将股权转让给其他个人或法人的行为，包括以下情形：

（一）出售股权；

（二）公司回购股权；

（三）发行人首次公开发行新股时，被投资企业股东将其持有的股份以公开发行方式一并向投资者发售；

（四）股权被司法或行政机关强制过户；

（五）以股权对外投资或进行其他非货币性交易；

（六）以股权抵偿债务；

（七）其他股权转移行为。

所以，委托代持与解除代持（显名）中，如果涉及个人的股权转让行为，应该属于国家税务总局公告2014年第67号规定的“个人将股权转让给其他个人或法人的行为”中的（七）其他股权转移行为。

事实上，征管实务中对此类股权转让，税务机关也是依据国家税务总局公告2014年第67号计征个人所得税的。比如，2020年6月22日，《北京锋尚世纪文化传媒股份有限公司首次公开发行股票并在创业板上市招股说明书（申报稿）》披露的股权代持解决情况。2007年9月，沙某岚、王某韵委托“金典文化”代持“锋尚有限”的股权。2008年4月，“金典文化”将上述股权转让给沙某岚、王某韵，进行了代持股的还原。但代持环节股权转让，沙某岚、王某韵未及时申报缴纳个人所得税。2018年主管税务机关对此环节的股权转让所得，按照“锋尚有限”当时的净资产金额核定了股权转让价格，并向沙某岚、王某韵追补缴个税及滞纳金1 038.56万元。

至于解除委托代持（实际出资人显名）环节的股权转让，从大量上市公司IPO前披露的材料看，代持股还原涉及个人的税务处理基本也如此。

这不难理解，笔者认为：商法都规定了委托代持或者解除代持还原需要进行公司变更股东、重新签发出资证明书、且记载于股东名册、记载于公司章程并向公司登记机关办理变更登记。那么，税法无权否定上述系列股权转让行为，而应该依据税法的规定对上述股权转让行为涉及的税收问题作出判断与定性，继而计征税款。即使税法对某些行为需要做出特别规定，那也需要明确的法律依据。因此，股权委托代持或者解除代持还原各环节的股权转让，都应该依法征、缴税款。

至此，可能有财税老师会说，通过司法途径来解决代持问题，应该不涉及个人所得税。

其实不然。持这种观点的财税老师提及的依据是《国家税务总局关于企业转让上市公司限售股有关所得税问题的公告》（国家税务总局公告 2011 年第 39 号）。其中第二（二）规定，依法院判决、裁定等原因，通过证券登记结算公司，企业将其代持的个人限售股直接变更到实际所有人名下的，不视同转让限售股。显然，该条的适用有严格的限制条件，这里通过司法途径还原到实际所有人名下“不视同转让限售股”的限售股必须满足的条件：一是股权分置改革形成的限售股；二是原由个人出资而由企业代持有的限售股。

对比分析国家税务总局公告 2014 年第 67 号规定的股权转让，其中包括（四）股权被司法或行政机关强制过户。因此，通过司法途径解决代持问题，如果涉及个人转让股权的个人所得税，则规避不了。

还有一点容易造成误解的是，实务中个人之间的委托代持或者解除代持时的股权转让，设计大多都是无偿转让、0 元转让，双方之间不支付股权转让价款，也不存在任何债权债务。因此，双方“理所当然”认为不存在股权转让交易行为，所以不应该缴纳个人所得税。

这种理解没有法律依据。因为，既然属于商法规范的股权转让，那么，税务机关应该依据国家税务总局公告 2014 年第 67 号文进行判断、认定。如果上述无偿转让股权、0 元转让股权被税务机关认定为股权转让收入明显偏低，同时也不属于第十三条规定的“符合下列条件之一的股权转让收入明显偏低，视为有正当理由”，则主管税务机关可以依据第十一条的规定，核定股权转让收入，来计征个人所得税。

以上，我们分析、梳理了股权委托代持与解除代持还原时的股权转让涉及的个人所得税问题。其实，合伙企业的财产份额的委托代持与解除代持的还原，其涉及法理与股权相同。甚至因为现在的个人所得税纳税申报系统（ITS）对合伙人与合伙企业之间“投资关系”的条件要求，税收执法注重法律形式的一面体现的更加紧迫。

因此，个人之间委托代持或者解除代持合伙企业财产份额，涉及的转让合同，税法一般应按照“财产转让所得”对纳税人的所得计征个人所得税。

唯一不同的是，目前，股权转让在登记机关变更有完税的前置程序，而合伙企业财产份额的转让，目前没有明确的要求。这也是实务中经常发生合伙企业都变更了合伙人，却又发现原合伙人还未完成A表、B表填报的一个很重要的原因。

专题二十二：一份看不懂的“代持”

下面的案例，第一次接触时有些看不懂，似乎有点税务筹划的意思，要是实现了，那是最理想状态。但是，最终能实现吗？

基本信息：某工程造价事务所（普通合伙），3个自然人合伙人，均是名义上的合伙人（代持合伙人）。代持合伙人履行了自己的出资义务，但实际出资（100万元）来自国有资产。

3名合伙人，每月都只取得工资，从没取得工资以外的收入。现在由第三方评估准备出售合伙企业份额（即3名合伙人将事务所累计未分配利润及转让收益，将通过法定程序无偿捐赠给某国有资产管理公司）。

问：这个业务涉及个人所得税吗？

涉及个人所得税？哪个环节的？属于什么所得项目？纳税义务人是谁？自然人是名义合伙人那实际出资人是谁？捐赠属于有权处分还是无权处分？笔者想到这一下子懵了。只能开始从企业设立之初的基础信息和历史纳税申报、缴税情况了解原由。金三核心征管中该户合伙企业的投资方信息显示，投资方为3名居民个人。但据了解实际投资方是某国有资产管理公司。

3名合伙人一直自认为是名义上的合伙人，不是实际的合伙人，所以没有申报缴纳过经营所得个人所得税，现在要“退出了”，选择了“捐赠”的方式。

这是个有意思的案例，因为兜了一圈把“国有资产”“还给”实际出资人了。

这就有几个问题需要弄清楚：

1. 显名合伙人与财产份额的处置。

显名合伙人，作为财产份额代持人有权处置登记于其名下的合伙企业财产份额吗？

上一专题已提到过合伙企业中财产份额代持的效力问题，一份签订主体适格和内容不违反法律强制性规范的合伙代持协议，有效但其效力内外有别：对外，3 名显名合伙人就是合伙企业的合伙人，受合伙协议约束，应当按照合伙协议约定的出资方式、金额和缴付期限履行出资义务；作为普通合伙人可执行合伙企业事务；分配合伙企业利润，承担合伙企业的亏损；对合伙企业不能清偿的到期债务的，合伙人承担无限连带责任等等。对内，财产份额代持协议约束双方当事人，代持人为实际出资人的利益在合伙企业中代持其实际认缴份额。对合伙企业的投资收益归属实际投资人。

那么，作为显名合伙人的 3 名自然人合伙人有权处置合伙企业的份额吗？

根据法释［2011］3 号第二十五、二十七条的规定，名义股东就是公司股东，处分登记于其名下的股权，属于有权处分。而二十六条规定，名义股东将登记于其名下的股权转让、质押或者以其他方式处分，实际出资人以其对于股权享有实际权力为由，请求认定处分股权行为无效的，人民法院可以参照物权法第一百零六条的规定处理。即法院认定名义股东属于有权处分，处分协议有效，但受让方不一定取得股权。受让方要想取得股权，还必须符合善意取得制度：一是受让人受让股权时是善意的（即对转让方是名义股东的事不知情）；二是以合理的价格受让；三是转让的股权已依法办理（完成）了登记手续。

而对于显名合伙人处置登记于其名下的合伙企业份额，目前法律没有规定。司法实践中，若显名合伙人没有向其他合伙人披露实际出资人的情况且取得其他合伙人的认可，那么合伙代持协议只约束签订协议的双方当事人，显名合伙人转让登记于其名下的合伙企业份额属于有权转让，转让行为有效，如果受让人不知情的情况下，处置对实际出资人也有效，实际出资人不能再主张财产份额。

当然，如果代持协议约定显名合伙人不得处置合伙企业的份额，显名合伙人仍然处置的，则构成违约，那是另一法律关系。守约方只能依约请求违约方承担违约责任，违约方依约承担违约责任即可。

2. 实际出资人取得对合伙企业的投资收益与接受捐赠收益的涉税问题。

显名合伙人有权转让登记于其名下的合伙企业份额。那么，显名合伙人将税后的净收益转交给实际投资人某国有资产管理公司时，某国有资产管理公司是否需要缴纳企业所得税？

2020 年 8 月，国家税务总局厦门市税务局在 12366 公开的一份函（关于市十三届政协四次会议第 1112 号提案办理情况答复的函）明确指出：

（1）实际出资人为自然人的情形。《中华人民共和国个人所得税法》第二条，明确了应当缴纳个人所得税的九种所得，显名股东将取得的税后股息红利所得、股权转让所得，转付给实际出资人（自然人），不属于法律规定应当缴纳个人所得税的所得。

（2）实际出资人为企业的情形。《中华人民共和国企业所得税法》第六条规定，企业以货币形式和非货币形式从各种来源取得的收入，为收入总额，包括其他收入；第七条、第二十六条，分别列明了法定的不征税收入和免税收入。据此，实际出资人（企业）从显名股东取得基于代持合同关系产生的所得，不属于法定的不征税收入和免税收入，应当按照企业所得税法规定缴纳企业所得税。

（3）关于显名股东（企业）取得股息红利后，转付给实际出资人（企业），实际出资人（企业）是否能够适用"符合条件的居民企业之间的股息、红利等权益性投资收益为免税收入"的问题，由于实际出资人（企业）和显名股东（企业）之间并未构成股权投资关系，实际出资人（企业）从显名股东（企业）取得的收入不符合股息、红利所得的定义，税法也未规定可以"穿透"作为实际出资人（企业）取得权益性投资收益对其免税。

尽管这只是对厦门市政协会议提案的一个复函，但代表官方一个观点，也算回应了基层一个热难点问题。因为目前国家的税收政策对财产份额代持后转付的所得如何征缴税款没有明确的规定，实务中颇有争议，争议的焦点与股权代持一样也在于"重复征税"。那么财产份额代持是否也适用厦门税务以上观点？

笔者赞同厦门税务的观点，实务中也有这样的案例。另想表达的观点是：选择不同的组织形式和投资方式是设立发起人的自愿，一旦选择则应当遵循其相应的政策法规，如果考虑两道税的问题，完全可以选择直接投资来享受减免企业所得税的政策。

还有一点：该税后净收益本来就应该由显名合伙人转交给实际出资人，为什么又要选择"捐赠"的方式？

本代持中，实际出资人是法人企业，其接受的捐赠收入，包括货币形式和非货币形式的，都属于企业的收入，也规避不了企业所得税。

3. 普通合伙人资格与法律禁止性规范。

带着疑问查看《合伙企业法》，却发现了问题所在：《合伙企业法》第二条规定，本法所称合伙企业，是指自然人、法人和其他组织依照本法在中国境内设立的普通合伙企业和有限合伙企业。

第三条规定，国有独资公司、国有企业、上市公司以及公益性的事业单位、社会团体不得成为普通合伙人。

但某工程造价事务所作为普通合伙企业，其实际出资人恰是某国有资产管理公司，性质为“国有独资企业”。

原来选择“捐赠”可以切断这层投资关系，还真有筹划的成分。

后续话题我们不再展开讨论，因为涉及国有资产处置及相关法律责任了。

4. 显名合伙人的退出与后期的补税。

3 名显名合伙人以转让合伙企业 100% 财产份额的方式退出，某有限责任公司受让 100% 份额。后某工程造价事务所将再吸收一合伙人，组织形式从普通合伙变更为有限合伙。

双方签订了《财产份额转让协议》，转让协议中财产份额评估价值 226.59 万元。其中应收账款评估值 27.72 万元。2020 年财务报表显示过渡期间发生损益 26.69 万元。实际转账甲方指定账户 172.18 万元。

2021 年 4 月，合伙人完成财产份额转让，按照各自所占份额（约定按照投资比例分配）以及原计税基础等，按照财产转让所得（近几年连年亏损，无经营所得），在被投资合伙企业所在地计算缴纳了个人所得税。

至于财产份额转让前本年度代持合伙人应填报的 A 表和 B 表，以及更变事宜，已完成。

但此处业务，纳税人申报缴纳的财产份额（投资比例 40%）转让所得个人所得税，有一细节值得探讨：财产份额（权益）评估价值中包括的应收账款评估值、合伙企业账面的亏损额（26.69 万元），在合伙人计算财产转让所得个人所得税时，是否可以扣除？

比如代持合伙人张某，投资比例 40%，投资成本 40 万元，财产份额转让已缴个人所得税 5.7744 万元。

税款具体计算过程：

个税税额 $=[(226.59-27.72-26.69)\times 40\%-40]\times 20\%=5.7744$（万元）

笔者观点：合伙企业的账面亏损，在合伙企业层面核算的经营所得中扣除，与合伙人个人财产份额转让无关。所以，此处存在税务风险。

专题二十三：如果是企业给投资者买车，要交经营所得个税，该如何申报？

某合伙企业，有 4 个合伙人甲、乙、丙、丁；他们出资比例皆为 25%（如图 2－31 所示），2020 年 2 月，跑业务的需要，企业出资购买了一辆车，共支付26万元，因为考虑各种因素车登记在乙名下。

投资方信息

择	* 证件种类	* 证件号码	* 投资方名称	* 投资方经济性质	* 投资比例(%)
7	居民身份证	6204(		内资个人	25.0
7	居民身份证	6204(		内资个人	25.0
7	居民身份证	6204:		内资个人	25.0
7	居民身份证	6204(		内资个人	25.0

图2-31　投资方信息

《财政部 国家税务总局关于规范个人投资者个人所得税征收管理的通知》（财税［2003］158号，简称财税［2003］158号）第一条规定，个人独资企业、合伙企业的个人投资者以企业资金为本人、家庭成员及其相关人员支出与企业生产经营无关的消费性支出及购买汽车、住房等财产性支出，视为企业对个人投资者利润分配，并入投资者个人的生产经营所得，依照“个体工商户的生产经营所得”项目计征个人所得税。

《财政部 国家税务总局关于企业为个人购买房屋或其他财产征收个人所得税问题的批复》（财税［2008］83号，简称财税［2008］83号）的第一条规定，企业出资购买房屋及其他财产，将所有权登记为投资者个人、投资者家庭成员或企业其他人员的，不论所有权人是否将财产无偿或有偿交付企业使用，其实质均为企业对个人进行了实物性质的分配，应依法计征个人所得税。

第二条规定，对个人独资企业、合伙企业的个人投资者或其家庭成员取得的上述所得，视为企业对个人投资者的利润分配，按照“个体工商户的生产、经营所得”项目计征个人所得税。

政策很明确，如果是给投资者买车，要按照经营所得缴纳个人所得税，可这与企业正常的生产经营收入、成本无关，该如何进行申报？如何理解文件中的“并入投资者个人的生产经营所得”？

此问题的探讨颇费周折，因为财税［2003］158号和财税［2008］83号是个税改革前的发文，在国家税务总局法规库中（截至2022年3月26日）尽管仍然显示全文有效，但是自2019年1月1日起新个税法实施以来，经营所得个人所得税的纳税申报发生了很大的变化，前面我们介绍过，随着自然人电子税务局（ITS）的全面上线和不断升级、完善，以及申报表的修订，经营所得个人所得税申报更加规范、合理，符合税收政策。按期申报和按次申报有了不同的路径。

按照文件规定“并入个人投资者的经营所得”，那么如果在A表，就应该是“并入”到A表的下半部分，即经过第6行“合伙企业个人合伙人分配比例（%）”后分配到合伙人个人层面的经营所得。可是目前在自然人电子税务局（ITS）的【经营所得个人所得税月（季）度申报】模块填报A表按期进行纳税申报，根据表内设计行次和行间逻辑关系，根本就无法“并入”，因为没有行次可手动填写该经营所得，也没有辅助报表可填写以代入A表。

有同事提议可填写到A表第一行“收入总额”。可这样填报有些问题无法回避：一是A表第1行是正常经营的合伙企业层面的收入总额，而此所得已是分配到个人投资者的经营所得。二是根据A表表内逻辑关系，必须先弥补亏损，再先分后税。那么，会存在以个人投资者取得的经营所得“弥补企业层面的亏损”，然后再分配至该个人投资者，这完全不符合税法的规定。并且还会出现“弥补企业层面的亏损”后企业无经营所得可“先分后税”的情形【可结合“综合类税务风险（三）合伙制医疗机构3. 关于零申报”的税务风险进行理解】。

那么，只能在自然人电子税务局（ITS）的【其他个人经营所得申报】模块按次进行纳税申报。在【其他个人经营所得申报】模块申报，不存在用个人投资者的所得弥补企业层面亏损的情形；而且对于纳税人还存在有利的一面，即可避免与正常经营所得合并计算导致个人所得税税率升高的情形。

但在自然人电子税务局（ITS）的【其他个人经营所得申报】模块申报，却又违背财税［2003］158号文件的规定，因为这样申报，该部分所得既没“并入投资者个人的生产经营所得”，也会导致该部分经营所得无法参与汇算清缴（甚至包括汇总申报），因为截止目前，【其他个人经营所得申报】和【经营所得个人所得税月（季）度申报】模块申报数据不通，不可互相提取。如果以后数据相通了，那么，许多问题即可解决。

所以，上述所得如何并入个人投资者经营所得在自然人电子税务局（ITS）进行纳税申报？目前无明确规定，需要总局统一规范。

回到本案例，如果在【其他个人经营所得申报】模块申报，在不考虑其他因素和扣除项目的情况下，乙取得该项所得，税款计算和申报如下：

（一）税款计算

乙应缴纳经营所得个人所得税 = 经营所得 × 适用税率 − 速算扣除数 = 260 000 × 20% − 10 500 = 41 500（元）。

（二）填表申报

以自然人电子税务局（税务端）申报为例（如图 2－32、图 2－33 所示），填报 A 表。

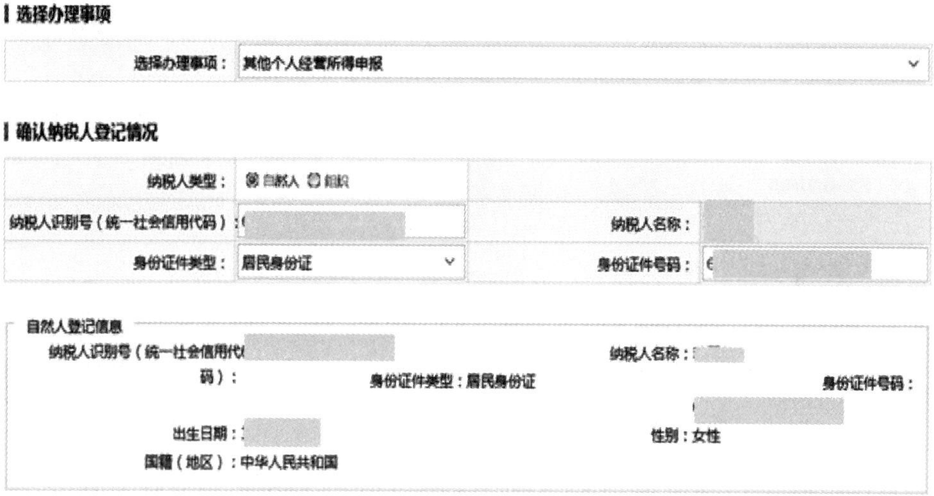

图 2－32　其他个人经营所得申报（一）

注：在经营所得申报功能菜单"经营所得个人所得税月（季）度申报（ITS）"，选择其中之一【其他个人经营所得申报】，纳税人类型锁定在"自然人"，输入乙的纳税人识别号，带出基础信息。点击下一步，带出图 2－33：

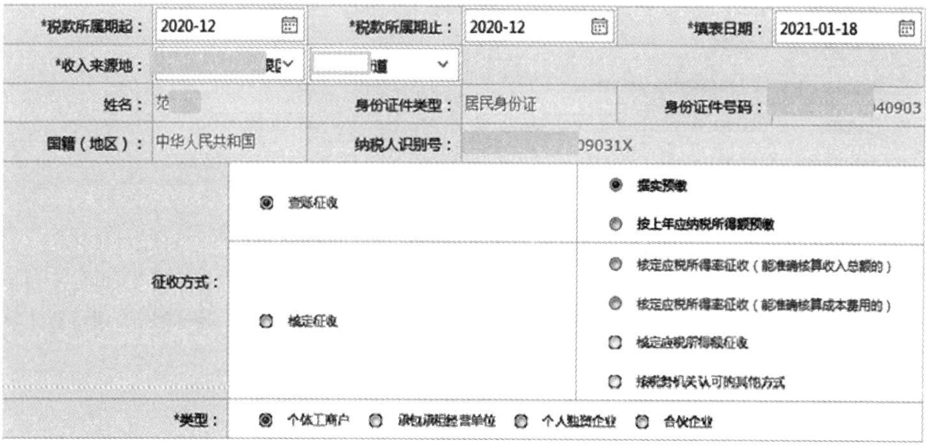

项目	行次	金额
一、收入总额	1	260 000.00
二、成本费用	2	
三、利润总额	3	260 000.00
四、弥补以前年度亏损	4	
五、合伙企业合伙人分配比例（%）	5	100.00
六、应税所得率（%）	6	
七、允许扣除的个人费用及其他扣除	7	0.00
（一）投资者减除费用	8	
（二）专项扣除（9=10+11+12+13）	9	
1. 基本养老保险费	10	
2. 基本医疗保险费	11	
3. 失业保险费	12	
4. 住房公积金	13	
（三）依法确定的其他扣除（14=15+16+17）	14	
1. 商业健康保险	15	
2. 税延养老保险	16	
3. 其他	17	
八、准予扣除的个人捐赠支出（附报《个人所得税公益慈善事业捐赠扣除明细表》）	18	
九、应纳税所得额	19	260 000.00
十、税率（%）	20	20.00
十一、速算扣除数	21	10 500.00
十二、应纳税额（22=19×20-21）	22	41 500.00
十三、减免税额（附报《个人所得税减免税事项报告表》）	23	
十四、已缴税额	24	0.00
十五、应补/退税额（25=22-23-24）	25	41 500.00

图 2－33　其他个人经营所得申报（二）

注：1. 在【其他个人经营所得申报】选择“收入来源地”（必须详细到乡镇/街道，否则无法填写数据）后，在“申报表”以乙为纳税人进行申报，在第1行输入“收入总额”260 000元，第5行“合伙企业合伙人分配比例”显示为100%（不支持修改）。

2. 第8行“投资者减除费用”因不考虑扣除项目，故修改为0。

3. 申报期限：次月申报期内。

专题拓展

1.【其他个人经营所得申报】申报模块的适用范围

【经营所得个人所得税月（季）度申报（ITS)】菜单模块有两项功能：可办理的事项包括【经营所得个人所得税月（季）度申报】和【其他个人经营所得申报】。根据实际情况进行选择，不可混淆，因为在【其他个人经营所得申报】模块申报的历史数据，目前，A 表、B 表、C 表都无法提取到，所以如果纳税户（人）在这里申报了，在【经营所得个人所得税月（季）度申报】仍然为未申报户。

【经营所得个人所得税月（季）度申报】模块，办理查账征收和核定征收（目前不支持定期定额户）的个体工商户业主、个人独资企业投资人、合伙企业个人合伙人、承包承租经营者个人（统称纳税人），从事经营以及与经营有关的活动，取得货币形式和非货币形式的各项收入总额，需按期进行纳税申报、且与被投资单位（包括个体工商户、个人独资企业、合伙企业等）存在投资关系的自然人纳税人的申报事项。

这里需要特别说明，纳税人在属期内无对应的税费种认定信息，也无投资关系，这时只能在此模块申报承包承租经营单位所得。比如，张某承包了某机关食堂，取得承包所得。尽管某机关食堂未认定“经营所得个人所得税”税种，也与张某无投资关系，但是张某在 A 表进行个人所得税纳税申报时，输入张某的纳税人识别号（身份证号码），点击【下一步】进入业务层面，输入“被投资单位信息”项的纳税人识别号、名称，系统会提示（如图 2－34 所示），“被投资单位”类型是“承包承租经营单位”，可以继续申报。

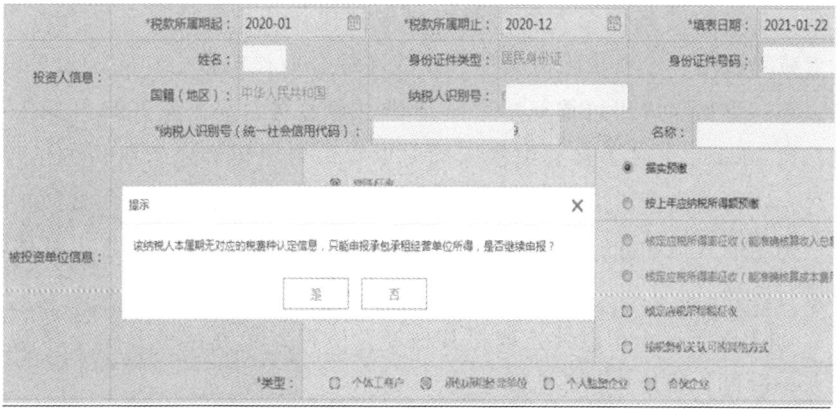

图 2－34　张某 A 表个人所得税纳税申报

而【其他个人经营所得申报】模块，具体可申报哪些事项，目前没有明确的规定。

《国家税务总局关于落实支持小型微利企业和个体工商户发展所得税优惠政策有关事项的公告》（国家税务总局公告2021年第8号）第三条规定，对个体工商户、个人独资企业、合伙企业和个人，代开货物运输业增值税发票时，不再预征个人所得税。个体工商户业主、个人独资企业投资者、合伙企业个人合伙人和其他从事货物运输经营活动的个人，应依法自行申报缴纳经营所得个人所得税。

对于从事货物运输经营活动的个人，如何完成自行申报，各地操作目前不太统一。根据总局的【其他个人经营所得申报】操作指引，个人应该在【其他个人经营所得申报】模块申报缴纳经营所得个人所得税。具体如何征收?有查账征收，也有核定征收，需要根据纳税人实际核算情况确定。这是该模块目前唯一确定的一申报项。

在【其他个人经营所得申报】模块申报时需要关注：一是纳税申报（A表），不需要投资关系；二是纳税申报默认查账征收方式，适用超额累进税率。除非对自然人信息登记后，完成核定流程，才可按照核定征收（包括核定应税所得率、核定征收率）进行申报；三是税款所属期可以选择；四是办理自然人纳税人按次进行的纳税申报事项。

2.【其他个人经营所得申报】申报能否减除5 000元费用?

在【其他个人经营所得申报】申报时，“投资者减除费用”栏会根据纳税人选择的“税款所属期起”和“税款所属期止”自动默认为（税款所属期止月份－税款所属期起月份＋1）×月度减除标准（默认是5 000）。但是支持修改。

所以，纳税申报应分情况进行处理。

根据总局的【其他个人经营所得申报】操作指引，如果有综合所得时，投资者减除费用、专项扣除、其他，只能在综合所得申报中扣除。如果没有，则可以在这里扣除（不可重复扣除）。根据国家税务总局公告2022年第1号的规定，自2021年1月1日起纳税人同时取得综合所得和经营所得的纳税人，可在综合所得或经营所得中申报减除费用6万元、专项扣除、专项附加扣除以及依法确定的其他扣除，但不得重复申报减除。所以，纳税人可根据具体收入情况进行选择。

3. 如果除了这个车以外还取得其他经营所得，需要合起来在【其他个人经营所得申报】模块申报吗?

目前【其他个人经营所得申报】模块的设置，是按次申报的，但是，这里的次是指一个税款所属期，比如月或者季。如果一月内或者一个季度内有几项其他所得，应该合并到一起进行申报。也就是说，同一个税款所属期只能申报一次，不可重复申报，否则会有提示（如图 2－35 所示）。

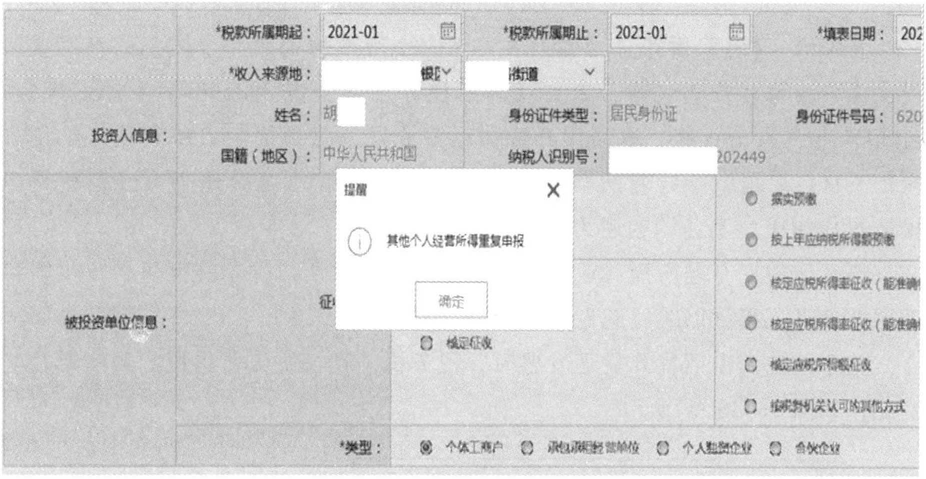

图 2－35　其他个人经营所得申报

4.【其他个人经营所得申报】的经营所得需要和正常经营所得一起参加汇算清缴吗？

根据目前的功能设置，不需要，也无法一起参加汇算清缴。因为【其他个人经营所得申报】的历史数据是单独的，B 表汇算清缴时提取不到该数据。比如乙，年度经营所得个人所得税汇算清缴时，不包括购买车的 26 万元。

5.【其他个人经营所得申报】申报的经营所得参加年度汇总申报吗？

同样，根据目前的功能设置，不参加。C 表提取不到【其他个人经营所得申报】的申报数据。

6.【其他个人经营所得申报】可以扣除捐赠支出吗？

根据总局 2021 年 5 月初下发的【其他个人经营所得申报】操作指引，若纳税人存在符合规定的公益慈善事业的捐赠且征收方式为“查账征收”的，可按照个人所得税法等有关规定填写准予扣除的捐赠额。

方法是：操作人员点击【附表填写】中的【个人所得税公益慈善事业捐赠扣除明细表】，跳转到个人所得税公益慈善事业捐赠扣除明细表，填写个人所得税公益慈善事业捐赠扣除。

专题二十四：合伙企业（运输行业）如何适用这几个文件？

温馨语：《国家税务总局关于落实支持小型微利企业和个体工商户发展所得税优惠政策有关事项的公告》（国家税务总局公告 2021 年第 8 号）规定，自 2021 年 4 月 1 日起，取消代开货物运输业发票时预征个人所得税。纳税人应依法自行申报缴纳经营所得个人所得税。同时下发《其他个人经营所得申报》操作指引，实务问题迎刃而解！

那么，这一专题所探讨业务几乎已是过往，之所以保留在这里，仅供财税人研究参考，您可以跳过此专题。

关于纳税人申请代开货运发票时，税务机关预征个人所得税的预征率几经变化，如图 2－36 所示。

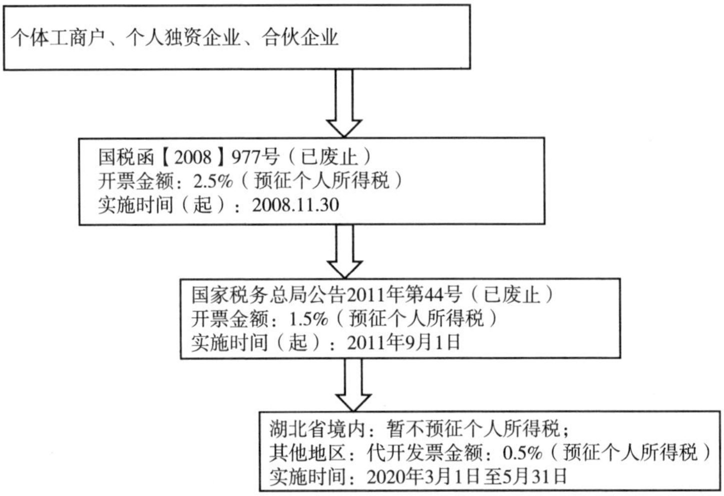

图 2－36　税务机关预征个人所得税的预征率变化图

即从 2004 年 7 月 1 日起执行的《国家税务总局关于货物运输业若干税收问题的通知】（国税发［2004］88 号，简称国税发［2004］88 号）规定“按开票金额 3.3% 预征所得税”，在此基础上陆续发文：

（一）《国家税务总局关于代开货物运输业发票个人所得税预征率问题的通知》（国税函［2008］977 号）规定“统一按开票金额的 2.5% 预征个人所得税”。

（二）《国家税务总局关于代开货物运输业发票个人所得税预征率问题的公告》（国家税务总局公告 2011 年第 44 号）（注：国家税务总局公告 2021 年第 8 号已废止此公告）规定“统一按开票金额的 1.5% 预征个人所得税”。

然后，在 2020 年的疫情特殊时期，《国家税务总局关于支持个体工商户复工复业等税收征收管理事项的公告》（国家税务总局公告 2020 年第 5 号）规定，自“2020 年 3 月 1 日至 5 月 31 日，对湖北省境内的个体工商户、个人独资企业和合伙企业，代开货物运输服务增值税发票时，暂不预征个人所得税；对其他地区的上述纳税人统一按代开发票金额的 0.5% 预征个人所得税”。

但是在实际执行过程中，政策的落实却问题很多，有三个问题无法回避：

一是现行有效的（指 2021 年 4 月 1 日前）国家税务总局公告 2011 年第 44 号和国家税务总局公告 2020 年第 5 号，关于代开货物运输服务增值税发票时，预征个人所得税的规定，适用范围只提到了个体工商户、个人独资企业和合伙企业，未提及自然人个人，那么个人能适用吗？总局层面没有统一的口径。

个别省出台文件做了明确规定。2020 年 3 月 10 日，国家税务总局四川省税务局发布《关于支持复工复业有关个人所得税征收管理事项的公告》（2020 年第 3 号）规定，对其他从事生产、经营活动的自然人取得经营所得，超过增值税按次纳税起征点的，统一按开票金额的 0.5% 预征个人所得税；深圳税务在热点问答中也明确：对在我市范围内未办理税务登记证，临时从事生产、经营的零散税收纳税人，在 2020 年 3 月 1 日至 5 月 31 日期间代开货物运输服务增值税发票时，参照上述标准执行，按纳税人开票金额的 0.5% 核定征收个人所得税税款。

那么，如果适用（主要也是考虑国税发［2004］88 号适用自然人个人，后续文件是前期文件的延续），则个人申请代开运输业发票，应预征 1.5% 的个人所得税。当然 2020 年 3 月 1 日至 5 月 31 日，湖北省内不预征，其他地区按照代开发票金额的 0.5% 预征（写此书稿的 2021 年 1 月中旬此政策还在延续执行，下同）。

但这样预征，又与各省、自治区、直辖市的相关公告不符，因为各地执行本辖区关于代开发票个人所得税的附征率，附征率与预征率 1.5%（或者 0.5%）不一致，总会涉及多预征需要退税或者少预征需要补税。比如甘肃，自然人临时申请代开增值税发票，个人所得税附征率为 1%。而申请代开运输业发票要预征个人所得税 1.5%，多预征了怎么办？征完即退？或者疫情期间按照 0.5% 预征，少征的，又该怎么办？

如果不适用，代开发票时按照附征率征收经营所得个人所得税（大部分省份执行不适用的口径）。实务中，尤其疫情期间，各地对此颇有争议。

二是个体工商户代开运输业发票被预征的个人所得税如何抵扣存在衔接问题：

首先，按照文件规定，年度终了后，代开过货运发票的纳税人，实行查账征收的，被预征的个人所得税可以在汇算清缴时扣除。问题是在目前的自然人电子税务局（ITS），纳税人进行汇算清缴填报 B 表时，收入可并入（手动录入），但是对于已缴税额的扣除，通过在申报“确认”环节填写“本次使用预缴税额”完成，并且数据之间进行校验，如果不符合填报规则，则会有阻断提示，比如图 2－37 所示：该纳税人“预缴可使用税额”为 0，但是如果在“本次使用预缴税额”填入 1 000，则出现“本次使用预缴税额不能大于预缴可使用税额”的提示。

这里的“预缴可使用税额”是指自然人电子税务局（ITS）保存的数据吗？如果是，那么，扣除仍然无法实现。

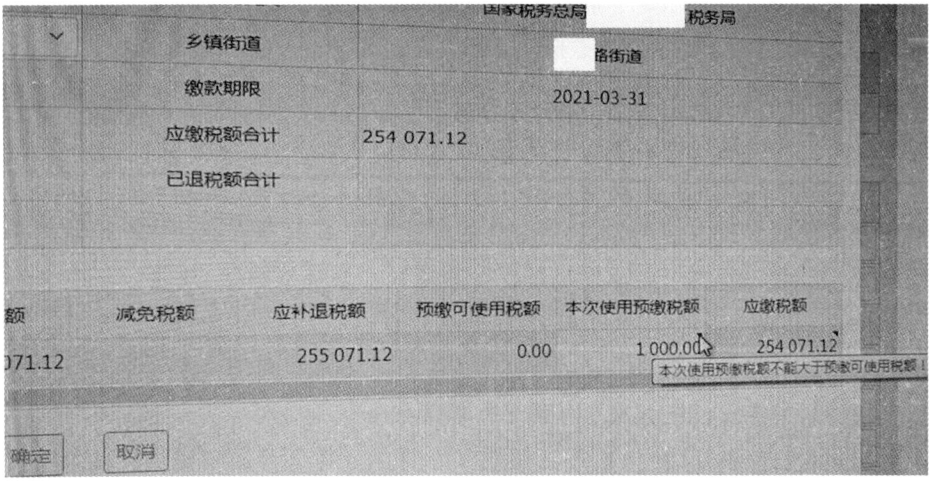

图 2－37　纳税人汇算清缴填报 B 表

因为前面已介绍过，代开发票预征的个人所得税历史数据在核心征管，而经营所得汇算清缴在自然人电子税务局（ITS）。目前数据不相通，所以，“预缴可使用税额”就不包括代开发票预征的个税。注：2021 年 ITS 后期升级后，核心征管中个人代开运输业发票预征的个人所得税金额，当纳税人在自然人电子税务局（ITS）的【其他个人经营所得申报】模块申报时，可以带入了。）

基于以上，只能汇算清缴后对预缴部分进行退税了，无形增加了征纳双方的税收成本。

其次，依据国家税务总局公告2011年第44号（已废止）的规定，实行核定征收个人所得税的，被预征的个人所得税，不得从已核定税额中扣除。该项规定落实起来存在实务难题：（1）日常管理的征收率与代开发票的附征率不一致，实务中纳税人往往要求对多征部分退税。比如甘肃，核定征收的个体工商户（如定期定额户），运输业日常申报执行的附征率为0.6%，而代开运输发票个人所得税预征率为1.5%。纳税人可申请退还差额部分税款吗？（2）各省电子税务局功能模块设置和逻辑构架与税收政策不协调。

最早的国税发［2004］88号第五条规定，代开票纳税人在缴纳定额税款时，如其在代开发票时取得的税收完税凭证上注明的税款大于定额税款的，不再缴纳定额税款；如完税凭证上注明的税款小于定额的，则补缴完税凭证上注明的税款与定额税款差额部分。即根据孰高原则执行，目的是不重复征税。

而后续的国税函［2008］977号（全文已废止）和国家税务总局公告2011年第44号（已废止）都规定“实行核定征收个人所得税的，按本通知第一条规定预征的个人所得税，不得从已核定税额中扣除”，即不再考虑核定征收与代开发票是否存在重复征税问题。

实务中，定期定额户在【定期定额户自行申报】模块申报时，代开发票金额小于月核定定额的，按照月核定定额（核定计税依据）缴纳税款，“被预征的个人所得税，不得从已核定税额中扣除”完全没问题，政策可以得到落实。但是，如果申请代开发票金额大于月核定定额时，预征的个人所得税大于月核定定额应纳的税额，应该如何理解和处理？是纳税人继续按照月核定定额申报缴纳？与被预征个人所得税不搭边？还是把“月核定定额”的应纳税额从申请代开发票被预征的个人所得税中扣除？并且申请代开发票金额里可以再减除地方优惠政策的免征额吗？

比如北京：对于按月核定征收个人所得税的个体工商户，月生产经营收入在2万元以下（含2万元）的，个人所得税征收率为0%；天津市、江西省、宁夏回族自治区：月核定收入在3万元（含）以下的部分，核定征收率为0%；深圳市：月度经营收入10万元（含）以下的，征收率（%）为0%；吉林：月生产经营收入5万元（含）以下的，个人所得税核定征收率为0%；甘肃：月核定的增值税计税依据在3万元以下（含本数）的，个人所得税附征率暂核定为0%；大连市：对定期定额的个体工商户业主经营所得，月收入额核定在 30 000 元以下（含 30 000 元）的个人所得税应纳税额核定为 0；四川：实行核定征收的个体工商户、个人独资企业、合伙企业季度销售额（营业额）不超过 9 万元的，核定个人所得税应纳税所得额为零。

理解后续的两个税收文件，核定的月定额和地方减免额不该从代开发票金额中扣除。

而电子税务局申报功能模块和逻辑关系却不是这个思路。比如，某代开货运发票的个体工商户甲，定期定额户，月核定经营额 20 000 万元，应纳税额为 0 元【甘肃省，月核定的增值税计税依据在 3 万元以下（含本数）的，个人所得税附征率暂核定为 0】。2020 年第 4 季度，该纳税户申请代开发票 410 000元，已预征个人所得税 2 050 元。

2021 年 1 月申报期，纳税人自行申报经营所得个人所得税时，“应税项”录入 410 000 元，系统会自动带出“计税依据 320 000 元”（或者先申报增值税，然后再申报个人所得税，这时“应税项”会自动带出），即电子税务局的设置，是输入应税项，自动减去月 3 万元（含）的免征额，再得出“计税依据”。

用公式表示：个人所得税（经营所得）=（410 000 – 30 000 × 3）× 0.006 – 2 050 = –130（元）（退税）。

需要说明三点：一是只有“应税项 410 000 元”和“已缴税额 2 050 元”可修改，其余置灰不可修改；二是公式中 0.006 是运输业的附征率执行标准（见表 2 – 16）；三是代开发票金额（410 000 元）大于月核定定额（20 000 元）的情形下，应纳（退）税额的计算过程中，月核定定额 20 000 元不参与计算。

只是因为月 3 万元（季 9 万元）的免征额，导致该定期定额户需要退税 130 元，退吗？纳税人已提交了退税申请。

再看一个案例：某代开货运发票的个体工商户乙，定期定额户，月核定经营额 60 000 元，应纳税额为 360 元（附征率：0.6%）。2020 年第 4 季度，该纳税户申请代开发票 445 948.27 元，因为是在电子税务局（自助端）申请代开的增值税专用发票，未被预征个人所得税。

申报期，纳税人【定期定额户自行申报】表如图 2 – 38 所示，用公式表示：应纳税额 =（代开发票金额 445 948.27 – 减免额 30 000 × 月份 3）× 征收率 0.006 = 2 135.69（元）。

从本期应补（退）税额 2 135.69 元的计算过程看，代开发票金额大于月核定定额的情形下，从代开发票金额中，不但减去了季度的免征额 9 万元，“核定计税依据”（月核定经营额 60 000 元）也不参与计算。

*征收品目	征收子目	应税项（2）	计税依据（3）	*税款所属期起	*税款所属期止	核定计税依据	税率（征收率）
经营所得	经营所得…	445 948.27	355 948.27	2020-10-01	2020-12-31	60 000.00	0.006000

本期应纳税额	核定应纳税额	本期已缴税额	本期应补（退）税额（11）
2 135.69	360.00	0.00	2 135.69

图 2－38　纳税人定期定额户自行申报

很明显，申报系统的设置还是执行孰高原则，不重复征税。这就和国家税务总局公告 2011 年第 44 号（已废止）规定的“实行核定征收个人所得税的，按本通知第一条规定预征的个人所得税，不得从已核定税额中扣除”不相符合。

以上问题一直困扰着基层。

三是合伙运输企业代开发票被预征个税，如何在合伙人之间分配：比如某县祥顺汽车运输服务中心，有 3 个自然人合伙人，如申请代开运输业增值税专用发票，如何适用国家税务总局公告 2011 年第 44 号（已废止）、国家税务总局公告 2020 年第 5 号？

发票上销售方纳税人信息是“某县祥顺汽车运输服务中心”，则增值税及城建附加纳税人是“某县祥顺汽车运输服务中心”，同样“经营所得个人所得税”也是。这就问题又来了：该笔经营所得个人所得税作为在企业层面已缴的税款如何分配到 3 个自然人合伙人？申报又如何操作？这显然是起草文件时未想到的。

何况，同样也是代开发票预征的个人所得税历史数据在核心征管，而合伙企业合伙人经营所得纳税申报预缴（A 表）、汇算清缴（B 表）、汇总申报（C 表）都在自然人电子税务局（ITS），数据之间交换是问题。

存在这么多问题，实务中该如何规避不必要的麻烦？

其实，有些地区已采取措施，主管税务部门对个体工商户、个人独资企业和合伙企业进行辅导，让运输业纳税人尽量自行领取、自行开具增值税发票，按照适用税率或者征收率申报缴纳经营所得个人所得税；或者是在电子税务局（自助端）申请代开增值税发票（专题拓展部分我们会介绍，在电子税务局申请代开发票，许多省的设置都是不预征个人所得税，其实不预征也不符合国家税务总局公告 2011 年第 44 号的规定），这样解决了一些实务问题。

而至于国家税务总局公告 2011 年第 44 号（已废止）、国家税务总局公告 2020 年第 5 号是否也适用于自然人纳税人，建议总局最好明确，以回应实务中的热难点。

专题拓展　关于临时申请代开增值税发票的实务问题

目前，纳税人申请代开增值税发票，可以在办税大厅，也可以通过各省的电子税务局（自助端）和邮政储蓄银行。

代开发票不同的渠道，由不同部门牵头推出：电子税务局（自助端）申请代开发票，是纳服部门近年推出的一项便民措施，而邮政储蓄银行代开发票是征管部门在早些年就推出的一项方便纳税人减轻税务大厅压力的便捷措施。牵头的单位不同，目标不同，实施的措施也不同。

目前看，电子税务局（自助端）申请代开增值税发票，一律不预征经营所得个人所得税，只在发票备注栏注明："个人所得税需依法代扣代缴或者自行申报"。那么，纳税人代开发票后还需要自行申报经营所得个人所得税。

邮政储蓄代开发票时一般都是按照经营所得征收 1% 的个人所得税（各地政策不一，如需开具发票请咨询当地主管税务机关或者邮政储蓄部门）。

至于属于经营所得还是劳务报酬所得，需要纳税人、扣缴义务人自行判断，以完成自行申报纳税义务或者代扣代缴法定义务。只有税务大厅代开发票时，区分经营所得和劳务报酬，对个人所得税按照相关税收政策执行。

所以，关于纳税人的自行申报和扣缴义务人的预扣预缴（或代扣代缴）义务，实务中确实困扰了财税人。时常有企业财税人员电话询问：收到报账的发票，没扣个人所得税，我们管不管？是劳务报酬代开的发票，却附征了一些个人所得税，我们再怎么扣等。

诚然，不同的渠道有便捷的一面，当然也会遗留一些涉税风险。代开发票的纳税人需要关注这一点，不能认为拿到发票就一切万事大吉：经营所得无扣缴义务人，如果代开发票时未被预征（或者附征）个人所得税，那么基于纳税人有法定的完税义务，需要自行申报。而劳务报酬等其他所得，税法规定，个人所得税以所得人为纳税人，支付所得的单位或者个人为扣缴义务人，扣缴义务人向个人支付应税款项时，应当依照个人所得税法规定预扣或者代扣税款，按时缴库，并专项记载备查。这里所称支付，包括现金支付、汇拨支付、转账支付和以有价证券、实物以及其他形式的支付。

当然，扣缴义务人未扣缴税款的，纳税人需要按照税法规定按时进行纳税申报，这里我们不再展开讨论。

专题二十五：合伙企业（包括个体工商户、个人独资企业）名下的房产，如果转登记到个人名下，如何缴纳个人所得税？

不动产登记改革的过程中，一些个体工商户业主、个人独资企业投资者、合伙企业个人合伙人把企业名下房屋想直接办理到个人名下，纳税人问如何缴纳个人所得税？

基本信息：某一个人独资企业，2012 年 3 月以个人独资企业名义购入商业房，价值 2 800 万元。该个人独资企业为查账征收户，但并未对房产计提折旧。现在拟平价把房屋转到业主名下。问征不征收个人所得税？如果征收有没有具体的文件规定？如何纳税申报？

首先，个人独资企业是独立的会计核算主体，企业发生的成本费用与个人发生的成本费用核算主体不同，需要区别对待。

其次，根据民法典，个人独资企业有独立的财产。财税［2000］91 号附件 1《关于个人独资企业和合伙企业投资者征收个人所得税的法规》第六条（四）也规定，企业生产经营和投资者及其家庭生活使用的固定资产应该分开核算，以便准确核算折旧费用；对共用的固定资产，难以划分的，由主管税务机关根据企业的生产经营类型、规模等具体情况，核定准予在税前扣除的折旧费用的数额或比例。所以，在税法上，个人独资企业核算的财产和投资者个人所有的其他财产是需要严格划分的。

最后，个人独资企业核算应纳税所得额时，以每一纳税年度的收入总额减除成本、费用以及损失后的余额，作为投资者个人的生产经营所得，比照个人所得税法的“个体工商户的生产经营所得”应税项目，适用 5%—35% 的五级超额累进税率，计征个税。而这里的收入总额，是指企业从事生产经营以及与生产经营有关的活动所取得的各项收入，包括商品（产品）销售收入、营运收入、劳务服务收入、工程价款收入、财产出租或转让收入、利息收入、其他业务收入和营业外收入。

所以，现在企业把房屋平价转让给业主，转让收入属于企业的收入总额，投资者应该按照经营所得，适用5%—35%的五级超额累进税率，计算征收个人所得税。

以平价转让中的计税依据如何确定？

各地不太一样，以甘肃为例，非住宅以评估价和实际成交价格孰高者为计税价格。那么，查账征收的个人独资企业一直未计提折旧，针对转让商用房的生产经营所得个人所得税计税依据，按照评估价减去原值计算。

纳税申报：合并计算个人独资企业本税款所属期的“应纳税所得额”，在A表进行填报。

合伙企业转让名下房屋给个人合伙人，计税原理相同，只是需要注意A表“合伙企业个人合伙人分配比例（%）”行的计算和填报。

实务中存在的问题是：经营所得个人所得税实行核定征收的纳税户如何计征该业务涉及个税？如何填表申报？无统一观点。

专题拓展

1. 合伙人（投资者、业主）以房屋、土地权属对合伙企业（个人独资企业、个体工商户）进行投资，是否缴纳个人所得税？

《财政部 国家税务总局关于个人非货币性资产投资有关个人所得税政策的通知》（财税［2015］41号）第一条规定，个人以非货币性资产投资，属于个人转让非货币性资产和投资同时发生。对个人转让非货币性资产的所得，应按照“财产转让所得”项目，依法计算缴纳个人所得税。

关于“转让”的对象，在《公司法》有明确规定，即以非货币性资产的所有权换股权。但是对合伙企业等非法人企业，商法对投资并无限制：金额无限制、形式无限制（财产性权利都可以，包括所有权和使用权）、来源无限制。所以“转让”的对象应该包括商法允许的各种出资方式。比如合伙人以房屋的使用权、土地经营权等出资（因为合伙人共同出资、共同经营、共担风险，所以投资行为与租赁不同）。

只是在实务中存在难题：以所有权投资之外的方式投资，该如何计量和核算？尤其计税基础如何确定？没有统一的参考指引。

另外，关于个人名下房屋、土地等投资过户到自己的个人独资企业（或者反向过户），是否涉及财产转让所得个人所得税？实务中一直争议比较大。焦点在于：个人独资企业的财产与其投资人的财产是不可分割的。个人独资企业将财产转让给投资人（或者反向转让），能算财产转让吗？需要缴纳个税吗？

这确实是一个多年来困扰财税人的难题，笔者理解如下：

（1）个人独资企业和个人（自然人）是不同的民事主体。民法典颁布，在总则编明确了三类民事主体：自然人（包括个人、个体工商户、农村承包经营户）、法人、非法人组织（包括个人独资企业、合伙企业以及不具有法人资格的专业服务机构）。这种概括加列举式的立法技术，界定了非法人组织的民事主体地位，其中就包括常见的个人独资企业。

（2）个人独资企业有自己独立的财产。“非法人组织的特征之一是有自己独立的财产”【援引自最高人民法院民法典贯彻实施工作领导小组主编的《中华人民共和国民法典总则编理解与适用》（下）】。但这里的独立是相对的独立。

民法典在物权编（第二百六十六条）进一步明确，私人对其合法的收入、房屋、生活用品、生产工具、原材料等不动产和动产享有所有权。这里的“私人”，是与国家、集体相对应的物权主体，其不仅包括我国公民，也包括在我国拥有合法财产的外国公民和无国籍人；不仅包括自然人以及由有特定身份关系的数人组成的“户”（如个体工商户、农村承包经营户），还包括个人独资企业、个人合伙等非公有制企业。

第二百六十七条规定，私人的合法财产受法律保护，禁止任何组织或者个人侵占、哄抢、破坏。这里的私有财产，是指私人拥有所有权的财产，不但包括合法的收入、房屋、生活用品、生产工具、原材料等不动产和动产，也包括其合法的储蓄、投资及其收益，以及上述财产的继承权。

（3）如何理解个人独资企业的财产独立是相对的？或者说缺乏独立性或独立性较差？

个人独资企业有自己独立的财产，但是这种独立是相对的。个人独资企业法第二条规定，“本法所称个人独资企业，是指依照本法在中国境内设立，由一个自然人投资，财产为投资人个人所有，投资人以其个人财产对企业债务承担无限责任的经营实体”。第十七条又进一步明确，“个人独资企业投资人对本企业的财产依法享有所有权，其有关权利可以依法进行转让或继承”。

也就是说，个人独资企业虽然一经设立便与其投资人各自为独立的民事主体，具备了一定法人的特征，依法享有民事权利并承担相应的民事义务。但各自的财产没有完全相互分离，个人独资企业的财产对投资人来说是相对的独立，所以，民事责任也就不能完全去独立承担。

正是因为这种相对性，非法人组织承担的是一种团体的有限责任（非法人组织的财产赔完，非法人组织的财产责任结束）与其成员的无限责任相结合（总体上非法人组织的民事责任是一种无限责任）的一种责任方式。即如果个人独资企业以自己所有的财产对外承担责任不足而进行清偿时，由其投资人负补充责任。

这一点在民法典第一百零四条可以查到法条：“非法人组织的财产不足以清偿债务的，其出资人或者设立人承担无限责任，法律另有规定的除外”。

从另一角度讲，非法人组织承担责任的二次性（其组织成员除出资非法人组织的财产外，往往还需以其另外的个人财产负二次补充责任），是因为非法人组织设立之初，没有法定最低限额独立财产的要求，投资也没有限制，为保护与非法人组织实施民事行为的第三人的合法利益，法律在民事责任的承担方式上设定了特别的规定。

总之，非法人组织不能作为独立组织与其出资人或者设立人相分离，其民事责任问题就形成了组织与成员互不分离、互为连带、互为转承的法律责任。

（4）个人独资企业对其财产的所有权与个人独资企业投资者对本企业的财产依法享有的所有权。

单行法（个人独资企业法）规定投资者对其投资的个人独资企业的财产依法享有所有权，而民法典规定，个人独资企业对其享有的合法私有财产享有所有权。是否存在矛盾？

不矛盾。民法典第一章第二分编第二百六十八条规定，国家、集体和私人依法可以出资设立有限责任公司、股份有限公司或者其他企业。

本条说明，投资人可以是私人，那么自然人（私人）可以投资设立企业。但本条同时界定了出资人的出资经营的权利是出资人权利【注释源自《中华人民共和国民法典总则编理解与适用》（下）】。

那么，笔者理解，个人独资企业投资者对本企业的财产依法享有的所有权是一种出资人权益，即投资人享有投资的资产收益、重大决策以及选择经营管理者等权利，有关权利也可以依法进行转让或继承。但这里的转让或继承，是指转让或者继承投资人对个人独资企业的出资人权益，并不是直接转让或者继承个人独资企业的财产。

这一点从《中华人民共和国民法典总则编理解与适用》（下）对民法典第二百六十七条的注释可以找到依据：保护私有财产的重要内容是私人的合法财产所有权不受侵犯。如非经依照法律规定的权限和程序，不得对私人财产进行处置。

民法典第一百零七条也规定，非法人组织解散的，应当依法进行清算。至于清算时适用的法律，单行法有规定的按规定，没有具体规定的准用本法关于法人一般规定的规定（注：第一百零八条）。

清算时，财产应当按照下列顺序清偿：（1）所欠职工工资和社会保险费用；（2）所欠税款；（3）其他债务。参照法人，清算后剩余的财产，才可返还投资人。

所以，作为两个独立的民事主体，投资人要从个人独资企业拿走其拥有所有权的财产必须经过法定程序，不可随意拿走，否则第三方的权益如何保护？

厘清了以上，还需要清晰两点：一是个人所得税是对应税所得项目计征；二是现行有效的个人所得税减免税政策也未将该项所得列为减免事项。

至于投资的对象，目前没有例外规定。并且，非货币性资产投资，包括以非货币性资产出资设立新的企业，以及以非货币性资产出资参与企业增资扩股、定向增发股票、股权置换、重组改制等投资行为（如图2－39所示）。所以，合伙人（投资者、业主）以房屋、土地权属对合伙企业（个人独资企业、个体工商户）进行投资，有所得的，个人应按照“财产转让所得”项目，依法计算缴纳个人所得税。

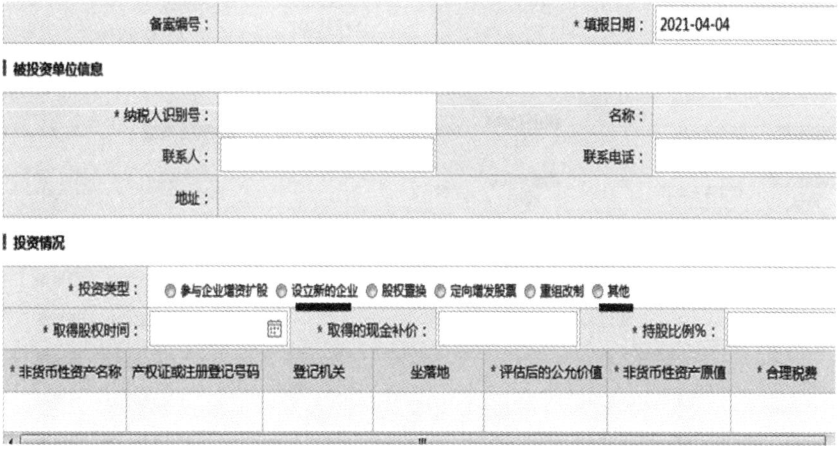

图2－39　非货币性资产投资

对于应纳税所得额的确定，首先应该以评估后的公允价值确认非货币性资产转让收入。非货币性资产转让收入减除该资产原值及合理税费后的余额为应纳税所得额。

非货币性资产原值为纳税人取得该项资产时实际发生的支出。纳税人无法提供完整、准确的非货币性资产原值凭证，不能正确计算非货币性资产原值的，主管税务机关可依法核定其非货币性资产原值。

合理税费是指纳税人在非货币性资产投资过程中发生的与资产转移相关的税金及合理费用。

纳税人以股权投资的，该股权原值确认等相关问题依照《股权转让所得个人所得税管理办法（试行）》（国家税务总局公告 2014 年第 67 号发布）有关规定执行。

纳税义务发生时间：非货币性资产转让、取得被投资企业股权（或财产份额）时，确认非货币性资产转让收入的实现。

纳税人一次性缴税有困难的，可合理确定分期缴纳计划并报主管税务机关备案（如图 2－40 所示）后，自发生上述应税行为之日起不超过 5 个公历年度内（含）分期缴纳个人所得税。

投资情况

投资类型	股权置换				
取得的股权时间	2020-07-01	取得的现金补价	0.00	持股比例（0~100）	1.1100
非货币性资产名称	产权证或注册登记证号码	登记机关	坐落地	评估后的公允价值	非货币性资产原值
股权				99 802 201.70	13 383 000.00

分期缴纳计划

填报日期	2020-07-14	截止缴款时间	2024-12-31	应纳税所得额	86 394 251.15
应缴个人所得税	17 278 850.23	已缴个人所得税	0.00		

分期	计划缴款时间	计划缴款金额	状态
1	2020-07-31	1 000 000.00	已申报
2	2021-12-31	1 000 000.00	未申报
3	2022-12-31	1 000 000.00	未申报
4	2023-12-31	1 000 000.00	未申报
5	2024-12-31	13 278 850.23	未申报

图 2－40 （截图）主管税务机关备案

需要注意，这里的备案是以个人（纳税人）的名义进行。

（1）这里的纳税人是指：以发生非货币性资产投资行为并取得被投资企业股权（或财产份额）的个人。

（2）根据纳税地点的不同。纳税人向不同主管税务机关进行备案：纳税人以不动产投资的，以不动产所在地税务机关为主管税务机关；纳税人以其持有的企业股权对外投资的，以该企业所在地税务机关为主管税务机关；纳税人以其他非货币资产投资的，以被投资企业所在地税务机关为主管税务机关。

（3）纳税人非货币性资产投资需要分期缴纳个人所得税的，应于取得被投资企业股权之日的次月 15 日内，自行制订缴税计划并向主管税务机关报送《非货币性资产投资分期缴纳个人所得税备案表》及其他资料。纳税人分期缴税期间提出变更原分期缴税计划的，应重新制订分期缴税计划并向主管税务机关重新报送《非货币性资产投资分期缴纳个人所得税备案表》。

（4）个人以非货币性资产投资交易过程中取得现金补价的，现金部分应优先用于缴税；现金不足以缴纳的部分，可分期缴纳。

个人在分期缴税期间转让其持有的上述全部或部分股权，并取得现金收入的，该现金收入应优先用于缴纳尚未缴清的税款。应于转让股权之日的次月 15 日内向主管税务机关申报纳税。

纳税申报方式：非货币性资产投资个人所得税由纳税人向主管税务机关自行申报缴纳。

政策实施前发生行为的处理：2015 年 4 月 1 日之前发生的非货币性资产投资，期限未超过 5 年，尚未进行税收处理且需要分期缴纳个人所得税的，纳税人应于本公告下发之日起 30 日内向主管税务机关办理分期缴税备案手续。

未按期备案的法律责任：纳税人未按规定备案、缴税和报送资料的，按照《中华人民共和国税收征收管理法》及有关规定处理。

2. 为什么说个人和其投资的个人独资企业是不同的主体？

2019 年 12 月，有纳税人在某省 12366 服务中心咨询：个人 A 将其所持有 100% 股权（甲公司）转让给自己的个人独资企业，这种情况下 A 需要交个税吗？

问题引发财税爱好者的热议和讨论。有财税老师在公众号一篇文章中提到，自然人和个人独资企业是两个不同的主体，（个人）持有的第三方股权转让（给自己投资的个人独资企业）行为，应该按规定计算缴纳个税。但不理解的是：财税［2000］91 号附件 1《关于个人独资企业和合伙企业投资者征收个人所得税的规定》第三条的规定，老师认为文件规定得很明确，投资人和个人独资企业在计算个税时，并不存在两个主体。同一个主体之间转让股权需要缴个税，于理不通。因此疑惑：投资人和他投资的个人独资企业之间，在个人所得税法上，到底是一个主体还是两个主体？

这也是大多数财税人的不解，否则不会引起那么大争议了。

其实，这里大家忘了一个引用文件进行比较论证的前提：民事法律行为及其法律关系。如果补上基础法律行为就理解了：个人独资企业把持有的第三方的股权转让给投资者个人。那么，转让股权的收益属于个人独资企业的收入总额（经营所得）。投资人从个人独资企业取得的经营所得应该缴纳个人所得税。

是两个主体吧！不论是个人（自然人）的财产转让所得，还是个人独资企业层面核算的经营所得，核算主体不同，存在两不同的主体。只是税法规定，个人独资企业的经营所得（应纳税所得额），其个税纳税义务人是投资者个人，出现了核算主体和纳税主体的分离。

关于纳税人咨询的该问题，有个细节我们还需要关注：个人 A 将其所持有 100% 股权（甲公司）转让给自己的个人独资企业，换取的是什么？换取投资权益？还是货币（非货币）资产？即目的是投资还是出让股权？因为业务不同，适用的规则就不一样（这里我们就不展开探讨了），那么，税收政策也许也不一样了。

事实上，纳税人并未交代清楚这一点。

专题二十六：合伙企业合伙人出资缴纳印花税争议的“根源”

合伙企业合伙人的出资是否缴纳印花税？这个话题在实务中一直困扰着财税人员，并且争议不断。

有些财税人认为合伙人出资需要缴纳印花税，理由是收到出资后已经计入了“实收资本”，并且合伙企业也没有单独的财务报表，所以不可避免的需要缴纳印花税。追根究源还是理解上存在一定的误区。

《中华人民共和国印花税暂行条例》（国务院令第 11 号，于 2022 年 7 月 1 日起废止）第二条规定“营业账簿”为印花税应纳税凭证。

而《中华人民共和国印花税暂行条例实施细则》（财税字［1988］255 号）第六条规定，“营业账簿”是指单位或者个人记载生产经营活动的财务会计核算账簿。第七条规定，按《印花税暂行条例》的税目税率表，“营业账簿”包括“记载资金的账簿”和“其他账簿”。

而根据《国家税务总局关于资金账簿印花税问题的通知》（国税发［1994］025 号，于 2022 年 7 月 1 日起废止）规定，自 1994 年 1 月 1 日起，生产经营单位执行“两则”（即财政部发布、自 1993 年 7 月 1 日起实施的《企业财务通则》和《企业会计准则》）后，“记载资金的账簿”的印花税计税依据改为

"实收资本"与"资本公积"两项的合计金额。

另外，依据《关于对营业账簿减免印花税的通知》（财税［2018］50号，于2022年7月1日起全文废止），为鼓励投资创业，自2018年5月1日起，营业账簿中对按万分之五税率贴花的资金账簿减半征收印花税（注：根据"六税两费"减免政策，对增值税小规模纳税人、小型微利企业和个体工商户可以在50%的税额幅度内减征印花税，即叠加享受优惠政策，有兴趣的财税老师可去官网查询具体文件），对按件贴花五元的其他账簿免征印花税【注：《中华人民共和国印花税法》（中华人民共和国主席令第89号，简称《印花税法》，自2022年7月1日起施行）第二条规定，本法所称应税凭证，是指本法所附《印花税税目税率表》列明的合同、产权转移书据和营业账簿。而第五条第一款第三项规定，应税营业账簿的计税依据，为账簿记载的实收资本（股本）、资本公积合计金额（即不再涉及其他账簿）；第十一条规定，已缴纳印花税的营业账簿，以后年度记载的实收资本（股本）、资本公积合计金额比已缴纳印花税的实收资本（股本）、资本公积合计金额增加的，按照增加部分计算应纳税额。具体是实收资本（股本）、资本公积合计金额的万分之二点五】。

这样看，相关政策已经明确。可为什么在实务中却存在误解和争议，从而导致各地执行口径不统一？

一是我国在2000年1月1日起对合伙企业（包括个人独资企业）停止征收企业所得税，2006年也修订了《合伙企业法》，但其余配套的财、税政策却一直不太完善。比如，合伙企业（包括个人独资企业）会计处理适用《企业会计准则》或者《小企业会计准则》，但是合伙企业（个人独资企业）具有特殊性，合伙人（投资者）的出资，财税人员却不知道应该放哪个科目？官方也无统一的操作指引，很多合伙企业（个人独资企业）依据《小企业会计准则》直接计入"实收资本"，所以就"理所当然"计征了印花税。有点遗憾，财政部发布的《规定》还是未明确这一点（《印花税法》及系列配套公告也未提及这一点）。

二是财税人员对合伙企业（包括个人独资企业）会计核算接触少，理解也不到位，实务中对一些权益类账户的设置，比如"合伙人资本"许多人不认可，理由是官方未出台、发布过相关文件。

目前，合伙企业（包括个人独资企业）会计核算设置的特殊会计科目，大部分高校的《高级财务会计》课程中都有讲授。比如厦门大学、东北财经大学等。合伙企业如果适用《小企业会计准则》增设这些适宜的科目，严格按其进行会计处理，则合伙企业合伙人出资计入“合伙人资本”（个人独资企业投资人出资计入“业主资本”），就不会涉及印花税计税依据“实收资本”与“资本公积”两项的合计金额，也就不需要按照“营业账簿”缴纳印花税了。

正是基于统一政策指引的缺失和实务理解的偏差，加之账务处理的混乱，大概率就出现了执行口径不统一的情况。2018 年 1 月，国家税务总局用问答的方式统一答复“合伙企业出资额不计入实收资本和资本公积，不征收资金账簿印花税”。

专题拓展

1. 合伙企业把 500 万元汇还给合伙人，能挂借款处理吗？

有位财税朋友问：合伙人 3 月投资合伙企业 1 000 万元。5 月合伙企业对外进行股权投资，确认了“长期股权投资”1 000 万，7 月投资失败，对方把资金退还给合伙企业。后因合伙人资金紧缺，合伙企业把 500 万汇给合伙人，这种能挂借款处理吗？需要交个税吗？简短交流后知道了，表面是在咨询合伙人投入合伙企业资金往来的账务处理和个人所得税问题，其实，问题的落脚点还是“合伙人投入到合伙企业的资金”是否缴纳印花税。

为什么想挂借款？

理由是：500 万元账务处理冲减“实收资本”，再入资的话，又得交印花税。如果挂往来处理的话，就不涉及印花税问题了。

原来还是对合伙企业合伙人的出资是否缴纳印花税有误解。

既然印花税计税依据为“实收资本”与“资本公积”两项的合计金额。而国家税务总局已以问答的方式统一答复“合伙企业出资额不计入实收资本和资本公积，不征收资金账簿印花税”。

那么，合伙企业把 500 万元合伙人出资汇还给合伙人，可以计入“合伙人资本”科目，是合伙人出资的减少，也就不涉及个人所得税。同样也不涉及印花税。

2. 自然人合伙人转让合伙企业的财产份额双方签订的协议需要缴纳印花税吗？

印花税，属于列举式的税种。《印花税法》第二条规定，本法所称应税凭证，是指本法所附《印花税税目税率表》列明的合同、产权转移书据和营业账簿。第四条规定，印花税的税目、税率，依照本法所附《印花税税目税率表》执行。而《印花税税目税率表》列明的产权转移书据，具体包括：土地使用权出让书据；土地使用权、房屋等建筑物和构筑物所有权转让书据（不包括土地承包经营权和土地经营权转移）；股权转让书据（不包括应缴纳证券交易印花税的）；商标专用权、著作权、专利权、专有技术使用权转让书据。

很显然，合伙人转让合伙企业的财产份额，不在《印花税税目税率表》列明“产权转移书据”的具体列举范围之内。所以，双方签订的协议，不需要缴纳印花税。

3. 合伙人以股权投资到合伙企业，需要按照“产权转移数据”缴纳印花税吗？

《印花税法》所附《印花税税目税率表》列明的产权转移书据，其中包括股权转让书据（不包括应缴纳证券交易印花税的）。

《国家税务总局关于发布〈股权转让所得个人所得税管理办法（试行）〉的公告》（国家税务总局公告 2014 年第 67 号）第三条规定，本办法所称股权转让是指个人将股权转让给其他个人或法人的行为，包括以下情形：……（五）以股权对外投资或进行其他非货币性交易。

而《中华人民共和国印花税暂行条例施行细则》第二条规定，条例第一条所说的单位和个人，是指国内各类企业、事业、机关、团体、部队以及中外合资企业、合作企业、外资企业、外国公司企业和其他经济组织及其在华机构等单位和个人。

所以，合伙企业属于国内的企业，签订的以股权入伙协议应按照“产权转移书据”税目缴纳印花税。并且，个人以非上市（挂牌）公司股权投资的，可依据财税［2019］13 号享受减征优惠政策（注：关于印花税减免涉及的税收政策，财政部 税务总局后期又陆续发了延续文件，对此业务有兴趣的财税老师可去官网查看）。

这里需要注意：按照“产权转移书据”税目缴纳印花税，是针对转让方和受让方的股权交易行为，它区别于“合伙企业出资额不计入实收资本和资本公积，不征收资金账簿印花税”的规定，两者不可混淆。

专题二十七：从“12366”的一个咨询谈起：多层合伙架构中的涉税问题

一位纳税人咨询某省 12366 纳税服务平台一个业务（如图 2 －41 所示）：

合伙企业的合伙人是合伙企业的个税扣缴问题。

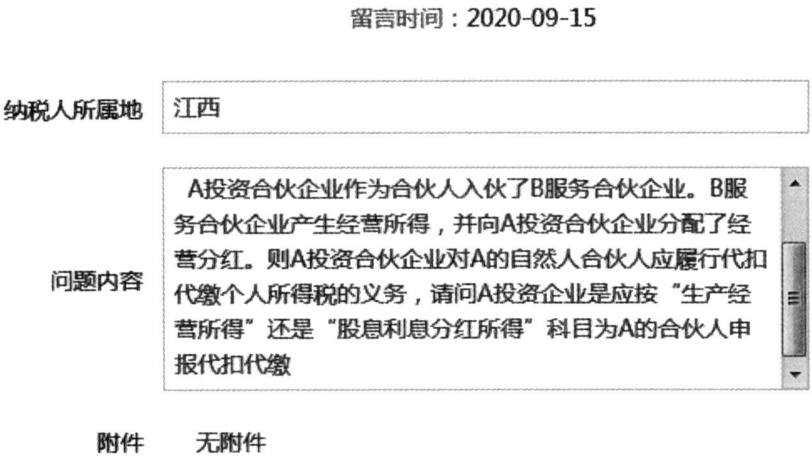
留言时间：2020-09-15

纳税人所属地 江西

问题内容 A投资合伙企业作为合伙人入伙了B服务合伙企业。B服务合伙企业产生经营所得，并向A投资合伙企业分配了经营分红。则A投资合伙企业对A的自然人合伙人应履行代扣代缴个人所得税的义务，请问A投资企业是应按“生产经营所得”还是“股息利息分红所得”科目为A的合伙人申报代扣代缴

附件 无附件

图 2－41　合伙企业的合伙人是合伙企业的个税扣缴问题

因为纳税人没有得到满意的答复，所以又以标题“多层合伙企业股权穿透生产经营所得的执行口径问题”先后咨询了几个省的12366纳税服务平台，当然也包括笔者所在省的12366。

当时笔者从不同角度进行理解，写了两篇短文发在了公众号【税和湛蓝】。通过后来和纳税人交流，觉着还是没写到点上，所以再次整理于此，我们依图（如图2－42所示）分步解析。

（1）依据国发［2000］16号，自2000年1月1日起，合伙企业不属于企业所得税的纳税义务人。合伙企业的个人合伙人从境内注册的合伙企业取得的经营所得，比照个体工商户的生产、经营所得征收个人所得税，纳税义务人、法定申报主体是自然人合伙人。

在本问题中，B合伙企业的合伙人包括A合伙企业。假设B合伙企业无自然人合伙人。则B合伙企业应该没有相应的“经营所得个人所得税”税种认定。B合伙企业的“经营所得”采取“先分后税”原则分配给合伙人时（不是实际分配），合伙人的纳税义务即发生。法人合伙人纳税地点在其登记注册所在地，所以，甲公司不需要在B合伙企业所在地主管税务机关进行纳税申报。

（2）新《个人所得税法》规定的9项应税所得中，经营所得是唯一没有扣缴义务人的项目。合伙人个人从合伙企业取得经营所得，应自行纳税申报。纳税申报方式有“代理申报”、“代办申报”和“自行申报”三种方式。三种方式不同，需要区分清楚。合伙企业给合伙人的代办申报、中介财务公司依约给

合伙人的代理申报，都是一种无偿或者有偿的服务，是双方协商约定的。与法定的个税“代扣代缴”完全不是一回事。

有财税老师于 2020 年初发了文章在某网站，文章中认为，依据财税［2000］91 号文及系列规定，合伙企业应当为自然人合伙人代为申报个人所得税。这观点是错误的。

因为财税［2000］91 号附件 1《关于个人独资企业和合伙企业投资者征收个人所得税的法规》第二十条规定，“……。投资者从合伙企业取得的生产经营所得，由合伙企业向企业实际经营管理所在地主管税务机关申报缴纳投资者应纳的个人所得税，并将个人所得税申报表抄送投资者。”但 2019 年 1 月 1 日起新《个人所得税法》实施以后，该规定已不适用。因为经营所得个人所得税纳税义务人、法定申报主体就是合伙人个人。

只是需要注意一点，“代理申报”、“代办申报”和“自行申报”申报方式不同，但都是纳税人缴纳税款，即使使用三方协议缴款，也是税务机关、纳税人个人开户银行、纳税人个人签订的财税库银三方协议，不是被投资单位的三方协议（即税务机关、企业开户银行、企业签订的财税库银三方协议）。纳税人咨询时问“A 投资企业是应按生产经营所得还是股息利息分红所得科目为 A 的合伙人申报代扣代缴?”其本身存在问题，说明对合伙人经营所得个人所得税的纳税申报与扣缴义务人对股息红利的代扣代缴法定义务中的一些概念未厘清关系。

不论 B 合伙企业的“经营所得”采取“先分后税”原则分配给合伙人 A 合伙企业、甲公司；还是 A 合伙企业的“经营所得”分配给合伙人张三、李四时，A、B 合伙企业都没有法定的代扣代缴义务。另外需要注意，B 合伙企业、A 合伙企业是不同的“应纳税所得额”的核算主体，其核算的经营所得（应纳税所得额）不一定相等，但是 A 合伙企业的经营所得包括从 B 合伙企业取得的经营所得。

个人合伙人张三、李四等从 A 合伙企业取得的经营所得，应该由合伙人自行申报，或者 A 合伙企业代办申报、或者第三方代理申报，向 A 合伙企业所在地主管税务机关报送 A 表（或者 A 表、B 表）。

有财税朋友问，A 投资合伙企业从 B 服务合伙企业取得的就是经营所得，依据是什么呢?

这里不难理解，合伙人从合伙企业取得所得，有两种方式，一是股息红利，二是经营所得。

国税函［2001］84 号“二、关于个人独资企业和合伙企业对外投资分回利息、股息、红利的征税问题”规定：个人独资企业和合伙企业对外投资分回的利息或者股息、红利，不并入企业的收入，而应单独作为投资者个人取得的利息、股息、红利所得，按“利息、股息、红利所得”应税项目计算缴纳个人所得税。

而利息、股息、红利所得，是指个人或企业拥有对外投资的债权（比如债券）、股权等而取得的所得。但是以咨询问题所描述“A投资合伙企业作为合伙人入伙了B服务合伙企业”，那就不是股权，也不是债权（有兴趣的财税人可以搜集资料了解这些概念的含义及区别），A投资合伙企业从B服务合伙企业取得的就是经营所得（假设企业间组织构架如图2－42所示）。

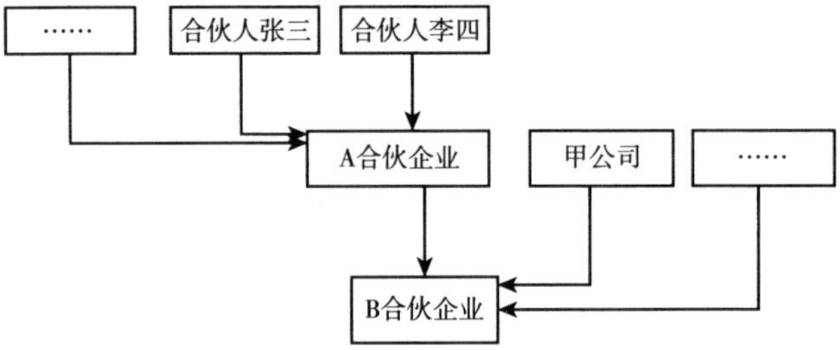

图2－42　多层合伙架构图

（3）如果B合伙企业对外进行投资（比如“股权投资”），从乙公司取得股息、红利（如图2－43所示）。那么，此股息、红利不并入B合伙企业的收入，也不并入A合伙企业的收入，直接确定各个投资者的股息、红利所得。

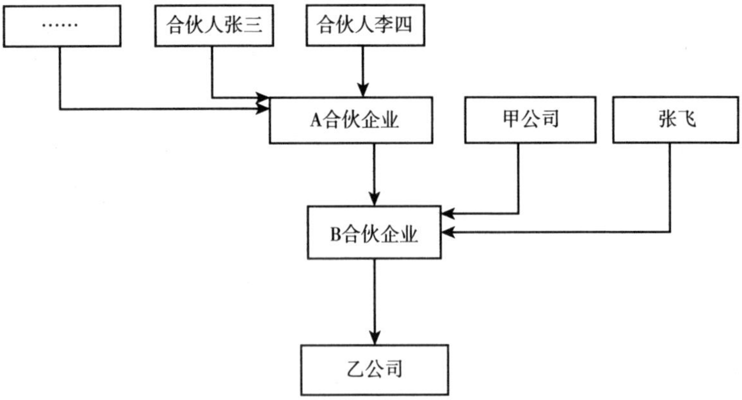

图2－43　合伙企业股权投资

其中，张飞、张三、李四取得的股息红利，分别按“股息、红利所得”应税项目计算缴纳个人所得税。税款由向个人支付应税款项的扣缴义务人在支付款项时代扣代缴。

所以由 A 合伙企业支付的“股息、红利所得”，则 A 合伙企业负责代扣代缴合伙人张三、李四的股息红利所得个人所得税。由 B 合伙企业支付的“股息、红利所得”，则由 B 合伙企业负责代扣代缴合伙人张飞的股息红利个人所得税。

（4）如果张飞转让通过 B 合伙企业持有的乙公司的股权（如图 2－43 所示），张飞按照“财产转让所得”20% 的税率缴纳个税？还是按照“经营所得”项目适用 5%—35% 的超额累进税率缴纳个税？

有此困扰或者纠结的根源，一是对税收政策理解不统一；二是征管实务中各地执行政策不一致。究其原因，有某些地方政府的因素（出台了一些地方税收政策规定，个人通过合伙企业持股，股权转让收入按照“财产转让所得”缴纳个税，税率为 20%），当然更多的是对税收业务的误解。

如本案中，个人合伙人张飞（通过 B 合伙企业）转让乙公司的股权，其实这种说法是一种行业习惯说法。此处的转让股权，首先第一步必须是合伙企业转让其持有的乙公司的股权。股权转让所得（财产转让所得）的核算主体是 B 合伙企业，即 B 合伙企业（层面）核算经营所得，但经营所得纳税义务人是张飞等合伙人。

所以 B 合伙企业核算的经营所得“先分后税”到张飞和 A 合伙企业（A 合伙企业再把其核算的经营所得分配至合伙人）。张飞、张三、李四需要按期申报经营所得个税（按照分得收入比例计算缴纳个税），报送《个人所得税经营所得纳税申报表（A 表）、（B 表）》等。

张飞退出 B 合伙企业，其他合伙人（A 合伙企业、甲公司）应当与该退伙人（张飞）按照退伙时的 B 合伙企业财产状况进行结算，退还退伙人（张飞）的财产份额。结算后退伙人（张飞）按照“财产转让所得”，由 B 合伙企业代扣代缴个人所得税。这里需要注意，按照“财产转让所得”计算个税的计税依据，根据具体情况，应当扣除纳税人已按照“经营所得”缴纳个人所得税的部分（具体操作请参考“专题五：个人合伙人从合伙企业取得的收入，需要划分不同的所得进行纳税申报？”的案例）。

当然，根据《财政部 税务总局 发展改革委 证监会联合发布〈关于创业投资企业个人合伙人所得税政策问题的通知〉》（财税［2019］8 号，简称财税

［2019］8 号）的规定，创投企业可以选择按单一投资基金核算或者按创投企业年度所得整体核算两种方式之一，对其个人合伙人来源于创投企业的所得计算个人所得税应纳税额。如果创投企业选择按单一投资基金核算并按照规定完成备案且规范运作的，其个人合伙人从该基金应分得的股权转让所得和股息红利所得，按照 20% 税率计算缴纳个人所得税。并由创投企业按次代扣代缴个人所得税（具体详情在专题三十一“创投企业单一投资基金核算与年度所得整体核算”部分介绍）。执行期限为 2019 年 1 月 1 日起至 2023 年 12 月 31 日止。

因此，如果不符合财税［2019］8 号规定的条件，或者符合条件但纳税人不选择按照单一投资基金核算或未按照规定完成备案且规范运作的，则个人合伙人通过合伙企业转让股权，应该按照“经营所得”项目适用 5%—35% 的超额累进税率计算缴纳个税。

有财税机构老师认为这样会存在重复征税。并举例：2019 年，张一、李二、丁公司等通过乙合伙企业间接持股甲公司（30%），共投资 30 万元。其中张一投资 6 万元。2021 年，乙合伙企业卖出甲公司 10% 股权取得收益 100 万元。然后：乙合伙企业的经营所得（应纳税所得额）按照“先分后税”的原则分配到合伙人。其中张一应分得 20 万元应当按照 5%—35% 的超额累进税率缴纳经营所得个税。张一退伙从合伙企业结算取得 20 万元，再按照“财产转让所得”，以 20% 比例税率由乙合伙企业代扣代缴一道个税（文章后老师还“筹划”出了解决此重复纳税情形的几种方案）。事情就是这样被人为复杂起来的。该老师的解读应该存在误导。因为此处不存在重复征收个税的问题，其中原理依据图 2－43 已介绍，我们不再赘述。

以上的政策梳理与分析，还可以结合案例加深理解：

基本情况：2022 年 2 月 18 日，江苏浩欧博生物医药股份有限公司（证券代码：688656，证券简称：浩欧博）发布了《关于非经营性资金占用事项自查及整改情况的公告》。从这份公告可以了解到：2020 年 3 月，公司实际控制人陈某转让了一部分其通过苏州外润间接持有的公司股份给外部股权投资基金，并由苏州外润于 2020 年 4 月按照 20% 税率代扣代缴了个人所得税。

2021 年 7 月下旬，苏州外润接到税务部门通知要求按 35% 的税率尽快补交股权转让所得税款，陈某无法短期内筹集 1 700.00 万元的资金，公司及子公司于 2021 年 7 月 23 日以公司自有资金（非募集资金）借款给苏州外润用于补税，涉及金额 1 700.00 万元，占公司 2021 年 6 月 30 日净资产的 2.33%。陈某通过苏州外润于 2021 年 7 月 28 日向公司及子公司偿还 1 200 万元、于 2021 年 7 月 30 日向公司及子公司偿还 500 万元，所借款项全部归还完毕。

（注：浩欧博，2021 年 1 月 13 日在科创板注册上市，陈某为实际控制人之一。苏州外润系浩欧博员工持股平台，共有 41 名合伙人。苏州外润除持有浩欧博股权以外，未开展其他经营业务。）

涉税分析：2020 年 3 月 17 日，福州弘晖、珠海弘晖与苏州外润等其他相关方共同签署《股份转让协议》，平潭建发与苏州外润等其他相关方共同签署《股份转让协议》，约定苏州外润将其合计所持浩欧博 4.59% 的股权，以总价人民币 105 499 978 元转让给福州弘晖、珠海弘晖及平潭建发。陈某为苏州外润执行事务合伙人，本次股权转让的实质是陈某将其通过苏州外润持有的浩欧博股权对外转让，本次转让完成后，苏州外润相应回购（即陈某对苏州外润减少出资）了陈某所持有的出资份额。陈某持有苏州外润的出资额比例从 22.05% 降为 0.17%。

那么，陈某从苏州外润“先分后税”分得的经营所得，应该适用 5%—35% 的超额累进税率申报缴纳经营所得个税。但纳税人实际是按照“财产转让所得”20% 的税率由苏州外润代扣的个税。因此，主管税务机关及时追补缴了税款。

注：本案例需要清楚区分两个不同环节：一是苏州外润转让其持有的浩欧博的部分股权，合伙人产生纳税义务，应税项目是经营所得；二是陈某对苏州外润减少出资（出资额比例从 22.05% 降为 0.17%），取得款项。

个人合伙人减资或者合伙企业回购财产份额，涉及个人所得税吗？如果涉及，属于哪个应税项目？笔者认为应该分情况讨论：

1. 如果个人合伙人单纯减资，取得款项（金额）与减资额一致，则应该不涉及个人所得税；

2. 如果合伙企业回购合伙人的财产份额，合伙人取得的结算款与减资金额不一致（即高于成本价回购），则应该参照退伙（部分退伙）考虑个人所得税。应税所得项目属于“财产转让所得”。

那么，这里同样也应注意，苏州外润回购陈某的财产份额，陈某收到的结算款，如果涉及个人所得税，其“财产转让所得”个税的计税依据，不包括已经按照经营所得计税的部分（掌握一个原则：不重复计税）。

专题二十八：多层合伙架构中涉税疑难问题探讨

实务中关于多层合伙架构的涉税问题大家觉着不好把握，困惑也比较多，所以我们计划用一个专题探讨相关税收政策和征管制度。

（一）多层合伙架构中的纳税义务人、法定申报主体

财税［2008］159号第一条、第二条规定，依照中国法律、行政法规成立的合伙企业，以每一个合伙人为纳税义务人。合伙企业合伙人是自然人的，缴纳个人所得税；合伙人是法人和其他组织的，缴纳企业所得税。

所以，合伙企业不是所得税的纳税义务人，只是核算“应纳税所得额”的主体，合伙企业层面的“应纳税所得额”应分配到纳税人。如果合伙企业的合伙人仍然还是合伙企业，就需要继续分配，直到分配至“个人合伙人”或“法人或者其他组织合伙人”纳税人。

如图2－44中所示，B合伙企业（第一层）核算的“应纳税所得额”，按照“先分后税”原则进行分配，分配至A投资合伙企业（第二层）的经营所得，A投资合伙企业既不是经营所得个人所得税的纳税义务人，也不是经营所得企业所得税的纳税义务人，所以A投资合伙企业的全部经营所得（包括生产经营所得和其他所得，是指A合伙企业分配给所有合伙人的所得和企业当

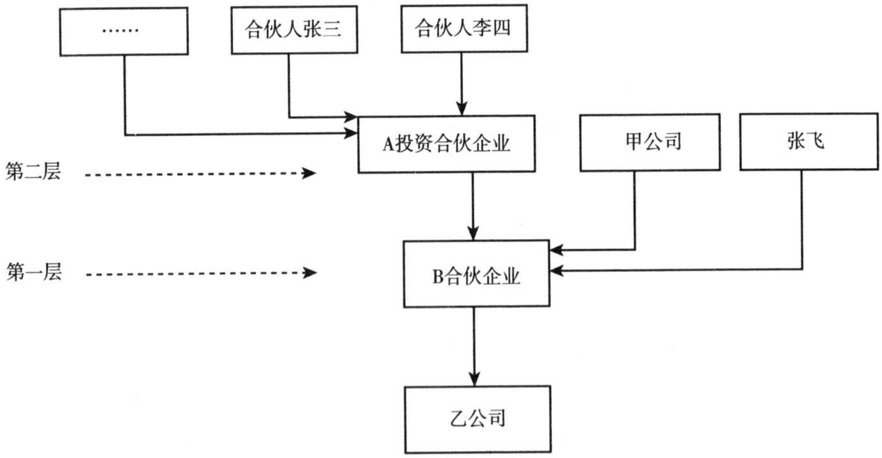

图2－44 合伙企业“先分后税”分配

年留存的所得）继续分配至合伙人张三、李四等。张三、李四是经营所得个人所得税的纳税义务人，也是法定的纳税申报主体。

（二）多层合伙架构中合伙人取得所得纳税地点

根据财税［2000］91号附件1《关于个人独资企业和合伙企业投资者征收个人所得税的法规》第二十条规定，投资者应向企业实际经营管理所在地主管税务机关申报缴纳个人所得税。这一点不难理解，合伙企业的合伙人是个人的，从合伙企业取得的经营所得缴纳个人所得税，纳税地点是合伙企业所在地；而合伙人是法人或者其他组织的，因为法人或者其他组织合伙人从合伙企业取得的所得，计算缴纳企业所得税时需要与其自身的所得汇总在一起缴纳，因此，合伙企业的法人或者其他组织合伙人，纳税地点仍然是其自身登记注册地，不是合伙企业所在地。因此，在图2－44的多层合伙架构中，合伙人张三、李四从A投资合伙企业取得经营所得，纳税地点是A投资合伙企业所在地。因为张三、李四的“投资方信息”就维护在A投资合伙企业，其纳税地点只能在A投资合伙企业所在地（这里需要区别申报地点，现代网络技术条件下，在哪都可以申报）。

而B合伙企业的合伙人甲公司，从B合伙企业取得投资的所得，纳税地点是甲公司登记注册地。同理，A投资合伙企业如果有法人或者其他组织合伙人时，法人或者其他组织从A投资合伙企业取得所得的纳税地点是法人或者其他组织的登记注册地。

（注：B合伙企业如有个人合伙人，该合伙人从B合伙企业取得经营所得个人所得税纳税地点是B合伙企业所在地，因为其“投资方信息”维护在B合伙企业）。

（三）多层合伙架构中所得的“穿透”

前面已经作了介绍，合伙人从合伙企业取得的所得包括利息、股息、红利所得和经营所得。对于经营所得，如图2－44中所示的A投资合伙企业、B合伙企业，多层合伙企业之间层层“穿透”，这里不再赘述。我们重点介绍合伙人取得的利息、股息、红利所得，计算个人所得税时是否“穿透”？

其实，在专题十五专题拓展“合伙企业对外投资分回的利息或者股息、红利，法人合伙人的计税问题”部分我们也已经作了详细介绍：国税函［2001］84号规定，合伙企业对外投资分回的利息或者股息、红利，不并入企业的收入，而应单独作为投资者个人取得的利息、股息、红利所得，按“利息、股息、红利所得”应税项目计算缴纳个人所得税。之所以对个人投资者这么规定，是为了公平税负。

自然人投资取得的股、息、红按照20%的比例税率征收个人所得税，如果允许个人投资者通过合伙企业再投资取得的股、息、红，可以合并到合伙企业层面，再扣除一些成本费用，然后按照经营所得计征个人所得税，势必会减少“税基”，造成税负的不公平，所以才做了特别规定。这个政策设计应该同样适用于多层合伙企业架构中。

因此，个人投资者通过多层合伙企业架构再投资取得“利息、股息、红利所得”，所得性质层层“穿透”，直至分配到投资者个人，仍然按照“利息、股息、红利所得”单独计征个人所得税。比如图2－44中，乙公司分配的股息、红利，分配至A投资合伙企业的合伙人张三、李四，仍然按照“利息、股息、红利所得”单独计征20%的个人所得税。

这里实务中一直有个误区：有些财税老师认为“利息、股息、红利”的所得性质只能“穿透”一层合伙企业。如图2－44所示，B合伙企业对外投资到乙公司，分回的利息或者股息、红利不并入B合伙企业的收入，应单独作为投资者个人（比如张飞）取得的利息、股息、红利所得，按“利息、股息、红利所得”应税项目计算缴纳个人所得税；而这部分“利息、股息、红利”分配到A合伙企业的部分，则应合并到A合伙企业的经营所得，再按照“先分后税”的原则分配到其合伙人，则张三、李四缴纳的是经营所得的个人所得税。

没错，上一专题我们已经介绍过，A投资合伙企业作为合伙人入伙了B合伙企业，A投资合伙企业未取得股权，也未取得债权（指债券投资），而是取得了B合伙企业的财产份额。所以A投资合伙企业从B合伙企业取得的所得一般就是经营所得。

但对于“‘利息、股息、红利’的所得性质只能‘穿透’一层合伙企业”这种观点，笔者认为，还是存在偏差。因为这样理解国税函［2001］84号第二条，是把关键点只放在了“个人独资企业和合伙企业对外投资分回的利息或者股息、红利，……”。但却忽略了另一个关键点：“……，应单独作为投资者个人取得的利息、股息、红利所得，……。”即个人独资企业和合伙企业对外投资分回的利息或者股息、红利，不并入企业的收入，需要单独分配到纳税人（投资者）。结合本案例，从B合伙企业分配到A投资合伙企业的股息、红利，因A投资合伙企业既不是企业所得税的纳税义务人，也不是个人所得税的纳税义务人，等于这部分股息、红利所得还未分配到纳税人（投资者），所以，需要继续分配，直到分配给纳税人张三、李四等。

那么，该笔“股息、红利”的扣缴义务人是谁？

《个人所得税法》第九条规定，个人所得税以所得人为纳税人，以支付所得的单位或者个人为扣缴义务人。所以，一般情况下，向个人合伙人支付股息、红利的合伙企业为扣缴义务人。比如，A 投资合伙企业或者 B 合伙企业。

但法律另有规定的，应当按照其规定执行。比如证券投资基金。《财政部 国家税务总局关于证券投资基金税收问题的通知》（财税字［1998］55 号，简称财税字［1998］55 号）规定，投资者从基金分配中获得的股票的股息、红利收入以及企业债券的利息收入，由上市公司和发行债券的企业在向基金派发股息、红利、利息时代扣代缴 20% 的个人所得税，基金向个人投资者分配股息、红利、利息时，不再代扣代缴个人所得税。

需要关注的是，国税函［2001］84 号规定的利息、股息、红利，包括以未分配利润、盈余公积和除股票溢价发行外的其他资本公积转增注册资本和股本，也按照“利息、股息、红利所得”项目依据现行政策规定计征个人所得税。

参考：1. 姜新录老师整理在“陇上税语”的江苏宏德特种部件股份有限公司 IPO 前自查补缴 20 年前未分配利润转增资本未交的个税案例。

2. 北京数聚智连科技股份有限公司 IPO 时披露的三个（股东）合伙企业的自然人合伙人个税问题：发行人前身博思瀚扬（有限责任公司）成立于 2008 年 3 月，注册资本 170 万元。2015 年 7 月 31 日，博思瀚扬整体（股改）变更为股份有限公司，以截至 2015 年 6 月 30 日的经审计账面净资产值 17 406.955471 万元为基础进行整体变更，其中人民币 10 000 万元作为整体变更后股份有限公司的注册资本，其余计入整体变更后股份有限公司的资本公积，各股东的持股比例不变。

公司整体变更过程中，发起人股东华新蓝创、蓝标网众及珠海启双（注：三个合伙持股平台）的自然人合伙人未缴纳个人所得税。截至本招股说明书签署之日，华新蓝创自然人合伙人已完成前述个人所得税的补缴。蓝标网众、珠海启双已分别出具承诺。

实务中，有纳税人咨询某省 12366：股份制企业用资本公积金（股改后股份制企业股票溢价发行收入所形成的）转增股本不属于股息、红利性质的分配，对个人股东取得的转增股本数额，不作为个人所得，不征收个人所得税。那么，对于合伙企业股东（穿透之后均是个人投资者）取得的转增股本数额，是否适用上述优惠政策，是否需要征收个人所得税？

12366的答复是：如果股东是合伙企业则不属于该适用下列文件规定。

文件依据：《国家税务总局关于原城市信用社在转制为城市合作银行过程中个人股增值所得应纳个人所得税的批复》（国税函［1998］289号）、《国家税务总局关于股份制企业转增股本和派发红股征免个人所得税的通知》（国税发［1997］198号）。

对此，有财税朋友持不同观点，笔者认为12366的回答没问题。

前面我们已介绍了，国税函［2001］84号之所以对合伙企业对外投资分回的利息或者股息、红利，做出“不并入企业的收入，而应单独作为投资者个人取得的利息、股息、红利所得，按‘利息、股息、红利所得’应税项目计算缴纳个人所得税”的特别规定，就在于规避因采用合伙企业做通道而降低税负的行为，使自然人合伙人通过“合伙企业”取得股息红利的税负与自然人个人直接取得股息红利的税负一致。即所得性质“穿透”。

但是，所得性质“穿透”，不代表税收政策或者主体身份可以“穿透”（具体在“专题三十专题拓展”部分介绍），所以该省12366的回答应该符合税收政策。

（四）多层合伙架构中的纳税义务发生时间

1. 经营所得纳税义务发生时间。

经营所得相关税收规范中的分配与《合伙企业法》、会计上的分配不同。在税法上，不论合伙企业是否实际进行了分配，只要合伙企业有取得所得，其个人合伙人和法人合伙人均产生了纳税义务。也就是说与合伙企业是否做出分配决议或是否实际分配利润并无关联。

纳税人取得经营所得，按年计算缴纳个人所得税，由纳税人在月度（月报）或季度（季报）终了后15日内，向经营管理所在地主管税务机关办理预缴纳税申报，并报送A表。

在取得所得的次年3月31日前，向经营管理所在地主管税务机关办理汇算清缴，并报送B表。

从两处以上取得经营所得的，选择向其中一处经营管理所在地主管税务机关办理年度汇总申报，并报送C表。

2. 利息、股息、红利纳税义务发生时间。

合伙企业对外投资取得的利息、股息、红利所得，《个人所得税法实施条例》第二十四条规定，扣缴义务人向个人支付应税款项时，应当依照个人所得税法预扣或者代扣税款，按时缴库，并专项记载备查。

前款所称支付，包括现金支付、汇拨支付、转账支付和以有价证券、实物以及其他形式的支付。

仔细理解本法条，利息、股息、红利所得纳税义务发生时间应该是扣缴义务人向个人支付应税款项时。

而财税［2008］159号第二条规定，“合伙企业以每一个合伙人为纳税义务人。合伙企业合伙人是自然人的，缴纳个人所得税”。第三条规定，“合伙企业生产经营所得和其他所得采取‘先分后税’的原则”。前款所称生产经营所得和其他所得，包括合伙企业分配给所有合伙人的所得和企业当年留存的所得（利润）。

理解以上法条，利息、股息、红利所得的纳税义务发生时间，应该是合伙企业会计核算了“其他所得”的当期。

那么，如何衔接理解实施条例和财税［2008］159号规定的纳税义务发生时间？是扣缴义务人向个人支付应税款项时？还是合伙企业会计核算了“其他所得”的当期？此处的会计核算了“其他所得”有限制条件吗？是指合伙企业收到了已核算的利息、股息、红利所得吗？此处比较复杂，有些规定也不明确。

笔者理解，特别规定优于一般规定，应该适用财税［2008］159号的规定。并且应该是合伙企业收到了已核算的利息、股息、红利所得，这时，不论合伙企业是否进行了利润分配（是否向合伙人个人支付了应税款项），都应该对该利息、股息、红利所得，按照约定比例进行税法上的分配，合伙人的纳税义务即已发生。

当然，法律另有规定的，按照规定执行。比如财税字［1998］55号文规定的，对证券投资基金，投资者从基金分配中获得的股票的股息、红利收入以及企业债券的利息收入，由上市公司和发行债券的企业在向基金派发股息、红利、利息时代扣代缴20%的个人所得税，基金向个人投资者分配股息、红利、利息时，不再代扣代缴个人所得税。那么，纳税义务发生时间就是上市公司或者发行债券的企业向基金派发股息、利息、红利时。

专题拓展

1. 合伙型基金合同中约定“分红款先冲减投资人的投资本金”，那么分红要缴纳企业所得税吗？

有纳税人咨询某省税务局12366：一家私募机构（一般纳税人），和其他投资人一起成立了一家有限合伙企业（合伙型基金1），该基金又投资了另外一个合伙型基金2，合伙型基金2投资了各种项目（如图2-45所示）。合伙型基金2的收益包括退出项目的收益、项目年度分红、银行利息等。合伙型基金2给合伙型基金1分红，合伙型基金1又给各投资人分红。合伙型基金1的合同中约定分红款先冲减投资人的投资本金，那税法上私募机构取得分红要缴纳企业所得税吗？

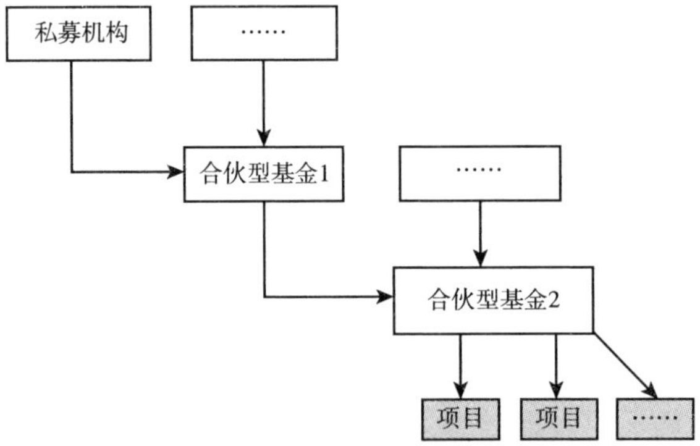

图2-45　合伙企业投资情况

首先，需要明确，税法上，合伙型基金1对经营所得（包括从合伙型基金2取得的经营所得）与从“项目”穿透计征“股息红”个税的“项目年度分红、银行利息等所得”的核算不同。股息红不并入合伙型基金1的收入，而应单独作为投资者个人取得的利息、股息、红利所得，按“利息、股息、红利所得”应税项目计算缴纳个人所得税。

其次，私募机构从合伙型基金1取得的分红所得（投资收益），私募机构如果是法人企业或者其他组织，则应该按照相关规定按时申报缴纳企业所得税。至于合伙型基金1的合同中约定分红款先冲减投资人的投资本金，是合伙人（投资人）与合伙企业（被投资企业）之间的约定，反映在会计核算上。

这里需要区分，一是会计上的核算和税法的规定不同；二是纳税申报是法定的，而合伙人之间协议分配却完全遵从意思自治。合伙企业（合伙型基金1）合伙人收回投资（减资）与税法上合伙人取得经营所得产生纳税义务是两码事，遵循不同的规则，不可互相替代。

某财经咨询机构公众号一篇“《专业解惑》—合伙型基金收到另一合伙型基金分红，该如何缴纳所得税？”写道：在实务中，类似合伙型基金1合同中约定的分红款先冲减投资人的投资本金的做法，税务局在一定程度上也认可，即认为分红属于出资退还，所以贵私募机构在这种情形下不需要缴纳企业所得税，在后续无法冲减投资人投资本金时，再行缴纳企业所得税。

这种观点应该是错误的！并且误导了纳税人。

试想，如果合伙企业会计核算有经营所得，但每个合伙人不申报缴纳所得税，而是先退合伙人的投资成本，并且税务机关认可纳税人不申报的行为。那么，此税务机关存在执法风险。

2. 如果“合伙企业层面亏损，仍然给合伙人优先分配”这种特殊情形，应该如何缴纳税款？

（本案例也摘自陈爱华教授著书《私募基金会计和税务》。案例中提到此问题对现行合伙企业所得税税制有挑战性。笔者尝试对此案例在申报系统进行纳税申报，并在此分享，与大家一起探讨）。

假设刘备公司和关羽自然人各出资 3 亿元和 1 亿元成立蜀汉有限合伙基金，分别投资 A（1.5 亿元）和 B（2.5 亿元）两个项目（如图 2－46 所示）。协议约定，蜀汉有限合伙基金收回的项目资金，扣除蜀汉有限合伙基金层面相应成本费用后，先分配给关羽自然人本金和必要回报（按照年化 8% 回报率计算），如果有剩余再归还刘备公司本金直至还清，如果还有剩余收益，剩余收益再按照 8∶2 的比例分配（法人 80%，自然人 20%）。

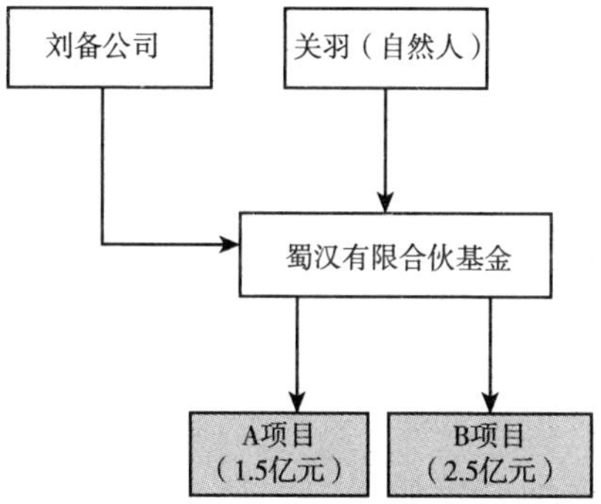

图 2－46 合伙基金投资项目

第二年末，如果项目 A 先退出，蜀汉有限合伙基金仅收回 1.4 亿元。假设合伙企业层面相关成本费用 0.1 亿元，则第二年蜀汉有限合伙基金会计核算账面亏损 0.2 亿元（即：1.4－1.5－0.1）。

《合伙企业法》第三十三条规定，合伙协议不得约定将全部利润分配给部分合伙人或者由部分合伙人承担全部亏损。财税［2008］159 号也规定，合伙协议不得约定将全部利润分配给部分合伙人。但凡事有原则则必有例外，《合伙企业法》

第六十九条规定，有限合伙企业不得将全部利润分配给部分合伙人；但是，合伙协议另有约定的除外。也就是说，对于有限合伙企业，利润分配可以有例外情形。

本案中，蜀汉有限合伙基金按照合伙协议约定，对 1.3 亿元的资金进行分配：

（1）自然人关羽的本金 1 亿元；

（2）自然人关羽年化 8% 回报率的报酬：1 亿元 ×8% ×2 年 =0.16 亿元；

（3）刘备公司本金：1.3 -（1 +0.16）=0.14（亿元）；

在其他资料保持不变的情况下，项目 B 退出时，收回资金 5 亿元，假设合伙企业层面相关成本费用 0.2 亿元，则合伙企业会计核算利润为 2.3 亿元。按照合伙协议约定，蜀汉有限合伙基金对 4.8 亿元（即：5 -0.2）资金进行分配：

（1）刘备公司本金：3 -0.14 =2.86（亿元）；

（2）刘备公司分配投资收益：（4.8 -2.86）×80% =1.552（亿元）；

（3）自然人关羽分配投资收益：（4.8 -2.86）×20% =0.388（亿元）。

即，自然人关羽从项目 A、项目 B 共取得本金 1 亿元，投资收益 0.548 亿元（0.16 +0.388）；刘备公司共取得本金 3 亿元（0.14 +2.86），投资收益 1.552 亿元。

以上是合伙人依据合伙协议进行的分配，符合《合伙企业法》相关规定。会计上也按照分配协议进行了记载。

但不论合伙协议如何约定、会计上如何核算，税法规定，合伙企业税款所属期有经营所得，合伙人即产生纳税义务，就应该在相应的申报期进行纳税申报和缴纳税款（这里的纳税申报包括零申报，零申报指不论是否取得收入，纳税人均需要按期进行纳税申报）。

蜀汉有限合伙基金退出项目 A 的会计年度，合伙企业账面亏损 0.2 亿元，所以，合伙企业层面核算的年应纳税所得额为 0，因此需理解两点：一是合伙人（纳税人）均未取得经营所得，未产生纳税义务，自然人关羽分得的 0.16 亿元款项不应该申报缴纳经营所得个人所得税。二是在自然人电子税务局（ITS），根据申报表表内逻辑关系，当企业层面亏损时，合伙人关羽分得的 0.16 亿元也无法按期在【生产经营申报】模块进行纳税申报，报送 A 表、B 表。

当蜀汉有限合伙基金退出项目 B 的会计年度，合伙企业会计核算利润为 2.3 亿元。弥补企业以前年度亏损（0.2 亿元）后，合伙企业层面核算的年应纳税所得额为 2.1 亿元（即：5 - 成本 2.5 - 费用 0.2 - 以前年度亏损 0.2）。那么，合伙人从蜀汉有限合伙基金取得（这里的取得，不是指实际分到）经营所得，产生纳税义务。

即蜀汉有限合伙基金退出项目 B 的会计年度，合伙人取得“经营所得”分别是：

刘备公司共取得经营所得：(0.14+2.86+1.552)-3=1.552（亿元）；

占合伙企业“应纳税所得额”比例%=1.552÷2.1=73.9048%；

关羽取得“经营所得”：(1+0.16+0.388)-1=0.548（亿元）。

占合伙企业“应纳税所得额”比例%=0.548÷2.1=26.0952%；

以自然人关羽为例，不考虑基本减除费用等事项，蜀汉有限合伙基金从B项目退出时：

(1) 税款计算：关羽应取得“经营所得”=(5-2.5-0.2-0.2)×26.0952%=0.54799920（亿元）=54 799 920（元）。

应纳经营所得个人所得税额=54 799 920×35%-65 500=19 114 472（元）

(2) 纳税申报：自然人电子税务局报送A表为例（详见表2-36）：

表2-36　个人所得税经营所得纳税申报表（A表）　单位：元

申报表

项目	行次	
一、收入总额	1	500 000 000.00
二、成本费用	2	270 000 000.00
三、利润总额	3	230 000 000.00
四、弥补以前年度亏损	4	20 000 000.00
五、应税所得率（%）	5	
六、合伙企业个人合伙人分配比例（%）	6	26.0952
七、允许扣除的个人费用及其他扣除	7	0
（一）投资者减除费用	8	
（二）专项扣除（9=10+11+12+13）	9	
1. 基本养老保险费	10	
2. 基本医疗保险费	11	
3. 失业保险费	12	
4. 住房公积金	13	
（三）依法确定的其他扣除（14=15+16+17）	14	
1. 商业健康保险	15	
2. 税延养老保险	16	
3. 其他	17	
八、准予扣除的个人捐赠支出（附报《个人所得税公益慈善事业捐赠扣除明细表》）	18	
九、应纳税所得额	19	54 799 920.00
十、税率（%）	20	35.00
十一、速算扣除数	21	65 500.00

续表

项目	行次	
十二、应纳税额（22 = 19 × 20 - 21）	22	19 114 472.00
十三、减免税额（附表《个人所得税减免税事项报告表》）	23	0
十四、已缴税额	24	0
十五、应补/退税额（25 = 22 - 23 - 24）	25	19 114 472.00

这里需要注意：（1）会计上，企业给合伙人进行分配的基础是企业的利润。蜀汉有限合伙基金退出项目 A 的会计年度，如果合伙企业层面账面亏损 0.2 亿元，则无利润可供分配。

那么，自然人关羽从合伙企业取得 0.16 亿元款项，是预支（分配），实质形成合伙人和合伙企业之间的债权和债务。

在税法上，根据《财政部 国家税务总局关于规范个人投资者个人所得税征收管理的通知》（国税发［2005］120 号）第三十五条（四）的规定，个人投资者从其投资企业借款，对期限超过一年又未用于企业生产经营的借款，严格按照有关规定征税。那么，自然人关羽取得 0.16 亿元款项，如果符合国税发［2005］120 号规定，则应该申报缴纳经营所得个人所得税（申报详情请参考专题二十三）。

（2）如果合伙人关羽需要申报缴纳的 0.16 亿元款项的个人所得税，与蜀汉有限合伙基金从 B 项目退出，合伙人取得经营所得不在同一税款所属期，那么，蜀汉有限合伙基金从 B 项目退出年度，自然人关羽计算、缴纳个税时可扣除已申报个税的经营所得 0.16 亿元。

即蜀汉有限合伙基金从 B 项目退出时，自然人合伙人关羽取得“经营所得” = (1 + 0.16 + 0.388) - 1 - 0.16 = 0.388（亿元）；

占合伙企业“应纳税所得额”比例% = 0.388 ÷ 2.1 = 18.4762%；

（3）纳税申报：在自然人电子税务局（ITS）申报，以 A 表为例（详见表 2 - 37）。

表 2 - 37　　个人所得税经营所得纳税申报表（A 表）　　单位：元

申报表

项目	行次	
一、收入总额	1	500 000 000.00
二、成本费用	2	270 000 000.00
三、利润总额	3	230 000 000.00

续表

项目	行次	
四、弥补以前年度亏损	4	20 000 000.00
五、应税所得率（%）	5	
六、合伙企业个人合伙人分配比例（%）	6	18.4762
七、允许扣除的个人费用及其他扣除	7	0
（一）投资者减除费用	8	
（二）专项扣除（9 = 10 + 11 + 12 + 13）	9	
1. 基本养老保险费	10	
2. 基本医疗保险费	11	
3. 失业保险费	12	
4. 住房公积金	13	
（三）依法确定的其他扣除（14 = 15 + 16 + 17）	14	
1. 商业健康保险	15	
2. 税延养老保险	16	
3. 其他	17	
八、准予扣除的个人捐赠支出（附表《个人所得税公益慈善事业捐赠扣除明细表》）	18	
九、应纳税所得额	19	38 800 020.00
十、税率（%）	20	35.00
十一、速算扣除数	21	65 500.00
十二、应纳税额（22 = 19 × 20 − 21）	22	13 514 507.00

注：（1）如果0.16亿元经营所得个税是在【其他个人经营所得申报】模块申报的，则在【经营所得个人所得税月（季）度申报】模块申报0.388亿元经营所得个税时，只能以修改“合伙企业个人合伙人分配比例”的方式计算出经营所得0.388亿元，然后缴纳个税。

（2）为什么不直接在表2－36的基础上，在“已缴税额”栏减去0.16亿元经营所得已缴个税？因为目前两模块数据不通，在【其他个人经营所得申报】的“已缴税额”，无法在【经营所得个人所得税月（季）度申报】的“已缴税额”自动带出，并且“已缴税额”不支持修改。

3. 合伙企业与“混合性投资业务”。

资本市场，存在一种投资方式，从法律形式看属于权益性投资，实际上是债权。比如“明股实债”投融资，指以股权形式投资，同时以获得固定收益及远期本金有效退出为实现要件。这种兼具权益和债权双重特性的投资业务，在合伙企业中也存在。

本次书稿修改，笔者心想一定要把此业务加进来，给财税朋友多提供一个业务上的参考，所以一段时间内有意收集资料、寻找案例、请教非常信任、非常专业的财税人士、老师。观点明确了，那么在此，我们以案分析其税务处理。

基本案情：长沙泽洺创业投资合伙企业（有限合伙）（以下简称泽洺企业）成立于2012年10月29日，登记的合伙人为杭州兆恒投资管理有限公司（以下简称兆恒公司）与上海长江财富资产管理有限公司（以下简称长江财富公司）。兆恒公司系普通合伙人（GP），出资额为2.5万元。长江财富公司系有限合伙人（LP），出资额为52 200万元。执行合伙事务人由兆恒公司担任。

2017年6月，兆恒公司、长江财富公司与浙江犇宝实业投资有限公司（以下简称犇宝公司）、上海域圣投资管理有限公司（以下简称域圣公司）四方签订《长沙泽洺创业投资合伙企业（有限合伙）入伙协议》以及《长沙泽洺创业投资合伙企业（有限合伙）合伙协议书》（以下简称《合伙协议书》），主要约定原合伙人兆恒公司、长江财富公司一致同意犇宝公司、域圣公司作为有限合伙人入伙。犇宝公司的出资额为1.7亿元，域圣公司的出资额为3 000万元。泽洺企业的该次变更决定书主要载明：1. 全体合伙人一致同意新有限合伙人犇宝公司入伙，认缴出资1.7亿元，新有限合伙人域圣公司入伙，认缴出资3 000万元。新有限合伙人对入伙前合伙企业的债务以其认缴的出资额为限承担有限责任。2. 本次变更完成后，泽洺企业认缴出资额变更为70 807.31万元，全体合伙人认缴出资情况为有限合伙人犇宝公司认缴出资额1.7亿元，有限合伙人域圣公司认缴出资额为3 000万元，有限合伙人长江财富公司认缴出资额为50 804.81万元，普通合伙人兆恒公司认缴出资额为2.5万元。3. 全体合伙人一致同意由原普通合伙人兆恒公司作为执行事务合伙人继续执行合伙事务等。

之后，兆恒公司、犇宝公司、域圣公司与长江财富公司签订《长沙泽洺创业投资合伙企业（有限合伙）退伙协议》（以下简称《退伙协议》），约定全体合伙人一致同意长江财富公司退伙。泽洺企业的该次变更决定书载明：1. 全体合伙人一致同意新有限合伙人犇宝公司本次认缴出资1.7亿元，新有限合伙人域圣公司本次认缴出资33 804.81万元。2. 全体合伙人一致同意长江财富公司退伙，泽洺企业因长江财富公司退伙而应向其返还的财产份额对应资产（货币财产）为人民币6.7亿元。截至长江财富公司退伙时，泽洺企业不存在任何应付未付的债务或纠纷，长江财富公司收到退伙款后无需向泽洺企业返还任何款项。3. 本次变更完成后，泽洺企业认缴出资额仍为50 807.31元，全体合伙人认缴出资情况为有限合伙人犇宝公司认缴出资额1.7亿元，有限合伙人域圣公司认缴出资额为33 804.81万元，普通合伙人兆恒公司认缴出资额为2.5万元。4. 全体合伙人一致同意由原普通合伙人兆恒公司作为执行事务合伙人继续执行合伙事务等。

长江财富公司收到6.7亿元，其中，1.7亿元是泽洺企业收到的犇宝公司投资款，5亿元是泽洺企业向浙江众义达投资有限公司（以下简称众义达公司）的借款。

该笔借款到期后，泽洺企业未向众义达公司还款，众义达公司（后改名浙江贝泽集团有限公司，以下简称贝泽公司）以泽洺企业、唐万新、兆恒公司、长江财富公司、犇宝公司、域圣公司等为被告向浙江省高级人民法院提起诉讼，浙江省高级人民法院于2018年5月2日受理该案。

【注：以上内容整理自（2019）最高法民终1574号】。

贝泽公司在诉讼中主张，长江财富公司退伙时的《退伙协议》不成立，长江财富公司退伙的基础条件不存在。其中一个理由是：长江财富公司退伙时合伙企业的唯一财产是持有的7 337.526万股斯太尔股票，该股票在长江财富公司2014年9月入伙时的价格是11元多，在长江财富公司2017年6月准备退伙时的价格是8元左右。长江财富公司入伙出资5亿元，合伙期间企业并未产生1.7亿元的利润，退伙时却要拿走6.7亿元。《退伙协议》第二条关于退伙款的约定表明即使泽洺企业亏损，长江财富公司作为合伙人仍可全额收回投资本金并享有固定收益，明显违反了效力性强制性规定，有悖于合伙企业“利益共享、风险共担”的基本原则以及公平原则，股票投资亏损的风险全转嫁至合伙企业债权人，应认定无效。

据案情，涉案的长江财富公司，备案合同显示2014年9月18日作为长江财富中金2号专项资产管理计划的资产管理人，以50 804.81万元代持投资于泽洺企业，有限合伙人（LP）。

作为泽洺企业的有限合伙人，对于这一项投资约定了固定期限，在固定期限届满后有固定收益。即长江财富公司在约定期限（33个月）届满后从泽洺企业退伙。资管计划实质是为泽洺企业提供为期33个月的以年化9.5%作为融资成本的债权性融资，到期一次性还本付息。

贝泽公司对长江财富公司的主张，一审、二审法院均未支持。二审法院认为，一审法院结合案件事实认定泽洺企业、兆恒公司通过签订《泽洺企业退伙协议》的方式同意长江财富公司退伙，长江财富公司已实际退伙，并无不当。

【注：以上内容整理自（2019）最高法民终1884号】。

也就是说，在此相关案例中，尽管投资方（长江财富公司）在一审庭审口头答辩及主要辩论意见中也坚持“资管计划对泽洺企业是债权性融资”，但法院对合伙企业合伙人（长江财富公司）兼具权益和债权双重特性的投资业务，尊重法律形式，按投资（合伙企业）、退伙的裁判思路进行了裁决，即按照权益投资做了处理。

那么，税法里面涉及所得税时，对此双重特性的投资业务又如何选择？

《国家税务总局关于企业混合性投资业务企业所得税处理问题的公告》（国家税务总局公告2013年第41号，以下简称国家税务总局公告2013年第41号）第一条规定，企业混合性投资业务，是指兼具权益和债权双重特性的投资业务。同时符合下列条件的混合性投资业务，按本公告进行企业所得税处理：

（一）被投资企业接受投资后，需要按投资合同或协议约定的利率定期支付利息（或定期支付保底利息、固定利润、固定股息，下同）；

（二）有明确的投资期限或特定的投资条件，并在投资期满或者满足特定投资条件后，被投资企业需要赎回投资或偿还本金；

（三）投资企业对被投资企业净资产不拥有所有权；

（四）投资企业不具有选举权和被选举权；

（五）投资企业不参与被投资企业日常生产经营活动。

第二条规定，符合本公告第一条规定的混合性投资业务，按下列规定进行企业所得税处理：

（一）对于被投资企业支付的利息，投资企业应于被投资企业应付利息的日期，确认收入的实现并计入当期应纳税所得额；被投资企业应于应付利息的日期，确认利息支出，并按税法和《国家税务总局关于企业所得税若干问题的公告》（国家税务总局公告2011年第34号）第一条的规定，进行税前扣除。

（二）对于被投资企业赎回的投资，投资双方应于赎回时将赎价与投资成本之间的差额确认为债务重组损益，分别计入当期应纳税所得额。

国家税务总局公告2013年第41号出台有其特殊背景，是为了解决双重特性的投资业务涉及所得税时如何确定成本、费用以及收益的税务属性、如何计入应纳税所得额等问题。当时，双重特性的投资业务主要存在于房地产行业。为逃避监管规定，好多项目搞成了“明股实债”，向房地产企业输送资金（主要指信托计划）入股房地产项目公司，并且约定在一定期限后由开发商溢价回购。以股权投资为法律形式，其实通过回购安排实现其融资功能。

《房地产开发企业资质管理规定》（2000 年 3 月 29 日建设部令第 77 号发布，根据 2015 年 5 月 4 日住房和城乡建设部令第 24 号第一次修正，根据 2018 年 12 月 22 日住房和城乡建设部令第 45 号第二次修正）第二条规定，本规定所称房地产开发企业是指依法设立、具有企业法人资格的经济实体。因此，国家税务总局公告 2013 年第 41 号规范的投资企业、被投资企业，应该是按照税法规定应该缴纳企业所得税的企业。那么，投资企业或被投资企业是合伙企业时，应该如何选择且进行税务处理？目前税法没有明确的规定。能否适用国家税务总局公告 2013 年第 41 号的规定？观点是：不适用。即涉及合伙企业，建议按照投资法律形式进行税务处理。

所以，判例中长江财富公司以兼具权益和债权双重特性的方式代持投资于泽洺企业（有限合伙），后退伙，从合伙企业结算取得 6.7 亿元的款项，应按照投资企业撤回投资进行税务处理：《国家税务总局关于企业所得税若干问题的公告》（国家税务总局公告 2011 年第 34 号）第五条规定，投资企业从被投资企业撤回或减少投资，其取得的资产中，相当于初始出资的部分，应确认为投资收回；相当于被投资企业累计未分配利润和累计盈余公积按减少实收资本比例计算的部分，应确认为股息所得；其余部分确认为投资资产转让所得。

基于上，长江财富公司取得的 1.7 亿元，建议确认为投资资产转让所得，计入应纳税所得额缴纳企业所得。

4. 目前基金实务核算中的收益分配与《合伙企业法》。

合伙型基金合同中约定“分红款先冲减投资人的投资本金”，或者“合伙企业层面亏损，合伙企业仍然给合伙人优先分配”，此类基金收益分配与现行有效的《合伙企业法》无法紧密衔接，导致其法理基础长期存在争议。有老师提出了这个观点。那么此观点是否有据可依？

《合伙企业法》第二十条规定，合伙人的出资、以合伙企业名义取得的收益和依法取得的其他财产，均为合伙企业的财产。第二十一条第一款规定，合伙人在合伙企业清算前，不得请求分割合伙企业的财产；但是，本法另有规定的除外。这里本法的另外规定，包括合伙企业给合伙人分配所得。因此，合伙企业清算前合伙人不能分割合伙企业的财产，但是可以分配所得。

另外，第三十四条规定，合伙人按照合伙协议的约定或者经全体合伙人决定，可以增加或者减少对合伙企业的出资。

所以，“合伙型基金合同约定‘分红款先冲减投资人的投资本金’，或者

‘合伙企业层面亏损，合伙企业仍然给合伙人优先分配’”等，不能直接理解为合伙人在分割合伙企业的财产。合伙人可以约定或者全体一致决定合伙人减少对合伙企业的出资。因此，基金实务存在规避法律风险的途径，基金实务中收益分配、合伙人减少出资的操作，符合《合伙企业法》的相关规定。

专题二十九：合伙企业注销后涉税问题的法律主体

（一）《民法典》关于合伙企业的规定

《民法典》第一百零二条规定，非法人组织是不具有法人资格，但是能够依法以自己的名义从事民事活动的组织。非法人组织包括个人独资企业、合伙企业、不具有法人资格的专业服务机构等。

第一百零六条规定，有下列情形之一的，非法人组织解散：

（一）章程规定的存续期间届满或者章程规定的其他解散事由出现；

（二）出资人或者设立人决定解散；

（三）法律规定的其他情形。

第一百零七条规定，非法人组织解散的，应当依法进行清算。

（二）《合伙企业法》及相关法律对合伙企业解散、清算的规定

《合伙企业法》第八十六条规定，合伙企业解散，应当由清算人进行清算。自合伙企业解散事由出现之日起 15 日内未确定清算人的，合伙人或者其他利害关系人可以申请人民法院指定清算人。清算人在清算期间执行一些法定事务，其中包括清缴所欠税款和清理债权、债务。

合伙企业解散，清算结束，清算人应当编制清算报告，经全体合伙人签名、盖章后，在 15 日内向企业登记机关报送清算报告，申请办理合伙企业注销登记。这里的企业注销，应当在向工商行政管理机关（即现在的市场监督管理局）或者其他机关办理注销登记前，持有关证件向原税务登记机关申报办理注销税务登记。

（三）合伙企业民事主体资格与纳税主体

根据《合伙企业法》规定，财产与财产份额不同。前者的责任主体是合

伙企业，后者的责任主体是合伙人。即合伙企业享有财产，合伙人拥有财产份额。

《民法典》也规定，私人对其合法的收入、房屋、生活用品、生产资料、原材料等不动产和动产享有所有权。前面已介绍过，《民法典》注释的私人，是指与国有、集体相对应的物权主体，其中也包括个人合伙等非公有制企业。

合伙企业的财产包括合伙人的出资、因合伙事务依法取得的收益和其他财产。但合伙企业的财产相对于合伙人不能够完全独立，合伙企业不具有独立的法人资格。所以，合伙企业具有民事主体资格，可以自己的名义从事民事活动（具有形式人格），却因不能独立享有财产权利，也就不能完全独立的承担民事责任（故无“实质人格”）。

因此，合伙企业对其债务，应先以其全部财产进行清偿，合伙企业不能清偿到期债务的，合伙人承担无限连带责任（可结合“专题二十五专题拓展1”加深理解）。

合伙企业注销登记完成后，原合伙企业民事主体资格消灭。但是关于纳税主体也是否终止，笔者认为，不能一概而论。比如，合伙企业的生产、经营所得核算主体是合伙企业，所得税的纳税义务人却是合伙人。所以，合伙企业注销，合伙人已取得经营所得纳税义务并不当然消失，只是终止了和原合伙企业的投资关系。

（四）合伙人与合伙企业债务的承担

1. 合伙企业存续期间，合伙企业债务合伙人对外如何承担法律责任？

依据《合伙企业法》第三十八条、第三十九条规定，合伙企业对其债务，应先以其全部财产进行清偿。合伙企业不能清偿到期债务的，合伙人承担无限连带责任。如果是特殊的普通合伙企业，依据第五十七条规定，一个合伙人或者数个合伙人在执业活动中因故意或者重大过失造成合伙企业债务的，应当承担无限责任或者无限连带责任，其他合伙人以其在合伙企业中的财产份额为限承担责任。这是特别规定，所以普通合伙人并不是在任何情况下都承担无限连带责任，这一细节需要关注。

对于有限合伙企业债务，有限合伙人以其认缴的出资额为限对合伙企业债务承担责任。

依据《合伙企业法》第八十三条规定，有限合伙人转变为普通合伙人的，对其作为有限合伙人期间有限合伙企业发生的债务承担无限连带责任。而依据

第八十四条规定，普通合伙人转变为有限合伙人的，对其作为普通合伙人期间合伙企业发生的债务承担无限连带责任。当然转为有限合伙人之后，以认缴的出资额为限对合伙企业债务承担责任。

2. 合伙企业注销后，合伙企业债务合伙人对外如何承担法律责任？

《合伙企业法》第九十一条规定，合伙企业注销后，原普通合伙人对合伙企业存续期间的债务仍应承担无限连带责任。需注意区分时间段。

依据第八十一条规定，有限合伙人退伙后，对基于其退伙前的原因发生的有限合伙企业债务，以其退伙时从有限合伙企业中取回的财产承担责任。

3. 合伙人对合伙企业债务对内如何承担法律责任？

第四十条规定，合伙人由于承担无限连带责任，清偿数额超过本法第三十三条第一款规定的其亏损分担比例的，有权向其他合伙人追偿。

4. 合伙人对税收债务的责任承担。

税款属于税收之债，合伙企业注销后又发现的税收问题，合伙企业的合伙人，应对其注销前的行为承担责任。合伙人对外承担责任，具体如何承担？普通合伙人仍然承担无限连带责任？还是承担无限责任？是真正连带责任还是按份责任？目前，在我国不论理论方面或是实践案例，都没有可查询的资料作为借鉴。笔者的观点是区分情况对待：

首先，《合伙企业法》规定的“合伙企业不能清偿到期债务的，合伙人承担无限连带责任”或者“有限合伙企业债务，有限合伙人以其认缴的出资额为限对合伙企业债务承担责任”。这里的“债务”是指合伙企业的债务。所以，对于合伙企业层面应缴纳的增值税，印花税等，合伙人对外应承担无限连带责任（或有限责任）。即使合伙企业注销后，又发现其存续期间的涉税问题，合伙人仍应该承担无限连带责任（或者有限责任）。而对内，合伙人承担按份责任。其中的一个合伙人或者几个合伙人承担连带责任后，超过自己责任份额的连带责任人，有权向其他连带责任人追偿。

其次，对于合伙人从合伙企业取得所得应缴纳的所得税，法定的纳税义务人是合伙人。这不属于合伙企业的债务，所以，合伙人之间不应该承担连带责任，那么也就谈不上承担真正连带责任了。合伙人应该对自己的纳税义务承担及时履行的义务。即使合伙企业注销了，合伙企业存续期间合伙人已取得的经营所得，其个人所得税的纳税义务和主体资格还在。

专题拓展

1. 合伙企业解散时，合伙人如何计算缴纳所得税？

该业务，兰州市税务局姜新录老师在“陇上税语”整理了好几篇相关文章，其中“合伙企业解散时将股票分配至合伙人需要交税吗?”一文，从分配形式、计税依据等方面进行了详尽的分析。笔者在此引用另一篇“【案例】员工持股平台解散，合伙人承继发行人股份的税务处理”文章，从不同角度作一简介与大家一起分享：

2020 年 11 月 19 日，某股份有限公司申请在科创板首次公开发行股票且上市。在审核问询回复中发行人披露，合伙制员工持股平台解散，各合伙人按出资比例承继了发行人的股份，存在被主管税务机关认为转让价格明显偏低要求重新核定清算所得，并导致有关合伙人补缴税款的风险。

原来在 2020 年 4 月，员工持股平台（普通合伙）全体合伙人签署了员工持股平台（普通合伙）注销决定书，同意注销员工持股平台。同月，员工持股平台向主管税务机关报送纳税申报表，由于合伙人以零对价从员工持股平台承接了前述股份，合伙企业层面核算的清算所得为负，因此员工持股平台（普通合伙）代办申报的各合伙人生产经营所得为 0。主管税务机关对此未提出异议，并出具了《清税证明》，确认员工持股平台所有税务事项均已结清，办理了注销税务登记。

2020 年 6 月，北京市市场管理监督局出具《注销核准通知书》，准予员工持股平台注销，合伙企业终止。这是该股份有限公司从新三板摘牌，到科创板上市前解决股份代持的必经之路。

当时，根据员工持股平台全体合伙人出具的《关于员工持股平台解散及各发行人股份承继的通知》，员工持股平台所持发行人 750 万股股份，由八位合伙人【其中合伙人之一是有限合伙企业（L），并且是代持合伙人】按照其对员工持股平台的出资比例进行承继（即以非交易过户方式把股权转到员工名下）。员工持股平台解散前持股结构如图 2 – 47 所示。

员工持股平台除持有发行人股份外，无其他资产。员工持股平台清算后原各合伙人对发行人的持股方式由间接持股变更为直接持股（如图 2 – 48 所示），持股人员及持股份额未发生任何改变。

第一章开头我们介绍过，我国自 2000 年 1 月 1 日起，对个人独资企业和

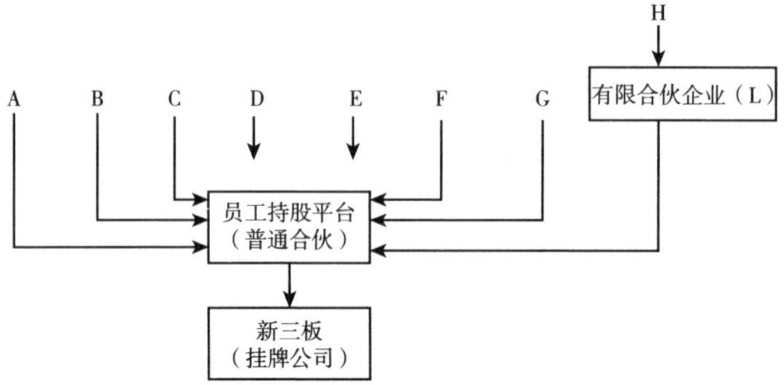

图 2－47　员工持股平台解散前持股结构

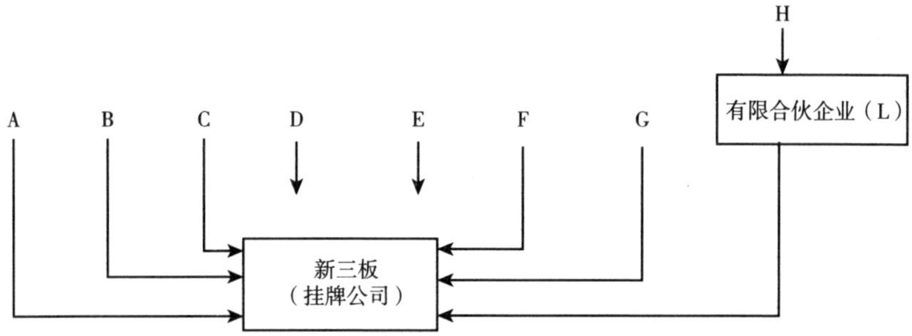

图 2－48　清算后由间接变更为直接持股

合伙企业停止征收企业所得税。其投资者的生产、经营所得，比照个体工商户的生产、经营所得征收个人所得税。

计算税款的依据，目前明确的文件主要是《个体工商户个人所得税计税办法》（国家税务总局令第 35 号）、财税［2000］91 号附件 1《关于个人独资企业和合伙企业投资者征收个人所得税的法规》。

如果有其他未列明的成本费用列支规定等，则可依据企业所得税税前列支相关政策进行处理。关于是否可依据？具体哪些成本费用可依据？没有官方操作指引，实务操作一直困扰着财税人。

《民法典》颁布，第一百零八条规定“非法人组织除适用本章规定外，参照适用本编第三章第一节的有关规定”。在本法条注释【参见《中华人民共和国民法典总则编理解与适用》（下）】中对“参照适用”进行了论证：非法人组织与法人在本质属性和制度设置上有区别也有联系。主要关联是：两者均是自然人以外的民事主体，对外从事民事活动的方式和面目基本无异，且都有一定的组织性等。那么从节约制度成本的角度出发，让非法人组织在一定范围内准用法律关于法人的一般规定，具备充分法理基础。

对具体可参照适用的范围，注释中初步分析后列出了几条。其中包括非法人组织的终止、剩余财产的分配。

笔者理解，既然非法人组织的终止和剩余财产分配可参照适用法律关于法人的一般规定。那么，非法人组织终止计算清算所得时，个税政策未列明的成本费用列支规定，则可参照企业所得税税前列支相关政策进行处理。

在单行法《合伙企业法》第八十九条规定，合伙企业财产在支付清算费用和职工工资、社会保险费用、法定补偿金以及缴纳所欠税款、清偿债务后的剩余财产，依照本法第三十三条第一款的规定进行分配。

这就明确了计算清算所得时应扣除的项目。但是清算期间，对合伙企业持有的股票等高估值产品，如何确认资产转让所得或者损失没有详细的规定。

而《财政部 国家税务总局关于企业清算业务企业所得税处理若干问题的通知》（财税［2009］60 号）第四条规定，企业的全部资产可变现价值或交易价格，减除资产的计税基础、清算费用、相关税费，加上债务清偿损益等后的余额为清算所得。

那么，本案例中合伙制员工持股平台（普通合伙）解散清算时，对其所持发行人 750 万股股份，应按照可变现价值或者交易价格计算清算所得。合伙企业层面不缴纳所得税，所以清算所得直接分配给合伙人（员工），由合伙人按照经营所得计算缴纳个人所得税。

清税之后，合伙人承接股份。员工持股平台将其所持发行人 750 万股股份以非交易过户形式直接划转至各合伙人的股票账户。

但目前按照审核问询回复中披露，员工持股平台“筹划”着让合伙人以零对价从合伙企业承接股份，导致合伙企业层面核算的清算所得为负，未按时足额缴纳个人所得税，已构成少缴税款。

《个人所得税法》第八条规定，有下列情形之一的，税务机关有权按照合理方法进行纳税调整：

（一）个人与其关联方之间的业务往来不符合独立交易原则而减少本人或者其关联方应纳税额，且无正当理由，税务机关有权按照合理方法进行纳税调整。

……

税务机关依照前款规定做出纳税调整，需要补征税款的，应当补征税款，并依法加收利息。

所以，纳税人应尽早完成补缴税款的纳税义务。

2. 员工持股平台（合伙企业）注销后，原合伙人取得的所得如何进行纳税申报？

我们刚才介绍了合伙企业注销后，其民事主体资格消失，原合伙人终止了与原合伙企业的投资关系，但是个人合伙人经营所得个人所得税的纳税主体资格不受影响。对于发现的合伙企业存续期间合伙人的涉税事项，纳税人应履行法定义务，补缴经营所得个人所得税。

至于主管税务机关部门工作人员答复，“由于员工持股平台已完成注销，在现有报税系统下，其注销前的合伙人无法就清算所得申报补缴税款”的说法是不成立的。

根据《合伙企业法》相关规定，清算期间合伙企业存续，但不再进行正常经营活动，不得再开展与清算无关的经营活动。按照税法规定，企业的清算所得应当视为年度生产经营所得，由投资者依法缴纳个人所得税。

那么，纳税人如何进行纳税申报？如果纳税人既有正常的年度经营所得，又有清算所得视同年度所得，是合并在一起一次完成申报？还是经营所得和清算所得分别申报？有说需要合并到一起申报的，也有说不需要进行清算申报的，没有统一口径。

目前，在税务注销环节，纳税人报送完 A 表、B 表即完成了完税事宜，便可申请开具《清税证明》。至于申报的 B 表中应纳税所得是否包含清算所得，不得而知。

年度经营所得纳税申报有期限限制，清算也需要时间，经营所得和清算所得合并到一起一次完成纳税申报是有难度的。因此，在这种模棱两可不确定中，该业务在实务操作中便出现了税务风险（我们将在第三章“纳税申报类风险（七）注销清算所得的纳税申报与年度汇缴申报区分中的涉税风险”部分详细介绍）。

笔者理解，清算所得视同年度经营所得，单独核算，也应该单独申报。这时既不能填报预缴申报的 A 表，也不能按照年度汇算清缴的 B 表填报。因为正常情况下，合伙企业进入清算以前，合伙人应该已就所属期税款进行了纳税申报，且报送了 A 表、B 表。

同一税款所属期的 A 表、B 表不能重复报送。

那么，合伙企业进入清算，即使未注销，合伙人取得的清算所得，也无法在经营所得申报功能菜单选择【经营所得个人所得税月（季）度申报】报送 A 表，因为首先无法选择“税款所属期起”，手动修改会出现如下提示（如图 2－49 所示）。

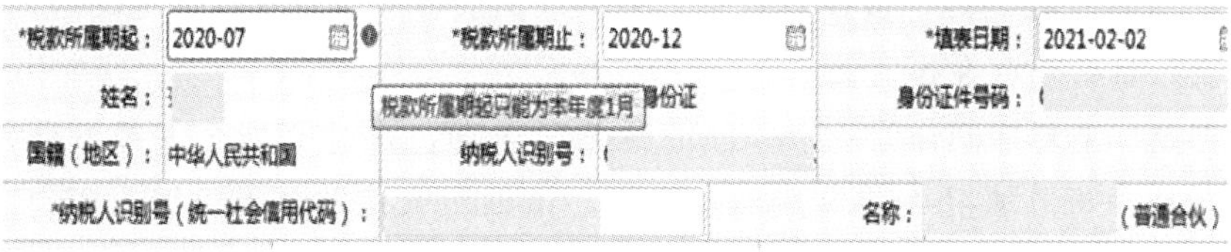

图 2－49　手动修改 A 表出现提示

注：正常情况下，“税款所属期起”默认为税款所属年度的 1 月。如果修改，比如修改为 2020－07，则出现红色警示，并提示：“税款所属期起只能为本年度 1 月”。在 A 表具体业务层面数据项置灰也不可以填写。

同样也无法选择【经营所得个人所得税年度申报】报送 B 表，因为 B 表的“税款所属期”是依据纳税人选择的“税款所属年度”自动带出（如图 2－50 所示），无法手动修改为具体的清算期间。并且，在 B 表输入纳税人的纳税识别号，会自动带出 A 表的“收入总额”，但支持修改。

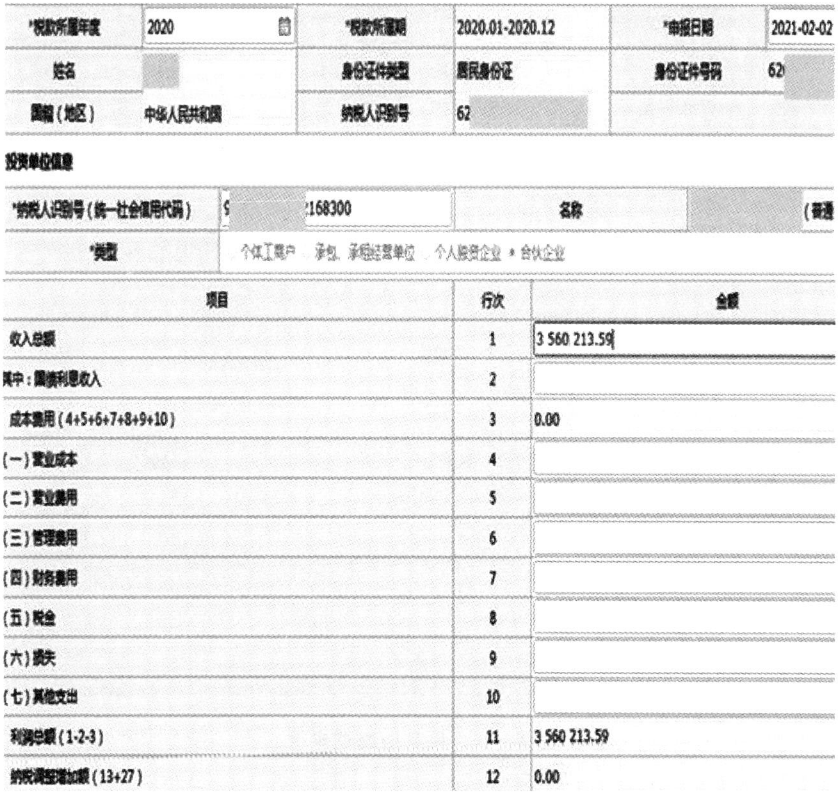

图 2－50　修改 B 表带出的提示

注：B 表只能选择“税款所属年度”，无法选择具体时间段。

和A表一致的是，被投资企业“纳税人识别号（统一社会信用代码）”不能为空，且必须存在投资关系。

但是，清算期间作为一个单独的税款所属期，在【其他个人经营所得申报】模块，可以填报A表完成纳税申报。由纳税人按照分得的清算所得直接计算缴纳经营所得个人所得税。

目前在【其他个人经营所得申报】模块申报，需要关注几个点：

（1）没有设置“被投资企业纳税人识别号（统一社会信用代码）”、“纳税人名称”等填写项（即无需投资关系），所以不需要投资关系；

（2）“合伙企业个人合伙人分配比例（%）”是100%。

（3）可以根据清算期间长短，选择具体的“税款所属期”，即税款所属期起、止可以选择（如图2-51所示）。当然，与按期申报的A表一样，税款所属期起、止选择不能跨年。

图2-51　税款所属期申报

还有一个小细节，在【其他个人经营所得申报】模块申报，被投资单位类型一律显示为“个体工商户”，默认查账征收，适用五级超额累进税率。

企业未注销，清算所得在【其他个人经营所得申报】模块填报 A 表可完成申报。那么，合伙企业注销后，个人合伙人在【其他个人经营所得申报】模块申报缴纳合伙企业存续期间应纳的税款，操作也完全没有问题（当然，这样申报是否符合政策规定的“视同年度生产经营所得”？需要总局统一执行口径）。

本案例中，员工持股平台所持发行人股份 750 万股，按照合伙人在平台的出资比例分配至八位合伙人。合伙人承继股份时，该股份有限责任公司已于 2020 年 2 月在新三板终止挂牌交易，在科创板的首发股票及上市在筹备、推进过程中，没有交易价格。所以，根据具体情况，以发行人最近一次每股增资价格可作为可变现价值，持股平台（合伙企业）计算清算所得（正常情况下，应该以股票过户前一日收盘价作为交易价格计算清算所得）。

由投资者按照分得的清算所得直接计算缴纳经营所得个人所得税。纳税地点：持股平台（合伙企业）所在地。

3. 员工持股平台从有限公司变为合伙企业涉及个人所得税吗？

姜新录老师整理在“陇上税语”的另外两篇文章“因税务筹划及便于管理，员工持股平台改为合伙企业（2020－12－29）”和“员工持股平台由有限公司变为合伙企业系税收筹划考虑（2021－4－3）”，根据发行人（珠海 & 科技股份有限公司）在法律意见书披露介绍到：员工持股平台珠海 & 君为有限公司，出于税务筹划及便于管理的考虑，珠海 & 君的全体股东出资设立合伙企业珠海 & 亮。

珠海 & 亮受让珠海 & 君持有的发行人股份 183.7 万股。受让完成后，珠海 & 亮取代珠海 & 君成为发行人员工持股平台。因为珠海 & 亮的出资结构与珠海 & 君的股权结构完全相同，所以，包括宋 & 丰等 8 名员工代表在内的珠海 & 君股东，同时也成了珠海 & 亮全部的合伙人（共 32 人）。

珠海 & 亮全称珠海 & 亮投资合伙企业（有限合伙），2018 年 12 月设立，32 位合伙人，出资总额 183.7 万元。2019 年 3 全体合伙人协商一致对合伙企业的出资增加到 551.1 万元并于当月到位。合伙人出资均为“过桥资金”。其中，宋 & 丰等 8 名员工代表（合伙人）自筹 263.10 万元，发行人实际控制人徐某间接控制的企业（中联 & 泓）提供借款 288 万元（中联 & 泓借给珠海 & 君，珠海 & 君再借给宋 & 丰等 8 名合伙人），合计 551.10 万元（现金），实缴对珠海 & 亮的出资，并在新三板交易系统开户。

珠海 & 亮取得合伙人的实缴出资后，2019 年 3 月 18 日通过新三板交易系统盘后协议转让的方式受让珠海 & 君持有的发行人 183.7 万股股份，交易价格为 275.55 万元（每股协议转让价格 1.50 元，同日每股收盘价 3.00 元，过户前一日收盘价 3.00 元）。

珠海 & 君经过股转系统结算完毕取得股份转让价款后，连同利息向中联 & 泓先偿还 270.15 万元（剩余部分由珠海 & 君用自有资金向中联 & 泓偿还完毕）。截至 2019 年 3 月 31 日，珠海 & 君已偿还完毕前述借款，与中联 & 泓之间不存在任何债权债务关系和纠纷。

珠海 & 亮向珠海 & 君支付完毕股权转让款后，将剩余出资款中的 274.1 万元以借款方式转至宋 & 丰等 8 名员工代表（合伙人）账户，宋 & 丰等 8 名员工代表（合伙人）收回自有资金（截至 2019 年 3 月 31 日，宋 & 丰等 8 名员工代表用于实缴出资的自有资金已全部收回，宋 & 丰等 8 名员工代表与珠海 & 亮之间不存在任何债权债务关系和纠纷。亦不存在替其他员工代持珠海 & 亮出资份额或发行人股份的情形）。

“员工持股平台”由有限公司变为合伙企业的整个股份换手过程及资金流向如图 2－52 所示。

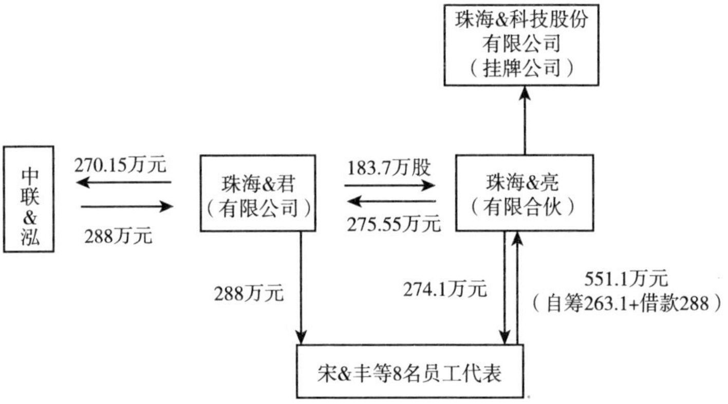

图 2－52　股份换手过程及资金流向图

从图 2－52 分析，员工持股平台组织形式从有限公司（珠海 & 君）变为有限合伙企业（珠海 & 亮）的过程中（其实为新设），涉及个人所得税的风险点有但不限于三处：一是宋 & 丰等 8 名合伙人以借款方式“收回自有资金”274.1 万元，也就是减少了对珠海 & 亮的出资（投资者权益同时减少）；二是这样的交易和安排，珠海 & 亮的包括宋 & 丰等 8 名员工代表在内的 32 名合伙人取得财产份额的成本为 277 万元（551.1－274.1，计税基础也为 277 万元。这里需要清晰的是，员工投资有限公司持股平台间接持有发行人股份的成本，是取得有限公司股权的成本，与合伙人取得合伙企业持股平台财产份额的成本是两码事)；三是珠海 & 君转让所持发行人股份 183.7 万股给珠海 & 亮取得的所得。

珠海 & 君全称珠海 & 君投资顾问有限公司，转让所持有的发行人股份给珠海 & 亮，涉及股权转让所得（按照公允价值）的企业所得税。同时，目前珠海 & 君投资顾问有限公司处于正常经营状态（截至 2021 年 2 月 28 日），未注销清算，那么如果 2019 年 3 月公司完成股份转让后未给股东进行分配，则个人股东就不涉及股利红个人所得税。因为发行人股份是珠海 & 君投资顾问有限公司持有，不是其股东直接持有。

但是本次员工持股平台由有限公司变为合伙企业的整个安排特殊之处是，珠海 & 君投资顾问有限公司以“借款”转到其股东宋 & 丰等 8 名员工代表账户的 288 万元，是单向的（如图 2－52 所示），发行人披露中未提及偿还事宜。

珠海 & 君是否存在以“借款”名义给股东进行“预支”分配，股东以分配取得的所得对珠海 & 亮进行投资的规避个税行为？如果是，则包括宋 & 丰等 8 名员工代表在内的股东应该按照利息、股息、红利所得缴纳个人所得税。珠海 & 君作为支付方是扣缴义务人。

退一步如真是股东借款，根据《财政部 国家税务总局关于规范个人投资者个人所得税征收管理的通知》（财税［2003］158 号）第二条：“纳税年度内个人投资者从其投资企业（个人独资企业、合伙企业除外）借款，在该纳税年度终了后既不归还，又未用于企业生产经营的，其未归还的借款可视为企业对个人投资者的红利分配，依照‘利息、股息、红利所得’项目计征个人所得税。扣缴义务人为珠海 & 君。

如果以上“借款”涉及个人所得税珠海 & 君未代扣代缴，则纳税人应当在取得所得的次年 6 月 30 日前，按相关规定向主管税务机关办理纳税申报，并报送《个人所得税自行纳税申报表（A 表)》。

4. 合伙企业（包括个人独资企业）注销时的账面未分配利润，要视同分配征收个人所得税吗？

不能一概而论，需要分情况处理：根据《个人所得税法》及实施条例，纳税人取得经营所得，按年计算个人所得税，由纳税人在月度或者季度终了后 15 日内向税务机关报送纳税申报表，并预缴税款。这里的预缴税款是指实行查账征收的个体工商户业主、个人独资企业投资人、合伙企业个人合伙人、承包承租经营者个人以及其他从事生产、经营活动的个人在中国境内取得经营所得时办理的预缴申报。

查账征收的合伙企业，以每一个合伙人为纳税义务人。于每一申报期对合伙企业生产经营所得和其他所得产（包括分配给所有合伙人的所得和企业当年留存的所得）采取“先分后税”的原则，合伙人已经预缴申报了经营所得个人所得税。那么，对账面留存利润再分配时，不计征个人所得税。

财税［2000］91号附件1《关于个人独资企业和合伙企业投资者征收个人所得税的法规》）第十六条第二款规定，前款所称清算所得，是指企业清算时的全部资产或者财产的公允价值扣除各项清算费用、损失、负债、以前年度留存的利润后，超过实缴资本的部分。所以，查账征收的合伙企业，注销清算时账面未分配的利润，也不需要视同分配计征个人所得税。

而对于日常管理中实行核定征收的合伙企业（包括个体工商户和个人独资企业），注销时账面未分配的利润，是否视同分配征收个人所得税，政策不明确，实务中各地执行也不一致。比如江苏税务规定：核定征收的纳税人注销时，如果税务局发现“注销时不符合核定征收条件的纳税人，应当转为查账征收后，按查账要求进行清算申报后再注销；注销时有未分配利润的，应视同分配并计算缴纳个人所得税”。

从这段描述，可以清楚对清算所得要按照查账征收方式申报缴纳个税。账面有未分配利润的要视同分配并计算缴纳个税。可能的原因是主管税务机关认为该部分未分配利润需要补缴个税。视同分配缴纳个税后，计算清算所得时扣除“以前年度的留存收益”，才不会涉及少缴税款。

事实上，合伙企业解散，清算期作为一个独立的纳税年度计算清算所得。清算所得等于企业清算时的全部资产或者财产的公允价值扣除各项清算费用、损失、负债、以前年度留存的利润后，超过实缴资本的部分。投资人按照分得的清算所得计算缴纳个人所得税。所以，清算期间，按照查账征收方式计算清算所得，与正常经营期的所得税是否被核定征收无关系。

专题三十：合伙企业从上市公司取得股息红利可以享受优惠政策吗？

（一）个人从上市公司、挂牌公司等取得股息红利的个人所得税计征问题

根据《财政部 国家税务总局 证监会关于上市公司股息红利差别化个人所

得税政策有关问题的通知》（财税［2015］101号，简称财税［2015］101号）第一条规定，个人从公开发行和转让市场取得的上市公司股票，持股期限超过1年的，股息红利所得暂免征收个人所得税。持股期限在1个月以内（含1个月）的，其股息红利所得全额计入应纳税所得额；持股期限在1个月以上至1年（含1年）的，暂减按50%计入应纳税所得额；上述所得统一适用20%的税率计征个人所得税。

而根据《财政部 税务总局关于继续实施全国中小企业股份转让系统挂牌公司股息红利差别化个人所得税政策的公告》（财政部公告2019年第78号，简称财政部公告2019年第78号）第一条规定，个人持有挂牌公司的股票，持股期限超过1年的，对股息红利所得暂免征收个人所得税；持股期限在1个月以内的（含1个月），其股息红利所得全额计入应纳税所得额；持股期限在1个月以内至1年（含1年）的，其股息红利所得暂减按50%计入应纳税所得额。

（二）基金从上市公司、挂牌公司等取得股息红利的个人所得税计征问题

最初规定证券投资基金从上市公司分配取得股息红利所得如何计征个人所得税的文件，是《财政部 国家税务总局关于证券投资基金税收问题的通知》（财税字［1998］55号）。发展到现在的财政部公告2019年第78号，目前，证券投资基金从上市公司、挂牌公司取得的股息红利所得，也执行差别化税收优惠政策。

这里的证券投资基金是机构投资者，是与个人投资者相对应的。

从以上政策梳理可以看到，只有个人投资者和证券投资基金机构投资者从上市公司、挂牌公司取得的股息红利所得，可以执行差别化税收优惠政策。

那么，如果符合条件，证券投资基金的组织形式是合伙制，则实质是合伙企业从上市公司、挂配公司取得的股息红利所得，可执行差别化税收优惠政策。证券投资基金是业内行业术语而已。如果不符合，则合伙企业从上市公司、挂牌公司取得的股息红利就不可以享受优惠政策。

专题拓展

1. 关于“合伙企业”的“穿透”。

实务中，许多财税人一直主张合伙企业要“穿透”征税，否则税负太高。

那么，具体是“穿透”什么？“穿透”所得的性质？“穿透”主体身份？还是“穿透”税收政策？

至于“穿透”所得性质，我们在“专题二十八 多层合伙架构中涉税疑难问题探讨”已做过介绍，所得性质是穿透的。

那么，是主张“应该穿透主体身份或者税收政策”？

国家出台一项税收政策，一般都有背景。要么是针对一类主体，要么针对一个行业，或者相结合，以实现鼓励发展或者刺激行业投资等。作为投资者，我们可以选择有利的主体身份、行业去适用政策，但是不可能倒过来让政策“穿透”合伙企业“去找”符合政策的主体等等。所以，针对个人的税收政策，合伙企业就不能适用，除非税法作出例外规定。

但在实务中，一部分财务人员甚至税务人员不了解“穿透”的含义，遇上合伙企业就想到穿透。比如，居民企业通过合伙企业投资于其他居民企业取得的权益性投资收益也应该免征企业所得税（这里的股息、红利等权益性投资收益，不包括连续持有居民企业公开发行并上市流通的股票不足 12 个月取得的投资收益）；再比如非上市公司实施股权激励计划，符合条件的激励对象可以享受个税递延纳税政策。而通过持股平台（合伙企业）间接持股的，也认为应该可以享受递延纳税政策。这是一种误解。

但问题是，从某些上市公司 IPO 时披露的公告看，实务中确实有合伙持股平台完成了递延纳税备案。比如某百奥泰生物制药股份有限公司 2020 年 IPO 时，其员工持股平台广州某启奥兴投资、广州某聚奥众投资和广州某晟昱投资合伙企业（有限合伙）都进行了递延纳税备案。

此类税务风险，征纳双方都应该高度关注。

2. 自然人通过合伙企业持有上市公司股票取得的股息红利，能否适用差别化税收优惠？

这也是纳税人咨询 12366 的一个问题。同样，引来了财税人的激烈争论。因为一些人们认为 12366 答复的“不在适用范围”不对。“应该可以适用差别化税收优惠”。其实质就是想在所得性质穿透的同时，穿透政策或者穿透主体身份。

纵观《个人所得税法》中经营所得的核算主体和纳税主体，个体工商户、个人独资企业、合伙企业、个人（即业主、投资者、个人合伙人）以及承包承租经营者，概念界限很清晰，前三者只是核算主体，而纳税主体是个人（包括承包承租经营者），是自然人个人。

即使多层合伙镶嵌的构架中，所得穿透到纳税人时，寻找不到个人合伙人则继续穿透，如图2－53所示。

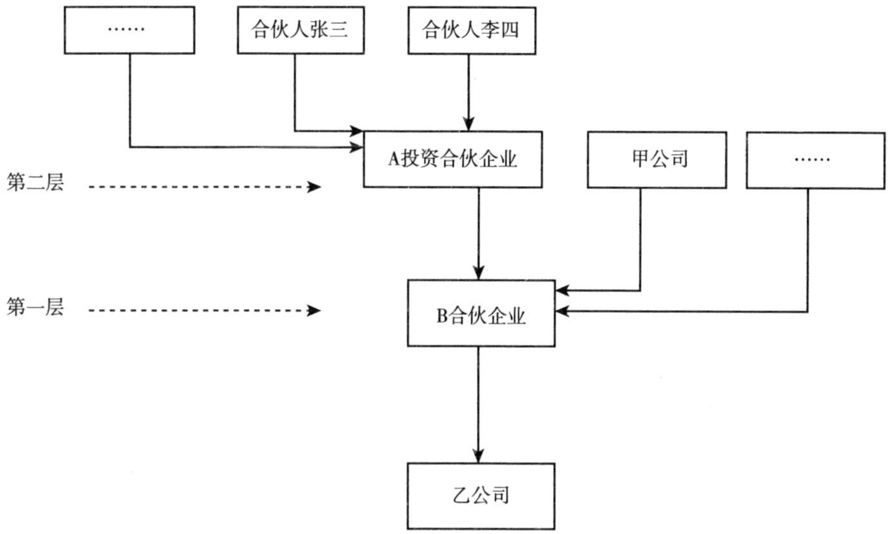

图2－53　多层合伙人构架

比如，如果乙公司发放股息红利，假如B合伙企业只有A投资合伙企业和甲公司两位合伙人，那么B合伙企业就只能是经营所得的核算主体，其合伙人中，没有股息红利个人所得税的纳税义务人（同样也没有经营所得个人所得税的纳税义务人）。那么，此股息红利所得的个人所得税纳税人只能继续往上找，直到在A投资合伙企业找到合伙人张三、李四。

这一点，如果比对金三系统核心征管维护的投资人信息和所得税税种认定情况，便一目了然。

所以，现行有效的税收政策规定个人和证券投资基金从上市公司、挂牌公司取得的股息红可享受差别化税收政策。合伙企业（非证券投资基金类）作为证券市场的机构投资者，不同于个人（散户），则不符合条件。因此，个人通过合伙企业持有上市公司股票取得的股息红利，就不能适用该差别化优惠政策。

其实，如果非要找个政策依据，那就是《国家税务总局稽查局关于2018年股权转让检查工作的指导意见》（税总稽便函［2018］88号），其第一条第（三）项规定，财税［2015］101号文件规定，个人从公开发行和转让市场取得上市公司股票，适用上市公司股息红利差别化个人所得税政策。该“个人”不包括合伙企业的自然人合伙人。

同样的问题是，实务中，就有自然人通过合伙企业持有上市公司股票取得的股息红利适用了差别化税收优惠的案例。比如2021年某菲鹏生物股份有限公司（发行人）IPO时的公开资料显示，其合伙企业股东某百奥科技，作为自然人合伙的合伙企业，共三次收到发行人的分红（2018年、2019年、2020年），对其中涉及的个人所得税，均参照适用财税［2015］101号缴纳了个人所得税。尤其因考虑到截至该次利润分配股权登记日，某百奥科技持有发行人股份期限已超过1年，自然人合伙人又享受了免征个人所得税的政策。这也是一个不可忽视的税务风险。

专题三十一：创投企业单一投资基金核算与年度所得整体核算

《财政部 税务总局 发展改革委 证监会关于创业投资企业个人合伙人所得税政策问题的通知》（财税［2019］8号，简称财税［2019］8号）。执行期限为2019年1月1日起至2023年12月31日止。截至目前，政策执行已3年有余。

财税［2019］8号发布之初，备受一部分财税人的争议。主要集中在：一是认为政策不够清楚且实务操作不便。二是两种核算方式的选择是对企业未来经营状况的预测，不太好把握。

《合伙企业经营所得个税》成稿出版时，笔者本意是想收集一二典型案例，来反馈一下政策的执行、适用以及状况，但未能如愿。惦记着书中所留遗憾，一直关注此业务。有幸与几位基层税务同行多次探讨工作中遇上的疑难问题，获取了一些关于单一投资基金核算与年度所得整体核算的资料，尽管零散，但可以反映两种核算方式的一些基本问题，所以整理在此，与大家共享。

创业投资企业（含创投基金，以下统称创投企业），依据企业规模，选择适用企业会计准则或者小企业会计准则（之一），进行会计核算。

但在税法上，核算企业层面的应纳税所得额，再“先分后税”到合伙人，因合伙人类型的不同，所得税征管规定也不同。即使是个人合伙人，财税［2019］8号发布后也有两种计征个人所得税的方式：

首先，财税［2008］159号文规定，依照中国法律、行政法规成立的合伙企业，以每一个合伙人为纳税义务人。合伙企业合伙人是自然人的，缴纳个人所得税；合伙人是法人和其他组织的，缴纳企业所得税。

其次，国税函［2001］84号文规定，以合伙企业名义对外投资分回的利息或者股息、红利，不并入企业的收入，而应单独作为投资者个人取得的利息、股息、红利所得，按“利息、股息、红利所得”应税项目计算缴纳个人所得税。

也就是说，税法上，合伙人从合伙企业取得的所得区分为经营所得和“利息、股息、红利所得”两类。其中，个人合伙人取得的经营所得，适用5%—35%的超额累进税率计征个人所得税；取得的“利息、股息、红利所得”，按照20%的比例税率计征个人所得税。法人或其他组织合伙人从合伙企业取得的所得（包括经营所得和利息股息红利所得），合并到法人或其他组织年度应纳税所得额计征企业所得税（如图2－54所示）。

以上，是关于个人合伙人、法人或其他组织所得税处理的一般规定（即财税［2019］8号文所说的年度所得整体核算）。

在此基础上，财税［2019］8号明确：创投企业可以选择按单一投资基金核算或按创投企业年度所得整体核算两种方式之一，对其个人合伙人来源于创投企业的所得计算个人所得税应纳税额（即单一投资基金核算只适用于个人合伙人，与法人或其他组织合伙人无关）。

创投企业选择单一投资基金核算的，其个人合伙人从该基金应分得的股权转让所得和股息红利所得，按照20%税率计算缴纳个人所得税（如图2－54所示）。

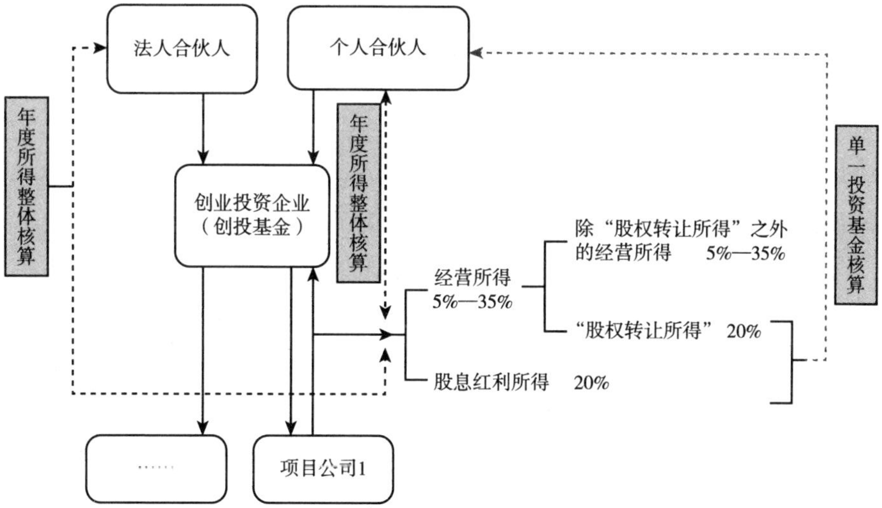

图2－54 核算方式与适用税率

这里需要注意的是，个人合伙人从该基金应分得的除“股权转让所得和股息红利所得”之外的经营所得，仍然适用5%—35%的超额累进税率计征个人所得税（简单可这样理解：个人合伙人从该基金应分得的所得，包含在经营所得中的“股权转让所得”单独出来按照20%税率计征个税了，之外的经营所得和股息红利所得，税收政策、征管制度并无变化）。而且，股权转让所得和股息红利所得需要分别核算（即分别计税）。

单一投资基金核算，是指单一投资基金（包括不以基金名义设立的创投企业）在一个纳税年度内从不同创业投资项目取得的股权转让所得和股息红利所得按下述方法分别核算纳税：

（一）股权转让所得。单个投资项目的股权转让所得，按年度股权转让收入扣除对应股权原值和转让环节合理费用后的余额计算，股权原值和转让环节合理费用的确定方法，参照股权转让所得个人所得税有关政策规定执行；单一投资基金的股权转让所得，按一个纳税年度内不同投资项目的所得和损失相互抵减后的余额计算，余额大于或等于零的，即确认为该基金的年度股权转让所得；余额小于零的，该基金年度股权转让所得按零计算且不能跨年结转。

（二）股息红利所得。单一投资基金的股息红利所得，以其来源于所投资项目分配的股息、红利收入以及其他固定收益类证券等收入的全额计算。

（三）除前述可以扣除的成本、费用（即被转让股权对应的股权原值和转让环节合理费用）之外，单一投资基金发生的包括投资基金管理人的管理费和业绩报酬在内的其他支出，不得在核算时扣除（注：这里明确不得在“股权转让所得和股息红利所得”中扣除，那是否可以在创投企业除“股权转让所得”之外的经营所得中扣除？笔者认为可以）。

以上是税法关于个人合伙人从创投企业应分得所得的核算（即计算，区别于会计核算）规范。

至于征管规定，财税［2019］8号也做了明确规定：

1. 个人合伙人按照其应从基金年度股权转让所得中分得的份额计算其应纳税额，并由创投企业在次年3月31日前代扣代缴个人所得税。如符合《财政部 税务总局关于创业投资企业和天使投资个人有关税收政策的通知》（财税［2018］55号）规定条件的，创投企业个人合伙人可以按照被转让项目对应投资额的70%抵扣其应从基金年度股权转让所得中分得的份额后再计算其应纳税额，当期不足抵扣的，不得向以后年度结转。

2. 个人合伙人按照其应从基金股息红利所得中分得的份额计算其应纳税

额，并由创投企业按次代扣代缴个人所得税。

3. 个人合伙人（纳税人）从该基金应分得的除“股权转让所得和股息红利所得”之外的经营所得，按年计算个人所得税，由纳税人在月度或季度终了后15日内，向经营管理所在地主管税务机关办理预缴纳税申报，并报送A表。在取得所得的次年3月31日前，向经营管理所在地主管税务机关办理汇算清缴，并报送B表；从两处以上取得经营所得的，选择向其中一处经营管理所在地主管税务机关办理年度汇总申报，并报送C表。

需要注意，这部分经营所得的核算在企业层面是按照一般规定处理（即年度所得整体核算）。

有纳税人会问，法人或其他组织合伙人如何计算其应分得的所得？

法人合伙人仍适用合伙企业法人合伙人一般规定。即在合伙企业（层面）按照创投企业年度所得整体核算方法核算应纳税所得额。法人或其他组织合伙人按照比例从创投企业取得的所得（经营所得和股息红利所得），合并到其年度应纳税所得额计算缴纳企业所得税。

而创投企业选择年度所得整体核算，是指将创投企业以每一纳税年度的收入总额减除成本、费用以及损失后，计算应分配给个人合伙人的所得（注：法人或其他组织合伙人取得所得的计算分配方式相同）。如符合财税［2018］55号规定条件的，创投企业个人合伙人可以按照被转让项目对应投资额的70%抵扣其可以从创投企业应分得的经营所得后再计算其应纳税额。年度核算亏损的，准予按有关规定向以后年度结转（注：此规范，明确的是经营所得的税务处理）。

另外，以创投企业名义对外投资分回的股息、红利以及其他固定收益类证券等收入的全额，不并入企业的收入，而应单独作为投资者个人取得的股息、红利等所得，按“股息、红利所得”应税项目计算缴纳个人所得税（即创投企业选择年度所得整体核算的，对外投资分回的股息、红利等所得的个人所得税的计算，仍然适用国税函［2001］84号）。并由扣缴义务人（创投企业）按照20%的比例税率按次代扣代缴个人所得税，且报送《分类所得个人所得税代扣代缴申报表》。

也就是说，创投企业选择年度所得整体核算时，个人合伙人从创投企业取得的所得（包括经营所得和股息红利等所得）分别适用5%—35%的超额累进税率、20%的比例税率，计算缴纳个人所得税。

法人或其他组织合伙人从合伙企业取得的所得（包括经营所得和股息红

利所得），仍适用合伙企业法人合伙人一般规定，不再赘述。

最后应该注意，国家对创业投资企业实行备案管理（即监管备案）。税收征管目前也实行备案制。

如果符合条件的创投企业选择按单一投资基金核算，应当在按照《创业投资企业管理暂行办法》（发展改革委等10部门令第39号）或者《私募投资基金监督管理暂行办法》（证监会令第105号）关于创业投资企业（基金）的有关规定完成备案（注：监管备案）的30日内，向主管税务机关进行核算方式备案；未按规定备案的，视同选择按创投企业年度所得整体核算。

对于在财税［2019］8号发布执行前（即2019年1月1日前）已经完成备案的创投企业，选择按单一投资基金核算的，应当在2019年3月1日前向主管税务机关进行核算方式备案。未按规定备案的，视同选择按创投企业年度所得整体核算。

创投企业选择按单一投资基金核算或按创投企业年度所得整体核算后，3年内不能变更。

当然，创投企业选择一种核算方式满3年需要调整的，应当在满3年的次年1月31日前，重新向主管税务机关备案。

专题拓展

创投企业，涉及业务多样，个税计算复杂。实务中，纳税申报往往存在一些问题。笔者收集了几个典型的疑难问题，分享在此，供探讨：

1. 创业投资企业选择按单一投资基金核算且完成备案后，创投基金个人合伙人是否还应按季度申报“经营所得”？

有纳税人在深圳纳税人学堂网站留言：创业投资企业选择按单一投资基金核算且完成备案后，纳税人在自然人电子税务局（ITS）扣缴客户端，无法再完成经营所得个税按期纳税申报，创投基金个人合伙人是否应按季度申报“经营所得”？

深圳市税务局答复，根据财税［2019］8号规定，创投企业可以选择按单一投资基金核算或按创投企业年度所得整体核算两种方式之一，对其个人合伙人来源于创投企业的所得计算个人所得税应纳税额。按现有业务规则，对于选择单一投资基金核算方式的合伙企业，个人合伙人无需按季办理“经营所得”申报。

笔者认为，此答复不妥，因为没解决纳税人的实际问题。从本专题的分析我们可知，创投企业的个人合伙人从创投企业取得“股权转让所得”和股息红利等所得之外，还可能取得“经营所得”。该部分经营所得的纳税义务人和法定申报主体都是个人合伙人。

既然有应税所得，法律也规定了纳税人的纳税义务及申报责任，纳税人却不用按期（季或者月）申报？有无未按期申报的责任？事实上，这是自然人电子税务局（ITS）需要升级和完善的地方，并且迫在眉睫。

目前，某些地区，对这部分经营所得个人所得税，安排纳税人在自然人电子税务局（ITS）的【其他个人经营所得申报】模块完成申报。

但这样的补救措施，等于纳税人（个人合伙人）未在【经营所得个人所得税月（季）度申报（ITS）】进行纳税申报，留有很多问题。

2. 创业投资企业选择单一投资基金核算的，如果3年后再调整为年度所得整体核算了，涉及的企业亏损如何弥补？

这是一位基层税务同行来交流的问题（后面问题同来源）：如图2－55所示，2022年1月1日后，如果创投企业核算方式由单一投资基金核算调整为年度所得整体核算了。那么，企业2019年1月1日前发生的亏损（包括单一投资基金核算期间“经营所得”部分发生的亏损）可不可以弥补？弥补年限如何计算？

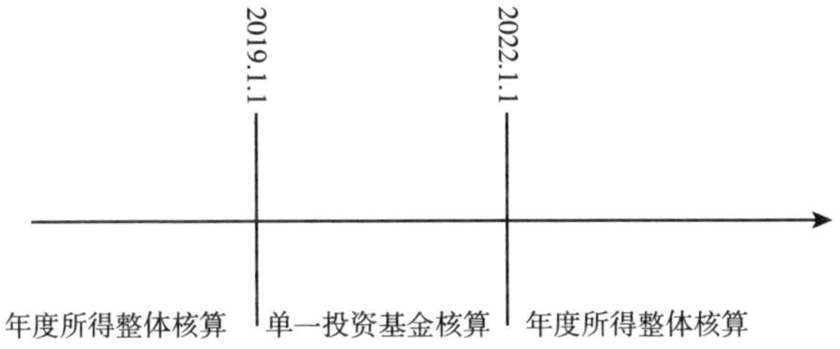

图2－55　创投企业核算方式调整

财税［2000］91号附件1《关于个人独资企业和合伙企业投资者征收个人所得税的规定》第十四条规定，企业的年度亏损，允许用本企业下一年度的生产经营所得弥补，下一年度所得不足弥补的，允许逐年延续弥补，但最长不得超过5年。

至于创投企业选择年度所得整体核算或者单一投资基金核算，期间发生的亏损如何弥补？税法（目前）对此没有特别的规定。那么，企业就应该执行财税［2000］91号附件1《关于个人独资企业和合伙企业投资者征收个人所得税的规定》第十四条的规定。

因此，创投企业应该连续计算且弥补亏损。如2019年1月1日前发生的亏损，包括单一投资基金核算期间（2019年1月1日至2021年12月31日）“经营所得”部分发生的亏损，在创投企业于2022年1月1日后调整为年度所得整体核算时，应该可以弥补，只是弥补年限应该符合规定。

同理，连续计算，单一投资基金核算期间的“经营所得”也可以弥补企业2019年1月1日前发生的亏损。

但是，按照深圳税务的回答，创投企业单一投资基金核算期间，个人合伙人无需按季办理“经营所得”申报。那么，不申报，后续怎么弥补亏损？

即使按照某些省市税务局安排，纳税人在自然人电子税务局（ITS）的【其他个人经营所得申报】模块完成按期申报，那么，如何进行汇算清缴？如何保持弥补亏损所需申报数据的连续性？遗留问题不少。

3. 套层的合伙企业，如何进行税务处理？

如图2－56所示，合伙企业A作为合伙企业B的合伙人，B符合单一投资基金核算条件，那合伙企业A如何进行税务处理？个人合伙人张三如何申报？

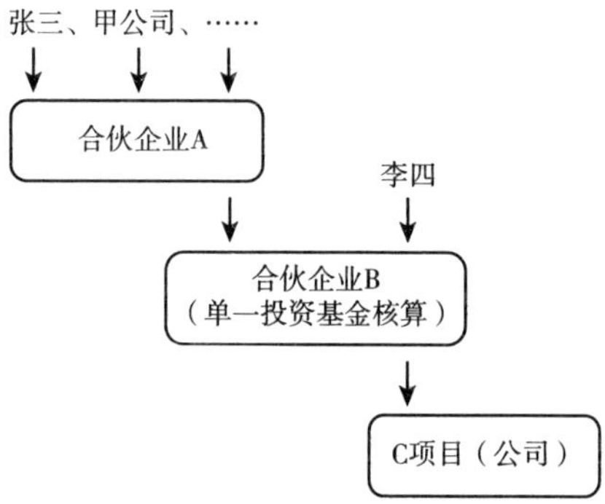

图2－56　多层合伙与核算方式（一）

根据财税［2019］8号的规定，创投企业选择按单一投资基金核算的，其个人合伙人从该基金应分得的股权转让所得和股息红利所得，按照20%税率计算缴纳个人所得税。

合伙企业B持有C项目公司的股权，如果符合创投企业规定且选择了单一投资基金核算，规范运营。那么，其个人合伙人李四从合伙企业B应分得的股权转让所得和股息红利所得，按照20%税率计算缴纳个人所得税。

而合伙企业A，即使符合创投企业条件且完成备案并规范运作，但是，合伙企业A投资合伙企业B的投资业务中，合伙企业A持有的是合伙企业B的财产份额，不是股权。故合伙企业 A 不能选择单一投资基金核算方式。

因此，合伙企业 A 从合伙企业 B 取得（或分回）的经营所得和其他所得按照一般规定处理：其中，经营所得合并到合伙企业 A 的经营所得，再“先分后税”到合伙人张三、甲公司（张三适用 5%—35% 的超额累进税率计算缴纳经营所得个人所得税，甲公司合并应纳税所得额缴纳企业所得税）。而其他所得（股息红利所得），不合并到合伙企业 A，继续分配，直至合伙人张三、甲公司（张三按照 20% 的比例税率缴纳个人所得税，甲公司合并应纳税所得额计算缴纳企业所得税）。

关于多层合伙镶嵌的创投企业，个人所得税问题还很多，比如，有纳税人咨询浙江税务 12366：我公司（实则是合伙企业，下同）为单一投资基金核算的合伙制创投企业，公司持有合伙企业 B（不是单一投资基金核算的合伙企业）50% 的份额，合伙企业 B 投资于公司 C，2020 年合伙企业 B 转让了公司 C 的全部股权取得所得，按 50% 比例分给 A，请问 A 取得该项所得，如何征收个人所得税？是按单一投资基金核算按 20% 征收个人所得税？还是按经营所得 5%—35% 征收个人所得税？

该问题与图 2－56 的问题属同一类。符合创投企业条件且完成备案并规范运作的合伙制创业投资企业（或基金）的个人合伙人取得股权转让所得和股息红利所得，按照 20% 税率计算缴纳个人所得税。而个人合伙人取得股权转让所得和股息红利所得，结合纳税人咨询的问题，首先要 A 合伙企业对外投资取得（或分回）股权转让所得和股息红利所得。

但是纳税人咨询的问题中（如图 2－57 所示），A 合伙企业持有的是 B 合伙企业的财产份额，不是 C 公司的股权。所以，A 合伙企业同样不能选择单一投资基金核算方式。

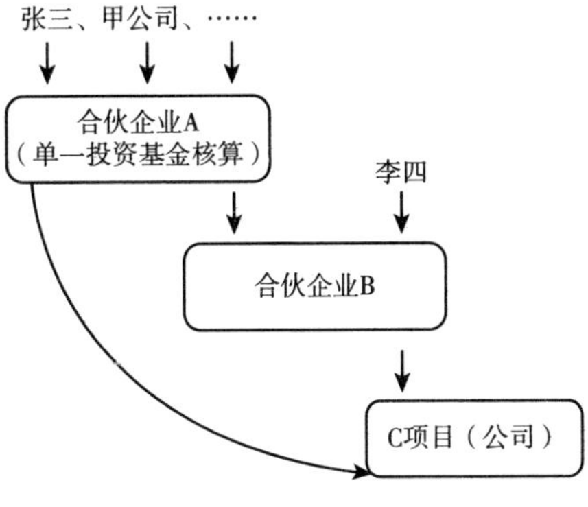

图 2－57　多层合伙与核算方式（二）

如果A合伙企业在向B合伙企业投资的同时也直接投资了C公司，并取得了股权转让所得和股息红利所得。则一个纳税年度，A合伙企业应分清投资关系，进行不同的税务处理：对从C公司取得的股权转让所得和股息红利所得，按照20%税率计算缴纳个人所得税。对于从B合伙企业取得的经营所得和其他所得，按照一般规定进行税务处理。

4. 多层合伙架构，上一层的经营所得如何计入本层合伙企业的经营所得？

如图2－58所示，有限合伙企业（基金1）是有限合伙企业（基金2）的合伙人，有限合伙企业（基金1）从有限合伙企业（基金2）应分得的经营所得如何计入有限合伙企业（基金1）？

这个问题放在以前可能比较复杂，因为涉及所得税的多种征收方式。但财政部 税务总局公告2021年第41号发布以后，问题简单了，根据41号公告的规定，持有股权、股票、合伙企业财产份额等权益性投资的个人独资企业、合伙企业（以下简称独资合伙企业），自2022年1月1日起，一律适用查账征收方式计征个人所得税。那么，有限合伙企业（基金1）持有有限合伙企业（基金2）的财产份额，有限合伙企业（基金2）持有项目1（或者项目2等公司）的股权（或股票），都实行查账征收，所以有限合伙企业（基金1）从有限合伙企业（基金2）取得的经营所得，合并到有限合伙企业（基金1）的经营所得，再“先分后税”分配到合伙人计算缴纳所得税即可（如图2－58所示，在问题3针对不同类型合伙人已分别介绍，此处不再展开）。

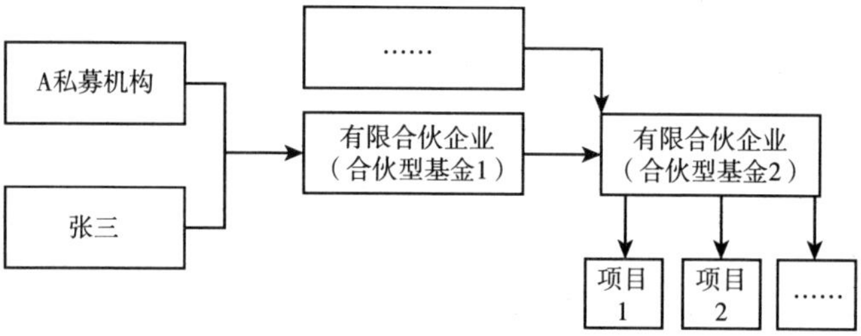

图2－58 多层合伙架构与经营所得

需要关注的是目前A表、B表的整体设计，没有单独的“投资收益”项，也没有附表辅助填写“投资收益”（这可能就是纳税人产生疑问的原因）。所以，有限合伙企业（基金1）从有限合伙企业（基金2）应分得的所得，如何合并到有限合伙企业（基金1）的经营所得（再“先分后税”分配到其合伙人）？笔者建议，填写在个人合伙人（张三）报送的A表、B表的第一行“收入总额”，或者对计算该部分经营所得的收入、成本（包括相关费用）分别计入第一行“收入总额”、第二行（或第三行）“成本费用”，然后参与计算。

5. 创投企业单一投资基金核算与合伙创投企业个人所得税投资抵扣的衔接。

有纳税人在厦门市税务局12366留言咨询：根据财税［2019］8号第三条相关规定，对于选择单一投资基金核算的创投企业的股权转让所得，个人合伙人按照其应从基金年度股权转让所得中分得的份额计算其应纳税额，并由创投企业在次年3月31日前代扣代缴个人所得税。如符合财税［2018］55号规定条件的，创投企业个人合伙人可以按照被转让项目对应投资额的70%抵扣其应从基金年度股权转让所得中分得的份额后再计算其应纳税额，当期不足抵扣的，不得向以后年度结转。

对于选择单一投资基金核算的创投企业的股权转让所得，个人合伙人按照被转让项目对应投资额的70%抵扣的优惠只能使用一次，是否必须在投资满2年的当年抵扣？可以在投资满2年的以后年度抵扣吗？

答复机构	厦门市税务局
答复时间	2019-03-15
答复内容	根据《财政部 税务总局 发展改革委 证监会关于创业投资企业个人合伙人所得税政策问题的通知》（财税［2019］8号）第三条第一项第二款规定，不得向以后年度结转，且只能在满2年的当年结转。

显然，此处厦门税务12366的答复存在一些问题。

那么，纳税人提出的问题应该如何作答？这里的关键是如何衔接理解财税［2019］8号规定的单一投资基金核算与财税［2018］55号规定的投资抵扣税收优惠。

财税［2018］55号第一条第二项规定，有限合伙制创业投资企业（以下简称合伙创投企业）采取股权投资方式直接投资于初创科技型企业满2年的，该合伙创投企业的合伙人分别按以下方式处理：

其中，个人合伙人可以按照对初创科技型企业投资额的70%抵扣个人合伙人从合伙创投企业分得的经营所得；当年不足抵扣的，可以在以后纳税年度结转抵扣。

（注：这里的满2年的投资时间，从初创科技型企业接受投资并完成工商

变更登记的日期起算）

国家税务总局公告2018年第43号文进一步明确了相关征管制度，其中，第二（二）规定：(1）合伙创投企业的个人合伙人符合享受优惠条件的，合伙创投企业应在投资初创科技型企业满2年的年度终了后3个月内，向合伙创投企业主管税务机关办理备案手续，备案时应报送《合伙创投企业个人所得税投资抵扣备案表》（附件2），同时将有关资料留存备查（备查资料同公司制创投企业）。合伙企业多次投资同一初创科技型企业的，应按年度分别备案。(2）合伙创投企业应在投资初创科技型企业满2年后的每个年度终了后3个月内，向合伙创投企业主管税务机关报送《合伙创投企业个人所得税投资抵扣情况表》（附件3）。(3）个人合伙人在个人所得税年度申报时，应将当年允许抵扣的投资额填至《个人所得税生产经营所得纳税申报表（B表）》“允许扣除的其他费用”栏，并同时标明“投资抵扣”字样。

即财税［2018］55号和国家税务总局公告2018年第43号明确：合伙创投企业的个人合伙人符合条件，享受投资抵扣税收优惠，不限于投资满2年的当年。当年不足抵扣的，可以在以后纳税年度结转抵扣。

而财税［2019］8号文规定，创投企业选择按单一投资基金核算的，其个人合伙人从该基金应分得的股权转让所得和股息红利所得，按照20%税率计算缴纳个人所得税。

其中，个人合伙人按照其应从基金年度股权转让所得中分得的份额计算其应纳税额，并由创投企业在次年3月31日前代扣代缴个人所得税。如符合财税［2018］55号规定条件的，创投企业个人合伙人可以按照被转让项目对应投资额的70%抵扣其应从基金年度股权转让所得中分得的份额后再计算其应纳税额，当期不足抵扣的，不得向以后年度结转。

即是在创投企业转让投资项目取得股权转让所得，也就是个人合伙人分得股权转让所得的当期，扣除对应投资额的70%，这样理解的话，扣除并没限定在创投企业投资初创科技型企业满2年后的当年。

所以笔者理解，选择单一投资基金核算的创投企业个人合伙人，符合财税［2018］55号文规定条件的，可以在取得股权（被投资项目）转让所得的当期，按照被转让项目对应投资额的70%抵扣其应从基金年度股权转让所得中分得的份额后再计算其应纳税额。

当然，当期抵扣不完的，不得向以后年度结转抵扣。

第三章 经营所得常见涉税风险识别及应对

经营所得个人所得税的征收管理和纳税申报，一直以来都不规范，用业内的话说“处于自由发展状态”。突出的问题是：申报质量不高。各类“税收洼地、园区、基金小镇等”如雨后春笋般迅速发展，人为“转换”所得项目或“调整”所得来源地；核定征收泛滥；各种税收筹划“经济平台”的征、纳情况也良莠不齐等。这无疑都突破了原有的属地经济，对在哪里征税，适用什么税目税率，在现有的税收政策和制度没有明确规范之前，对征纳双方都是税收风险。

不论是以纳税人为主的涉税风险，还是税务机关为主的执法风险，作为税收法律关系不可分割的两个主体，风险往往是相互牵扯的，甚至可以说谁都不能置身事外。

本章选择性的择取一些风险点进行分析、识别，引起大家关注，以便做好税务风险的应对和防范。

一、基础信息类风险

税源管理登记信息是后续征管的基础，其准确性直接影响征管质量，也影响纳税人的纳税申报。如果操作不规范、甚至错误操作，以致基础信息不准确，对后续税种认定、纳税申报、数据统计分析等会造成关联影响。并且，不规范操作也是产生垃圾数据、疑点数据的主要原因。

常见的不规范操作，比如，登记注册类型划分不准确、所得税税种认定错误、未按期认定所得税税种、投资人信息缺失、不该核定征收却核定征收（比如律师事务所、比如增值税一般纳税人等）、核定征收方式混用、核定期限随意调整等。现主要介绍如下。

（一）纳税人税务登记的“登记注册类型”和实际登记注册类型不相符

【案例 3-1】某资产评估事务所（普通合伙），成立于 2016 年 5 月。增值税小规模纳税人。税源管理信息中“登记注册类型”为“私营有限责任公司”。

从企业名称看是合伙企业，属于非法人组织，税务登记环节却划归到了法人企业，登记注册类型选了“私营有限责任公司”。这种现象不少，如图 3－1 所示。

纳税人名称	纳税人…	课征主体登记类型	登记注册类型	行业
产评估事务所(普通合伙)	正常	单位纳税人税务登…	私营有限责任公司	社会经济咨询
中心（有限合伙）	正常	单位纳税人税务登…	其他	信息技术咨询…
事务所（特殊普通合伙…	正常	单位纳税人税务登…	私营合伙企业	其他资本市场…
务所（普通合伙）	正常	单位纳税人税务登…	私营合伙企业	会计、审计及…
中心（有限合伙）	正常	单位纳税人税务登…	其他有限责任公司	环保咨询

图 3－1　登记注册类型

“登记注册类型”不准确，往往造成税源管理底册不清，也可能会造成所得税税种认定错误，导致后续纳税人所得税申报错误，该申报的税种（经营所得个人所得税）未申报、不该申报的（企业所得税）却一直申报，甚至造成多缴纳税款等问题。

（二）纳税人所得税税种认定不及时、错误，或者税种认定不连续

【案例 3－2】某市甲餐厅（有限合伙），3 位合伙人，设立于 2014 年 9 月，经营中餐加工、零售。

税源管理信息显示，其所得税税种认定不但出现过错误，还不时终止（或者中断）所得税认定（如图 3－2）：2014 年 9 月成立，2015 年 9 月才认定所得税税种，但税种认定错误，认定了企业所得税。2016 年 4 月底终止企业所得税税种。2016 年 7 月重新认定经营所得个人所得税税种；2018 年 12 月底又中止，2019 年 4 月又重新进行了认定。

企业所得税	应纳税所得额		10…	10…	2015-09-01	2016-04-30	否
个人所得税	经营所得		10…	10…	2019-04-01	2099-12-31	是
个人所得税	经营所得		10…	10…	2016-07-01	2018-12-31	否

图 3－2　税源管理信息

从图 3－2 可以看到，该企业的所得税因为税种认定错误、不连续，在征、缴方面存在很大的税务风险。

但实务中，大家对税种认定错误存在的税务风险不以为然。记得有几户合伙企业，错误认定企业所得税税种多年。2018 年 12 月，主管税务机关组织专题辅导班，就此业务也与这些企业进行了交流。但是截至今日，跟踪这些纳税人基础信息，认定的所得税税种依然是企业所得税（如图 3－3 所示）。无疑，税、企双方都未积极去规范，去整改。

纳税人名称	征收代理方式	征收项目	征收品目	认定有效期起	认定有效期止	当前是否有效
不动产评估事务所(普通合	代扣代缴	个人所得税	工资薪金所得	2019-01-01	2099-12-31	是
不动产评估事务所(普通合	自行申报	企业所得税	应纳税所得额	2018-04-01	2099-12-31	是
咨询中心（有限合伙）	代扣代缴	个人所得税	工资薪金所得	2019-01-01	2099-12-31	是
咨询中心（有限合伙）	自行申报	企业所得税	应纳税所得额	2017-07-01	2018-03-31	否
咨询中心（有限合伙）	自行申报	企业所得税	应纳税所得额	2018-04-01	2099-12-31	是
咨询中心（有限合伙）	自行申报	企业所得税	应纳税所得额	2017-07-01	2099-12-31	是
咨询中心（有限合伙）	代扣代缴	个人所得税	工资薪金所得	2019-01-01	2099-12-31	是
咨询中心（有限合伙）	代扣代缴	个人所得税	工资薪金所得	2017-07-01	2018-12-31	否

图 3－3　所得税税种认定数据

注：从上图可以看到，三户合伙企业被错误认定的“企业所得税”的“认定有效期止”为 2099－12－31，即当前还有效。

（三）投资者信息的维护不规范

该风险点在内部控制监督平台定期或不定期的风险筛查中，经常被作为疑点数据推送，比如“合伙企业合伙人信息维护不完整”（如图 3－4 所示）。这里的合伙企业既包括依据《合伙企业法》成立的，也包括依据特别法《律师事务所管理办法》设立的。

防控措施	是否需反馈	反馈时限	疑点总数	已反馈疑点数	已推送疑点数
合伙企业合伙人信息维护不完整的应对措施1	是	2019-10-29	27	21	27

图 3－4　投资者信息

该类税务风险在专题十三、十四部分已经详细介绍，此处不再赘述，只举一例来展示错误所在。

【案例 3－3】 某合伙制律师事务所，成立于 2010 年 5 月，投资额为 30 万元。3 位合伙律师。

金三核心征管中“投资方信息”显示，投资方名称为：x 某等 3 人；投资比例：100%（如图 3－5 所示）。

* 证件种类	* 证件号码	* 投资方名称	* 投资方经济性质	* 投资比例(%)
居民身份证		等3人	内资个人	100.0

图 3－5　投资方信息

很明显信息维护存在错误：因为“证件种类”选择了“居民身份证”，则“证件号码”必须填写身份证号码，那么，“投资方名称”就必须是对应的个人身份证上的姓名，不能填写为“x 某等 3 人”。

信息维护错误的后果是 3 名合伙人申报经营所得个人所得税时，因提取不到投资人信息，都无法完成申报【事实上，该合伙制律师事务所所得税税种一直认定错误（如图 3－6 所示）。直到 2020 年 1 月 1 日才更正了所得税税种：终止企业所得税，重新认定个人所得税（经营所得）】。

征收项目	征收品目	征	征收项	征收品目代码	征收	认定有效期起	认定有效期止	当前
增值税	咨询服务		10101	101016703		2019-01-01	2099-12-31	是
增值税	咨询服务		10101	101016703		2013-08-01	2016-03-31	否
增值税	咨询服务		10101	101016703		2016-04-01	2018-12-31	否
企业所得税	应纳税所得额		10104	101040001		2015-07-01	2019-12-31	否
个人所得税	经营所得		10106	101060200		2020-01-01	2099-12-31	是

图 3－6　律所所得税税种认定数据

（四）常见的核定征收方式存在的风险

一个纳税年度内核定征收方式变动多次、或者政策规定不得核定征收的行业仍然实行核定征收。

【案例 3－4】 某市甲餐厅（有限合伙），有 2 名合伙人。经营火锅（含凉菜）、预包装食品批发零售等。

从税源管理信息看，某一年度内该合伙企业实行过三种征收方式（如图 3－7 所示）：2019 年 1 月至 3 月，实行查账征收；2019 年 4 月至 2019 年 6 月，实行核定应纳税所得额征收方式；而 2019 年 7 月至 2019 年 12 月，实行核定应税所得率征收方式。

被投资单位类型	核定期限起	核定期限止	计税标识	应税所得率(%)	应纳税所得额	受理税务机关	主管税务机关	核定日
合伙企业	2020-03-01	2020-03-31	征收率	1.00%		国家税务总局...	国家税务总局...	2020-03-1
合伙企业	2019-07-01	2019-12-31	应税所得率	7.00%		国家税务总局...	国家税务总局...	2019-07-2
合伙企业	2019-04-01	2019-06-30	应纳税所得额		28 000.00	国家税务总局...	国家税务总局...	2019-07-1

图 3 -7　甲餐厅一个年度内应税所得征收方式

核定征收，是税务机关对辖区范围内的个体工商户业主、企事业单位承包承租经营者、个人独资企业投资者、合伙企业自然人合伙人（统称业户），如果符合核定征收的条件，则可选择“定额征收、核定应税所得率征收以及其他合理的征收方式”中的一种实行核定征收。核定征收方式一经选定一个纳税年度内不得变更，除非有特别规定。

所以，图 3 -7 中合伙企业的经营所得个税核定征收方式，在年度内变化多次，不符合相关征管制度，申报数据也极易出现错误。

【案例 3 -5】某律师事务所，私营独资企业，投资额 10 万元。成立于 2017 年 7 月。经营范围：法律服务。

经营所得个人所得税实行核定征收（核定应税所得率）。2020 年直接实行定期定额征收，核定定额为 20 000 元/月。2020 年 1—4 季度该纳税户申报情况如下（如图 3 -8 所示）。

征收品目	征收子目	税款所属期起	税款所属期止	应税收入	计税依据	应纳税额
经营所得	经营所得(税种认定-其他行业)（1.2%）	2020-01-01	2020-03-31	290 863.22	200 863.22	2 410.36
经营所得	经营所得(税种认定-其他行业)（1.2%）	2020-04-01	2020-06-30	1 907 205.98	1 817 205.98	21 806.47
经营所得	经营所得(税种认定-其他行业)（1.2%）	2020-07-01	2020-09-30	759 405.98	669 405.98	8 032.87
经营所得	经营所得(定额核定-征收率-其他行业)（…	2020-10-01	2020-12-31	726 422.77	636 422.77	7 637.07
				3 683 897.95	**3 323 897.95**	**39 886.77**

图 3 -8　该纳税户申报情况

注：1. 该律师事务所所在地“其他行业”个人所得税附征率执行 1.2% 的标准。

年应纳税额 =【3 683 897.95 -30 000 ×12(月)】×1.2% =39 886.78（元）。

2. 计算应纳税额时每月减去 30 000 元，依据及计算原理在专题二十四部分已经详细介绍，这里不再赘述。

但是，根据国税发［2010］54 号和国税发［2011］50 号规定，对律师事务所、会计师事务所、税务师事务所、资产评估和房地产估价等鉴证类中介机构，不得实行核定征收个人所得税。

【案例3-6】某税务师事务所，有限合伙企业，投资额10万元，成立于2019年10月，2名自然人合伙人，所得税实行核定征收（核定应税所得率），经营范围：代理记账；企业登记代理及咨询；税务代理；财税知识咨询、企业管理筹划咨询、商务信息咨询等等。

调取该税务师事务所其中一个纳税人某季度纳税申报表（A表），详见表3-1。

表3-1　　个人所得税经营所得纳税申报表（A表）（部分）　　单位：元

被投资单位信息	名称	****** 财税会计中心（有限合伙）	社会统一信用代码	***********
征收方式	税务机关认可的其他方式			
序号	项目			金额
1	一、收入总额			645 459.82
2	二、成本费用			0
3	三、利润总额（3=1-2）			0
4	四、弥补以前年度亏损			0
5	五、合伙企业合伙人分配比例（%）			50.00
6	六、应税所得率（%）			1.20
7	七、允许扣除的个人费用及其他扣除（7=8+9+14）			0
7	（一）投资者减除费用			0
8	（二）专项扣除（9=10+11+12+13）			0
8	1. 基本养老保险			0
8	2. 基本医疗保险			0
8	3. 失业保险			0
8	4. 住房公积金			0
9	（三）依法确定的其他扣除（14=15+16+17+18）			0
8	1. 年金			
8	2. 商业健康保险			0
8	3. 税延养老保险			0
8	4. 其他			0
10	八、准予扣除的个人捐赠支出			0
11	九、应纳税所得额			53 727.60
12	十、税率（%）			10.00

续表

序号	项目	金额
13	十一、速算扣除数	1 500.00
14	十二、应纳税额（23 = 20 × 21 − 22）	3 872.76
15	十三、减免税额（附报《个人所得税减免税事项报告表》）	0
16	十四、已预缴税额	2 089.80
17	十五、应补（退）税额（26 = 23 − 24 − 25）	1 782.96

注：当地“其他行业”执行的应税所得率标准为1.2%。

关于征收方式的风险点，远不止以上列举的这些。所以，应该引起主管税务机关的高度重视。

二、收入类风险

A表、B表第一行的“收入总额”，指本年度开始经营月份起截至本期从事经营以及与经营有关的活动，取得的货币形式和非货币形式的各项收入总额。包括销售货物收入、提供劳务收入、转让财产收入、利息收入、租金收入、接受捐赠收入、其他收入。

实务中，纳税人报送的申报表往往存在一些疑点，明显涉及税务风险，主要列举如下：

（一）增值税申报表“应税收入”与A表、B表（简称两表）的“收入总额”存在差额

此疑点在申报表上非常普遍。其中，对于增值税小规模纳税人有一点需要关注，增值税申报表栏次9“免税销售额”包括的“小微企业免税销售额”，在A表、B表不属免税应税项目，应全部计入“收入总额”。

【案例3－7】某县某农牧科技产业中心（有限合伙），于2020年4月10日成立，有5名自然人合伙人，投资额为1 010万元，是增值税一般纳税人。经营范围有：畜禽养殖及销售；饲料、饲料原料、兽药销售；食品加工销售；玉米、草料种植；农产品加工、销售；有机肥加工及销售；农业机械销售、租赁；场地租赁。农业技术开发、咨询、推广、培训及商务服务；现代农业项目开发建设；土地综合开发利用。

2020年4—12月该合伙企业填报的《增值税及附加税费申报表》和某自然人（合伙人）填报的A表截选如下（详见表3－2、表3－3）：

表 3－2　增值税及附加税费申报表（一般纳税人适用）（截选）　单位：元

项目		一般项目	
		本月数	本年累计
销售额	（一）按适用税率计税销售额	11 926 605.60	11 926 605.60
	其中，应税货物销售额	0	0
	应税劳务销售额	0	0
	纳税检查调整的销售额	0	0
	（二）按简易征收办法计税销售额	0	0
	其中，纳税检查调整的销售额	0	0
	（三）免、抵、退办法出口销售额	0	0
	（四）免税销售额	0	0
	其中，免税货物销售额	0	0
	免税劳务销售额	0	0
税款计算	销项税额	1 073 394.40	1 073 394.40
	进项税额	820 124.75	820 124.75
	上期留抵税额	0	0
	进项税额转出	0	0
	免抵退应退税额	0	0
	按适用税率计算的纳税检查应补缴税额	0	0
	应抵扣税额合计	820 124.75	—
	实际抵扣税额	820 124.75	0
	应纳税额	253 269.65	253 269.65

表 3－3　某自然人（合伙人）个人所得税经营所得纳税申报表（A 表）

税款所属期：2020－04－01 至 2020－12－31　　金额单位：人民币元（列至角分）

纳税人姓名：***　　纳税人识别号：*******************

被投资单位信息	名称	**************** 技产业中心（有限合伙）	社会统一信用代码	***********
征收方式	查账征收（据实预缴）			
序号	项目			金额
1	一、收入总额			734 932.96
2	二、成本费用			298 880.97
3	三、利润总额（3＝1－2）			436 051.99
4	四、弥补以前年度亏损			0

续表

序号	项目	金额
5	五、合伙企业合伙人分配比例（%）	20.00
6	六、应税所得率（%）	0
7	七、允许扣除的个人费用及其他扣除（7 = 8 + 9 + 14）	45 000.00
7	（一）投资者减除费用	45 000.00
8	（二）专项扣除（9 = 10 + 11 + 12 + 13）	0
8	1. 基本养老保险	0
8	2. 基本医疗保险	0
8	3. 失业保险	0
8	4. 住房公积金	0
9	（三）依法确定的其他扣除（14 = 15 + 16 + 17 + 18）	0
8	1. 年金	
8	2. 商业健康保险	0
8	3. 其他	0
10	八、准予扣除的个人捐赠支出	0
11	九、应纳税所得额	42 210.40
12	十、税率（%）	10.00
13	十一、速算扣除数	1 500.00
14	十二、应纳税额（23 = 20 × 21 − 22）	2 721.04
15	十三、减免税额（附报《个人所得税减免税事项报告表》）	0
16	十四、已预缴税额	0

从表 3 − 2、表 3 − 3 中可以看到，该合伙企业 2020 年 4—12 月的累计收入，在《增值税及附加税费申报表》与 A 表填报的数据差异较大。前者本年累计应税收入为 11 926 605.60 元，后者全年税款所属期收入总额为 734 932.96 元，存在涉税风险。

目前，《增值税及附加税费申报表》的历史申报数据在金三系统，A 表历史申报数据在自然人电子税务局（ITS）。申报期纳税人填表申报时，两表之间数据没有逻辑关系的强制校验，但是两税（这里指增值税和经营所得个人所得税）比对，或者内控平台不定期的数据扫描，如果关联到两表的收入数据，存在差异则出现疑点数据，后续的核查一定少不了。并且这种数据差异是纳税人明知的，如果涉及少缴税款，补缴税费及加收滞纳金，甚至并处罚款或者承担其他更严重的法律后果不可避免。

所以，纳税申报应该及时、准确进行填表和报送。

【案例3-8】某市不孕症医院（有限合伙），成立于2011年3月。投资800万元，有2名自然人合伙人。经营范围有：急诊医学、预防保健、内、外、中医、妇科专业、生殖健康与不孕症专业、医学检验、医学影像科（以上项目凭许可证核定事项在有效期限内经营）。

该企业适用小企业会计准则。是增值税一般纳税人。

该医院2020年度《增值税及附加税费申报表》和某一合伙人填报的A表截选如下（详见表3-4、表3-5）：

表3-4　增值税及附加税费申报表（适用于一般纳税人）（截选）　单位：元

项目		一般项目	
		本月数	本年累计
销售额	（一）按适用税率计税销售额	0	0
	其中，应税货物销售额	0	0
	应税劳务销售额	0	0
	纳税检查调整的销售额	0	0
	（二）按简易征收办法计税销售额	0	0
	其中，纳税检查调整的销售额	0	0
	（三）免、抵、退办法出口销售额	0	0
	（四）免税销售额	3 847 569.83	33 244 883.45
	其中，免税货物销售额	0	0
	免税劳务销售额	0	0
税款计算	销项税额	0	0
	进项税额	0	0
	上期留抵税额	0	0
	进项税额转出	0	0
	免抵退应退税额	0	0
	按适用税率计算的纳税检查应补缴税额	0	0
	应抵扣税额合计	0	—
	实际抵扣税额	0	0
	应纳税额	0	0

表3-5　　某一合伙人个人所得税经营所得纳税申报表（A表）

税款所属期：2020-01-01至2020-12-31　　　　金额单位：人民币元（列至角分）

纳税人姓名：***　　　　纳税人识别号：********************

被投资单位信息	名称	**************** 医院（有限合伙）	社会统一信用代码	***********
征收方式	查账征收（据实预缴）			
序号	项目			金额
1	一、收入总额			29 397 313.62
2	二、成本费用			29 898 119.18
3	三、利润总额（3=1-2）			-500 805.56
4	四、弥补以前年度亏损			
5	五、合伙企业合伙人分配比例（%）			30.00
6	六、应税所得率（%）			
7	七、允许扣除的个人费用及其他扣除（7=8+9+14）			60 000.00
7	（一）投资者减除费用			60 000.00
8	（二）专项扣除（9=10+11+12+13）			
8	1. 基本养老保险			
8	2. 基本医疗保险			
8	3. 失业保险			
8	4. 住房公积金			
9	（三）依法确定的其他扣除（14=15+16+17+18）			
8	1. 年金			
8	2. 商业健康保险			
8	3. 税延养老保险			
8	4. 其他			
10	八、准予扣除的个人捐赠支出			
11	九、应纳税所得额			0
12	十、税率（%）			5.00
13	十一、速算扣除数			0
14	十二、应纳税额（23=20×21-22）			0
15	十三、减免税额（附报《个人所得税减免税事项报告表》）			0
16	十四、已预缴税额			0
17	十五、应补（退）税额（26=23-24-25）			0

从表 3－4、表 3－5 中可以看到，该合伙企业 2020 年累计收入在《增值税及附加税费申报表》与 A 表之间的历史申报数据存在较大差异。前者本年累计开具其他发票和未开具发票销售额共计申报 33 244 883.45 元，后者全年税款所属期收入总额为 29 397 313.62 元，相差 3 847 569.83 元。这无疑存在税务风险。

进一步查询该纳税人 2020 年 12 月《增值税及附加税费申报表》及附表，纳税人 12 月开具其他发票销售额 3 343 213.44 元，未开具发票销售额 504 356.39 元，合计 3 847 569.83 元。但报送的 A 表年度累计收入总额却不包括该笔数据。存在推迟确认收入总额以及经营所得的涉税疑点。

【案例 3－9】某县某加油站，普通合伙企业，成立于 2020 年 12 月。有 2 名自然人合伙人，增值税一般纳税人。经营范围有：汽油、柴油【闭杯闪点≤60℃】（以上两项凭许可证经营）、润滑油、日用百货销售；洗车服务；房屋及场地租赁（依法须经批准的项目，经相关部门批准后方可开展经营活动）。

该加油站 2021 年 1 月《增值税及附加税费申报表》和某一合伙人填报的 A 表截选如下（详见表 3－6、表 3－7）：

表 3－6　增值税及附加税费申报表（适用于一般纳税人）（截选）　单位：元

项目		一般项目	
		本月数	本年累计
销售额	（一）按适用税率计税销售额	234 620.89	234 620.89
	其中，应税货物销售额	153 880.60	153 880.60
	应税劳务销售额	0	0
	纳税检查调整的销售额	0	0
	（二）按简易征收办法计税销售额	0	0
	其中，纳税检查调整的销售额	0	0
	（三）免、抵、退办法出口销售额	0	0
	（四）免税销售额	325.00	325.00
	其中，免税货物销售额	325.00	325.00
	免税劳务销售额	0	0

续表

项目		一般项目	
		本月数	本年累计
税款计算	销项税额	30 500.64	30 500.64
	进项税额	63 340.84	63 340.84
	上期留抵税额	0	0
	进项税额转出	0	0
	免抵退应退税额	0	0
	按适用税率计算的纳税检查应补缴税额	0	0
	应抵扣税额合计	63 340.84	—
	实际抵扣税额	30 500.64	0
	应纳税额	0	0

表3－7　　某一合伙人个人所得税经营所得纳税申报表（A表）

税款所属期：2021－01－01至2021－01－31　　金额单位：人民币元（列至角分）

纳税人姓名：***　　纳税人识别号：*******************

被投资单位信息	名称	**************** 加油站（普通合伙）	社会统一信用代码	***********
征收方式	查账征收（据实预缴）			
序号	项目			金额
1	一、收入总额			5 000.00
2	二、成本费用			0
3	三、利润总额（3＝1－2）			5 000.00
4	四、弥补以前年度亏损			0
5	五、合伙企业合伙人分配比例（%）			0
6	六、应税所得率（%）			0
7	七、允许扣除的个人费用及其他扣除（7＝8＋9＋14）			5 000.00
7	（一）投资者减除费用			5 000.00
8	（二）专项扣除（9＝10＋11＋12＋13）			0
8	1. 基本养老保险			0
8	2. 基本医疗保险			0
8	3. 失业保险			0
8	4. 住房公积金			0
9	（三）依法确定的其他扣除（14＝15＋16＋17＋18）			0
8	1. 年金			

续表

序号	项目	金额
8	2. 商业健康保险	0
8	3. 税延养老保险	0
8	4. 其他	0
10	八、准予扣除的个人捐赠支出	0
11	九、应纳所得额	0
12	十、税率（%）	5.00
13	十一、速算扣除数	0
14	十二、应纳税额（23 = 20 × 21 − 22）	0
15	十三、减免税额（附报《个人所得税减免税事项报告表》）	0
16	十四、已预缴税额	0
17	十五、应补（退）税额（26 = 23 − 24 − 25）	0

从表 3－6、表 3－7 中可以看到，该加油站 2021 年 1 月份的《增值税及附加税费申报表》反映的应税销售额为 234 620.89 元，而 1 月份的月报 A 表收入总额为 5 000 元，申报数据明显存在差异，有少报经营所得收入的风险。

【案例 3－10】某律师事务所，合伙企业，投资额为 30 万元，有 3 名个人合伙人，是增值税一般纳税人，经营所得（个人所得税）实行查账征收。

调取该律师事务所年末《增值税及附加税费申报表》和某一合伙律师填报的 A 表如下（详见表 3－8、表 3－9）。

表 3－8　　增值税及附加税费申报表（适用于一般纳税人）（截选）　　单位：元

项目			一般项目	
			本月数	本年累计
销售额	（一）按适用税率计税销售额	1	403 414.70	1 267 991.79
	其中，应税货物销售额	2	0	0
	应税劳务销售额	3	0	0
	纳税检查调整的销售额	4	0	0
	（二）按简易征收办法计税销售额度	5	0	0
	其中，纳税检查调整的销售额	6	0	0
	（三）免、抵、退办法出口销售额	7	0	0
	（四）免税销售额	8	0	0
	其中，免税货物销售额	9	0	0
	免税劳务销售额	10	0	0

续表

项目		一般项目		
			本月数	本年累计
税款计算	销项税额	11	29 155.41	81 321.32
	进项税额	12	886.76	886.79
	上期留抵税额	13	0	0
	进项税额转出	14	0	0
	免抵退应退税额	15	0	0
	按适用税率计算的纳税检查应补缴税额	16	0	0
	应抵扣税额合计	17	886.79	—
	实际抵扣税额	18	886.79	0
	应纳税额	19	28 268.62	80 434.53

表 3-9　某一合伙律师个人所得税经营所得纳税申报表（A 表）

税款所属期：2020-01-01 至 2020-12-31　　金额单位：人民币元（列至角分）

纳税人姓名：***　　纳税人识别号：********************

被投资单位信息	名称	*****************律师事务所	社会统一信用代码	***********
征收方式	查账征收（据实预缴）			
序号	项目			金额
1	一、收入总额			6 151 774.89
2	二、成本费用			5 859 986.65
3	三、利润总额（3=1-2）			291 788.24
4	四、弥补以前年度亏损			0
5	五、合伙企业合伙人分配比例（%）			33.00
6	六、应税所得率（%）			0
7	七、允许扣除的个人费用及其他扣除（7=8+9+14）			60 000.00
7	（一）投资者减除费用			60 000.00
8	（二）专项扣除（9=10+11+12+13）			0
8	1. 基本养老保险			0

续表

序号	项目	金额
8	2. 基本医疗保险	0
8	3. 失业保险	0
8	4. 住房公积金	0
9	（三）依法确定的其他扣除（14 = 15 + 16 + 17 + 18）	0
8	1. 年金	
10	八、准予扣除的个人捐赠支出	0
11	九、应纳所得额	36 290.12
12	十、税率（%）	10.00
13	十一、速算扣除数	1 500.00
14	十二、应纳税额（23 = 20 × 21 − 22）	2 129.01
15	十三、减免税额（附报《个人所得税减免税事项报告表》）	0
16	十四、已预缴税额	0
17	十五、应补（退）税额（26 = 23 − 24 − 25）	2 129.01

注：该律所年末《增值税及附加税费申报表》与 A 表的申报收入相差巨大，存在是否按时确认收入的涉税风险。

（二）合伙制事务所“以票报账”，冲抵收入现象严重

实务中，许多律师事务所，采用“以票报账”的方式冲抵合伙人的经营所得，也冲抵“雇员”的工薪薪金。

【案例 3 − 11】 某（直辖）市律师事务所，私营合伙企业，设立于 2018 年 6 月，是增值税一般纳税人，有 3 位律师合伙人（假设是张某、王某、周某），投资 30 万元。从官网查询，该所有执业律师 50 余人。经营范围是：法律服务。房源信息采集 0，车船税税源信息 0，即在金三系统的基础信息显示，企业名下无车无房。代开发票信息 0。

调取其中两位合伙人 2020 年填报的 A 表，截选如下（详见表 3 − 10、表 3 − 11）。两位合伙人填报的 A 表中“利润总额”为 −63 517.25 元。

表 3-10　　张某个人所得税经营所得纳税申报表（A 表）

税款所属期：2020-01-01 至 2020-12-31　　金额单位：人民币元（列至角分）

纳税人姓名：***　　纳税人识别号：*******************

被投资单位信息	名称	*****************律师事务所	社会统一信用代码	***********
征收方式	查账征收（据实预缴）			
序号	项目			金额
1	一、收入总额			19 741 832.82
2	二、成本费用			19 805 350.07
3	三、利润总额（3=1-2）			-63 517.25
4	四、弥补以前年度亏损			0
5	五、合伙企业合伙人分配比例（%）			0
6	六、应税所得率（%）			0
7	七、允许扣除的个人费用及其他扣除（7=8+9+14）			60 000.00
7	（一）投资者减除费用			60 000.00
8	（二）专项扣除（9=10+11+12+13）			0
8	1. 基本养老保险			0
8	2. 基本医疗保险			0
8	3. 失业保险			0
8	4. 住房公积金			0
9	（三）依法确定的其他扣除（14=15+16+17+18）			0
8	1. 年金			
8	2. 商业健康保险			0
8	3. 税延养老保险			0
8	4. 其他			0
10	八、准予扣除的个人捐赠支出			0
11	九、应纳税所得额			0
12	十、税率（%）			5.00
13	十一、速算扣除数			0
14	十二、应纳税额（23=20×21-22）			0
15	十三、减免税额（附报《个人所得税减免税事项报告表》）			0
16	十四、已预缴税额			0
17	十五、应补（退）税额（26=23-24-25）			0

表 3-11　　王某个人所得税经营所得纳税申报表（A 表）

税款所属期：2020-01-01 至 2020-12-31　　　　金额单位：人民币元（列至角分）

纳税人姓名：***　　　　纳税人识别号：*******************

被投资单位信息	名称	***************** 律师事务所	社会统一信用代码	***********
征收方式	查账征收（据实预缴）			
序号	项目			金额
1	一、收入总额			19 741 832.82
2	二、成本费用			19 805 350.07
3	三、利润总额（3=1-2）			-63 517.25
4	四、弥补以前年度亏损			0
5	五、合伙企业合伙人分配比例（%）			50.00
6	六、应税所得率（%）			0
7	七、允许扣除的个人费用及真他扣除（7=8+9+14）			60 000.00
7	（一）投资营减除费用			60 000.00
8	（二）专项扣除（9=10+11+12+13）			0
8	1. 基本养老保险			0
8	2. 基本医疗保险			0
8	3. 失业保险			0
8	4. 住房公积金			0
9	（三）依法确定的其他扣除（14=15+16+17+18）			0
8	1. 年金			
8	2. 商业健康保险			0
8	3. 税延养老保险			0
8	4. 其他			0
10	八、准予扣除的个人捐赠支出			0
11	九、应纳税所得额			0
12	十、税率（%）			5.00
13	十一、速算扣除数			0
14	十二、应纳税额（23=20×21-22）			0
15	十三、减免税额（附报《个人所得税减免税事项报告表》）			0
16	十四、已预缴税额			1 381.36
17	十五、应补（退）税额（26=23-24-25）			0

注：另一合伙人周某的 A 表填报数据同表 3-10，故不再展示。

进一步搜集该所详细资料，2020年财务报表（年报）显示亏损（现金流量表数据全部是0，无参考价值）。亏损金额和A表第三行“利润总额”一致。

全年雇员律师领取工资薪金、奖金等金额合计约994万元。

合伙企业层面核算的“应纳税所得额”为0（A表第6行“利润总额”为负数，则第19行“应纳税所得额”显示为0，不可修改），3位合伙人从合伙企业取得的经营所得为0（注：该律师事务所2019年情形大致也如此）。

再详细核实该合伙企业报送的《个人所得税扣缴申报表（适合于综合所得预扣预缴）》，3位合伙人名字并未在扣缴申报表中出现，即意味着三位合伙人没有以“工资薪金”的方式从律所取得收入。

这就出现了不符合常理的异常现象：两个纳税年度，3位合伙律师从年“收入总额”近两千万的规模律所竟然未取得收入（2019年年报调整业务招待费、福利费支出和投资者工资薪金等支出后，其中给2位合伙人做了少许分配），合伙律师的收入远小于本所许多雇佣律师的工资薪金年收入。

异常现象背后一定存在税务风险：事情的另一面反映出来的就是合伙制律师事务所“以票报账”，以发票作费用冲抵收入的普遍现象。而严重的是，到处“找发票”、“各种路数”报销各种无关费用，已成业内外皆知的规则。

虚开增值税发票不是小事，虚开增值税专用发票进行进项抵扣更是不可取。税收征管的疏漏，不是纳税人违规进行涉税处理的借口。税、企双方不可忽视此举潜藏和遗留的巨大涉税风险。随着税收征管制度改革进一步深化，在现代化的征管模式下，税收大数据使一切涉及高风险的财税行为都避不开智慧税务的精准监管，一旦涉事，将不利于企业和个人的长远发展。

（三）“未开票收入”在纳税申报中的异常现象

针对合伙企业中的增值税一般纳税人，在《增值税及附加税费申报表（适用于一般纳税人）》附列资料（a）做一些统计、分析，发现一些行业“未开票收入”的纳税申报存在异常。比如律师事务所，《增值税及附加税费申报表（适用于一般纳税人）》中“未开票收入”栏的“销售额”几乎皆为0，当然大概率在A表的“收入总额”中也不会反映未开票收入。

这是和现实情形不相符合的，大量个人诉讼案件，不开发票是常事，所以事务所应该高度关注此类涉税风险，规范财税行为。智慧税务，内外部涉税数据有机贯通，此类未开票收入，主管税务机关获取不是难题。一旦税务稽查，不但涉及少缴增值税及附加等、还有少缴个人所得税问题。并且需要承担故意隐瞒收入的法律后果。

（四）合伙人取得“工资薪金”以累计预扣法预扣预缴个人所得税的风险

专题十六已提到过财税［2000］91号附件1《关于个人独资企业和合伙企业投资者征收个人所得税的法规》的规定，投资者的工资不得在税前扣除。合伙企业在核算“应纳税所得额”时应当调整已在费用中列支的合伙人工资薪金等，然后按照经营所得计征个人所得税。

但在实务中，合伙人从合伙企业取得的“工资薪金”，许多合伙企业一直按照“工资薪金”代扣代缴个人所得税，无形中拆分了合伙人从合伙企业取得的经营所得。这一现象在2019年新的《个人所得税法》及实施条例正式施行后大有改观。

但对合伙企业报送的《个人所得税扣缴申报表（适合于综合所得预扣预缴)》进行比对，在纳税人明细中仍然可以看到合伙人的名字，即把合伙人的“工资薪金”按照累计预扣法预扣预缴了个人所得税。

这种弄错应税所得项目申报缴纳个人所得税的状况，在合伙制的会计师（税务师）事务所比较少（但虚列人数增加工资费用支出现象比较普遍），毕竟从事的业务范围是对口的财税工作，比较熟悉税收政策。但是在合伙制的律师事务所（包括个人律所）、各种培训学校、医院等非财税类企业，此现象就比较常见了。这是违反个税法相关规定的，错误申报应当及时更正。

【案例3－12】基本信息：某市机动车驾驶员培训学校（普通合伙），成立于2014年6月。有2名自然人合伙人。

税源管理信息显示：2016年至2017年3月被认定了企业所得税税种（注：错误），2017年4月终止企业所得税税种认定，重新认定了经营所得个人所得税税种，且实行定额征收。属增值税小规模纳税人。

查询、统计，比对中却发现，合伙人杨某从驾驶培训学校取得的“工资薪金”一直由单位代扣代缴（或者预扣预缴）工资薪金个人所得税（因涉及个人信息我们就不以截图展示了）。

三、纳税申报类风险

经营所得个人所得税的纳税申报，征管中普遍存在问题，申报不规范、申报质量不高。常见的涉税风险点主要有：

（一）预缴申报A表中“投资者减除费用”重复扣除的涉税风险

财税［2000］91号附件1《关于个人独资企业和合伙企业投资者征收个人所得税的法规》规定，投资者的工资不得在税前扣除。合伙企业核算“应纳税所得额”时应当调整已在费用中列支的合伙人工资薪金等。

具体如何调整，在专题二拓展部分已经进行了详细介绍，此处不再展开讨论，只以案例做示范，帮助大家加深理解。

【案例3－13】某律师事务所，私营合伙企业。成立于2013年6月，投资总额为10万元，有7名律师合伙人，是增值税小规模纳税人。经营范围有：民事、刑事、行政案件代理、非代理、担任法律顾问。

核心征管一户式查询信息显示，该合伙企业2015年9月至2019年9月被错误认定了企业所得税税种。2019年10月开始重新认定了经营所得（个人所得税）税种。

经营所得个人所得税实行预缴和汇算清缴相结合的征管方式，调取一合伙人2020年12月《个人所得税经营所得纳税申报表（A表）》（详见表3－12）和2020年《个人所得税经营所得纳税申报表（B表）》如下（详见表3－13）：

从表3－12可以看到，合伙人的经营所得个人所得税预缴申报时，A表第3行“利润总额”为－384 986.69元，在第7行“投资者减除费用”扣除了全年金额60 000元；从表3－13可以看到，B表第11行“利润总额”为－384 986.69元，在第35行调整了“投资者工资薪金支出”2 132 600元。从B表的调整看，说明该合伙企业2020年“利润总额”－384 986.69元，是未调整“投资者工资薪金支出”2 132 600元前的金额。

再回过头来看A表，既然第3行“利润总额”－384 986.69元是未调整“投资者工资薪金支出”前的金额，等于“投资者工资薪金支出”已在税前扣除了。又在第7行“投资者减除费用”扣除了全年金额60 000元，重复扣除。这不符合A表关于经营所得个人所得税预缴申报计算税款的原理。

正确的个人所得税计算和填报应该是（以2020年第4季度为例）：

（1）应预缴税额＝【（3 571 474.46－3 956 461.15＋2 132 600.00）×14.29%－60 000】×20%－10 500.00－1 365.8＝26 080.99（元）；

2020年汇算清缴应纳个人所得税额，略（见表3－15）。

（2）填报申报详见表3－14。

表 3－12　　张某个人所得税经营所得纳税申报表（A 表）

税款所属期：2020－01－01 至 2020－12－31　　金额单位：人民币元（列至角分）

纳税人姓名：***　　纳税人识别号：********************

被投资单位信息	名称	***************** 律师事务所	社会统一信用代码	***********
征收方式	查账征收（据实预缴）			
序号	项目			金额
1	一、收入总额			3 571 474.46
2	二、成本费用			3 956 461.15
3	三、利润总额（3＝1－2）			－384 986.69
4	四、弥补以前年度亏损			0
5	五、合伙企业合伙人分配比例（%）			14.29
6	六、应税所得事（%）			0
7	七、允许扣除的个人费用及其他扣除（7＝8＋9＋14）			60 000.00
7	（一）投资者减除费用			60 000.00
8	（二）专项扣除（9＝10＋11＋12＋13）			0
8	1. 基本养老保险			0
8	2. 基本医疗保险			0
8	3. 失业保险			0
8	4. 住房公积金			0
9	（三）依法确定的其他扣除（14＝15＋16＋17＋18）			0
8	1. 年金			
8	2. 商业健康保险			0
8	3. 税延养老保险			0
8	4. 其他			0
10	八、准予扣除的个人捐赠支出			0
11	九、应纳税所得额			0
12	十、税率（%）			5.00
13	十一、速算扣除数			0
14	十二、应纳税额（23＝20×21－22）			0
15	十三、减免税额（附报《个人所得税减免税事项报告表》）			0
16	十四、已预缴税额			1 365.80
17	十五、应补（退）税额（26＝23－24－25）			0

表 3－13　　张某个人所得税经营所得纳税申报表（B表）

税款所属期：2020－01－01 至 2020－12－31　　金额单位：人民币元（列至角分）

纳税人姓名：张 **　　纳税人识别号：1 ******************

被投资单位信息	名称	***************** 律师事务所	社会统一信用代码	***********
项目			行次	金额（比例）
一、收入总额			1	3 571 474. 46
其中，国债利息收入			2	0
二、成本费用（4 +5 +6 +7 +8 +9 +10）			3	3 956 461. 15
（一）营业成本			4	0
（二）营业费用			5	3 953 596. 89
（三）营理费用			6	0
（四）财务费用			7	81. 95
（五）税金			8	2 782. 31
（六）损失			9	0
（七）其他支出			10	0
三、利润总额（11 =1 －2 －3）			11	－384 986. 69
四、纳税调整增加额（12 =13 +27）			12	2 145 663. 31
（一）超过规定标准的扣除项目金额（13 = 14 + 15 + 16 +17 +18 +19 +20 +21 +22 +23 +24 +25 +26）			13	13 063. 31
1. 职工福利费			14	0
2. 职工教育经费			15	0
3. 工会经费			16	0
4. 利息支出			17	0
5. 业务招待费			18	4 791. 96
6. 广告费和业务宣传费			19	0
7. 教育和公益事业捐赠			20	0
8. 住房公积金			21	0

续表

项目	行次	金额（比例）
9. 社会保险费	22	0
10. 折旧费用	23	0
11. 无形资产摊销	24	0
12. 资产损失	25	0
13. 其他	26	8 271.35
（二）不允许扣除的项目金额（27 = 28 + 29 + 30 + 31 + 32 + 33 + 34 + 35 + 36）	27	2 132 600.00
1. 个人所得税税款	28	0
2. 税收滞纳金	29	0
3. 罚金、罚款和被没收财物的损失	30	0
4. 不符合扣除规定的捐赠支出	31	0
5. 赞助支出	32	0
6. 用于个人和家庭的支出	33	0
7. 与取得生产经营收入无关的其他支出	34	0
8. 投资者工资薪金支出	35	2 132 600.00
9. 国家税务总局规定不准扣除的支出	36	0
五、纳税调整减少额	37	0
六、纳税调整后所得（38 = 11 + 12 − 37）	38	1 760 676.62
七、弥补以前年度亏损	39	0
八、合伙企业合伙人分配比例（%）	40	14.29
九、允许扣除的个人费用及其他扣除（41 = 42 + 43 + 48 + 55）	41	60 000.00
（一）投资者减除费用	42	60 000.00
（二）专项扣除（43 = 44 + 45 + 46 + 47）	43	0
1. 基本养老保险	44	0
2. 基本医疗保险	45	0

续表

项目	行次	金额（比例）
3. 失业保险	46	0
4. 住房公积金	47	0
（三）专项附加扣除（48 = 49 + 50 + 51 + 52 + 53 + 54）	48	0
1. 子女教育支出	49	0
2. 继续教育支出	50	0
3. 大病医疗支出	51	0
4. 住房贷款利息支出	52	0
5. 住房租金支出	53	0
6. 赡养老人支出	54	0
（四）依法确定的其他扣除（55 = 56 + 57 + 58 + 59）	55	0
1. 年金	56	
2. 商业健康保险	57	0
3. 税延养老保险	58	0
4. 其他	59	0
十一、允许扣除的个人捐赠支出	60	0
十二、投资抵扣	61	0
十三、应纳税所得额(62 = 38 − 39 − 41 − 60 − 61)或[62 = (38 − 39) × 40 − 41 − 60 − 61]	62	191 524.98
十四、税率（%）	63	20.00
十五、速算扣除数	64	10 500.00
十六、应纳税额（65 = 62 × 70 − 71）	65	27 805.00
十七、减免税额（附报《个人所得税减免税事项报告表》）	66	0
十八、实际应纳税额（67 = 65 − 66）	67	27 805.00
十九、已预缴税额	68	1 365.80
二十、应补（退）税额（69 = 67 − 68）	69	26 439.20

表 3-14 张某个人所得税经营所得纳税申报表（A 表）（截选） 单位：元

项　目	行次	金额/比例
一、收入总额	1	3 571 474.46
二、成本费用	2	1 823 861.15
三、利润总额（3=1-2）	3	1 747 613.31
四、弥补以前年度亏损	4	
五、应税所得率（%）	5	
六、合伙企业个人合伙人分配比例（%）	6	14.29
七、允许扣除的个人费用及其他扣除（7=8+9-14）	7	60 000.00
（一）投资者减除费用	8	60 000.00
（二）专项扣除（9=10+11+12+13）	9	
1. 基本养老保险费	10	
2. 基本医疗保险费	11	
3. 失业保险费	12	
4. 住房公积金	13	
（三）依法确定的其他扣除（14=15+16+17）	14	
1.	15	
2.	16	
3.	17	
八、准予扣除的捐赠额（附报《个人所得税公益慈善事业捐赠扣除明细表》）	18	
九、应纳税所得额	19	189 733.94
十、税率（%）	20	20.00
十一、速算扣除数	21	10 500.00
十二、应纳税额（22=19×20-21）	22	27 446.79
十三、减免税额（附报《个人所得税减免税事项报告表》）	23	
十四、已缴税额	24	1 365.80
十五、应补/退税额（25=22-23-24）	25	26 080.99

表 3－15　　张某个人所得税经营所得纳税申报表（B 表）（截选）　　单位：元

项　　目	行次	金额/比例
一、收入总额	1	3 571 474.46
其中，国债利息收入	2	
二、成本费用（3＝4＋5＋6＋7＋8＋9＋10）	3	3 956 461.15
（一）营业成本	4	
（二）营业费用	5	3 953 596.89
（三）管理费用	6	
（四）财务费用	7	81.95
（五）税金	8	2 782.31
（六）损失	9	
（七）其他支出	10	
三、利润总额（11＝1－2－3）	11	－384 986.69
四、纳税调整增加额（12＝13＋27）	12	2 145 663.31
（一）超过规定标准的扣除项目金额（13＝14＋15＋16＋17＋18＋19＋20＋21＋22＋23＋24＋25＋26）	13	13 063.31
1. 职工福利费	14	
2. 职工教育经费	15	
3. 工会经费	16	
4. 利息支出	17	
5. 业务招待费	18	4 791.96
6. 广告费和业务宣传费	19	
7. 教育和公益事业捐赠	20	
8. 住房公积金	21	
9. 社会保险费	22	
10. 折旧费用	23	
11. 无形资产摊销	24	
12. 资产损失	25	
13. 其他	26	8 271.35
（二）不允许扣除的项目金额（27＝28＋29＋30＋31＋32＋33＋34＋35＋36）	27	2 132 600.00
1. 个人所得税税款	28	
2. 税收滞纳金	29	
3. 罚金、罚款和被没收财物的损失	30	

续表

项　　目	行次	金额/比例
4. 不符合扣除规定的捐赠支出	31	
5. 赞助支出	32	
6. 用于个人和家庭的支出	33	
7. 与取得生产经营收入无关的其他支出	34	
8. 投资者工资薪金支出	35	2 132 600.00
9. 其他不允许扣除的支出	36	
五、纳税调整减少额	37	
六、纳税调整后所得（38 = 11 + 12 − 37）	38	1 760 676.62
七、弥补以前年度亏损	39	
八、合伙企业个人合伙人分配比例（%）	40	14.29
九、允许扣除的个人费用及其他扣除（41 = 42 + 43 + 48 + 55）	41	
（一）投资者减除费用	42	60 000.00
（二）专项扣除（43 = 44 + 45 + 46 + 47）	43	60 000.00
1. 基本养老保险费	44	
2. 基本医疗保险费	45	
3. 失业保险费	46	
4. 住房公积金	47	
（三）专项附加扣除（48 = 49 + 50 + 51 + 52 + 53 + 54）	48	
1. 子女教育	49	
2. 继续教育	50	
3. 大病医疗	51	
4. 住房贷款利息	52	
5. 住房租金	53	
6. 赡养老人	54	
（四）依法确定的其他扣除（55 = 56 + 57 + 58 + 59）	55	
1. 商业健康保险	56	
2. 税延养老保险	57	
3.	58	
4.	59	
十、投资抵扣	60	
十一、准予扣除的个人捐赠支出	61	

续表

项　　目	行次	金额/比例
十二、应纳税所得额（62 = 38 - 39 - 41 - 60 - 61）或［62 =（38 - 39）×40 - 41 - 60 - 61］	62	191 600.68
十三、税率（%）	63	20.00
十四、速算扣除数	64	10 500.00
十五、应纳税额（65 = 62 × 63 - 64）	65	27 820.13
十六、减免税额（附报《个人所得税减免税事项报告表》）	66	
十七、已缴税额	67	27 446.79
十八、应补/退税额（68 = 65 - 66 - 67）	68	373.34

（二）核定应纳税所得额征收方式下纳税申报存在的风险点

这是一个不常见的涉税风险点。实务中，实行核定应纳税所得额征收方式的纳税人不多。

【案例 3 - 14】某商务印刷所，个人独资企业。经营范围：印刷品、电脑图文设计及招牌制作、条幅、展板、喷绘、刻章、照相、办公用品、办公设备、文化用品销售。是增值税小规模纳税人。核定月应纳税所得额为 36 000 元。

以在自然人电子税务局（税务端）正常申报 2020 年第 4 季度税款为例：输入自然人纳税识别号（一般为身份证号码），第 19 行“应纳税所得额”自动带出核定的应纳税所得额的累计金额。但目前的系统设置，该行“应纳税所得额”支持修改（详见表 3 - 16）。

表 3 - 16　　个人所得税经营所得纳税申报表（A 表）（截选）

申报表　　　　单位：元

项目	行次	
一、收入总额	1	
二、成本费用	2	
三、利润总额	3	
四、弥补以前年度亏损	4	
五、应税所得率（%）	5	
六、合伙企业个人合伙人分配比例（%）	6	100.00
七、允许扣除的个人费用及其他扣除	7	
（一）投资者减除费用	8	
（二）专项扣除（9 = 10 + 11 + 12 + 13）	9	

续表

项目	行次	
1. 基本养老保险费	10	
2. 基本医疗保险费	11	
3. 失业保险费	12	
4. 住房公积金	13	
（三）依法确定的其他扣除（14 = 15 + 16 + 17）	14	
1. 商业健康保险	15	
2. 税延养老保险	16	
3. 其他	17	
八、准予扣除的个人捐赠支出（附报《个人所得税公益慈善事业捐赠扣除明细表》）	18	
九、应纳税所得额	19	432 000.00
十、税率（%）	20	30.00
十一、速算扣除数	21	40 500.00
十二、应纳税额（22 = 19 × 20 - 21）	22	89 100.00
十三、减免税额（附报《个人所得税减免税事项报告表》）	23	0
十四、已缴税额	24	0
十五、应补/退税额（25 = 22 - 23 - 24）	25	89 100.00

注：1. “应纳税所得额”支持修改（其余行全部置灰不可填写）。

2. 合伙企业合伙人申报时，核定“应纳税所得额”征收方式下，“合伙企业个人合伙人分配比例（%）”行也可以手动填写（但不一定会引起“应纳税所得额”行变动），其余行也置灰不可填写。

3. 因为纳税人申报时，随意修改第19行“应纳税所得额”，则形成了0申报的错误数据（详见表3-17）。造成核定户进行了零申报。

表3-17　个人所得税经营所得纳税申报表（A表）（截选）　单位：元

征收方式	核定征收（核定应纳税所得额）	
序号	项目	金额
1	一、收入总额	0
2	二、成本费用	0
3	三、利润总额（3 = 1 - 2）	0
4	四、弥补以前年度亏损	0
5	五、合伙企业合伙人分配比例（%）	0
6	六、应税所得率（%）	0
7	七、允许扣除的个人费用及其他扣除（7 = 8 + 9 + 14）	0
7	（一）投资者减除费用	0
8	（二）专项扣除（9 = 10 + 11 + 12 + 13）	0
8	1. 基本养老保险	0

续表

序号	项目	金额
8	2. 基本医疗保险	0
8	3. 失业保险	0
8	4. 住房公积金	0
9	（三）依法确定的其他扣除（14 = 15 + 16 + 17 + 18）	0
8	1. 年金	
8	2. 商业健康保险	0
8	3. 税延养老保险	0
8	4. 其他	0
10	八、准予扣除的个人捐赠支出	
11	九、应纳税所得额	0
12	十、税率（%）	5.00
13	十一、速算扣除数	0
14	十二、应纳税额（23 = 20 × 21 − 22）	0
15	十三、减免税额（附报《个人所得税减免税事项报告表》）	0
16	十四、已预缴税额	0
17	十五、应补（退）税额（26 = 23 − 24 − 25）	0

（三）纳税人随意调整“合伙企业个人合伙人分配比例（%）”的涉税风险

在第一章第三节“（四）合伙人与分配比例”部分我们详细介绍了 A 表、B 表中“合伙企业个人合伙人分配比例（%）”行的变迁和升级完善过程。但是，放开权限后的“合伙企业个人合伙人分配比例（%）”行却成了纳税人“随意调整分配比例”进行“节税筹划”的一个风险点，并且非常之普遍，值得税企双方高度关注。举例说明：

【案例 3－15】某餐厅（有限合伙）。是增值税小规模纳税人。经营所得个人所得税实行核定征收（核定应税所得率），当地饮食业执行 7% 的应税所得率（标准）。实行月报。

税源管理信息中的“投资方信息”，该有限合伙企业只维护了 1 名合伙人，且投资比例维护为 100%。这属于与企业登记注册类型不匹配的投资者信息（有意思的是因为只有被投资企业是合伙性质时，“合伙企业个人合伙人分配比例（%）”行才支持修改，既然是一个人，为啥要办成合伙企业?）。

调取该名纳税人（投资人）某月申报信息如下（详见表3-18）。

表3-18 个人所得税经营所得纳税申报表（A表）（截选） 单位：元

征收方式	核定征收（核定应税所得率征收）	
序号	项目	金额
1	一、收入总额	84 000.00
2	二、成本费用	0
3	三、利润总额（3=1-2）	84 000.00
4	四、弥补以前年度亏损	0
5	五、合伙企业合伙人分配比例（%）	0
6	六、应税所得率（%）	7.00
7	七、允许扣除的个人费用及其他扣除（7=8+9+14）	0
7	（一）投资者减除费用	0
8	（二）专项扣除（9=10+11+12+13）	0
8	1. 基本养老保险	0
8	2. 基本医疗保险	0
8	3. 失业保险	0
8	4. 住房公积金	0
9	（三）依法确定的其他扣除（14=15+16+17+18）	0
8	1. 年金	
8	2. 商业健康保险	0
8	3. 税延养老保险	0
8	4. 其他	0
10	八、准予扣除的个人捐赠支出	
11	九、应纳税所得额	0
12	十、税率（%）	5.00
13	十一、速算扣除数	0
14	十二、应纳税额（23=20×21-22）	0
15	十三、减免税额（附报《个人所得税减免税事项报告表》）	0
16	十四、已预缴税额	0
17	十五、应补（退）税额（26=23-24-25）	0

注：正常情况下，在自然人电子税务局（ITS）申报时，输入该纳税人的纳税识别号，在“合伙企业个人合伙人分配比例（%）”行自动带出100%（已维护信息）。

本案例中，尽管“投资方信息”只维护了一个投资人，但该餐厅（被投资企业）“登记注册类型”是合伙企业，所以，纳税人申报A表时“合伙企业个人合伙人分配比例（%）”行可修改。最终导致核定征收方式下的个税税款为0。这是故意采取手段少缴税款的行为。

现代税收征管制度，建设“代扣代缴、自行申报、汇算清缴、多退少补、优化服务、事后抽查”为主的个税征管模式，完全还责于纳税人。纳税人依法规范纳税申报是义务，也是规避涉税风险的唯一途径。任意修改“合伙企业个人合伙人分配比例（%）”以达到不缴或者少缴税款的目的，将给自身带来税务风险。

（四）合伙人退伙不进行结算申报的涉税风险

许多合伙企业，发生合伙人退伙时，知道应该去主管登记部门进行变更登记和完成税务变更登记，却不太了解退伙结算后还需要进行纳税申报（包括汇缴申报）。

比如在专题四专题拓展部分“6. 法定的变更期限与退伙人纳税申报期限的关系”介绍的某律师事务所（如图2－9所示）。

律师事务所合伙人发生变更后，2020年8、9月份，律所相继在司法部门做了备案，12月初也完成了税务变更登记。

2021年1月申报期，律所财务人员惦记着上年多预缴的经营所得个税，那就汇算一下退出来，结果发现已退伙的原合伙人已无法进行正常申报。财务人员找到笔者问：我有点不明白，我们现在少了哪个环节？补报啥才可以反映现在的状态呢？

这是涉及退税的情形，纳税人找来主要是要求补充申报。如果不涉及退税的呢？情形更不容乐观，实务中处理方式五花八门，纳税申报也很不规范。所以，这是纳税人退出合伙企业时的一个涉税风险点，应该引起关注。具体操作我们在第二章专题四、五已详细介绍，这里不再赘述。

（五）《个人所得税经营所得纳税申报表（C表）》申报中的涉税风险

C表的填写与报送，实务中存在的主要涉税风险：

1. 应该办理年度汇总申报而未办理的风险。比如合伙人律师在年度中间换所，分别取得经营所得，就是从境内两处以上取得了经营所得，需要在各所完成报送 A 表和 B 表的基础上，选择一处经营管理所在地主管税务机关办理经营所得年度汇总申报，报送 C 表。但是实务中这点几乎被忽略。

2. C 表报送不规范，或可造成少缴税款。比如纳税人周某，在同一县投资开办了三个个体手机专卖店，分别是某县手机专卖店、某县手机店、周某手机店（简称甲、乙、丙），均实行定期定额征收方式，2020 年核定定额分别为 20 000 元/月、20 000 元/月、35 000 元/月。其中，乙成立于 2020 年 5 月 29 日，核定定额（20 000 元/月）的执行期起为 2020 年 7 月，所以对于 2020 年 5—6 月所属期，乙的业主周某应该按照查账征收进行纳税申报。周某进行了纳税申报（零申报）并报送了 5—6 月份 A 表和年度 B 表。丙成立于 2016 年 5 月，2020 年核定定额（35 000 元/月）的执行期起为 2020 年 4 月 1 日。这种情况一般是已核定的定额于 2019 年年底到期，但主管税务机关未及时继续核定定额，纳税人则开始被默认为查账征收户（直到 4 月 1 日重新核定的定额开始执行时止）。这样，对于税款所属期 2020 年 1—3 月，丙的业主周某应该按照查账征收进行纳税申报。但是申报数据显示周某只按照 1—3 月收入总额 105 000 元填报了 A 表，此处并未报送 B 表。

2020 年周某从三处取得了经营所得，应该进行汇总申报且报送 C 表。由于从丙处取得的经营所得未按期填报 B 表，那么周某填报的 C 表（系统升级后此种情形可能会阻断申报），只提取到了乙处 B 表的“应纳税所得额”0，对于丙处的数据无法提取到（故显示为 0）。原因是这种情形下 C 表无法跨过 B 表直接去提取 A 表的“应纳税所得额”。所以，一定要在全部报完 B 表以后再报 C 表。

这里需要再解释一下，否则有人会反问：前面不是说定期定额户纳税申报目前不在自然人电子税务局（ITS）进行，所以暂不需要进行汇总申报吗？是的，定期定额户目前在金三系统（包括各省的电子税务局）进行申报，暂不需要进行汇总申报（比如甲）。本例中周某三个个体店铺均为定期定额户，但是周某投资的乙、丙在纳税年度内都有查账征收的税款所属期，应分别填报 A 表和 B 表，而 C 表汇总的“应纳税所得额”就取自于 A 表、B 表。所以，周某需要对乙、丙两处 A 表、B 表的这段税款所属期的经营所得进行汇总申报，报送 C 表。

3. C 表的填写不规范（C 表的填报，我们也在第二章专题八的专题拓展“3. 汇总申报 C 表中可以扣除哪些费用项目”中进行过探讨，笔者也发表了自己的观点，这里不再赘述）。

C 表汇总了纳税人一个纳税年度内从两处及以上取得经营所得而计算的应纳税所得额，数据来源于 A 表和 B 表。这里的应纳税所得额既包括实行查账征收方式核算的金额，也包括实行核定征收方式计算的应纳税所得额。在汇总计算个人所得税的过程中，如果合计“应纳税所得额”金额变化，适用税率可能会发生跳档，继而需要补缴税款。从2019年、2020年纳税人报送的部分C表看，有纳税人在C表“筹划节税”：比如在“应调整的其他费用”栏填写负数冲减应纳税所得额，以此抵减因汇总需要补缴的个税。

4. 对B表未调整、重复扣除的“投资者减除费用”，在C表也不做调整。

实务中一个自然人投资开办几个个人独资企业的很常见，如果都是实行查账征收，投资人分别就各处经营所得填表申报个人所得税时，各处A表都扣除了“投资者减除费用”。因为每个人每年只能扣除一个6万元，所以，在年度汇算清缴时应进行调整，但是不调整的很常见，甚至汇总申报的C表也不进行调整。

【案例3-16】基本信息：赵某，投资10万元设立某五金机电行。在同一县投资15万元另设某某五金机电行。均为个人独资企业、实行查账征收。2020年2户企业皆盈利。

赵某从两户个人独资企业取得的经营所得，分别进行了汇算申报，报送了B表，但是在报送的两份B表中均扣除了“投资者减除费用”60 000元（详见表3-19、表3-20），存在重复扣除。

因为赵某从两处取得了经营所得，所以也进行了汇总申报，报送了C表（详见表3-21）。

从表3-19、表3-20中可以看到，赵某分别在两份B表中都扣除了“投资者减除费用”，未进行纳税调整，造成重复扣除。

汇总申报时，赵某选择一处作为汇缴地填报了C表。从表3-21中可以看到，对在两份B表已重复扣除的“投资者减除费用”未调增应纳税所得额。反而在第7行通过“应调整的其他的费用”对应纳说所得额进行了调减（从现有报送资料，无法查明调减的原因，存在税务风险）。

关于投资者减除费用重复扣除的税务风险，在实务中还存在一个大家容易疏忽的点：合伙人（投资人、业主等）有综合所得，比如出书的稿酬、讲课的劳务报酬或者特许权使用费所得，但是在申报经营所得个人所得税，报送A表、B表的时候，对报表中自动带出的基本减除费用不做调整，违反税收政策规定。【注：国家税务总局公告2022年第1号规定，同时取得综合所得和经营所得的纳税人，可在综合所得或经营所得中申报减除费用6万元、专项扣除、专项附加扣除以及依法确定的其他扣除，但不得重复申报减除。所以，此处涉及的税务风险已发生变化（具体规定以及操作注意事项前面已多次介绍，这里不赘述）】。

表 3－19　赵某（某五金机电行）（截选）

个人所得税经营所得纳税申报表（B 表）

税款所属期：2020－01－01 至 2020－12－31　　金额单位：人民币元（列至角分）

纳税人姓名：***　　纳税人识别号：******************

被投资单位信息	名称	**************** 五金机电行	社会统一信用代码	***********
项目			行次	金额（比例）
一、收入总额			1	641 978.46
其中，国债利息收入			2	0
二、成本费用（4＋5＋6＋7＋8＋9＋10）			3	549 171.00
（一）营业成本			4	549 171.00
（二）营业费用			5	0
（三）营理费用			6	0
（四）财务费用			7	0
（五）税金			8	0
（六）损失			9	0
（七）其他支出			10	0
三、利润总额（11＝1－2－3）			11	92 807.46
四、纳税调整增加额（12＝13＋27）			12	0
（一）超过规定标准的扣除项目金额（13＝14＋15＋16＋17＋18＋19＋20＋21＋22＋23＋24＋25＋26）			13	0
五、纳税调整减少额			37	0
六、纳税调整后所得（38＝11＋12－37）			38	92 807.46
七、弥补以前年度亏损			39	0
八、合伙企业合伙人分配比例（%）			40	100.00
九、允许扣除的个人费用及其他扣除（41＝42＋43＋48＋55）			41	60 000.00
（一）投资者减除费用			42	60 000.00
十三、应纳税所得额（62＝38－39－41－60－61）或[62＝（38－39）×40－41－60－61]			62	32 807.46
十四、税率（%）			63	10.00
十五、速算扣除数			64	1 500.00
十六、应纳税额（65＝62×70－71）			65	1 780.75

表 3－20　　赵某（某某五金机电行）（截选）

个人所得税经营所得纳税申报表（B表）

税款所属期：2020－01－01 至 2020－12－31　　金额单位：人民币元（列至角分）

纳税人姓名：***　　纳税人识别号：********************

被投资单位信息	名称	**************** 五金机电行	社会统一信用代码	***********
项目			序号	金额（比例）
一、收入总额			1	562 889.76
其中：国债利息收入			2	0
二、成本费用（4+5+6+7+8+9+10）			3	468 092.00
（一）营业成本			4	468 092.00
（二）营业费用			5	0
（三）管理费用			6	0
（四）财务费用			7	0
（五）税金			8	0
（六）损失			9	0
（七）其他支出			10	0
三、利润总额（11=1－2－3）			11	94 797.76
四、纳税调整增加额（12=13+27）			12	0
（一）超过规定标准的扣除项目金额（13=14+15+16+17+18+19+20+21+22+23+24+25+26）			13	0
五、纳税调整减少额			37	0
六、纳税调整后所得（38=11+12－37）			38	94 797.76
七、弥补以前年度亏损			39	0
八、合伙企业合伙人分配比例（%）			40	100.00
九、允许扣除的个人费用及其他扣除（41=42+43+48+55）			41	60 000.00
（一）投资者减除费用			42	60 000.00
（二）专项扣除（43=44+45+46+47）			43	0
十一、允许扣除的个人捐赠支出			60	0
十二、投资抵扣			61	0
十三、应纳税所得额（62=38－39－41－60－61）或[62=(38－39)×40－41－60－61]			62	34 797.76
十四、税率（%）			63	10.00
十五、速算扣除数			64	1 500.00
十六、应纳税额（65=62×70－71）			65	1 979.78

表 3－21　　　赵某个人所得税经营所得纳税申报表（C表）

税款所属期：2020－01－01 至 2020－12－31　　　金额单位：人民币元（列至角分）

纳税人姓名：***　　　纳税人识别号：*******************

被投资单位信息（汇缴地）			
***********		社会统一信用代码	应纳税所得额
**************** 五金机电行		***********	34 797.76
被投资单位信息（非汇缴地）			
序号	名称	社会统一信用代码	应纳税所得额
1	**************** 五金机电行	***********	32 807.46

项目	行次	金额
一、被投资单位应纳税所得额合计	1	67 605.22
二、应调整的个人费用及其他扣除（2＝3＋4＋5＋6）	2	
（一）应满整的投资者减除费用	3	
（二）应调整的专项扣除	4	
（三）应调整的专项附加扣除	5	
（四）应调整的依法确定的其他扣除	6	
三、应调整的其他费用	7	－14 999.92
四、词整后应纳税所得额（8＝1＋2＋7）	8	52 605.30
五、税率（%）	9	10.00
六、速算扣除数	10	1 500
七、应纳税额（11＝8×9－11）	11	3 760.53
八、减免税额（附报《个人所得税减免税事项报告表》）	12	0
九、实际应纳税额（13＝11－12）	13	
十、已缴税额	14	3 760.53
十一、应补（退）税额（15＝13－14）	15	0

（六）经营所得个人所得税零申报的涉税风险

零申报在纳税人报送的 A 表、B 表中太常见了。一直以来，经营所得个人所得税申报质量很低。比如预缴申报中，部分轻资产行业企业长亏不倒，完全不符合常理。年度汇算成效也不明显，零申报很普遍。如果抽取某省以往年度汇算清缴纳税户数据进行分析，会看到这些问题。

分析长期存在零申报的原因。市场经济条件下企业发生盈亏自是必然。但是如果一个轻资产行业企业，多年的利润总额历史数据一直显示亏损，合伙企业的所得税一直申报为 0，就不符合常理。

【案例 3－17】某律师事务所，2015 年成立。是增值税小规模纳税人，3 位执业律师，经营范围：提供法律服务。查账征收户。

调取一个纳税人历年申报信息如下（详见表 3－22）：

表 3－22　　一个纳税人历年申报信息　　单位：元

年份	2015	2016	2017	2018	2019	2020
营业收入	147 126.00	64 563.00	59 029.00	500 485.00	1 345 631.10	1 643 117.00
利润总额	－76 678.00	－271 309.03	－194 124.00	－2 050.00	70 935.00 （补亏）	－51 913.05
个税 （合伙人）	0	0	0	0	0	0

从表 3－22 中可以看到，该律所 5 年的盈、亏情况，不太正常。

也有些合伙企业，比如医疗保健行业的企业等，投资几百万甚至上千万的，但设立以来一直亏损。不可忽视的一点是：企业层面核算的“应纳税所得额”为 0，但合伙人从合伙企业取得收入却毫不受影响（我们在“综合类税务风险”分析，此处暂不展开讨论）。

（七）注销清算所得的纳税申报与年度汇缴申报区分中的涉税风险

财税［2000］91 号附件 1《关于个人独资企业和合伙企业投资者征收个人所得税的法规》第十六条规定，企业进行清算时，投资者应当在注销工商登记之前，向主管税务机关结清有关税务事宜。企业的清算所得应当视为年度生产经营所得，由投资者依法缴纳个人所得税。

前款所称清算所得，是指企业清算时的全部资产或者财产的公允价值扣除各项清算费用、损失、负债、以前年度留存的利润后，超过实缴资本的部分。

对于清算所得以及税款计算、纳税申报等，第二章专题二十九的专题拓展部分进行过介绍（此处不再赘述）。

需要注意的是税务风险。清算所得和正常经营期的经营所得不同。清算所得纳税申报与经营所得预缴申报、年度汇算清缴申报也不同。

在实务中，合伙企业注销，一般是报送完A表、B表即完成了完税事宜，便可申请开具《清税证明》。即对清算所得，是合并到年度经营所得一次申报缴纳了个人所得税。但实际是，清算所得纳税申报流于形式了。

因为很多合伙企业（包括个人独资企业或者查账征收的个体工商户）在完成工商注销后，企业账面核算的资产（包括固定资产、无形资产等非货币性资产），需要注销前处置的，还未处置（未变现）。如果涉及税收，便成了遗留问题。

因此，如果合伙企业（包括个人独资企业或查账征收的个体工商户）未完成企业账面资产和负债等的处置变现、涉及清算所得纳税申报也未落实，就在税务环节完成了注销手续，这是个征管漏洞，也是税企双方的税务风险，应该引起关注。

经营所得和清算所得取得于不同的阶段，计算方式也不同，建议税务总局明确规定分开申报。

（八）预缴申报的误区和涉税风险

纳税人取得经营所得，按年计算个人所得税，由纳税人在月度或季度终了后15日内，向经营管理所在地主管税务机关办理预缴纳税申报，并报送A表。

在取得所得的次年3月31日前，向经营管理所在地主管税务机关办理汇算清缴，并报送B表，本规定是规范实行查账征收的纳税人。

经营所得个人所得税实行预缴和汇算清缴相结合的征管方式。预缴申报的方式包括据实预缴和按上年应纳税所得额预缴（一般情况下都实行据实预缴）。据实预缴指纳税人按照会计核算的“利润总额”进行预缴申报。当然这里的利润总额金额是调整了合伙人工资薪金等之后的金额。所以，预缴申报以会计规范核算的利润总额为基础。

实务中，有财税人员说“预缴申报时零申报，但年度汇算清缴时进行调整，税款没少缴，应该没问题”，这是一种对预缴申报的误解，也反映重视程度不够。更有财务人员为了少预缴个税，直接进行“预提费用”账务处理，这更是不可取。会计核算应该按照会计准则（或者小企业会计准则）规范进行账务处理。

汇缴申报时进行纳税调整，是调整会计和税法规定存在差异的地方，而不是预缴申报时有意少缴，汇缴申报时再进行调整。

（九）【其他个人经营所得申报】模块申报的涉税风险

目前，【其他个人经营所得申报】模块可申报哪些项目？目前只明确个人货运，申请代开增值税发票后自行申报经营所得个税统一在此模块，其余未明确。查询该模块历史申报数据，发现有点异常：有零申报的（这是什么情况非要在这里零申报一下?）；甚至发现有实行查账征收的个体工商户在【其他个人经营所得申报表】申报一遍，再在【经营所得个人所得税月（季）度申报】模块申报一遍，这种情形可以肯定是操作错误后的更正申报。但垃圾数据确实已产生了。

我们在第一章提到过，申报岗人员规范操作的重要意义。这里不再赘述。

（十）不及时进行纳税申报的风险

自然人电子税务局（ITS）经营所得查询统计模块功能在不断升级、完善的过程中，加之基础信息质量有待提高，查账征收户（人）数的准确性一直是个问题，以致影响日常申报和年度汇算清缴。我们前面也提到过，经营所得个人所得税的纳税申报“处于自由状态”。存在纳税人不按期纳税申报的情形。

【案例 3 - 18】某税务师事务所（普通合伙），成立于 2001 年 2 月，属于分支机构。投资额 10 万元。有 2 名自然人合伙人。从业人员 10 人。经营范围：纳税申报代理；代理记账；代为制作涉税文书，以及开展税务咨询，税收筹划；企业所得税汇算清缴纳税申报、企业所得税弥补亏损和财产损失的鉴证等；土地增值税清算鉴证等。是增值税小规模纳税人，查账征收户，执行小企业会计准则。

调取其中一纳税人历史申报数据，该个人合伙人经营所得个人所得税 2020 年只有两笔申报记录（详见表 3 - 23），其中，第 3 季度、第 4 季度均未按期进行纳税申报。

分析、比对该税务师事务所的增值税、工资薪金个人所得税申报数据，却是正常申报（截至 2021 年 2 月申报期）。

表 3－23　　某所一纳税人申报数据　　单位：元

申报日期	税款所属期起	税款所属期止	收入总额	应纳税所得额	应纳税额
2020－07－13	2020－01－01	2020－06－30	1 369 655. 97	0	0
2020－04－23	2020－01－01	2020－03－31	656 070. 37	0	0

并且，该税务师事务所增值税申报表反映全年销售额 3 184 144. 96 元（不含税），远大于《个人所得税经营所得申报表（A 表）》截至同年 6 月底的收入总额 1 369 655. 97 元（详见表 3－24）。

表 3－24　　增值税及附加税费申报表（截选）（2020－01－01 至 2020－12－31）

单位：元

本期数		本年累计	
货物及劳务	服务、不动产和无形资产	货物及劳务	服务、不动产和无形资产
0	1 570 926. 64	0	3 184 144. 96
0	820 297. 02	0	1 533 465. 34
0	718 590. 79	0	1 618 640. 79
—	0	—	0
—	0	—	0
—	0	—	0
0	—	0	—
0	—	0	—
0	0	0	30 198. 04
0	0	0	30 198. 04
0	0	0	0
0	0	0	0
0	0	0	0
0	0	0	0
0	0	0	0
0	47 127. 80	0	95 524. 34
0	0	0	0
0	31 554. 46	0	61 469. 32

（十一）“个税筹划”目前无法突破的“界限”

有一类“税收筹划”，比如利用设立个体户、个人独资企业降低税负。宣传的“亮点”似乎很多，其实质无非就是争取“核定征收”或者一些财政返还。这样的“筹划”，是“降低”了个税税负，但却没顾及一些税务风险，甚至是触犯法律的违法行为。

网络上有一个针对高管的税收筹划案例。大概意思是年薪300万元的高管（月薪25万元），按照工资薪金计算缴纳个人所得税，即使扣除“五险一金”后，年适用税率为45%，每月需要缴税97 420元，一年下来将近117万元。如果高管成立了个人工作室，一年开票额是300万元，假定经营所得个税核定征收税率（准确是核定征收率或核定应税所得率，税率怎么可以核定呢?）执行10%，那么需要缴纳各种税费合计才18.7264万元，综合税率6.24%。远远小于工资薪金个税的45%，总的税负成本也下降了将近100万元（有兴趣的财税朋友可以网上搜索去品读）。

这是落地了的方案吗？可以探讨以下几个问题：

1. 方案中的高管指的是谁?

根据《公司法》及其司法解释，高管包括法定的高管和章程规定的高管。法定的高管是指总经理、副总经理和财务负责人。上市公司还包括董事会秘书长。而章程规定的高管范围比较广，可以包括各部门经理等，只要公司愿意认定为高管的人都可以，即使是后勤部门的人。所以不能一概而论。

2. 高管与公司的法律关系以及法律之间的协调平衡。

法定的高管由董事会决定聘用或者解聘，报酬也由董事会决定。其余负责管理人员，由经理决定聘任或者解聘。不言而语，聘用或者解聘的是具备民事权利能力和民事行为能力、符合条件的人员，这是公司层面关于职务的规范，适用《公司法》进行调整，与《合同法》无关。

而在《劳动法》的范畴，根据现行相关法律和目前的审判实践，一般认为高管与公司存在劳动关系，双方之间的关系受劳动类法律法规调整。所以，高管基于劳动关系从公司取得的劳动报酬所得，是税法意义上的工资薪金类所得，即综合所得（当然，劳务关系的也存在，那取得的所得就是劳务报酬所得）。

《公司法》第一百一十六条规定，公司应当定期向股东披露董事、监事、高级管理人员从公司获得报酬的情况。该规范体现《公司法》和《劳动法》之间的协调平衡。

高管通过设立个人独资企业（或个体工商户）“转换”所得项目，或“直接调整”所得来源地把个人独资企业（或个体工商户）注册到“税收洼地”，然后再争取核定征收等等，以降低税负。个人独资企业（或个体工商户）就是一个“通道”或者一个“平台”。税务机关行使征税权应该如何计征个人所得税呢？

税务机关只能从纳税人取得所得的源头去判断属于哪个应税项目，然后计征个人所得税，不可能站在“通道”的另一头按照经营所得计征个税。否则，会出现这么几种场景：

（1）支付所得的公司定期向股东披露着高级管理人员从公司获得报酬的情况，税务机关却按照经营所得征收高管的个税；

（2）公司作为扣缴义务人应该按照累计预扣法等预扣预缴个人所得税，并办理全员全额扣缴申报；扣缴义务人未扣缴税款的，税务机关可以依据《税收征管法》的相关规定处罚扣缴义务人。少缴的税款，在取得所得的次年6月30日前，由纳税人申报缴纳；税务机关通知限期缴纳的，纳税人应当按照期限缴纳税款。但税务机关却按照经营所得计征个税。

这怎么说得通呢？税务机关与纳税人各自的权利和义务完全被打乱了。

所以，从法律角度出发，就是处理好不同法律间的协调平衡，即法律永远是一门平衡的艺术，税法也不例外。在现行税制体系下，劳动报酬和经营所得，目前分属不同应税项目，不可人为转换。

3.《公司法》对高管的交易限制。

《公司法》第一百四十八条规定，公司董事、高级管理人员不得违反公司章程的规定或者未经股东（大）会同意，与本公司订立合同或者进行交易。那么，假设法定高管人员成立个人工作室与公司进行交易，实质是高管与公司在进行交易。符合公司章程规定吗？或者股东（大）会形成有效决议（此类决议不是特别决议，无需经代表2/3以上表决权的股东通过）了吗？如果答案是否定的，那么，高管与公司进行交易而签订的合同无效。

《公司法》第一百四十八条第二款也明确规定：董事、高级管理人员违反前款规定所得的收入应当归公司所有。所以即使董事、高级管理人员与公司之间发生真实业务，违反了规定，取得的收入也归公司。

当然，也有例外。比如虽在公司任职，但是不具有法定高管身份，公司章程也未明确其高管身份的；或者高管与公司订立合同，虽未经过股东（大）会决议，但是其他证据证明其他股东对此知情且同意的，不影响合同的效力。

但以上讨论合同的有效或无效，前提均是双方（平等民事主体）之间发生了真实经济业务，与高管取得劳动报酬转化为经营所得无关。

4. 基于不同请求权基础的所得，可以互相转换吗？

劳动报酬是高管基于与公司之间的雇佣关系（这种雇佣关系和一般的不

太一样）而取得的所得，公司税前列支内部制表即可发放（对于劳动薪酬属劳务报酬的，需要纳税人去税务部门或其委托代征部门申请代开发票。但要注意，这里的法律关系是纳税人个人与公司之间的关系）。高管成立工作室与公司进行交易，即使交易真实，在民法范畴，是另一民事主体（个人独资企业）与公司依据合同关系在建立债权债务关系。而在税法，依据《国家税务总局关于发布〈企业所得税税前扣除凭证管理办法〉的公告》（国家税务总局公告2018年第28号），公司在企业所得税税前扣除交易支出，要以发票为凭证。

所以，主体不同（高管和个人独资企业是两个不同的民事主体）；适用法律不同；取得款项性质不同；发生纠纷，解决途径也不同（劳动纠纷一般必先经过劳动仲裁，对劳动仲裁不服，可以提起诉讼）；维权时效不同、法律的保障程度（这里我们不展开谈论，有兴趣的财税朋友可以查询《劳动法》及其《劳动争议调解仲裁法》进行详细解读）更是不同，那么，劳动报酬，税法上可以人为转换为经营所得吗？因此，不能想当然。税法不能脱离基础法律关系而存在，也需要在各种法律规范之间进行平衡。所以笔者认为，这方案落不到地上。

5. 涉及虚开增值税发票，给公司、给第三人合法权益会造成损害。

高管设立的个人工作室与公司之间不存在真实交易。世间常理：先有树再结果，不可能先有了果子再找树。为了改变所得属性而设立一个平台，然后，个人工作室大额开具增值税发票，涉及虚开。公司接受虚开的增值税发票，会给公司、股东以及第三人合法权益造成损害；而虚开方，可能会承担更严厉的行政以及刑事责任，这就是顾此失彼了。详细的各种法律关系和法律责任不在我们讨论范围，在此不赘述。有兴趣的朋友可参阅“税和湛蓝”公众号另一篇涉税风险文章：筹划失败补缴个税，还能有这样的待遇？

而这里，我们再介绍实务中的另一种“个税筹划”失败案例。

【案例3-19】某城建设计院，经营范围有提供市政工程（道路工程、给水工程、排水工程、热力工程）（凭资质证经营）；建筑工程（凭资质证经营）；……工程项目建设技术咨询、工程造价咨询；工程勘察专业类岩土工程丙级、工程测绘（凭资质证经营）、城乡规划管理（凭资质证经营）（以上项目国家禁止的除外；依法须经批准的项目，经相关部门批准后方可开展经营活动）。属增值税一般纳税人。

2020年接受税务稽查，存在问题：设计人员从单位领取工资，然后，又领取劳务费。劳务费的来源是：设计院对外中标承接业务，设计员向主管税务机关申请代开劳务发票，以劳务报酬名义从设计院领取设计费，此状况持续许多年。

违法行为：拆分工资薪金所得。

由于稽查追溯的年限，涉及了营改增前的应税行为，所以存在适用税目、税率等很多问题；也涉及国地税合并等原因，已开具发票无法作废，已缴纳营业税等无法退回，不同税种也无法抵减。

处理结果：补缴少缴工资薪金个人所得税以及滞纳金。

风险提示：在一个企业，一个人不能存在两种身份。既然存在任职与雇佣关系，建立了劳动法律关系，适用《劳动法》的调解与保护，取得报酬是工资薪金所得。就不可能再同时存在一种劳务关系，取得劳务报酬了。所以，把工资薪金拆分为二的筹划方式不可取。

【小插曲】这是个例，不代表大多数财税人员观点。我们用当事人的举例来解释：某单位公开向社会征集某方案，经专家评审，该单位职员甲的方案被选。假如这方案是业余时间完成的，未使用单位资源，是自己创作。甲因方案取得的所得，是工资薪金所得吗？

首先，税法规定区分劳务报酬所得和工资薪金所得的基础是任职受雇关系（不是按照完成工作的时间段）。其次，法律规制不了所有的事（否则再提法律与道德的辩证统一关系就无意义了），所以不能强求法律是万能的。税法规定了区分工资薪金所得和劳务报酬所得的基础，但是不可能事无巨细，税收征管中不可能考虑：业余爱好提供的就是劳务报酬所得，工作时间的就是工资薪金所得。把工作拿回家完成很常见，您见过区分时间段计算不同所得项目的吗？所以，职员甲参与单位的征集设计标识活动取得所得，应该合并到取得当月的工资薪金所得计算缴纳个人所得税。

实务永远比理论精彩百倍，给本话题提供了很多素材。利用本书再版的机会，我们多收集一些案例，方便大家了解此类“税筹”带来的税务风险。

笔者在公众号“税和湛蓝”写的一篇文章“风险|重锤落下！需要规范的不只是网络主播……”中提到，利用个人独资企业、个体工商户、一人有限责任公司、合伙企业等“筹划”个税的五花八门方案，不仅仅存在于网络主播和企业高管，在其他行业或者高收入人群中也普遍存在，可以用“遍地开花”来形容。我们摘选部分，分类汇总如下：

第一类：上市公司 IPO 前自查还原所得补缴个税的案件。

（一）2021 年 5 月，青岛某科技股份有限公司在首发上市资料中披露，天津市、永登县、上海市等地注册该类公司（笔者注：指公司认为的“可节税的小微公司”）享有一定的税收节税空间，通过小微公司领薪可为员工节省个税税负，因此自2018年起，公司员工、前员工或亲属，在上述城市相继设立18家小微公司（个人独资企业8户、有限合伙企业2户和个体工商户8户）。

公司通过向上述18户异地小微企业“采购服务”。小微企业给公司开具增值税发票，公司向小微企业转账，从而完成资金外转。资金从公司转账到小微企业，用于体外发放员工（领薪人员主要为薪酬处于中、高水平的员工）工资以及非员工劳务报酬（关于具体方式，有兴趣的财税老师可以在巨潮资讯网查询公告了解）。通过以上方式，报告期内，公司发放薪酬总额共计7 307.11万元。涉及人数2 061人。

2020年，该公司对体外发放的薪酬（发行人：从谨慎的角度出发，公司已将体外薪酬按照实际员工薪酬所得还原至合并报表中营业成本、销售费用、管理费用和研发费用中职工薪酬科目）分两次补缴个人所得税（287.89万元、147.9万元），另外，对补缴不存在障碍的部分个人所得税，于2021年5月员工汇算个人所得税时已补缴完毕。

有意思的是发行人（公司）认为小微公司发薪实质不属于生产经营活动，不满足企业合并的要求。而且18家小微公司控股股东、实际控制人均为自然人，该等自然人承担小微公司无限责任，发行人与小微公司仅为合作关系，主要目的是体外发放薪酬为员工节税。公司既没有向小微公司出资也没有派出管理人员，也未签订其他可以证明控制权的协议等，发行人不能控制小微公司自然人所有者的决策，也未承担小微公司的债务，未通过参与小微公司相关活动而享有可变回报，且不具备运用对小微公司的权力影响其回报金额的能力，因此，发行人未取得小微公司控制权，不符合《企业会计准则第20号—企业合并》《企业会计准则第33号——合并财务报表》中合并的条件，不能将小微公司纳入合并范围。

注：本案例中，发行人通过设立18户“小微企业”，将员工的工资薪金所得或非员工的劳务报酬所得“转换”为经营所得，并在注册地最大可能地争取了核定征收经营所得个税（其中包括核定应税所得率）。

（二）2022年3月，北京某服饰股份有限公司在《关于审核问询函的回复》中披露，公司（发行人）2018年7月至2020年4月，部分正式员工的绩效工资通过劳务公司发放，劳务公司按照该部分工资金额的3%收取服务费，未代扣代缴个人所得税，存在一定瑕疵。2020年6月，发行人就2018年7月至2020年4月所有通过北京某人力资源服务集团有限公司发放的工资一次性计入各员工2020年5月工资薪金申报个人所得税，共计补缴税款76.81万元。

发行人已于2020年4月后彻底停止通过第三方发放员工工资，已将相关金额纳入各期应付职工薪酬核算。

注：本案例中，公司将员工的一次性绩效工资“拆分、转换”为劳务费支出，在第三方发放，规避个税。

【《关于企业工资薪金和职工福利费等支出税前扣除问题的公告》国家税务总局公告2015年第34号第三条规定，企业接受外部劳务派遣用工所实际发生的费用，应分两种情况按规定在税前扣除：按照协议（合同）约定直接支付给劳务派遣公司的费用，应作为劳务费支出；直接支付给员工个人的费用，应作为工资薪金支出和职工福利费支出。其中属于工资薪金支出的费用，准予计入企业工资薪金总额的基数，作为计算其他各项相关费用扣除的依据。】

第二类：灵活用工平台用工设计规避劳动关系以及工资薪金“转换”为经营所得规避代扣代缴法定义务案件。

此处，从司法裁判文书摘选汇总。典型的有天津某快派信息科技有限公司与刘某某（员工）的劳动争议一案（在中国裁判文书网，可检索到与该公司和员工相关的此类系列裁判文书）。二审法院（本院）认为，虽然互联网平台经济顺应时代潮流，应为司法政策所保障和推动，但新型用工模式的发展绝不应以牺牲劳动者的劳动权益为代价。

《劳动和社会保障部关于确立劳动关系有关事项的通知》（劳社部发［2005］12号）第一条规定：“一、用人单位招用劳动者未订立书面劳动合同，但同时具备下列情形的，劳动关系成立。（一）用人单位和劳动者符合法律、法规规定的主体资格；（二）用人单位依法制定的各项劳动规章制度适用于劳动者，劳动者受用人单位的劳动管理，从事用人单位安排的有报酬的劳动；（三）劳动者提供的劳动是用人单位业务的组成部分。”本案中，刘某某所从事的送餐业务属于天津某快派公司的业务组成部分，天津某快派公司按月向其支付劳动报酬，并由其工作人员苗某斌进行管理，刘某某向天津某快派公司提供了较为长期、固定的劳动，由此可以认定刘某某与天津某快派公司之间的关系具有较强的人身从属性和经济从属性，符合劳动关系的本质特征。虽然相较于传统的劳动关系，刘某某的工作较为灵活，其对于工作的安排具有一定的自主性，但双方之间关系的人身从属性和经济从属性并未发生实质性转变。双方所签订的协议虽名为《劳务服务协议》，但并不能否定双方之间的关系为劳动关系的实质。在劳动关系履行过程中，天津某快派公司虽又通过“好活”平台向刘某某发送业务、发放报酬，但刘某某在注册“好活”平台前后的接单方式、工作内容均无变化，刘某某与天津某快派公司之间的关系未发生实质上的变化，好活公司与刘某某所注册个体工商户之间所签订的《项目转包协议》并没有建立在实际的承包法律关系上，故仍应认定刘某某与天津某快派公司之间存在劳动关系。一审法院根据本案实际情况对刘某某主张的劳动关系存续期间予以认定并无不当，本院予以维持。

注：本诉讼案件争诉的是劳动争议，其实也涉及将员工的工资薪金“转换”为经营所得以规避代扣代缴法定义务等。

第三类：创作平台“转换”所得性质“代扣”个人所得税。

最近，有用户（作者）针对百家号向税务部门申诉：“本人 2021 年 1 月税前收入 12 635.02 元，实际付款金额 10 866.12 元，百家号已经自动扣除了 1 769 元，这笔钱我在国家个人所得税中查不到这个明细，未发现百家号上报扣除个人税务记录，导致无法退税。希望百家号能依法缴税，并将实际扣除作者投稿个税上报到国家税务 App，以帮助作者获得依法退税”。

由此申诉，爆出百度联盟引入第三方机构对用户发放分成款并人为将稿酬等综合所得“转换”为经营所得且代扣税款（此处“代扣税款”说辞引自网传百家号客户回复。经营所得无扣缴义务人，何来代扣税款？故，操作方式存疑）。这也是过去几年大部分创作平台的做法。

第四类；近两年税务部门公布的打击网络主播、明星艺人偷税案。

（一）2021 年 2 月 20 日，浙江省杭州市税务部门公布了对网络主播黄某偷逃税的处理结果。黄某通过隐匿个人收入、虚构业务转换收入性质进行虚假申报偷逃税款，被依法追缴税款、加收滞纳金并处罚款，共计 13.41 亿元。

（二）2021 年 11 月 22 日，浙江省杭州市税务部门公布了拟对网络主播朱某慧、林某某偷逃税的处罚结果。二人因偷逃税款，将被依法追缴税款、加收滞纳金并处罚款分别计 6 555.31 万元和 2 767.25 万元。据杭州市税务局稽查局有关负责人介绍，朱某慧、林某某在 2019 年至 2020 年期间，通过设立多家个人独资企业，虚构业务将个人工资薪金和劳务报酬所得转换为个人独资企业的经营所得，偷逃个人所得税，将被依法追缴税款、加收滞纳金并处以偷税金额 1 倍的罚款。

（三）2022 年 3 月 15 日，上海市税务局第四稽查局曝光的邓某偷逃税案件。据公开资料，2019 年至 2020 年期间，邓某虚构业务将个人劳务报酬“转换”为企业收入进行虚假申报，偷逃税款，同时存在其他少缴税款的行为。对其依法追缴税款、加收滞纳金并处罚款，共计1.06亿元。

（四）2021年4月，上海市税务局第一稽查局查处的郑某偷逃税案。郑某于2019年主演电视剧《倩女幽魂》，与制片人约定片酬为1.6亿元，实际取得1.56亿元，分为两个部分收取。其中，第一部分4 800万元，将个人片酬收入改变为企业收入进行虚假申报、偷逃税款；第二部分1.08亿元，制片人与郑某实际控制公司签订虚假合同，以“增资”的形式支付，规避行业监管获取“天价片酬”，隐瞒收入进行虚假申报、偷逃税款。同时查明，2018年规范影视行业税收秩序后，郑某另有其他演艺收入3 507万元，同样存在以企业收入名义改变个人收入性质、进行虚假申报的问题。

依据《中华人民共和国税收征收管理法》第三十二条、第六十三条等规定，《中华人民共和国个人所得税法》第二条、第十条、第十一条和《中华人民共和国增值税暂行条例》第一条、第十九条等规定，对郑某追缴税款、加收滞纳金并处罚款共计2.99亿元。

接连曝光的这系列涉税违法案件，人们惊讶于涉税金额、罚款、税额超出人们预期外，主管税务机关认为“黄某通过设立上海某企业管理咨询中心、上海某企业管理咨询合伙企业等多家个人独资企业、合伙企业虚构业务，将其个人从事直播带货取得的佣金、坑位费等劳务报酬所得转换为企业经营所得进行虚假申报偷逃税款”，更是引起了财、税、法专业人士的热议与探讨。国内不乏有名校组织“中国财税法学前沿问题高端论坛”，通过线上方式召开，主题为“网络直播课税的法律与政策问题”。

百家争鸣，探讨和争议的焦点在于网络主播取得的所得到底是劳务报酬还是经营所得？实质是对网络主播取得收入如何确认所属主体和所得性质。

当时在公众号“税和湛蓝”，针对该话题，笔者又发了几篇分析文章，阐述观点，引起了很大反响，许多财税老师留言或者直接来和我讨论该业务，非常感谢，我受益匪浅。对直播业务涉及税收问题，以黄某在淘宝电商平台直播为例，简单介绍于此：

直播运行的模式多样，涉及的法律关系也比较复杂。但是，淘宝直播平台注册账号（即逛逛号），有两种身份，一是个人，注册后的个人账号标识为红V；另一种是企业，注册后的企业账号标识为蓝V。

在淘宝直播平台注册企业账号开展直播业务，直播取得收入属企业的经营所得。此类业务（即店铺直播、或自有直播，主播不限于一个人，不同时段可以更换主播，主播取得佣金，如其与企业或品牌方存在劳动关系，则属于工资薪金所得。如不存在劳动关系，则属于劳务报酬所得）模式单一，涉税处理明确。

而黄某主播的账号标识恰是红 V，即是个人认证，表明黄某选择以个人身份去参与市场经济。这就是实施税务管理的基础事实（当然，注册账号进行个人认证，绑定的信息或者银行账号应该也是个人的）。

那么，主播使用个人账号直播带货（平台规则，个人注册的账号，一般不允许他人直播使用），只负责运营，则在此模式下，与淘宝直播平台合作运营的是主播个人。既然是个人从事直播带货业务，根据《中华人民共和国个人所得税法实施条例》（中华人民共和国国务院令第 707 号）第六条（二）之规定（劳务报酬所得包括人从事设计、装潢、安装、制图、化验、测试、医疗、法律、会计、咨询、讲学、翻译、审稿、书画、雕刻、影视、录音、录像、演出、表演、广告、展览、技术服务、介绍服务、经纪服务、代办服务以及其他劳务取得的所得），在此模式下，主播取得的佣金等就是劳务报酬所得。

劳务报酬所得，属于综合所得。税法规定，支付方是扣缴义务人。这里因涉及多重支付关系有点复杂。根据《国家税务总局关于个人所得税偷税案件查处中有关问题的补充通知》（国税函发［1996］602 号）第三条规定，由于支付所得的单位和个人与取得所得的人之间有多重支付的现象，有时难以确定扣缴义务人。为保证全国执行的统一，现将认定标准法规为：凡税务机关认定对所得的支付对象和支付数额有决定权的单位和个人，即为扣缴义务人。

根据 2020 年 10 月广东德尔玛科技股份有限公司在《审核问询函》回复中详细披露的资料，付费方式下，主播在其个人直播间对入选的商品进行介绍和推广，消费者通过直播页面中的商品链接跳转至相应电商平台进行下单购买，直播平台（即淘宝）线上统一收付款、其中包括分配、支付头部或腰部主播佣金（发行人不再参与佣金分配）。所以，黄某从直播平台取得的佣金等收入，笔者认为，扣缴义务人就是直播平台（公司）。

这种模式下，黄某在上海设立多家个人独资企业、合伙企业去“承接”其直播所得，无疑“转换”了所得性质（当然这里脱不了直播平台的协助：绕开主播注册账号时绑定的个人账号，结算支付佣金等）。

另外，有财税老师提到，主播黄某所属某 MCN 公司管理，她直播收入应该属于某 MCN 公司。这种理解对不对？

诚然，黄某等签约 MCN 公司（谦寻文化），也由 MCN 公司分配直播任务，且直播电商推广合同和订单是 MCN 公司与品牌方（商家）直接签署：这就是此类业务的复杂之处，给确认直播取得收入的所属主体以及主播取得所得的性质“增添了一定难度”。

但正如笔者在公众号的另一篇文章所持观点“判断一项所得的性质，步子不能迈的太大”。面对设计复杂的业务模式，首先要判断主播直播取得佣金的主体是谁？这是判断一切复杂法律关系的基础。主播个人在淘宝直播平台进行个人身份认证的过程是一个签订合约的过程，那么，与直播平台合作运营的是黄某主播个人时，其直播取得的佣金等即属于其个人直播取得的劳务报酬。其他关系则属于另一层法律关系了。所以，只停留在表面，或只看表面就认为主播直播佣金等属于某 MCN 公司，真是步子跨地有点太大了。

其实，直播带货业务就这么简单，一般来说：想要直播佣金等属于企业的经营所得，那么就在登记部门进行市场主体登记，然后以企业身份参与市场经济（比如注册企业账号直播带货）；想要直播佣金等是个人劳务报酬所得，则以个人身份参与市场经济（比如注册个人账号直播带货）即可。如果既想以个人身份参与市场经济，又想直播佣金等所得属于企业的经营所得，那么越“筹划”越复杂，转换所得性质带来的法律风险是无法回避的，可不止是税务风险了。

经历了一个自由发展阶段，有人触碰了“红线”也感受了阵痛，国家开始规范此行业。2022 年 3 月 25 日，三部门联合发布《国家互联网信息办公室 国家税务总局 国家市场监督管理总局印发〈关于进一步规范网络直播营利行为促进行业健康发展的意见〉的通知》（税总所得发［2022］25 号）来规范网络直播行业。其中第四条“规范税收管理，促进纳税遵从”第一款值得财税人员关注：网络直播平台、网络直播服务机构应当明确区分和界定网络直播发布者各类收入来源及性质，并依法履行个人所得税代扣代缴义务，不得通过成立网络直播发布者“公会”、借助第三方企业或者与网络直播发布者签订不履行个人所得税代扣代缴义务的免责协议等方式，转嫁或者逃避个人所得税代扣代缴义务；不得策划、帮助网络直播发布者实施逃避税。”

关于医药代理行业设立多家个人独资企业、合伙企业等“转换”所得性质的案例，我们不再列举，有兴趣的财税老师可以在公开渠道查询了解。

（十二）“持股平台”税收筹划遗留给税企双方的涉税风险

职工持股平台，是目前比较流行的个税筹划方案。实务中比较常见，税企双方应该关注涉及税务处理的细节点，否则，一旦不能厘清基础法律关系，造成少缴税款，则双方税务风险就无法排除。

【案例 3－20】 2019 年 11 月，特派办以注销时个人独资企业未进行个人所得税清算，和注销时自然人股东未办理个人所得税清算为省局督察的疑点指标进行数据扫描，通过内控监督平台推送了部分疑点数据。其中之一：某黄河水电有限责任公司，疑点名称是“注销时自然人股东未办理个人所得税清算”。股东名称：某黄河水电有限责任公司职工个人持股会。

该企业 4 月注销，疑点数据于同年 11 月扫描推送，说明即使注销了，未排除的涉税风险仍然存在，需要关注，不可大意。

笔者看到该笔疑点数据的时候已是 2020 年 5 月。因为看完核查结论，对整个业务更糊涂了，为了弄个明白，一探究竟，开始在国家企业信用信息公示系统和天眼、金三系统等渠道查询收集相关资料。

1. 基本情况：某黄河水电有限责任公司（简称某黄河水电），成立于 1993 年，属于“其他有限责任公司”。2019 年 4 月注销。经营范围：汽车货物运输、劳务服务、仓储服务。增值税一般纳税人。投资额 300 万元，金三系统基础信息中“投资方信息”（如图 3－9 所示）显示：投资方一：“某黄河水电职工个人持股会，投资比例 96.45%，投资金额 289.35 万元。投资方二：某小三峡水电开发有限责任公司工会（简称某小三峡工会），投资比例 3.55%，投资金额 10.65 万元。投资方经济性质均显示为“其他企业”。

* 证件种类	* 证件号码	* 投资方名称	* 投资方经济性质	* 投资比例(%)
其他个人证件	99109A	水电有限责任公司职工个人持股会	其他企业	96.45
其他个人证件	52133372-A	峡水电开发有限责任公司工会	其他企业	3.55

图 3－9　金三系统“投资方信息”

税务登记信息显示股东是某黄河水电职工个人持股会和某小三峡工会，但依据查询收集到的资料，职工个人持股会的构成是“某小三峡”和“某黄河水电”两家公司的职工（如图 3－10 所示）。

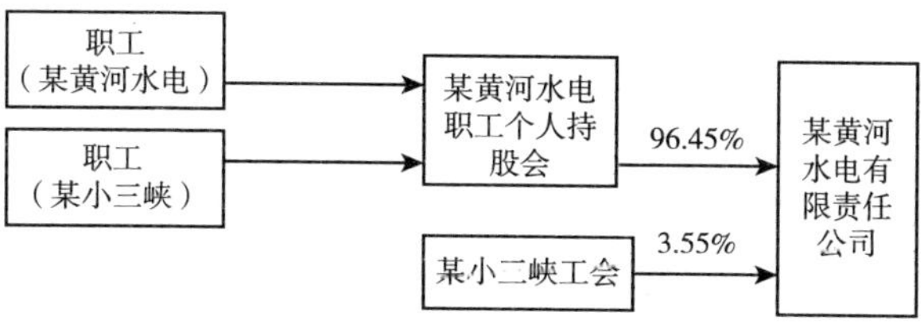

图 3－10　股东结构图

2. 股权转让情况：2018 年 9 月 30 日，因后续吸收合并事项，“某黄河水电”完成资产评估，评估基准日均为 2018 年 5 月 31 日。评估“某黄河水电”净资产评估值为 5 153.93 万元。

2018 年 11 月 9 日，某小三峡与某黄河水电职工个人持股会签订股权转让合同，后者无偿转让其持有的“某黄河水电”全部股权。2018 年 11 月 27 日，“某黄河水电”完成工商股东变更（如图 3－11 所示）。

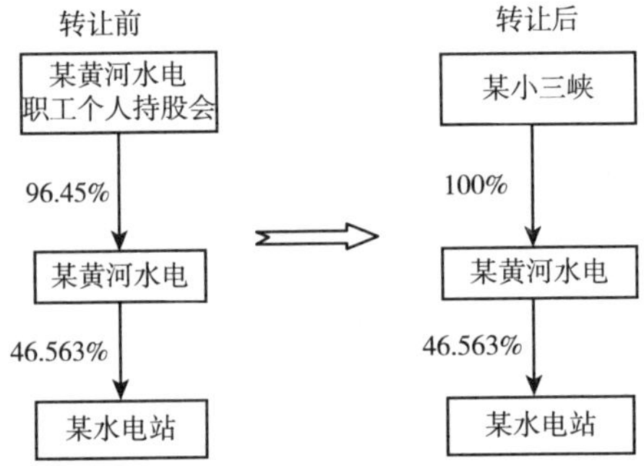

图 3－11　完成工商股东变更

这里有个小细节，某小三峡工会先转让股权（持有某黄河水电 3.55% 股权）给某黄河水电职工个人持股会（此处也涉及股转个税，但略去不展开讨论），某黄河水电职工个人持股会再转让股权给某小三峡。

3. 股权无偿转让是否涉及个人所得税？某黄河水电投资者信息显示，股东之一“某黄河水电职工个人持股会”经济性质是“其他企业”，且填写了证件号码。

但实际上，无论是工商登记还是税务登记，均查询不到该持股会的注册登记记录。说明“职工个人持股会”只是企业一个“内部挂名的组织”而已，不是严格意义上的“企业持股平台”（这一点如果不详查资料，会以为是企业持股，这确实迷惑到了一些税务人员，否则怎么会有核查结论上“职工个人持股平台转让股权不涉及个人所得税清缴”的错误结论呢），也就是说，该职工个人持股会是一个“未经登记的组织”【援引自《中华人民共和国民法典总则编理解与适用》（下）】。

事实上，某黄河水电的股东就是当初认缴了 289.35 万元出资的两公司职工，这一点在进行税务登记时未加以区分、未核对清楚，所以录入基础信息不准确，岗位操作不符合征管规定。

既然股东就是自然人个人，那么个人转让股权，在被投资企业（某黄河水电）有净资产评估值的情形下，税法能认可无偿转让吗？

国家税务总局公告2014年第67号第四条规定，个人转让股权，以股权转让收入减除股权原值和合理费用后的余额为应纳税所得额，按“财产转让所得”缴纳个人所得税。

股权转让收入是指转让方因股权转让而获得的现金、实物、有价证券和其他形式的经济利益。

符合下列情形之一的，主管税务机关可以核定股权转让收入：

（一）申报的股权转让收入明显偏低且无正当理由的；

……

而符合下列情形之一，视为股权转让收入明显偏低：

（一）申报的股权转让收入低于股权对应的净资产份额的。其中，被投资企业拥有土地使用权、房屋、房地产企业未销售房产、知识产权、探矿权、采矿权、股权等资产的，申报的股权转让收入低于股权对应的净资产公允价值份额的；

（二）申报的股权转让收入低于初始投资成本或低于取得该股权所支付的价款及相关税费的；

……

（五）不具合理性的无偿让渡股权或股份。

“某黄河水电”100%股权属个人股东，其初始投资成本为289.35万元（注：职工个人持股会接受工会转股的成本因资料原因此处略去不计）。转股当期“某黄河水电”净资产评估值为5 153.93万元。并且“某黄河水电”拥有“某电力站”46.563%股权。

所以，“某小三峡”收购“某黄河水电”全部股权过程中，自然人股东无偿转让其持有的股权，显然不具合理性。等于个人股东放弃了自己的初始投资成本（289.35万元），“转让收入”不但低于100%股权对应的净资产公允价值（5 153.93万元），也低于初始投资成本（289.35万元）。

基于上述，主管税务机关应依次按照下列方法核定股权转让收入：（一）净资产核定法。

……

按照净资产核定法，个人股东所占100%股权对应的净资产公允价值为5 153.93万元。

应缴纳：印花税：5 153.93×0.05%＝2.58（万元）；

个人所得税：（5 153.93－289.35－2.58）×20%＝972.4（万元）。

4. 扣缴义务人：个人股权转让所得个人所得税，以股权转让方为纳税人，以受让方为扣缴义务人。那么，组成持股会的职工作为持股人是纳税人，“某小三峡”为扣缴义务人。

5. 纳税义务发生时间：扣缴义务人应于股权转让相关协议签订后5个工作日内，将股权转让的有关情况报告主管税务机关。

具有下列情形之一的，扣缴义务人应当依法在次月15日内向主管税务机关申报纳税：

（一）受让方已支付或部分支付股权转让价款的；

（二）股权转让协议已签订生效的；

（三）受让方已经实际履行股东职责或者享受股东权益的；

（四）国家有关部门判决、登记或公告生效的；

（五）本办法第三条第四至第七项行为已完成的；

（六）税务机关认定的其他有证据表明股权已发生转移的情形。

某小三峡与持股会职工于2018年11月9日签订合同，2018年11月27日，“某黄河水电”完成工商股东变更。按照当地股权转让征管规定，进行工商变更登记时应提供股权转让完税证明。所以，在进行工商登记变更前就应该完成纳税申报。

6. 纳税地点：个人股权转让所得个人所得税以被投资企业（某黄河水电）所在地税务机关为主管税务机关。

“某黄河水电”属某区税务局管辖，所以持股会职工股权转让所得个人所得税应由“某小三峡”代扣，并向（某黄河水电）所在地某区税务局完成代缴申报。

可问题是在整个职工股权转让、被投资企业股东变更登记的过程中，上述股权转让涉及的个人所得税，扣缴义务人以无偿受让为由未代扣代缴。

现在疑点数据出来了，被投资企业某黄河水电已注销。扣缴义务人也不属于某区税务局管辖。税企（征、纳）双方的税务风险该如何排除？

按照新个人所得税法相关规定，取得应税所得，扣缴义务人未扣缴税款的，纳税人应当在取得所得的次年6月30日前，按相关规定向主管税务机关办理纳税申报，并报送《个人所得税自行纳税申报表（A表）》。

现在（截至2021年7月）逾期了，纳税人未申报。税务机关可以采取哪些措施？

更关键的问题来了：查询国家企业信用信息公示系统，某黄河水电，企业类型却是一人有限责任公司，股东是某小三峡。

那么，股权转让所得个人所得税纳税人，到哪去找？

这不是个例，我们再看一份上市公司 IPO 时的公告，2022 年 2 月 28 日，发行人广州某聚赛龙工程塑料股份有限公司（简称聚赛龙，证券代码 301131）公告的招股说明书中披露，为了分散投资风险，曾在 2002 年 11 月 1 日，经从化聚赛龙（聚赛龙曾用名）股东会作出决议，同意工会委员会加入成为公司新股东，公司注册资本由 250 万元增加至 500 万元，新增的注册资本 250 万元中，工会委员会以货币认缴 150 万元。增资完成后，工会委员会持有公司 30% 的股权。

而工会委员会认缴的 150 万元的实际出资人为侯某成，股权系代侯某成持有。工会委员会未实际出资。2005 年 6 月，侯某成将其及其母亲胡某兰持有的公司全部合计 10% 的股权（对应 50 万元注册资本）转让给工会委员会，委托工会委员会代持。股权转让完成后，工会委员会合计代侯沛成持有公司 40% 的股权（对应 200 万元注册资本）。

2009 年 12 月，工会委员会根据侯某成的指示，将所持公司 30% 的股权转让给郝某增、将所持公司 10% 的股权转让给侯某华。至此，工会委员会与侯沛成代持关系解除。

经核查后，发行人保荐机构、律师发表了类似观点，公司设立以来，工会委员会未实际向公司出资或受让公司股权，其持有的公司股权系代侯某成持有，工会委员会与侯某成之间的代持关系已于 2009 年 12 月全部解除，双方不存在任何股权纠纷或潜在纠纷，不存在损害国有或集体资产的情形；公司历史上存在的工会持股不违反当时的法律法规的禁止性规定，不构成发行人重大违法违规情形，不会对发行人本次发行构成实质性障碍。

在查企企查询，工会委员会全名“广州某聚赛龙工程塑料股份有限公司工会委员会”，成立于 2013 年 8 月 13 日。是一个经过广州市从化区总工会（登记机关）登记的“组织”，并未经过市场监管部门登记。

所以，从该工会委员会成立的时间以及开始代持股权的时间（2002 年 11 月 1 日）、解除代持股权的时间（2009 年 12 月）来看，所谓代持股权的工会委员会，实则也是一个“幌子”，等于还是侯某成及其母亲胡某兰在持有公司 40% 的股权。

那么，工会委员会转让代持的 40% 公司股权时，实际是侯某成及其母亲胡某兰在转让持有的 40% 的公司股权。则应该缴纳财产转让所得个人所得税。

但是，招股说明书中并未披露或提及股权代持转让过程的涉税问题，存在税务风险。

四、综合类税务风险

（一）合伙制员工持股平台

【案例3－21】昆腾＆富才投资中心（普通合伙），于2012年6月设立，是××电子股份有限公司（简称公司）为实施股权激励而设立的合伙制员工持股平台。

同年2月21日，合伙人签署《全体合伙人出资确认书》，各合伙人对昆腾＆富才实缴出资完毕。2月23日，向＆海、林＆青、曹＆、陈＆玉、杨＆、张＆、商＆江、刘＆志签署《合伙协议》，约定各合伙人以现金合计出资1 135万元，共同设立昆腾＆富才（详见表3－25）。

表3－25　合伙人出资状况

序号	合伙人名称	合伙人类别	出资额（万元）	出资比例（%）
1	向＆海	执行事务合伙人	7.56	0.67
2	林＆青	执行事务合伙人	7.56	0.67
3	曹＆	执行事务合伙人	7.56	0.67
4	陈＆玉	普通合伙人	276.505	24.36
5	杨＆	普通合伙人	276.505	24.36
6	张＆	普通合伙人	276.505	24.36
7	商＆江	普通合伙人	276.505	24.36
8	刘＆志	普通合伙人	6.30	0.55
合计			1 135.00	100.00

其中，合伙人陈＆玉、商＆江、杨＆和张＆系根据公司管理层安排，持有公司为实施员工股权激励预留的财产份额。

根据公开材料，昆腾＆富才成立以后，发生了4次合伙人财产份额转让行为。依次梳理、分析如下。

第一次合伙人财产份额转让：2014年11月，原合伙人杨＆和张＆离职。根据公司安排，全体合伙人协商完成相关流程后，两人持有的昆腾＆富才预留份额无偿转让给了张＆晔。转让后的合伙人及持有份额如表3－26所示。

表 3－26　　第一次转让后合伙人及持有份额

序号	合伙人名称	合伙人类别	出资额（万元）	出资比例（%）
1	向 & 海	执行事务合伙人	7.56	0.67
2	林 & 青	执行事务合伙人	7.56	0.67
3	曹 &	执行事务合伙人	7.56	0.67
4	张 & 晔	普通合伙人	553.01	48.72
5	陈 & 玉	普通合伙人	276.505	24.36
6	商 & 江	普通合伙人	276.505	24.36
7	刘 & 志	普通合伙人	6.30	0.55
合计			1 135.00	100.00

2014 年 11 月 21 日，昆腾 & 富才取得换发的《营业执照》。

第二次合伙人财产份额转让：2017 年 7 月，原合伙人张 & 晔和陈 & 玉离职。两人持有的昆腾 & 富才预留份额，根据公司管理层安排完成相关流程后无偿转出，受让人分别是肖 & 屹、亢 & 凯、齐 & 云、商 & 江、白 & 蓉、刘 & 志、李 &。转让后的合伙人及财产份额如表 3－27 所示。

表 3－27　　第二次转让后合伙人及财产份额

序号	合伙人名称	合伙人类别	出资额（万元）	出资比例（%）
1	向 & 海	执行事务合伙人	7.56	0.67
2	林 & 青	执行事务合伙人	7.56	0.67
3	曹 &	执行事务合伙人	7.56	0.67
4	齐 & 云	普通合伙人	498.53	43.92
5	商 & 江	普通合伙人	359.805	31.70
6	刘 & 志	普通合伙人	142.005	12.51
7	白 & 蓉	普通合伙人	28.75	2.53
8	李 &	普通合伙人	28.75	2.53
9	亢 & 凯	普通合伙人	27.24	2.40
10	肖 & 屹	普通合伙人	27.24	2.40
合计			1 135.00	100.00

2017 年 7 月 14 日，昆腾 & 富才取得了北京市工商局换发的《营业执照》。

第三次合伙人财产份额转让。2019 年 12 月原合伙人白 & 蓉离职。根据与公司管理层的口头约定，离职后将 2017 年通过公司股权激励无偿受让的昆腾&富才财产份额，按零对价转让给新的股权激励对象孙&卫。

同时，向&海、林&青从公司离职，根据合伙协议的约定并经各方协商，按照1元/出资额的价格将所持昆腾&富才财产份额分别转让给孙&卫和刘&志。转让后的合伙人及其持有财产份额如表3－28所示。

表3－28　　　　第三次转让后合伙人及其持有财产

序号	合伙人名称	合伙人类别	出资额（万元）	出资比例（%）
1	孙&卫	执行事务合伙人	36.31	3.20
2	曹&	执行事务合伙人	7.56	0.67
3	齐&云	普通合伙人	498.53	43.92
4	商&江	普通合伙人	359.805	31.70
5	刘&志	普通合伙人	149.565	13.18
6	李&	普通合伙人	28.75	2.53
7	亢&凯	普通合伙人	27.24	2.40
8	肖&屹	普通合伙人	27.24	2.40
合计			1 135.00	100.00

2019年12月5日，昆腾&富才取得了北京市工商局换发的《营业执照》。

第四次合伙人（齐&云）财产份额转让。2020年3月，公司设立昆腾&同芯作为公司的股权激励平台。按照公司管理层要求，齐&云将其名下所持昆腾&富才预留份额以零对价转让给股权激励平台昆腾&同芯，转让后的合伙人及财产份额持有情况如下（详见表3－29）：

表3－29　　　　第四次转让后合伙人及财产份额持有情况

序号	合伙人名称	合伙人类别	出资额（万元）	出资比例（%）
1	孙&卫	执行事务合伙人	36.31	3.20
2	曹&	执行事务合伙人	7.56	0.67
3	昆腾&同芯	普通合伙人	498.53	43.92
4	商&江	普通合伙人	359.805	31.70
5	刘&志	普通合伙人	149.565	13.18
6	李&	普通合伙人	28.75	2.53
7	亢&凯	普通合伙人	27.24	2.40
8	肖&屹	普通合伙人	27.24	2.40
合计			1 135.00	100.00

2020 年 4 月 16 日，昆腾 & 富才取得了北京市工商局换发的《营业执照》。

纵观四次合伙人财产份额的转让，因合伙人离职发生的财产份额转让中，除了第三次转让向 & 海、林 & 青依约或商定按照 1 元/出资额的价格转让财产份额外，其余合伙人财产份额的转让，由于涉及代持预留激励份额或者无偿受让财产份额，所以全部无偿转出。从审核问询函的回复看，四次合伙人财产份额转让均未提及财产转让所涉及的税务事宜。

合伙企业确定预留激励份额代持人、代持份额；合伙企业（合伙人）变更、财产份额转让定价等是企业与合伙人内部协商、自主经营的事项，完全遵从意思自治。但根据税法的相关规定，我们需要厘清以下问题：

1. 预留激励财产份额的代持人，就是昆腾 & 富才的合伙人（代持合伙人，在第二章专题二十一已进行了详细讨论，这里不再赘述）。个人合伙人转让财产份额需要按照“财产转让所得”申报缴纳个人所得税。包括第一次财产份额转让中的原合伙人杨 & 和张 &；第二次财产份额转让中的原合伙人张 & 晔和陈 & 玉；第三次财产份额转让中的原合伙人白 & 蓉、向 & 海、林 & 青；第四次财产份额转让中的原合伙人齐 & 云。

2. 财产份额受让人是扣缴义务人。扣缴义务人每次代扣的税款，应当在次月 15 日内缴入国库，并向税务机关报送扣缴个人所得税申报表。扣缴义务人未代扣代缴的，纳税人应当在取得所得的次年 6 月 30 日前，按相关规定向主管税务机关办理纳税申报，并报送《个人所得税自行纳税申报表（A 表）》。

3. 纳税地点。合伙企业（昆腾 & 富才）所在地主管税务机关。

4. 合伙人财产份额的初始投资成本。昆腾 & 富才 2012 年 6 月设立。同年 2 月 21 日，各合伙人对昆腾 & 富才的出资以现金实缴完毕，并且于 2 月 23 日各合伙人签署了以现金 1 135 万元共同出资设立昆腾 & 富才的《合伙协议》。

这里需要理解两点：首先，根据《上市公司股权激励管理办法（2018 年修正）》（简称《管理办法》）第二十一条规定，激励对象参与股权激励计划的资金来源应当合法合规，不得违反法律、行政法规及中国证监会的相关规定。上市公司不得为激励对象依股权激励计划获取有关权益提供贷款以及其他任何形式的财务资助，包括为其贷款提供担保。

其次，尽管合伙人陈 & 玉、商 & 江、杨 & 和张 & 的出资系公司管理层安排，用以持有公司为实施员工股权激励预留的财产份额。但依据货币的特性，一般情况下占有即所有。并且根据商组织法，出资不问其来源与渠道，只要以（代持）合伙人名义投入到合伙企业的出资，就是合伙人的初始投资成本，也是财产份额的计税基础，合伙人取得财产份额。

至于公司与（代持）合伙人之间关于出资的约定，那是另一层法律关系（在第二章专题二十一、专题二十二已详细介绍，这里不再展开讨论），商法一般不做安排即不插手。如果后续此出资发现有瑕疵或涉及纠纷被追溯，则按照合伙人处置财产份额的相关规定进行处理，用处置所得偿还即可，合伙企业的成立以及（代持）合伙人取得财产份额不受影响。

所以，根据《合伙企业法》等商法的相关规定，昆腾 & 富才成立之初，尽管合伙人陈 & 玉、商 & 江、杨 & 和张 & 是根据公司管理层安排代持公司为实施员工股权激励预留的财产份额，但代持合伙人就是合伙企业的合伙人。各合伙人的初始投资成本见表 3－25。

那么，2014 年 11 月第一次财产份额转让时，合伙人杨 & 和张 & 持有财产份额的初始投资成本各为 276.505 万元（出资比例分别为 24.36%）。

2017 年 7 月第二次发生财产份额转让，合伙人陈 & 玉转让所持财产份额的初始投资成本（计税基础）为 276.505 万元（出资比例为 24.36%）。合伙人张 & 晔转让所持财产份额的投资成本，会计上为 553.01 万元（出资比例为 48.72%），但是计税基础需要根据上一手（杨 & 和张 &）转让财产份额计征个人所得税的转让收入确定，原则是不构成重复征税。

2019 年 12 月第三次财产份额转让时，合伙人白 & 蓉所持财产份额投资成本的计税基础，以及 2020 年 4 月第四次财产份额转让时，合伙人齐 & 云所持财产份额投资成本的计税基础，原理相同：不构成重复计税（这里不再展开讨论，大家可以在网络搜集到这类案例）。

向 & 海、林 & 青转让财产份额时，所持有的财产份额投资成本（计税基础）分别为 7.56 万元（投资比例均为 0.67%）。

5. 公司内部安排的“无偿”或者 1 元/出资额的转让价格，税务机关是否需要进行调整？

（1）合伙制员工持股平台及其存在的税务风险。2006 年《合伙企业法》的修改以及 2009 年《证券登记结算管理办法》的修订，合伙企业作为上市公司股东有了法律保障。在此背景下，我国资本市场流行的“公司股权激励 + 持股平台”，使合伙制员工持股平台作为一种个税税收筹划的组织形式，越来越多地参与到资本市场。

合伙制员工持股平台，介于公司于员工之间，在公司管理层安排下，完成股权的授予、合伙平台持有公司股权、到合伙人持有财产份额以及财产份额的转让，从另一角度说，包括合伙人的加入、（离职）退出合伙持股平台，解散、清算，间接持股转化为直接持股等行为。上述一系列的公司运作行为，涉及的税务风险，目前，因为相关征管制度缺失，征管手段和经验也不足，所以，征、纳双方都应对不足，这从近年来多份发行人及保荐机构对审核问询函的回复中可窥见一斑，纳税人的观念很多停留在“若税务机关要求缴纳则及时履行纳税义务”的层面。

尤其合伙制员工持股平台如果还存在公司管理层安排下的各种方式的垫资、或激励对象（或新旧员工）之间无偿、平价或零对价的重新分配（即财产份额转让）等，无疑也给税收工作带来了挑战，所涉及税收业务具有判断上的困惑：所得项目属于哪一个？财产转让所得征税环节如何确定？财产份额转让收入如何确定？对转让价格明显偏低又如何界定？如何应对等？

（2）《民法典》（包括特别法商法）与税法的协调与衔接。私法与公法调整范围不同：商法作为《民法典》的特别法（同为私法），调整在法律上处于平等地位的主体之间的关系，着眼保护私人利益，遵从契约原则：公司如何安排持股平台和财产份额的持有、如何约定转让以及转让价格是公司以及合伙持股平台内部协商的事。税法作为公法，其调整对象是纳税人从事民事（商事）交易活动的结果（源引自《税务研究》2021 年第 1 期文章：“协调与衔接：《民法典》实施对税法的影响”），如何计征相关的税收，应当依据税法的规定。

（3）税收政策、征管制度及其缺失的地方。《个人所得税法》第八条规定，“个人与其关联方之间的业务往来不符合独立交易原则而减少本人或者其关联方应纳税额，且无正当理由”，税务机关有权按照合理方法进行纳税调整。但上述条款对“无正当理由”的例外情形，即哪些属于“有正当理由”，后续没有做出明确的规定。

国家税务总局公告 2014 年第 67 号第十二条、第十三条对“股权转让收入明显偏低”“符合下列条件之一的股权转让收入明显偏低，视为有正当理由”列举式地做了明确规定。但这是针对“股权转让收入明显偏低”情形做出的特别规范，与《个人所得税法》第八条规范的范围不同。笔者观点：在税法没有明确规定可参照适用时，国家税务总局公告 2014 年第 67 号第十三规定的“符合下列条件之一的股权转让收入明显偏低，视为有正当理由”不适用于合伙人财产份额转让，因为股东持有的股权与合伙人持有的财产份额不同。

所以，本案例中，昆腾 & 富才作为员工持股平台，投资发行人公司、持有其股份 750 万股（占总股本的 9.29%）。合伙人四次转让所持财产份额，应当依据其对应的股份净资产（公允价值）或者可变现价值确认转让收入。按一次转让财产份额的收入额减除财产原值和合理费用后的余额，计征个人所得税。

本案例特殊之处是：员工（合伙人）持有的昆腾 & 富才的财产份额，离职必须退出持有财产份额。这是否属于在税法上有"正当理由"？一是目前税法没有明确的规定；二是本案例中财产份额的转让是在公司内部员工之间，未限定在合伙企业合伙人之间。因此，合伙人以"无偿、零对价或 1 元"作价转让合伙企业的财产份额，税务机关应该进行纳税调整，然后计征个人所得税。

关于 2020 年 6 月，昆腾 & 富才注销。昆腾 & 富才原各合伙人对公司的持股方式由间接持股变更为直接持股，持股人员及持股份额未发生任何改变。这部分业务涉及的税务风险已在第二章专题二十九的专题拓展做过介绍，这里不再讨论。

6. 关于持股平台有财税老师问：非上市公司 A 通过持股平台 B 实施股权激励，个税递延在哪备案？是 A 公司注册地税务局还是 B 合伙企业注册地税务局？

回答这个问题需要分两步：一是哪些纳税人可以享受非上市公司递延纳税政策且需要备案？二是符合享受递延纳税政策的纳税人在哪备案？

《财政部 国家税务总局关于完善股权激励和技术入股有关所得税政策的通知》（财税［2016］101 号）第一条规定：

（一）非上市公司授予本公司员工的股票期权、股权期权、限制性股票和股权奖励，符合规定条件的，经向主管税务机关备案，可实行递延纳税政策，即员工在取得股权激励时可暂不纳税，递延至转让该股权时纳税；股权转让时，按照股权转让收入减除股权取得成本以及合理税费后的差额，适用"财产转让所得"项目，按照 20% 的税率计算缴纳个人所得税。

股权转让时，股票（权）期权取得成本按行权价确定，限制性股票取得成本按实际出资额确定，股权奖励取得成本为零。

（二）享受递延纳税政策的非上市公司股权激励（包括股票期权、股权期权、限制性股票和股权奖励，下同）须同时满足以下条件：

1. 属于境内居民企业的股权激励计划。

2. 股权激励计划经公司董事会、股东（大）会审议通过。未设股东（大）会的国有单位，经上级主管部门审核批准。股权激励计划应列明激励目的、对象、标的、有效期、各类价格的确定方法、激励对象获取权益的条件、程序等。

3. 激励标的应为境内居民企业的本公司股权。股权奖励的标的可以是技术成果投资入股到其他境内居民企业所取得的股权。激励标的股票（权）包括通过增发、大股东直接让渡以及法律法规允许的其他合理方式授予激励对象的股票（权）。

4. 激励对象应为公司董事会或股东（大）会决定的技术骨干和高级管理人员，激励对象人数累计不得超过本公司最近 6 个月在职职工平均人数的 30%。

5. 股票（权）期权自授予日起应持有满 3 年，且自行权日起持有满 1 年；限制性股票自授予日起应持有满 3 年，且解禁后持有满 1 年；股权奖励自获得奖励之日起应持有满 3 年。上述时间条件须在股权激励计划中列明。

6. 股票（权）期权自授予日至行权日的时间不得超过 10 年。

7. 实施股权奖励的公司及其奖励股权标的公司所属行业均不属于《股权奖励税收优惠政策限制性行业目录》范围。公司所属行业按公司上一纳税年度主营业务收入占比最高的行业确定。

（三）本通知所称股票（权）期权是指公司给予激励对象在一定期限内以事先约定的价格购买本公司股票（权）的权利；所称限制性股票是指公司按照预先确定的条件授予激励对象一定数量的本公司股权，激励对象只有工作年限或业绩目标符合股权激励计划规定条件的才可以处置该股权；所称股权奖励是指企业无偿授予激励对象一定份额的股权或一定数量的股份。

（四）股权激励计划所列内容不同时满足第一条第（二）款规定的全部条件，或递延纳税期间公司情况发生变化，不再符合第一条第（二）款第 4 至 6 项条件的，不得享受递延纳税优惠，应按规定计算缴纳个人所得税。

理解本条款，可以享受递延纳税优惠政策的股权激励对象（纳税人）应该是公司董事会或股东（大）会决定的技术骨干和高级管理人员，是指自然人。反过来也可以说，必须是被激励对象直接持有公司股票。

那么，实施股权激励计划的公司通过设立持股平台“管理”股份，合伙企业持股平台（笔者理解包括公司制等企业），当然不应该在享受递延纳税优惠政策的范围之内。

因为，合伙企业持有非上市公司的股份，合伙人持有合伙企业的财产份额，即激励对象和非上市公司之间加进一层合伙企业后，激励对象持有的是合伙企业的财产份额了。股份和财产份额适用的法律规范本就不同，何况两者金额也不一定完全相等了。

而适用递延纳税优惠政策中的激励对象所持有的是所在公司的股份，即股权激励计划实施后，激励对象成了公司股东，如果设立合伙制持股平台持有股份，则股东是合伙企业。自然人股东和合伙企业（非法人组织）股东是完全不同的民事主体。

这一点在自然人电子税务局（ITS）申报系统中也可以进一步印证：办理个人所得税递延纳税备案事项，填报《个人所得税递延纳税报告》是以实施股权激励计划的非上市（上市）公司的名义完成（如图3－12所示）。报告内所设事项，比如实施股权激励计划公司（单位）基本情况、股权激励形式、人数、激励对象姓名、身份证号码、任职受雇月数、行权日、行权价等，以及备案需要提交的资料（如图3－12所示），根本不涉及合伙持股平台。

选择办理事项

选择办理事项：	非上市公司股权激励个人所得税递延纳税报告

确认纳税人登记情况

纳税人类型：	○自然人 ◉组织
纳税人识别号（统一社会信用代码）：	
身份证件类型：	居民身份证

确认需要提交的材料列表

序号	材料列表	是否必报
1	董事会或股东大会决议复印件	是
2	《非上市公司股权激励个人所得税递延纳税备案表》	是
3	股权激励计划复印件	是
4	激励对象任职或从事技术工作情况说明	是
5	本企业及其奖励股权标的企业上一纳税年度主营业务收入构成情况说明	否

图3－12　备案需要提交的资料

注：选择办理事项“非上市公司股权激励个人所得税递延纳税报告”，则纳税人类型就锁定在“组织”，这里的组织指实施股权激励计划的非上市公司，纳税人识别号也填写非上市公司的。

这就可以回答第二个问题了：即使符合财税［2016］101号规定的递延纳税优惠政策的非上市（包括上市）公司，也应在公司所在地主管税务机关办理备案手续。不存在到持股平台（合伙企业）注册地税务机关办理递延纳税备案的说法，根本就办不了。办不了备案，那么合伙持股平台就与递延纳税优惠政策无关。实务中，许多财税人士认为，财税［2016］101号文适用规则不确定。所以发表了许多观点。甚至认为当规则不确定时，是可以谈的。只是需关注风险，且充分重视。只能说，大家对该政策的征管规定和实务操作不太熟悉。其实适用规则已很明确。

至于大家提及利用合伙制持股平台可以避免双重征税（注1：不存在重复征税，何需规避？分析见7）、实现政策执行效应，那是另一回事，属理论探讨。但是，按照这个思路这里也可以设置一个场景来玩一个推演：第一步：假如持股平台合伙企业可以适用财税［2016］101号，可办理享受递延纳税优惠政策的备案；第二步：持股平台合伙企业再注册到所谓的“税收洼地”；第三步：持股平台合伙企业争取到核定征收……然后，可能还有一些当地的财政返还。

这也太完美了，资本所得几乎可以“全身而退”了。但遗留下的思考却是关乎根本问题，税制改革的基本原则是什么？

但需要特别关注的税务风险是，实务中有些地方合伙制持股平台可以进行个税递延备案（注：实务案例在专题三十的专题拓展部分已介绍，不再赘述）。

7. 实务中，公司（上市、非上市）实行股权激励，成立合伙企业（员工持股平台），这种间接持股方式，涉及的税务处理存在争议。

公司实行股权激励，持股方式有直接持股，也有间接持股。成立合伙企业（持股平台），是其中的一种间接持股方式。这种持股方式下，合伙人转让股权，一般是转让合伙企业财产份额，不会导致公司控制权发生变更，亦不会影响公司的治理结构和持续运营，具有办理手续简便（激励对象即合伙人加入或离职退出合伙企业等不需要公司进行变更登记）、易于管理等特点，所以，在目前的资本市场很常见。但这种方式下，激励对象取得的所得如何确定应税所得性质以及纳税义务发生的时间？各地处理不一，财税老师们观点也存在争议。

实务中一般是在合伙企业转让股票（权）时，被激励对象按照从合伙企业取得的经营所得计算缴纳个人所得税。有财税老师也认为，股票（股权）登记在合伙企业名下时，行权时不征税，解禁时也不征税，在合伙企业实际转让股票时计算合伙企业经营所得，按照个人合伙比例，计算个人的应纳税所得额再缴纳个人所得税。当然，还有其他观点。总之，有点乱。

这样的税务处理是否符合税法的规定？我们先看看公司定向增发股票、员工直接持股方式下的会计、税务处理：

首先，根据《企业会计准则第 11 号——股份支付》，企业实行股权激励，不论是以权益结算（比如股票期权、限制性股票），还是以现金结算（比如股票增值权、虚拟股票），都是以股份为基础的支付，目的是获取职工（符合条件的激励对象）或者其他方提供服务。

会计上对这种服务的确认和计量采取间接计量的方式，即不是以“激励对象提供的服务价值是多少来计量”，而是以企业股份支付时所授予的权益工具的公允价值计量。在等待期（指存在等待期的，对于无等待期的直接在授予日进行会计处理）内的每个资产负债表日，以对可行权权益工具数量的最佳估计为基础，按照权益工具在授予日的公允价值，将当期取得的服务计入当期成本费用科目“管理费用”或“生产成本”借方，同时计入“资本公积——其他资本公积”（权益结算时）或者“应付职工薪酬”（现金结算时，这里的现金指广义的现金）科目贷方。

关于已确认和计量的成本费用，在可行权日或者解禁日，如果股权支付条件未满足可行权条件（如图 3 - 13 所示）或者未达到限制性股票解锁条件的，但只要职工满足了其他所有非市场条件，企业就应该确认已取得的服务。所以，这种情况对已经确认和计量的服务，会计上不作转回处理。即市场条件和非可行权条件不满足，职工不可行权（或者限售股不能解锁），但不影响已确认的成本和费用。

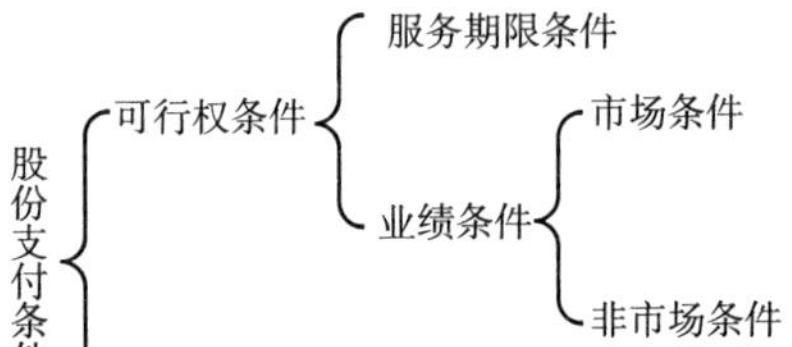

图 3 - 13　股份支付条件

这里需要关注，上市公司在等待期或者解禁前会计上针对服务已经确认和计量的成本费用，根据《国家税务总局关于我国居民企业实行股权激励计划有关企业所得税处理问题的公告》（国家税务总局公告 2012 年第 18 号）第二条（二）的规定，不得在对应年度计算缴纳企业所得税时在税前扣除。

在股权激励计划可行权（如图3－14所示）后（这里需要关注细节：是在股权激励计划可行权后，不是行权后），方可根据该股票实际行权时的公允价格（即实际行权日该股票的收盘价格）与当年激励对象实际行权支付价格的差额（此差额即每股权益工具的公允价值）及数量，计算确定作为当年上市公司工资薪金支出，依照税法规定进行税前扣除（在我国境外上市的居民企业和非上市公司，凡比照《管理办法》的规定建立职工股权激励计划，且在企业会计处理上，也按我国会计准则的有关规定处理的，其股权激励计划有关企业所得税处理问题，可以按照上述规定执行）。

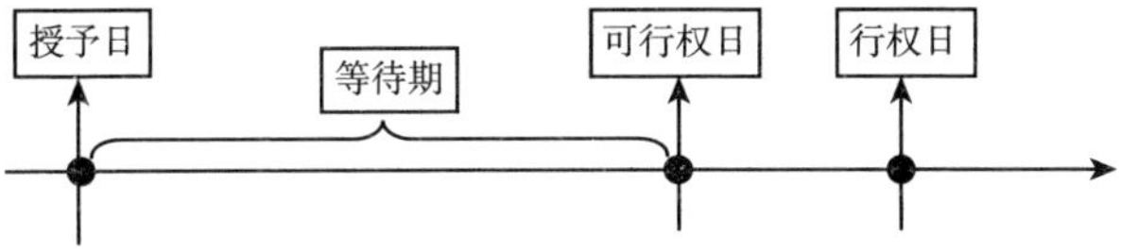

图3－14　股权激励计划可行权

其次，关于个人所得税，根据《财政部 国家税务总局关于个人股票期权所得征收个人所得税问题的通知》（财税［2005］35号，简称财税［2005］35号）第二条，关于股票期权所得性质的确认及其具体征税规定：

（一）员工接受股票期权时，除另有规定外，一般不作为应税所得征税。

（二）员工行权时，其从企业取得股票的实际购买价（施权价）低于购买日公平市场价（指该股票当日的收盘价，下同）的差额，是因员工在企业的表现和业绩情况而取得的与任职、受雇有关的所得，应按“工资、薪金所得”适用的规定计算缴纳个人所得税。

对因特殊情况，员工在行权日之前将股票期权转让的，以股票期权的转让净收入，作为工资薪金所得征收个人所得税。

（三）员工将行权后的股票再转让时获得的高于购买日公平市场价的差额，是因个人在证券二级市场上转让股票等有价证券而获得的所得，应按照“财产转让所得”适用的征免规定计算缴纳个人所得税。

关于扣缴义务人和纳税人：实施股票期权计划的境内企业为个人所得税的扣缴义务人，应按税法规定履行代扣代缴个人所得税的义务。

【注：1.《国家税务总局关于个人股票期权所得缴纳个人所得税有关问题的补充通知》（国税函［2006］902号，简称国税函［2006］902号）规定，员工接受雇主（含上市公司和非上市公司）授予的股票期权，凡该股票期权指定的股票为上市公司（含境内、外上市公司）股票的，均应按照财税

［2005］35 号文件进行税务处理。

2. 根据《财政部 国家税务总局关于股票增值权所得和限制性股票所得征收个人所得税有关问题的通知》（财税［2009］5 号）规定，对于个人从上市公司（含境内、外上市公司，下同）取得的股票增值权所得和限制性股票所得，比照财税［2005］35 号、国税函［2006］902 号的有关规定，计算征收个人所得税。】

当然，特殊情形除外。

（1）财税［2016］101 号第一条规定，非上市公司授予本公司员工的股票期权、股权期权、限制性股票和股权奖励，符合规定条件的，经向主管税务机关备案，可实行递延纳税政策，即员工在取得股权激励时可暂不纳税，递延至转让该股权时纳税；股权转让时，按照股权转让收入减除股权取得成本以及合理税费后的差额，适用“财产转让所得”项目，按照 20% 的税率计算缴纳个人所得税。

股权转让时，股票（权）期权取得成本按行权价确定，限制性股票取得成本按实际出资额确定，股权奖励取得成本为零。

而被激励对象通过合伙企业间接持股，无法办理递延纳税备案，不符合特殊情形，就不能享受递延纳税优惠政策。笔者认为，公司账务已进行“股份支付”处理的情形下，被激励对象取得股权激励时，即行权或者解禁时，应当按照“工资、薪金所得”缴纳个人所得税。

至于员工行权后或者股票解禁后，合伙企业再处置股票（权）时，应先核算合伙企业的经营所得，然后按照个人合伙比例确定被激励对象的应纳税所得额，计算缴纳经营所得个人所得税。

比如，员工王某与 A 公司于 2018 年 1 月 29 日签订《股票期权协议书》约定，可在指定的行权日以行权价格购买 A 公司的普通股。2019 年 6 月 15 日，王某行权 11.492 万份期权、行权价格为 26.44 元，行权日股票市价为 122.25 元。

分析：第一种情况：如符合条件，且已备案，享受递延纳税政策：

王某直接持股。后股权转让，转让价为 130 元/股，王某应缴纳“财产转让所得”个税 2 380 223.04 元【即（130 − 26.44）× 114 920 × 20%）】；

第二种情况，如不符合条件（或未备案），不能享受递延纳税政策：

1. 王某直接持股：行权时，王某应缴纳“工资、薪金所得”个税 4 772 798.34元【即（122.25 − 26.44）× 114 920 × 45% − 181 920】。

后转让股权，转让价为 130 元/股，王某应缴纳“财产转让所得”个税 178 126 元【即（130 - 122.25）×114 920×20%】。

王某缴纳个税合计 4 950 924.34 元。

2. 如果王某通过合伙（企业）持股平台（有限合伙）间接持股，合伙企业设立之初以及后续转让股权，会计处理如下：

（1）收到王某行权款项：

借：银行存款　　　　3 038 484.8【注：26.44×114 920】

　　贷：合伙人资本——王某　　　　3 038 484.8

（2）持股平台向 A 公司投资：

借：其他权益工具投资　　　　3 038 484.8

　　贷：银行存款　　　　3 038 484.8

（3）王某转让间接持有的股权，如转让价也是 130 元/股。

借：银行存款　　　　14 939 600【130×114 920】

　　贷：其他权益工具投资　　　　3 038 484.8

　　　　投资收益　　　　11 901 115.2

王某应缴纳经营所得个税税额 =（130 ×114 920 - 3 038 484.8）×35% - 65 500 = 4 099 890.32（元）。这是股权转让环节。

前面我们已介绍，间接持股，不符合财税［2016］101 号规定的条件，不得享受递延纳税优惠，应按规定计算缴纳个人所得税。所以，行权时，对于实际购买价（施权价）低于购买日公平市场价的差额，王某应该按照“工资、薪金所得”缴纳个税（计算同直接持股，故略），税款由公司代扣代缴。这样，王某共需缴纳个税 8872688.66 元。显然，税负很重，也存在重复征税。也就是说，利用合伙持股平台间接持有股权，如果按照规定缴纳税款，反而会因重复征税加重个税税负，税收上达不到设计的初衷目的。所以，实务中目前该类业务税收征管处于无序、不统一、不明确的状态。如考虑不重复纳税原则，税法是否可在此做出特别规定：王某通过合伙企业间接持有 A 公司股权的计税成本，应该是公允价 122.25 元/股。

如此，则这里存在税、会差异，王某办理纳税申报时，调整 A 表（第 2 行）、B 表（第 3 行）的“成本费用”项。假设合伙企业持股平台无其他经营项，此处也不考虑合伙人王某的减除费用等。

则王某从合伙企业持股平台取得投资收益（税收金额）890 630 元【注：（130 - 122.25）×114 920】。

王某应缴纳经营所得个人所得税（额）＝890 630×35%－65 500
＝246 220.5（万元）

即在特殊规定下，王某共缴纳个人所得税5 019 018.84元（包括行权环节个税），税负仍然高于直接持股方式。

即使这样，如果再进一步做些分析、比较，会发现两种不同方式税负仍然不同。间接持股方式下，如此案例中王某缴纳的个人所得税反而较多（有兴趣的老师可以计算比较），税负比较重（但这不是因为重复征税造成的，这一点需要区分清楚）。

因为，直接持股方式下，员工转让股权按照“财产转让所得”计征个人所得税，适用20%的比例税率（且不会随金额而变化）；间接持股方式下，员工通过合伙企业转让股权，是按照经营所得计征个人所得税，适用5%—35%的超额累进税率，应纳税所得额变化，适用税率也可能不同。如果测试可以得出结果：一定金额之内（比如适用税率不超过20%），间接持股所负担的税负会小于直接持股所负担的税负，这时，合伙员工持股平台在税负负担方面具有优势。但当金额较大时，比如年应纳税所得额超过30万元，则经营所得适用的税率超过20%（注：新个税法），则间接持股方式反而不利于降低税负。

（2）财税［2016］101号第二条规定，上市公司授予个人的股票期权、限制性股票和股权奖励，经向主管税务机关备案，个人可自股票期权行权、限制性股票解禁或取得股权奖励之日起，在不超过12个月的期限内缴纳个人所得税。这也是对符合延长纳税期限的特殊规定。

那么，被激励对象通过合伙企业间接持股时，股票登记在合伙企业名下，合伙企业是上市公司的股东，被激励对象作为合伙企业的合伙人持有合伙企业的财产份额。

而递延纳税备案是以上市公司的名义进行的（如图3－15所示）。合伙企业也无法进行递延纳税备案，则不符合延长纳税期限的条件，所以应当在被激励对象取得上市公司授予的股权激励时，即行权或者解禁时，按照“工资、薪金所得”缴纳个税所得税。

选择办理事项：	上市公司股权激励个人所得税延期纳税报告

确认纳税人登记情况

纳税人类型：	○自然人 ◉组织		
纳税人识别号（统一社会信用代码）：		纳税人名称：	
身份证件类型：	居民身份证	身份证件号码：	

确认需要提交的材料列表

序号	材料列表	是否必报	是否查验
1	《上市公司股权激励个人所得税延期纳税备案表》	是	否
2	股权激励计划复印件	否	否
3	董事会或股东大会决议复印件	否	否

图 3－15　递延纳税备案

注：如图 3－15 所示，当办理事项选定“上市公司股权激励个人所得税延期纳税报告”时，纳税人类型就锁定在“组织”，该组织一般指实行股权激励的上市公司。延期纳税报告内容与合伙企业无关（如图 3－16 所示），必填的股权激励明细内容也与合伙企业无关（如图 3－17 所示）。

公司单位基本情况			
*纳税人识别号(统一社会信用代码)	EFXG	*公司名称	
*股票代码		联系人	
联系电话			

股权奖励基本情况			
*股权激励形式	○股票期权 ◉限制性股票 ○股权奖励	股权激励人数	

□	序号	姓名(中文)	姓名(英文)	身份证件类型	身份证件号码	国籍（地区）	任职受雇月数	股票期权		
								行权日	行权日市价	行权价

*上市公司法定代表人		上市公司经办人		*填报日期	2021-03-15	*是否代理申报	否
代理申报机构		经办人		经办人执业证件号码		代理申报日期	
受理税务机关	国家税务总局	受理人		受理日期	2021-03-15		

图 3－16　延期纳税报告

至于行权后或者解禁后，后续合伙企业把登记于其名下的股票再转让（处置），也应先核算合伙企业的经营所得，再按照个人合伙比例确定被激励

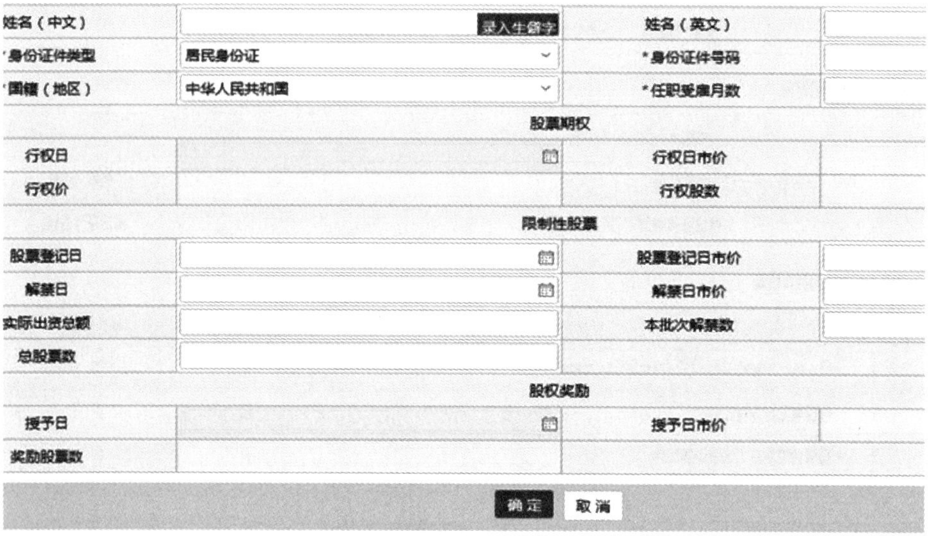

图 3－17　股权激励明细内容

注：如图 3－16 所示的“公司单位基本情况”选定了“股权激励形式”为“限制性股票”，则在明细页面只可填写“限制性股票”（如图 3－17 所示）部分的内容，其余股权激励方式置灰不可填写，所以存在不同股权激励方式的，应在上一步同时选上。

对象的应纳税所得额，计算缴纳经营所得个人所得税。同样，这里也存在重复征税问题，因为合伙企业转让持有的股权，目前没有减免政策。实务中主要是利用核定征收来“降低税负”，此处，我们不再展开分析。

综上，实务中采取只在“合伙企业处置股票（或者上市公司回购）时，合伙企业核算股票转让所得，个人合伙人按比例计算其应纳税所得额缴纳个人所得税”的税务处理存在风险，因为此做法中，对商法规范的遵从直接切断了对税法的遵从，导致税收法定原则在税收执法环节打了很大的折扣。

换句话说，仅由于公司实行股权激励时选择了以合伙企业间接持股的方式，就认为改变了股权激励所得属于“工资薪金所得”的性质，并且把纳税义务发生时间直接推后到了“合伙企业转让所持股权时”。扣缴义务人（实施股权激励的企业）的扣缴义务也被搁置一边。甚至会导致个人所得税税款金额发生大的变化。这不符合个税法的相关规定，税、企双方应该高度关注。

最后，需要注意，股权激励和员工持股计划不同。对“员工持股计划”的“规范”，见于 2020 年 3 月 20 日证监会发布的《关于就〈非上市公众公司监管指引第 X 号——股权激励和员工持股计划的监管要求（试行）〉公开征求意见的通知》（简称《通知》）。因为目前还在征求意见阶段，所以我们不列示《通知》中员工持股计划与股权激励的不同，只对其中“员工持股计划”的涉税处理稍作了解。

问题7我们分析了股权激励以及“股权激励+员工持股平台”的税务风险。而单纯的“员工持股计划”存在哪些税务风险？又该如何进行税务处理？目前没有特别的明确规定。

实务中各地做法不统一。在某些地区，税企双方的做法是：员工行权时，“接收服务方”（指员工所在企业）不得在企业所得税税前列支“员工持股计划（平台）‘股权激励’”所对应部分的工资薪金支出（已经列支的，进行纳税调整），同时也不代扣代缴员工“工资、薪金所得”个人所得税。“员工持股平台”作为合伙企业，按照“先分后税”原则，由合伙人按照分得的经营所得和其他所得缴纳所得税。比如大连、福建等地。

所以，股权激励和员工持股计划两者不可混淆，应严谨厘清，防范风险。

8. 关于上市公司设立的合伙制持股平台，有纳税人咨询是否可因账务不健全申请核定征收个人所得税？

上市公司成立合伙制持股平台，一般给出的理由无外乎是税收筹划和便于管理。第一步税收筹划和便于管理，已在上两小节介绍，这里不再赘述。这里主要分析成立合伙制持股平台的后续筹划：注册或者迁移到“税收洼地”或可以鉴定核定征收经营所得个人所得税的主管税务机关所在地。目的很直接，就是“争取”核定征收个人所得税（外加取得些财政返还）。

而纳税人申请核定征收的理由是账务不健全。可以吗？

2022年1月1日以前，我国税法对股权投资类的合伙企业是否可实行核定征收未做明确规定，征管实务中的做法是参照企业所得税相关政策进行处理。《国家税务总局关于企业所得税核定征收有关问题的公告》（国家税务总局公告2012年第27号，简称国家税务总局公告2012年第27号）规定：

“一、专门从事股权（股票）投资业务的企业，不得核定征收企业所得税。

二、依法按核定应税所得率方式核定征收企业所得税的企业，取得的转让股权（股票）收入等转让财产收入，应全额计入应税收入额，按照主营项目（业务）确定适用的应税所得率计算征税；若主营项目（业务）发生变化，应在当年汇算清缴时，按照变化后的主营项目（业务）重新确定适用的应税所得率计算征税。

因此，纳税人咨询的上市公司（包括非上市公司）专门设立的合伙制持股平台，应该不得核定征收经营所得个人所得税。通过多层合伙（间接持有股权）的合伙企业持有财产份额的，也不得核定征收经营所得个税。

这也是审计署审计执行口径。而且，权益类投资的核定征收也是近几年审计的重点。

这是有原因的。前面我们刚提到，政策层面我国税法即《个人所得税法》及其实施条例等对权益类投资的个人所得税可否实行核定征收并未作出过禁止性规定。所以，参照适用国家税务总局公告 2012 年第 27 号存在“争议”。实务中各地的征收管理规定也不统一。

所以，供、需各方结合，共同“寻找”可以核定征收的“税收洼地”。如一位财税老师所讲“背着股票到处跑”，异地成立合伙企业（包括个人独资企业）持股平台，唯一目标：“争取”核定征收，最理想的状态再申请些财政返还。

这样的案例很多。笔者在公众号的一篇文章“这跨省迁移，个税筹划目的很明确”（注：2021－09－21）中就两个案例分析过核定征收的税务风险。

其一：某市中佳融合企业管理合伙企业（有限合伙），2021 年 4 月注册（注册地为甘肃省某市）。持有某南平延平中佳瑞和企业管理合伙企业（有限合伙）（注册地为福建省某市）财产份额 99.99%，某南平延平中佳瑞和企业管理合伙企业（有限合伙）持有某企业管理有限公司 99% 股权（注：关系来源于启信宝）。属多层合伙（企业）镶嵌持股。

2021 年 5 月，某市中佳融合企业管理合伙企业（有限合伙）从自然人孙某处接受其持有的某南平延平中佳瑞和企业管理合伙企业（有限合伙）的财产份额，2021 年 9 月又转让此合伙份额给厦门市佳和融泰股权投资合伙企业（有限合伙），转让金额近 0.5 亿元。本次财产转让、个税申报【某市中佳融合企业管理合伙企业（有限合伙）的两位个人合伙人，按照核定征收（核定应税所得率）方式缴纳了经营所得个人所得税】完成后，企业名称由“某市中佳融合企业管理合伙企业（有限合伙）”变更为“某南平延平中佳融合企业管理合伙企业（有限合伙）”，且迁移至福建南平某市，然后以未开业、无债权债务为条件办理了简易注销，目前状态：注销。

其二：某市优维尔企业管理合伙企业（有限合伙），2021 年 4 月 23 日注册（注册地为甘肃省某市）。持有某南平市优维尔企业管理合伙企业（有限合伙）10% 的财产份额，某南平市优维尔企业管理合伙企业（有限合伙）又持有深圳市某科技有限公司 37% 股权（注：关系来源于启信宝），同样涉及多层嵌套的合伙企业。

2021年9月，某市优维尔企业管理合伙企业（有限合伙）转让了其持有的某南平市优维尔企业管理合伙企业（有限合伙）10%的财产份额，转让金额过亿。三位个人合伙人根据约定的分配比例，按照核定征收（核定应税所得率）方式缴纳了经营所得个人所得税。同月变更企业名称为"某南平延平优维尔企业管理合伙企业（有限合伙）"，且迁移至福建南平某市，然后以未开业、无债权债务为条件办理了简易注销，目前状态：注销。

两户合伙企业注册、受让、转让合伙企业财产份额、申报缴纳经营所得个税、变更名称、跨省迁移、速战速决，完成目标即办理简易注销（包括注销税务登记），但税务风险却留下了。

2021年12月30日，财政部 税务总局发布《关于权益性投资经营所得个人所得税征收管理的公告》（财政部 税务总局公告2021年第41号，简称财政部 税务总局公告2021年第41号）。规定：

一、持有股权、股票、合伙企业财产份额等权益性投资的个人独资企业、合伙企业（以下简称独资合伙企业），一律适用查账征收方式计征个人所得税。

二、独资合伙企业应自持有上述权益性投资之日起30日内，主动向税务机关报送持有权益性投资的情况；公告实施前独资合伙企业已持有权益性投资的，应当在2022年1月30日前向税务机关报送持有权益性投资的情况。税务机关接到核定征收独资合伙企业报送持有权益性投资情况的，调整其征收方式为查账征收。

三、各级财政、税务部门应做好服务辅导工作，积极引导独资合伙企业建立健全账簿、完善会计核算和财务管理制度、如实申报纳税。独资合伙企业未如实报送持有权益性投资情况的，依据税收征收管理法相关规定处理。

四、本公告自2022年1月1日起施行。

至此，一切利用合伙企业等"节约个税的筹划"，戛然而止！

温馨提示：请注意财政部 税务总局公告2021年第41号的细节：只要持有（包括直接、间接）股权、股票、合伙企业财产份额等权益性投资的个人独资企业、合伙企业，一律适用查账征收方式计征个人所得税。这一点不同于国家税务总局公告2012年第27号的规定（对企业所得税的计征，区分了"专门"和"非专门"两类）。

另外，有财税朋友问：如果改成查账征收，查账征收的期间要追溯到年初吗？还是从改的那一刻算起，改之前是核定、改之后是查账？

目前执行口径是：自2022年1月1日起一律适用查账征收。如果未在年初及时调整到位，而在年度期间调整的，仍然自2022年1月1日起适用查账征收，至于调整之前已核定征收部分，可以从查账征收方式计算的应纳税额中减去【具体在自然人电子税务局（ITS）申报模块是否可以操作，有待业务发生后进行测试】。

所以，合伙持股平台自2022年1月1日起一律适用查账征收，不再可以核定征收个人所得税。

上有政策，下有对策，另一类初现端倪的税务风险不可忽视：实行查账征收，但是为了维持税负不变，纳税人利用倒推的方式在申报表随意填写“成本费用”来进行纳税申报。

这种方式税务风险更大，因为进行虚假纳税申报，不缴或者少缴应纳税款的，属于《税收征管法》第六十三条规定的偷税行为。

以上，我们对目前实务中股权激励采取合伙制员工持股平台间接持股时的涉及税务风险，结合股权激励四环节【授予日、可行权日、行权日（解禁后）、转让】涉及的个人所得税，从合伙企业的设立、合伙人财产份额转让，到注销，逐环节大致进行了梳理。抛砖引玉，希望能帮到大家的实务操作，更主要是对常见但一直在忽视的税务风险有个清晰的认识。

（二）律师事务所

【案例3-22】某律师事务所，合伙制律师事务所，成立于1995年2月。投资额50万元。现有专职律师55人，其中合伙人5人（如图3-18所示）；兼职律师8人；律师助理及行政人员17人。经营范围：提供刑事、民事、行政、劳动等诉讼案件的代理或辩护、担任法律顾问、咨询、代书参与调解、仲裁、代理中诉等非诉讼法律服务业务。

属增值税一般纳税人，查账征收户。

* 证件种类	* 证件号码	* 投资方名称	* 投资方经济性质	* 投资比例(%)
居民身份证			内资个人	30.0
居民身份证			内资个人	30.0
居民身份证			内资个人	10.0
居民身份证			内资个人	10.0
居民身份证			内资个人	10.0

图3-18　某律师事务所合伙人情况

收集、查询、比对该律师事务所的历史数据，了解事务所的人员结构以及社会保险征缴情况，发现存在税、费类风险。比如合伙人的名字出现在《个人所得税扣缴申报表》、合伙企业变更合伙人不进行汇算清缴、合伙人申报经营所得个人所得税时“合伙企业个人合伙人分配比例%”填写随意等，这些已在申报类风险中提及，这里不再讨论。在此介绍另外两个普遍存在的风险：

1. 关于兼职律师从律师事务所取得工资、薪金性质所得，预扣预缴个人所得税存在的税务风险。

《国家税务总局关于律师事务所从业人员取得收入征收个人所得税有关业务问题的通知》（国税发［2000］149 号）第六条规定，兼职律师从律师事务所取得工资、薪金性质的所得，律师事务所在代扣代缴其个人所得税时，不再减除个人所得税法规定的费用扣除标准，以收入全额（取得分成收入的，为扣除办理案件支出费用后的余额）直接确定适用税率，计算扣缴个人所得税。这里的“个人所得税法规定的费用扣除标准”就是新个税法规定 5 000 元/月的减除费用（5 000 为默认值，西藏地区注意差异化配置）。

新个税法实施后，对从两处以上取得工资薪金的纳税人，扣缴义务人预扣预缴个人所得税时，5 000 元/月的减除费用，根据总局热点答疑，两处都可扣除（实务中各省都辅导纳税人只选择一处扣除，以减少汇算清缴的人数，但系统仍然不阻止），纳税人在汇算清缴时进行纳税调整即可。那么对兼职律师从律师事务所取得的工资薪金是否也可以这样扣除，各地做法不太一样。笔者认为，新法优于旧法，对兼职律师的工资薪金预扣预缴个人所得税也可两处都扣“减除费用”。但次年 3 月 31 日至 6 月 30 日汇算清缴时一定记得进行纳税调整。

实务中存在的问题是，兼职律师的提成（工资薪金）收入，兼职律师全部用发票报费用的方式拿走，作为扣缴义务人的律师事务所未按照工资、薪金进行账务处理，当然也就未按照累计预扣法预扣预缴该部分工资、薪金个人所得税。这是纳税人、扣缴义务人一个很大的税务风险，该类风险在我国进一步深化税制改革，实现自然人税费信息“一人式”智能归集、以数治税分类精确监管模式下，将一目了然。

《国家税务总局关于发布〈个人所得税扣缴申报管理办法（试行）〉的公告》（国家税务总局公告 2018 年第 61 号，简称 61 号公告）第二条规定，扣缴义务人，是指向个人支付所得的单位或者个人。扣缴义务人应当依法办理全员全额扣缴申报（即使纳税人应纳税额为 0，扣缴义务人也需要办理全员全额扣缴申报）。

全员全额扣缴申报，是指扣缴义务人应当在代扣税款的次月15日内，向主管税务机关报送其支付所得的所有个人的有关信息、支付所得数额、扣除事项和数额、扣缴税款的具体数额和总额以及其他相关涉税信息资料。

第十九条规定，扣缴义务人有未按照规定向税务机关报送资料和信息、未按照纳税人提供信息虚报虚扣专项附加扣除、应扣未扣税款、不缴或少缴已扣税款、借用或冒用他人身份等行为的，依照《税收征管法》等相关法律、行政法规处理。同时，《税收征管法》第六十九条规定，扣缴义务人应扣未扣、应收而不收税款的，由税务机关向纳税人追缴税款，对扣缴义务人处应扣未扣、应收未收税款50%以上3倍以下的罚款。

关于扣缴义务人的法律责任，实务中有财税老师写文章发表观点，认为个人所得税代扣代缴与预扣预缴不同，预扣预缴是新个税法才出现的概念，两者对象也不同。从不履行代扣代缴与预扣预缴义务时的处罚上看，扣缴义务人不履行代扣代缴义务，税务机关可依据《税收征管法》对扣缴义务人进行处罚；而对不履行预扣预缴义务的，由于《税收征管法》及其他税收法律没有相关规定，税务机关不可以进行处罚。笔者认为，这种观点是错误的。

个人所得税预扣预缴的概念，早在2009年就已经出现了。2009年12月31日，财政部、国家税务总局和证监会就联合发布了《关于个人转让上市公司限售股所得征收个人所得税有关问题的通知》（财税［2009］167号），其中第五条明确规定，限售股转让所得个人所得税，采取证券机构预扣预缴、纳税人自行申报清算和证券机构直接扣缴相结合的方式征收。证券机构预扣预缴的税款，于次月7日内以纳税保证金形式，向主管税务机关缴纳。主管税务机关在收取纳税保证金时，应向证券机构开具《中华人民共和国纳税保证金收据》，并纳入专户存储。

值得注意的是，扣缴义务人如果不履行预扣预缴义务，将面临税务机关的处罚，这在61号公告第十九条和《税收征管法》第六十九条中已经明确规定。

从61号公告的规定来看，个人所得税的“扣”，既包括“代扣”，也包括“预扣”。这与《税收征管法》第六十九条的规定是完全相衔接的。也就是说，针对扣缴义务人“应扣未扣”的法律责任，包括了未履行预扣预缴义务这种情形。扣缴义务人不履行个人所得税预扣预缴这一法定义务，应扣未扣、应收而不收税款的，税务机关有权按照《税收征管法》的规定，向纳税人追缴税款，并对扣缴义务人处应扣未扣、应收未收税款50%以上3倍以下的罚款。

对此，有纳税人反驳：个税法所指的预扣预缴不适用征管法。因为征管法

第四条已经很清楚，仅限于代扣代缴、代收代缴。

这种观点对吗？笔者认为理解不全面。

《税收征管法》第四条第二款规定，“法律、行政法规规定负有代扣代缴、代收代缴税款义务的单位和个人为扣缴义务人”，但是，并不能理解为“只有负有代扣代缴、代收代缴税款义务的单位和个人为扣缴义务人”。

如果继续求证，新《个人所得税法》第九条规定，“个人所得税以所得人为纳税人，以支付所得的单位或者个人为扣缴义务人”。因此，扣缴义务人既包括负有代扣代缴、代收代缴税款义务的单位和个人，也包括为纳税人支付所得并且需要预扣预缴个人所得税的单位或者个人。

所以，律师事务所支付给兼职律师的所得，未按期履行预扣预缴的法定义务，税务机关有权依据《税收征管法》相关规定进行处罚。接受处罚会影响律师事务所纳税信用等级（兼职律师本身涉及的税务风险更大，此处不作讨论）。

2. 关于专职律师（不包括合伙律师）的风险。

从自然人电子税务局（ITS）以及社保版金三系统查询、比对律师事务所专职律师的各种历史数据，会发现存在异常。

自 2011 年 7 月 1 日起实施的《中华人民共和国社会保险法》第十条第一款规定，“职工应当参加基本养老保险，由用人单位和职工共同缴纳基本养老保险费”。

第二款规定，“无雇工的个体工商户、未在用人单位参加基本养老保险的非全日制从业人员以及其他灵活就业人员可以参加基本养老保险，由个人缴纳基本养老保险费。”

专职律师既然不属于以上三种情形，那么，不可以选择个人缴纳基本养老保险费。律师事务所应当给专职律师办理基本养老保险，并且由律师事务所和职工共同缴纳基本养老保险费。

但有些专职律师选择不在律师事务所“领取工资、薪金”、不参加基本养老保险，而是以发票报销费用的形式拿走所得（包括收入分成）。然后以其他方式参加社会保险。感觉这样既规避了律师事务所应该负担的社保，又规避了个税，看似两全其美，实则违反各项法律规定，涉及风险很大。

3. 律师事务所支付分成收入时，预扣预缴个人所得税操作实务。

有纳税人咨询，根据国税发［2000］149 号第五条规定，兼职律师或专职律师取得收入分成，律师事务所不负担律师办理案件支出的费用（如交通费、资料费、通讯费及聘请人员等费用），律师当月的分成收入扣除 30% 办理案件支出的费用后，余额与律师事务所发给的工资合并，按“工资、薪金所得”应税项目计征个人所得税。那么，律师事务所进行全员全额预缴申报，填报《个人所得税扣缴申报表》时，30%办理案件支出的费用应该填写在哪个项目？

目前执行的统一口径是：30%办案支出填写在“其他”栏。

（三）合伙制医疗机构

【案例3-23】某医院（普通合伙），成立于2018年5月，是一家综合医院，注册资本6 000万元。合伙人甲、乙2人，从业人员3人。经营范围有：内科、外科、妇科、中医科、急诊科、耳鼻喉科、口腔科、康复理疗科、医学检验科、医学影像科医疗服务。（依法须经批准的项目，经相关部门批准后方可开展经营活动）。

资料显示，某医院适用小企业会计准则。属增值税一般纳税人。经营所得（个人所得税）实行核定征收，核定应纳税所得额10万元/月。

调取纳税人的申报数据以及财务报表，发现一些异常。

1. 异常申报的税务风险。

2020年第二季度，该单位开始实行的核定征收，核定了月应纳税所得额（10万元/月）。但两位合伙人按照核定征收完成第二季度申报（甲于7月22日，乙于7月3日，均违规对第二季度进行了零申报）后，又在12月24日按照查账征收对第一、三季度进行了补报；同样第四季度也是按照查账征收的方式进行申报，且报送了A表（详见表3-30）。

表3-30　甲、乙两合伙人分别申报的四个季度数据　单位：元

申报表种类	征收方式	申报	申报日期	税款所属期起	税款所属期止	收入总额	应纳税所
经营所得个人所得税月	查账征收	有效	2021-01-11	2020-01-01	2020-12-31	5 120 642.51	0
经营所得个人所得税月	查账征收	有效	2020-12-24	2020-01-01	2020-03-31	304 626.39	0
经营所得个人所得税月	查账征收	有效	2020-12-24	2020-01-01	2020-09-30	3 874 472.74	0
经营所得个人所得税月	其他核定方式	有效	2020-07-22	2020-01-01	2020-06-30		0
经营所得个人所得税月	查账征收	有效	2021-01-11	2020-01-01	2020-12-31	5 120 642.51	0
经营所得个人所得税月	查账征收	有效	2020-12-24	2020-01-01	2020-09-30	3 874 472.74	0
经营所得个人所得税月	查账征收	有效	2020-12-24	2020-01-01	2020-03-31	304 626.39	0
经营所得个人所得税月	其他核定方式	有效	2020-07-03	2020-01-01	2020-06-30	0	0

从表3－30可知，某医院实行核定征收后并未按照核定的月应纳税所得额（10万元/月）进行纳税申报。

这一点不符合自然人电子税务局（ITS）的申报规则。核定征收方式下，合伙人无法通过《个人所得税经营所得纳税申报表（A）》按照查账征收方式进行申报且报送A表。

查询、分析历史数据，结合征管实务操作，有一种情况可能会导致这种现象发生：该纳税户办理过“修改税务登记”事项。如果真是通过“修改税务登记”改过合伙人，但是系统却不保存（或查不到）该模块修改的记录，所以申报出现异常，那么这个风险点很大，需要关注“修改税务登记”存在的风险。

事实上确实存在“投资方信息”“变更税务登记”和历史纳税申报数据三者逻辑关系不相符合的记载：有两条2020年上半年报送的A表申报记录，但该纳税人却不在合伙人里面，“变更税务登记”也无变更前后的信息记载。

2. 费用扣除税务风险。

抽样统计合伙制医疗机构，大部分纳税户几乎连年亏损，可能存在费用列支问题。实务中有税务同行提到，在查账征收模式下，合伙企业，尤其个体工商户（医疗机构中还真有个体工商户）、个人独资企业的成本很难核实。笔者认为，还是核算不规范的问题。其实，合伙企业作为“应纳税所得额”的核算主体，核算依据主要是国家税务总局令第35号。如果有其他未列明的成本费用列支规定，则可依据企业所得税税前列支相关政策进行税务处理。

关于企业所得税税前扣除凭证，实务中争议最多的就是“500元以下的开支没有发票只有收据是否可以入账？”

这是大家对《国家税务总局关于发布企业所得税税前扣除凭证管理办法〉的公告》（国家税务总局公告2018年第28号，以下简称28号公告）第九条第二款的规定理解不一致。

该公告第九条第二款规定，企业在境内发生的支出项目属于增值税应税项目（以下简称“应税项目”）的，对方为依法无需办理税务登记的单位或者从事小额零星经营业务的个人，其支出以税务机关代开的发票或者收款凭证及内部凭证作为税前扣除凭证，收款凭证应载明收款单位名称、个人姓名及身份证号、支出项目、收款金额等相关信息。小额零星经营业务的判断标准是个人从事应税项目经营业务的销售额不超过增值税相关政策规定的起征点。而对这里的“个人”是否包括个体工商户，实务中理解不一。

第一种观点认为：“个人”是从事小额零星经营业务的个人，包括个体工商户。

这种观点认为，根据《财政部 国家税务总局关于全面推开营业税改征增值税试点的通知》（财税［2016］36 号）附件 1《营业税改征增值税试点实施办法》第一条第三款规定“个人，是指个体工商户和其他个人”。那么，结合 28 号公告第九条第二款规定可以理解为：从事应税项目经营业务的个体工商户和其他个人，销售额不超过增值税相关政策规定的起征点的，属于小额零星经营业务，其支出可以以税务机关代开的发票或者收款凭证及内部凭证作为税前扣除凭证。

笔者认为，这个理解是不妥的。个人办理了税务登记就是个体工商户。根据《国务院关于修改〈中华人民共和国发票管理办法〉的决定》（国务院令第 587 号）第十五条以及《国家税务总局关于规范未达增值税营业税起征点的个体工商户税收征收管理的通知》（国税发［2005］123 号），未达起征点的个体工商户可以领购发票。如果“个人”按照“个体工商户和其他个人”理解，那么个体工商户从事应税项目经营业务，销售额不超过增值税相关政策规定的起征点，就可以不开具发票。可以领购发票，却可以不开具发票。显然，这样的理解是相互矛盾的。

第二种观点认为：“个人”是未办理工商、税务登记的自然人个人，不包括个体工商户。

根据《增值税暂行条例实施细则》第三十七条第一款（三）按次纳税的，为每次（日）销售额 300—500 元（个人适用的增值税起征点）。实务中，各地增值税起征点一般为每次（日）销售额 500 元。那么，“对方”为自然人个人从事应税项目经营业务实行按次（日）征税的，销售额不超过增值税相关政策规定的起征点，即每次（日）销售额 500 元，属于小额零星经营业务，其可以以税务机关代开的发票或者收款凭证及内部凭证作为税前扣除凭证。

笔者认为，“对方为依法无需办理税务登记的单位或者从事小额零星经营业务的个人”中的“个人”，在 28 号公告第九条中只能是其他个人，即自然人个人纳税人。

所以，500 元以下的开支没有发票只有收据企业是否可以入账？不能一概而论。企业在境内发生的支出项目属于增值税应税项目（以下简称“应税项目”）的，对方为依法无需办理税务登记的单位或者从事小额零星经营业务的其他个人时，其支出可以税务机关代开的发票作为税前扣除凭证，也可以收款凭证及内部凭证作为税前扣除凭证，只是收款凭证应载明收款单位名称、个人姓名及身份证号、支出项目、收款金额等相关信息。

那么合伙企业（包括个人独资企业、个体工商户）核算“应纳税所得额”时也应当如此。

3. 关于零申报的税务风险。

纳税人（其中一合伙人）报送的A表显示第3行“利润总额”为负（即使调整完合伙人的工资也亏损），所以第19行“应纳税所得额”为0，第22行“应纳税额”为0。但查询统计合伙企业报送的《个人所得税扣缴申报表（适合于综合所得预扣预缴）》，每位合伙人取得的工资薪金金额却很高，达到了二十几万（涉及个人信息，在这里我们不截图展示了）。

显然，经营所得与工资薪金所得的个人所得税相比，存在税负不公平。笔者思考：这是不是因为申报表表内逻辑关系的设计导致的？总之，站在公平税负的角度，应该引起关注。

第四章　合伙企业合伙人权益会计核算和税会差异

关于合伙企业会计，笔者原来不是太熟悉。因为在税务工作实务中接触的不多。新的《个人所得税法》实施以来，因为专门研究经营所得个人所得税，理所当然开始关注涉及的会计处理。

同时，这次整理探讨合伙企业经营所得相关税收政策、征管制度、操作实务和涉及税务风险等方面问题，计划对合伙企业会计和税务处理也做个简要的介绍，供大家探讨和学习，如有不妥之处，请批评指正，一起交流，共同提高。

一、合伙企业会计核算的特殊性

合伙企业，与公司制企业相比，在法律形式上具有不同的特点，会计核算也有自己的特殊性。

会计核算的对象，按照内容一般分为会计要素：资产、负债、所有者权益；收入、费用、利润。合伙企业与公司制企业会计核算最大的区别就在于对所有者权益的核算。

在公司制企业中，所有者权益是股东的权益，分为两大部分：一是投入资本；二是留存收益。投入资本，来自企业外部，与企业的经营活动基本没有关系，分为实收资本（或股本）和资本公积。两者的作用不同：实收资本（或股本）是投资者对企业投入的，构成企业的“注册资本”部分，“注册资本”在商组织法里具有特定的意义，表明投资者对企业出资责任的大小（这里需要区分清楚：所谓投资者的有限责任，是指投资者只以认缴的出资为限对企业承担缴纳出资的责任，不是指投资者对企业的债务承担有限责任，投资者对企业的债务一般不承担责任），这是债权人从公开资料可以查询到的，也是债权人在某些情形下可以直接对未及时足额缴纳出资的股东主张“补充责任”的权利范围。资本公积也来自企业外部，其增减变动对股东来说是拥有的所有者权益增加或者改变，但不计入“实收资本（或股本）”，因为与“注册资本”无关，即与投资者出资责任的大小无关。

留存收益是企业经营积累的成果。企业是独立的法人单位。企业的财产独立于投资者的财产。其中，留存收益包括盈余公积和未分配利润。盈余公积可以理解为已指定用途的留存收益，比如用于企业扩大规模、将来弥补亏损，也就是把这部分利润留在企业不做分配。其余部分利润，可以向股东进行分配，在分配之前留在账面就是未分配利润。

而对于合伙企业来说，对所有者权益是否也需要分为实收资本（或股本）、资本公积、盈余公积和未分配利润进行核算？这样的划分是否有意义？

需要具体分析。因为合伙企业是《民法典》明确的非法人组织。非法人组织的财产不能完全独立于投资人，非法人组织也不能完全独立承担民事责任。投资者的责任也不只是负责缴纳约定出资的有限责任，当企业的对外债务无法清偿时，投资者还需要对外承担补充责任。即并不是按照投资人投入资本的多少来决定承担责任的大小。营业执照上一般也无“注册资本”记载。这样就没必要再把出资划分为实收资本（或股本）与资本公积。

至于盈余公积，核算企业按照公司法的规定在税后利润中提取的法定公积金和任意公积金。但《规定》明确，在“盈余公积”科目下增设“事业发展基金”明细科目，核算事务所根据有关法律法规提取的事业发展基金。提取时，借记“利润分配——提取事业发展基金”科目，贷记“盈余公积——事业发展基金”科目。所以盈余公积和未分配利润应该保留、区分核算。

因此，合伙企业依据规模大小选择适用《小企业会计准则》的基础上，会计核算应兼顾其特殊性。笔者建议，在尽量适用小企业会计准则制定的会计科目的基础上，删除一些不必要的会计科目，如“实收资本”“资本公积”和“所得税费用”。增设一个特殊会计科目“合伙人资本”，用以核算合伙人的合伙权益份额。其余科目保持不变，最大程度地与统计口径中相关表单衔接一致。当然，合伙（个人）律所，根据《规定》可增设一些明细科目。

这里仍然以合伙企业为例，主要介绍合伙人所有者权益的核算，主要包括初始投资的核算、之后发生的与合伙人权益有关的增减变动的核算、以及合伙企业解散清算对合伙人权益的处理。

二、合伙企业会计核算与财产份额计税基础的确认

（一）投资运营

1. 出资设立。

合伙企业具有高度的人合性，遵从意思自治，对合伙事务，许多事项是约定优先：有约定看约定，没有约定才需要全体合伙人一致通过。出资方式也比较灵活，可以是货币，也可以是非货币性财产，普通合伙人还可以用劳务出资。个人投入的资本如何进行会计核算，主要看合伙协议的约定，看个人投入资本与合伙协议约定的合伙人资本份额是否一致。

根据权益占比是否一致，大致有但不限于以下两种：

（1）一致：

【案例 4-1】 假设甲、乙、丙设立合伙企业 A1，甲、乙、丙各投入 50 万元（货币资金），总资本 150 万元，协议约定甲、乙、丙各占 1/3。

则合伙企业 A1 会计账务处理：

借：银行存款	1 500 000	
贷：合伙人资本——甲		500 000
——乙		500 000
——丙		500 000

资产账户核算的银行存款 150 万元，是合伙企业 A1 实际收到的资产。而“合伙人资本”是权益账户，账户贷方记载的甲、乙、丙各占 50 万元，是合伙人权益占比的资本金额，代表合伙协议约定的合伙人资本份额（财产份额）各占 1/3。只不过这种情况下，个人出资与合伙协议约定的合伙人资本份额两者相等而已。

那么，甲、乙、丙初始投资的计税基础是多少呢？均为 50 万元。这时，税会核算不存在差异。

【案例 4-2】 假设甲、乙、丙设立合伙企业 A2，甲投入 100 万元（银行存款）；乙投入设备（评估价）50 万元、丙以劳务出资（协商价）50 万元，总资本 200 万元。

则合伙企业 A2 会计账务处理：

借：银行存款	1 000 000	
固定资产	500 000	

无形资产（或人力资本）　　500 000
贷：合伙人资本——甲　　1 000 000
——乙　　500 000
——丙　　500 000

同样，资产账户核算的银行存款100万元，固定资产50万元，是有形资产，是合伙企业A2实际收到的资产。而“合伙人资本”权益账户贷方记载的甲、乙、丙各占100万元、50万元、50万元，是合伙人权益占比的资本金额，代表合伙协议约定的合伙人资本份额（财产份额）各占1/2、1/4、1/4。这种情况下，个人出资与合伙协议约定的合伙人资本份额两者相等。

那么，甲、乙、丙初始投资的计税基础是多少呢？笔者认为分别是100万元、50万元、0万元。这时，税会核算存在差异。

（注：如果普通合伙人以劳务、技术等出资时，进行了价值评估或者合伙人之间协商一致作了价，则不论是商誉法还是红利法，劳务、技术等的作价可以“无形资产”或者“人力资本”等计入资产账户的借方）。

（2）不一致：

【案例4-3】假设甲、乙、丙设立合伙企业A3，甲投入现金500万元，乙（GP）以一套办公室出资（评估价值）400万元，另人力（劳务）出资，丙（GP）人力（劳务）出资。合伙协议约定甲、乙、丙资本份额各为1/3。

那么，这时会因选择采用红利法或商誉法核算的不同，账务处理也不同：

红利法：

借：银行存款　　5 000 000
固定资产　　4 000 000
贷：合伙人资本——甲　　3 000 000
——乙　　3 000 000
——丙　　3 000 000

商誉法：

借：银行存款　　5 000 000
固定资产　　4 000 000
商誉　　6 000 000
贷：合伙人资本——甲　　5 000 000
——乙　　5 000 000
——丙　　5 000 000

同理，资产账户核算的900万元（银行存款500万元，固定资产400万元）是合伙企业A3实际收到的实物资产。红利法“合伙人资本”贷方记载甲、乙、丙各占300万元或者商誉法“合伙人资本”记载甲、乙、丙各占500万元，都是各合伙人权益占比的资本金额，代表合伙协议约定的合伙人资本份额各占1/3。并不一定代表着甲、乙、丙各实际投资了300万元或者500万元。因为资产总额与资本总额是两个概念。这种情况下，个人出资与合伙协议约定的合伙人资本份额两者不相等。

这种情形，甲、乙、丙初始投资的计税基础是多少呢？

不论红利法还是商誉法：

甲初始投资的计税基础：500万元

乙初始投资的计税基础：400万元

丙初始投资的计税基础：0

从以上资产和权益的核算可以了解到，会计科目“合伙人资本”是权益账户，贷方记载的是合伙人甲、乙、丙所占资本份额的金额，代表在合伙人权益中的份额，和合伙人的实际出资不能划等号。

关于合伙人投入到合伙企业的资产（假设以所有权投资的房屋），我们已说了，根据《民法典》，合伙企业拥有所有权。合伙企业的财产既包括初始投资，也包括运营积累部分。继续以案例来说明。

2. 对外进行股权投资。

假设合伙企业A3用500万元投资一家非上市公司，取得对方10%的股份。会计上按照长期股权投资核算：

借：长期股权投资	5 000 000	
贷：银行存款		5 000 000

（注：新准则要求小企业对长期股权投资一律采用成本法核算）。

3. 股权转让。

年末，合伙企业A3将其持有的该非上市公司股权以600万元的价格卖出，实现了100万元的投资收益，合伙企业A3的损益核算账务处理为：

借：银行存款	6 000 000	
贷：长期股权投资		5 000 000
投资收益		1 000 000

年末，结转“投资收益”“本年利润”：

借：投资收益	1 000 000	

贷：本年利润　　1 000 000

借：本年利润　　1 000 000

贷：利润分配——未分配利润　　1 000 000

这里需要特别关注税法和会计处理的不同："本年利润"结转后，不论合伙企业 A3 对 100 万元利润当期（月、季、年）是否进行分配，假设甲、乙、丙都是自然人合伙人，则都要确定合伙企业层面的"应纳税所得额"，计算甲、乙、丙应取得的经营所得。合伙人应该按期申报缴纳经营所得个人所得税。前面我们介绍过，新个税法实施以后，经营所得个人所得税的申报主体、纳税主体都是合伙人，缴纳税款也不再使用合伙企业的三方协议等，所以，经营所得个人所得税的申报、税款缴纳，该部分业务与合伙企业无关，所以合伙企业不作会计处理。

4. 合伙企业"分红"。

年末，合伙企业 A3 账面 100 万元利润，如果合伙人协商不增加对合伙企业的投资，决定进行分配，则会计处理如下：

借：利润分配——未分配利润　　1 000 000

贷：利润分配——应付利润（甲）　　333 300

——应付利润（乙）　　333 300

——应付利润（丙）　　333 400（约）

具体分配（支付）时：

借：利润分配——应付利润（甲）　　333 300

——应付利润（乙）　　333 300

——应付利润（丙）　　333 400（约）

贷：银行存款　　1 000 000

（注：缴纳经营所得个人所得税后，分配时不需要重复缴纳个税）。

5. 合伙人以经营收益追加投资。

如果合伙人协商后不进行分配，而是增加投资，用来扩大生产，合伙企业应根据增设的会计科目，按照合伙协议约定的权益份额（各占 1/3）增加合伙人权益比例，会计处理如下：

借：利润分配——未分配利润　　1 000 000

贷：合伙人资本——甲　　333 300

——乙　　333 300

——丙　　333 400

（注：当然合伙人也可以协商部分分配，部分增加投资）。

即在 100 万元利润中，按照权益份额，甲、乙、丙各占 1/3（对合伙权益整体仍然也各占 1/3），资本金额各为 33.33 万元。当然合伙企业 A3 的财产（可辨认资产）也从 900 万元增加到了 1 000 万元，那么，甲、乙、丙“投资”合伙企业 A3 的财产也同时增加（初始 + 积累）。计税基础也增加了：

甲财产份额的计税基础：533.33 万元

乙财产份额的计税基础：433.33 万元

丙财产份额的计税基础：33.34 万元

6. 非上市公司（被投资方）分红。

税法规定，合伙企业对外投资分回的利息或者股息、红利，不并入企业的收入，而应单独作为投资者个人取得的利息、股息、红利所得，按“利息、股息、红利所得”应税项目计算缴纳个人所得税。但是会计上要按照会计口径进行核算：

（1）如果合伙企业 A3 持有非上市公司股权期间，非上市公司决定分红，合伙企业 A3 假设可分到 21 万元，会计处理如下：

借：应收股利	210 000	
贷：投资收益		210 000

（2）合伙企业收到分红时，会计处理如下：

借：银行存款	210 000	
贷：应收股利		210 000

（3）期末，结转“投资收益”

借：投资收益	210 000	
贷：本年利润		210 000

这里需要注意，税法规定和会计处理不同。会计上投资取得的“利息、股息、红利所得”计入了合伙企业的收益，但是税法规定不并入合伙企业的收入总额。所以，此笔收入在甲、乙、丙合伙人报送的 A 表、B 表、C 表（假设从两处以上取得经营所得，需要报送 C 表）不反映。

合伙企业 A3 收到 21 万元分红时，即使不分配该笔红利，也应根据合伙人拥有的合伙企业权益占比，单独对红利进行税法上的分配，代扣个人所得税，于次月申报期内完成扣缴申报，并且报送《分类所得个人所得税代扣代缴申报表》。

会计处理如下：

借：应交税费——应交个人所得税——甲　　14 000

——乙　　14 000

——丙　　14 000

贷：银行存款　　42 000

注：合伙企业 A3 收到非上市公司分红时，税法上，不并入合伙企业的收入总额，当然也就不能减除任何费用。同时，也不能弥补合伙企业的亏损。

各合伙人应缴纳个人所得税额 $=21\times33.33\%\times20\%=1.4$（万元）。

（4）合伙企业根据规定或协议确定应分配给投资者利润时，作会计分录：

借：利润分配——应付利润　　210 000

贷：应付利润——甲　　70 000

——乙　　70 000

——丙　　70 000

（5）合伙企业 A3 实际发放红利时：

借：应付利润——甲　　70 000

——乙　　70 000

——丙　　70 000

贷：银行存款　　168 000

应交税费——应交个人所得税——甲　　14 000

——乙　　14 000

——丙　　14 000

（注：以上两笔分录也可合并）

（6）年末，合伙企业 A3 结转“本年利润”，会计处理如下：

借：本年利润　　210 000

贷：利润分配——应付利润　　210 000

7. 合伙企业亏损的核算。

假设合伙企业 A3 将其持有的非上市公司的股权以 400 万元的价格转让，出现了 100 万元的亏损，则损益核算的会计处理：

借：银行存款　　4 000 000

投资损益　　1 000 000

贷：长期股权投资　　5 000 000

期末，结转“本年利润”，会计处理如下：

借：本年利润　　1 000 000

贷：投资收益　　　　　　　　　　　　　　　　　　1 000 000

因为“利润分配”科目核算小企业利润的分配（或亏损的弥补）和历年分配（或弥补）后的余额。所以，年末，合伙企业 A3 应将净亏损从“本年利润”转入“利润分配——未分配利润”，会计处理如下：

借：利润分配——未分配利润　　　　　　　　　　1 000 000

贷：本年利润　　　　　　　　　　　　　　　　　　1 000 000

结转后，“本年利润”应该无余额。除利润分配“未分配利润”明细科目外，利润分配其他明细科目也应该无余额。

“未分配利润”明细科目年末余额，反映合伙企业 A3 的未弥补亏损。

对于未弥补亏损，会计和税收都是在合伙企业层面弥补亏损，但是弥补亏损的方式不同。

在会计上，企业以当年实现的利润弥补以前年度结转的未弥补亏损时，不需要进行专门的账务处理。企业应将当年实现的利润自“本年利润”科目，转入“利润分配——未分配利润”科目的贷方，其贷方发生额与“利润分配——未分配利润”的借方余额自然抵补。所以，如果合伙人协定不因亏损而减少投资，合伙企业 A3 账面记载于“利润分配——未分配利润”借方的 100 万元亏损，应保持余额，等待以后年度弥补。

同时，不因亏损直接减少合伙人投资，也就不通过权益核算账户“合伙人资本”减少其贷方金额。即“利润分配——未分配利润”和“合伙人资本”核算范围不同，不能等同。也就是说，不能因为“利润分配——未分配利润”科目记载了合伙企业的亏损，就直接减少“合伙人资本”。

同样，不减少合伙人投资，合伙人持有的财产份额的计税基础也不变。

而税法规定，合伙企业层面的亏损，不能由合伙人用自己的所得来弥补，只能由合伙企业用其以后年度的应税所得来弥补。弥补亏损通过填报《个人所得税经营所得纳税申报表（A 表）、（B 表）》“弥补以前年度亏损”项来实现。并且，A 表、B 表上，“弥补以前年度亏损”项在“合伙企业个人合伙人分配比例（%）”之前。即补亏必须是在“先分后税”以前（在第二章专题十五的专题拓展 3 进行过详细介绍，此处不再赘述）。

总结：合伙企业当年亏损后，如果合伙人商定不减少对合伙企业的投资，则会计上对合伙企业账面亏损不分摊到合伙人继而减少其财产份额和资本金额。合伙人持有财产份额的计税基础也不变。

另外，在会计核算和纳税申报过程中，需要区分合伙人的投资比例、会计上核算的权益占比（这种权益占比是假定合伙企业会计核算时，合伙人从合伙企业领取的工资、利息等列入了成本费用）与税法上的应纳税所得额分配比例。

比如第二章专题一中介绍的情形，甲、乙、丙、丁实际出资比例为40%、20%、20%、20%，而协议约定平均分配企业利润，则会计上核算的权益占比是各占1/4；税法上的分配比例是25%。

但是在第二章专题二中，合伙人的实际出资比例为100∶0。会计上核算的合伙人权益占比为50%∶50%（即王教授和张某平均分配会计核算的利润）；但是税法的分配比例是49%∶51%。

（二）增资、减资

合伙企业增加资本，可以是因新合伙人的加入，也可以是原合伙人增资。

【案例4-4】 甲、乙、丙设立了合伙企业A4，甲、乙、丙各投入50万元（货币资金），总资本150万元，协议约定甲、乙、丙各占1/3。则合伙企业A4会计账务处理：

借：银行存款	150	
贷：合伙人资本——甲		50
——乙		50
——丙		50

现全体合伙人协商新合伙人丁入伙，投入资金90万元。协议约定四人合伙权益将相等。则会计处理如下：

红利法：

借：银行存款	90	
贷：合伙人资本——甲		10
——乙		10
——丙		10
——丁		60

商誉法：

借：银行存款	90	
商誉	120	
贷：合伙人资本——甲		40
——乙		40

——丙　　40

——丁　　90

丁加入合伙企业 A4 后，会计上资产账户核算的银行存款 90 万元是合伙企业 A4 本次增资实际收到的资产（注：不涉及印花税）。权益账户“合伙人资本”贷方记载的甲、乙、丙、丁各占 60 万元（红利法）或者各占 90 万元（商誉法），是各合伙人权益占比的资本金额，代表合伙协议约定的合伙人资本份额各占 1/4，不一定代表各合伙人实际缴纳的资本。红利法核算，不是丁合伙人给甲、乙、丙分别给了 10 万元资产。视同丁合伙人将其多投入资本的合伙权益份额给甲、乙、丙做了让渡，让渡份额的资本金额各是 10 万元（即发了个权益红包）；商誉法核算，是倒推确认合伙企业的总资本和总资产，将总资产的价值与各合伙人投入的可辨认资产的价值之差确认为商誉。所以，也不涉及个人所得税。

那么，120 万元商誉是如何确定的？

丁后期加入，不可能与甲、乙、丙一样只投资 50 万元资产而取得相同的财产份额，那样对原来的合伙人不公平。首先全体合伙人应该商定新入伙的合伙人占多少财产份额（权益占比），出资多少？假设丁入伙时，合伙协议约定四人合伙权益相等，丁投入 90 万元，设总资本为 X，则 $X \times 1/4 = 90$，$X = 360$ 万元。

这样，合伙企业 A4 可辨认资产为 240 万元（即 150 万元 + 90 万元），商誉等于 120 万元。

而丁入伙后，甲、乙、丙、丁各占权益份额的计税基础变化如下（详见表 4－1）。

表 4－1　　各占权益份额的计税基础　　单位：万元

计税基础（丁加入前）		计税基础（丁加入后）	
甲	50	甲	50
乙	50	乙	50
丙	50	丙	50
		丁	90
合计	150	合计	240

注：丁入伙后，合伙人的实际出资比例为 50：50：50：90。会计上核算的合伙人权益占比为各占 1/4。这里需要注意一个细节，合伙企业合伙人之间据以分配利润的权益占比有变化时，具体以哪个为本次分配的依据？或者计算加权平均数？由合伙人协商确定。

【案例4－5】 甲、乙于2017年设立有限合伙企业A5。甲出资60万元，乙出资40万元。有限合伙企业A5业务范围主要是对B股份有限公司投资。

2017年，B股份有限公司当前每股净资产价格2元/股。有限合伙企业A5将100万元按照2元/股价格向B公司增资，共取得B公司50万股。甲、乙通过A有限合伙企业间接持有B公司各30万股、20万股。

有限合伙企业A5收到甲、乙100万元出资时，会计处理为：

借：银行存款　　1 000 000

　贷：合伙人资本——甲　　600 000

　　　合伙人资本——乙　　400 000

有限合伙企业A5向B股份有限公司投资100万元，会计处理：

借：长期股权投资　　1 000 000

　贷：银行存款　　1 000 000

2018年，B公司每股净资产上升至3元/股。丙拟向有限合伙企业A5出资60万元，有限合伙企业A5再将60万元对B公司增资，丙通过有限合伙企业A5间接持有B公司20万股。

请问丙对有限合伙企业A5出资60万元，有限合伙企业A5如何进行会计处理？

有限合伙企业A5设立之初，依据会计核算“合伙人资本”贷方记载，合伙人甲、乙权益份额分别为60%，40%。后期，新合伙人丙加入，则甲、乙合伙人原来的权益份额一定会发生变化，不可能还是60%和40%。那么，甲、乙在合伙企业的出资会出现与享受的权益份额不同。

新的合伙人加入，一般情况下，首先需要全体合伙人协商确定各自权益份额以及新合伙人加入需要的出资。本案例中只说明丙出资60万元，然后丙间接持有B公司20万股。等于隐含给丙约定了一个合伙权益份额，并且占比金额是动态的，随着被投资方每股净资产的变化而变化。

有限合伙企业A5需要选择是采用红利法？还是商誉法进行会计核算。

（1）红利法。

甲、乙、丙间接持有B公司分别为30万股、20万股、20万股。2018年B公司每股净资产上升至3元/股，计算甲、乙、丙所得比例：

甲：30万股×3元÷[70(万股)×3元]=42.86%

乙：20万股×3元÷[70(万股)×3元]=28.57%

丙：20万股×3元÷[70(万股)×3元]=28.57%；

说明有限合伙企业A5的投资收益是按照以上比例对甲、乙、丙进行分配的，因此，甲、乙、丙在合伙企业的权益份额比例为42.86%：28.57%：28.57%。

（至于有财税人提到这样对甲、乙不公平，权益份额从60%、40%降到了42.86%、28.57%。那是另一码事，合伙企业具有高度的人合性，遵从意思自治，合伙人之间协商一致，外界一般无权干涉。所以，我们已说了，合伙人在丙入伙时完全可以约定一个比例，以达到较公平的结果）。

那么，甲、乙、丙占160万元总资本的权益份额的金额分别为：

甲：(60+40+60)×42.86%=68.58（万元）

乙：(60+40+60)×28.57%=45.71（万元）

丙：(60+40+60)×28.57%=45.71（万元）

因此，丙入伙后，有限合伙企业A5会计处理如下：

借：银行存款　　600 000

　贷：合伙人资本——甲　　85 800（注：68.58－60）

　　合伙人资本——乙　　57 100（注：45.71－40）

　　合伙人资本——丙　　457 100

（2）商誉法。

合伙人丙持有有限合伙企业A5的权益份额的金额为60万元，占比为28.57%，则可以倒推出有限合伙企业A5的权益资本总额为：X×28.57%=60，X=210（万元），那么，有限合伙企业A5的资本总额为210万元，实物资产为160万元，商誉为50万元。

那么，甲、乙、丙占210万元总资本的权益份额的金额分别为：

甲：(60+40+60+50)×42.86%=90（万元）

乙：(60+40+60+50)×28.57%=60（万元）

丙：(60+40+60+50)×28.57%=60（万元）

因此，丙入伙后，有限合伙企业A5会计处理如下：

借：银行存款　　600 000

　商誉　　500 000

　贷：合伙人资本——甲　　300 000（注：90－60=30）

　　合伙人资本——乙　　200 000（注：60－40=20）

　　合伙人资本——丙　　600 000

不论是红利法还是商誉法，丙入伙后，甲、乙、丙各占权益份额的计税基础变化如下（详见表4－2）：

表 4－2 各占权益份额计税基础 单位：万元

计税基础（丙加入前）		计税基础（丙加入后）	
甲	60	甲	60
乙	40	乙	40
		丙	60
合计	100	合计	160

2018 年末，有限合伙企业 A5 仍持有 B 公司股份 70 万股。如果在全体合伙人协商一致情况下合伙人乙转让财产份额给丁，转让价 70 万元。

乙转让合伙企业财产份额取得收入，应按照“财产转让所得”缴纳个人所得税，税款由受让方代扣代缴。未代扣代缴的，纳税人应当在取得所得的次年 6 月 30 日前，按相关规定向主管税务机关办理纳税申报，并报送《个人所得税自行纳税申报表（A 表）》。

需要关注的是计征“财产转让所得”个人所得税的计税依据（在第二章专题六已介绍，这里不再展开讨论）。

原合伙人乙转让有限合伙企业 A5 的财产份额后，甲、丙、丁投资的计税基础变化如下（详见表 4－3），假设丁受让财产份额未发生其他费用。

表 4－3 甲丙丁投资计税基础 单位：万元

计税基础（丙加入前）		计税基础（丙加入后）		计税基础（乙转让给丁以后）	
甲	60	甲	60	甲	60
乙	40	乙	40	丁	70
		丙	60	丙	60
合计	100	合计	160	合计	190

那么，有限合伙企业 A5 持有 B 公司股份的计税基础需要调整吗？

笔者认为，不需要。

首先，财产份额与股权的持有主体、核算主体不同。前者责任主体、核算主体是有限合伙企业 A5 的各合伙人；而后者股权的责任主体和核算主体是有限合伙企业 A5；其次，乙转让持有的有限合伙企业 A5 的财产份额，与有限合伙企业 A5 无关，是合伙人乙、丁之间的交易，何况转让款项 70 万元也不在有限合伙企业 A5 的账面进行核算。有限合伙企业 A5 只需要进行登记变更，且完成“合伙人资本”明细账的调整、变更。

（1）红利法。

借：合伙人资本——乙　457 100

　　贷：合伙人资本——丁　457 100

（2）商誉法。

借：合伙人资本——乙　600 000

　　贷：合伙人资本——丁　600 000

注：不论红利法还是商誉法，丁持有有限合伙企业 A5 财产份额的计税基础都是 70 万元。

关于合伙企业减资，与增资原理相同，一看各合伙人的减资金额，以确定减值后各合伙人权益份额的计税基础；二看合伙协议约定的权益占比是否变化，再确定权益核算“合伙人资本”的变化，在此不再以案例展开进行探讨。

（三）退伙、转让

合伙企业合伙人退伙，根据《合伙企业法》之规定，其他合伙人应当与该退伙人按照退伙时的合伙企业财产状况进行结算，退还退伙人的财产份额。

【案例 4 -6】 合伙企业 A6 成立于 2018 年 6 月，甲、乙、丙、丁 4 位自然人合伙，都执行合伙企业事务，每个合伙人平时在合伙企业 A6 分别领取了 6 万元、7 万元、5 万元、5 万元工资（其中，属于 1—10 月份 8 万元），年末合伙企业 A6 会计利润 30 万元。合伙协议约定平均分配合伙利润，无其他调整事项。

补充资料修改：合伙人分别出资 240 万元、120 万元、120 万元、120 万元，比例为 40%、20%、20%、20%。A 合伙企业 2019 年 1 月—10 月份收入总额 17 208 730.93 元，成本费用 17 078 730.93 元（其中，管理费用 16 954 828.23 元、税金 103 252.30 元、其他支出 20 650.40 元）；2019 年 1—12 月收入总额 18 208 730.93 元，成本费用 17 908 730.93 元。甲、乙、丁均无综合所得。丙在某企业任职，每月取得工资 12 000 元，且缴纳“三险一金”1 800 元。

另外，甲、丁均购买了一款符合条件的商业健康保险，全年各自支付保费 2 600 元；乙当年缴纳养老保险 3 200 元；丁 4 岁的女儿正在上幼儿园。

2019 年 11 月初丁依约定申请退伙，从合伙企业分回现金 245 万元。

1. 出资设立合伙企业 A6，企业会计处理如下：

（1）红利法。

借：银行存款　6 000 000

贷：合伙人资本——甲　　1 500 000

——乙　　1 500 000

——丙　　1 500 000

——丁　　1 500 000

（2）商誉法。

借：银行存款　　6 000 000

商誉　　3 600 000

贷：合伙人资本——甲　　2 400 000

——乙　　2 400 000

——丙　　2 400 000

——丁　　2 400 000

资产账户核算的600万元（银行存款600万元）是合伙企业A6实际收到的资产。红利法下“合伙人资本”贷方记载的甲、乙、丙、丁各150万元或者商誉法核算的“合伙人资本”贷方记载甲、乙、丙、丁各占240万元，是各合伙人权益占比的资本金额，代表合伙协议约定的合伙人资本份额各占1/4。

因为个人出资与合伙协议约定的合伙人资本份额两者不同，所以存在两种会计核算方法，同时应做好初始投资计税基础的确认工作。

不论红利法还是商誉法：

甲初始投资的计税基础：240万元。

乙初始投资的计税基础：120万元。

丙初始投资的计税基础：120万元。

丁初始投资的计税基础：120万元。

2. A合伙企业运营阶段：

合伙企业A6对合伙人领取的“工资薪金”等，可以在成本费用核算，只是应该清楚，对合伙人来说是以“工资、薪金”的方式预先进行了分配。截至10月底，合伙企业A6会计处理：

借：管理费用　　80 000

贷：应付职工薪酬　　80 000

（注：其余会计分录：略）。

10月期末，合伙企业A6结转当期收入、成本：

借：本年利润　　17 078 730.93

贷：主营业务成本（费用）　　17 078 730. 93

借：主营业务收入　　17 208 730. 93

贷：本年利润　　17 208 730. 93

3. 11 月初，丁退伙：

11 月初，合伙企业 A6“本年利润”贷方余额 13 万元，合伙企业层面的“应纳税所得额”为 21 万元（注：会计利润 13 万元 + 合伙人工资薪金 8 万元）。

因为合伙协议约定平均分配合伙利润 13 万元，丁截至 10 月底取得合伙企业 A6 工资薪金 5 万元，那么，丁合伙人应该从合伙企业 A6 取得的经营所得为：

丁来源于合伙企业的经营所得 = 13 × 25% + 5 = 8. 25（万元）；

【注：假如合伙协议约定甲、乙、丙、丁平均分配合伙企业层面的“应纳税所得额”，那么每人取得的经营所得均为 5. 25 万元（即：21 × 25% = 5. 25），丁以工资薪金方式领取了 5 万元，所以，需要关注协议分配的对象是什么】。

丁依约退伙，对截止 10 月底应归属于自己的经营所得 8. 25 万元，应申报经营所得个人所得税（详细过程已在第二章专题四介绍）。

以上原合伙人丁经营所得个人所得税的计算和纳税申报，不属于合伙企业 A6 会计核算业务范围，在此不再赘述。

4. 合伙企业 A6 与退伙人丁结算。

（1）红利法。

如果丁拿到的 245 万元，含工资薪金 5 万元，也包括 1—10 月份以利润形式应当归属于丁的经营所得 3. 25 万元，那么，余额 236. 75 万元，等于结算是以低于丁的财产份额账面价值 240 万元进行的。那么用红利法核算，等于丁给甲、乙、丙留下了一些权益份额（发了个权益红包）。金额为：240 - 236. 75 = 3. 25（万元）。合伙企业 A6 会计处理如下：

借：合伙人资本——丁　　2 400 000

利润分配——应付利润　　32 500

应付职工薪酬——丁　　50 000

贷：银行存款　　2 216 500

合伙人资本——甲　　10 800

——乙　　10 800

——丙　　10 900

应交税费——应交个人所得税　　233 500

【注：合伙企业 A6 与丁结算 245 万元，其中 3.25 元属于经营所得，5 万元属于以工资薪金形式发放的经营所得，120 万元属于退还的投资，其余 116.75 万元为财产转让所得，合伙企业 A6 在支付时应该代扣代缴个人所得税：应代扣个人所得税额 =（245 − 120 − 3.25 − 5）×20% = 23.35（万元）】。

同时，作会计分录：

借：本年利润　　32 500

　　贷：利润分配——应付利润　　32 500

合伙企业 A6 进行扣缴申报时，会计处理如下：

借：应交税费——应交个人所得税　　233 500

　　贷：银行存款　　233 500

年末：需要结转“本年利润”，会计分录如下：

借：本年利润　　267 500

　　贷：利润分配——未分配利润　　267 500

注：本科目年末余额 26.75 万元（30 − 3.25），反映合伙企业 A6 的未分配利润。也是甲、乙、丙合伙人应平均分配的利润。

（2）商誉法。

如果丁拿到的 245 万元，不含工资薪金 5 万元（以工资薪金形式已支付），只包括 1—10 月份以利润形式应当归属于丁的 3.25 万元经营所得，余额 241.75 元，等于结算是以高于丁财产份额账面价值 240 万元进行的，说明合伙企业 A6 还有一些未入账的价值（商誉）。

退还 241.75 万元，占合伙企业 A6 财产份额的 1/4，那么，合伙企业 A6 的总资本应该是 967 万元（X × 1/4 = 241.75，X = 967），账面资产总额（银行存款、商誉）只记载了 960 万元，所以还需要入账。

因此，商誉法应该确认：967 − 960 = 7（万元）；同时甲、乙、丙“合伙人资本”贷方确认 5.25 万元。会计处理如下：

借：合伙人资本——丁　　2 400 000

　　商誉　　70 000

　　利润分配——应付利润　　32 500

　　贷：银行存款　　2 206 500（其中包括 3.25 万元经营利润）

　　　　合伙人资本——甲　　17 500

——乙 17 500

——丙 17 500

应交税费——应交个人所得税 243 500

（注：合伙企业 A6 与丁结算 245 万元，其中 3.25 元属于经营所得，120 万元属于退还的投资，其余 121.75 万元为财产转让所得，合伙企业 A6 在支付时应该代扣代缴个人所得税：应代扣个人所得税额 =（245 - 120 - 3.25）×20% =24.35（万元）。

同时，作会计分录：

借：本年利润 32 500

贷：利润分配——应付利润 32 500

合伙企业 A6 进行扣缴申报时，会计处理如下：

借：应交税费——应交个人所得税 243 500

贷：银行存款 243 500

年末：需要结转“本年利润”30 万元。会计分录如下：

借：本年利润 267 500

贷：利润分配——未分配利润 267 500

总之，不论红利法还是商誉法，合伙企业 A6 与丁结算之后，继续合伙经营的合伙人甲、乙、丙所有者权益有变化。财产份额权益的变化，要么是因为退伙人发的权益红包（3.25 万元），要么是因为确认合伙企业的商誉（无形资产 7 万元）而增加了合伙权益份额。但是，甲、乙、丙原投资的计税基础不变。

（四）解散、清算

【案例 4 - 7】合伙企业 A7，三位自然人合伙人。经营期限到期解散。进入清算阶段时，账面“合伙人资本”贷方余额 31 万元（三位合伙人权益占比金额分别为 11 万元；10 万元；10 万元）。库存商品（成本 20 万元），有一处铺面账面记载原值 15 万元。对外债务 3 万元，欠合伙人甲 1 万元。

1. 处置非现金资产，收到款项 15 万元、20 万元。

借：银行存款 650 000

贷：库存商品 200 000

固定资产——房屋 150 000

清算损益 300 000

（注：此处不考虑其他事项）

2. 清算过程中发生清算费用。

借：清算损益　　20 000

　　贷：银行存款　　20 000

3. 清偿对合伙人以外其他债权人的债务。

借：应付账款　　30 000

　　贷：银行存款　　30 000

4. 计算和分配清算损益。

借：清算损益　　280 000

　　贷：合伙人资本——甲　　93 300

　　　　　　　　——乙　　93 300

　　　　　　　　——丙　　93 400（约）

（注：三位合伙人应就分得的清算所得申报缴纳经营所得个人所得税。此业务不属合伙企业 A7 核算范围，故不作账务处理）。

5. 清偿（或者收回）合伙人欠款。

借：应付账款　　10 000

　　贷：银行存款　　10 000

清算完成后，合伙企业 A7 资产剩余“银行存款”借方 59 万元。权益账户“合伙人资本”贷方余额 59 万元【注：31 +(9.33 +9.33 +9.34)】。

分配剩余现金，结束企业：

借：合伙人资本——甲　　203 300

　　　　　　——乙　　193 300

　　　　　　——丙　　193 400

　　贷：银行存款　　590 000

【案例 4 -8】（继续引用“综合类税务风险”的［案例 3 -21］）基本信息：昆腾 & 富才投资中心（普通合伙），2020 年 4 月决定注销。企业注销后，原各合伙人对发行人的持股方式由间接持股变更为直接持股，持股人员及持股份额未发生任何改变，即由八位合伙人【其中合伙人之一是有限合伙企业（L），并且是代持合伙人】按照其对员工持股平台的出资比例承继 750 万股股份。注销前合伙人权益核算情况：

借：长期股权投资　　11 350 000

　　贷：合伙人资本——孙 & 卫　　363 100

——曹& 75 600

——昆腾&同芯 4 985 300

——商&江 3 598 050

——刘&志 1 495 650

——李& 287 500

——亢&凯 272 400

——肖&屹 272 400

昆腾&富才投资中心解散注销，让员工承接所持发行人的股份，属于出售和分配同时进行．昆腾&富才投资中心除持有发行人股份外，无其他资产。清算中，假设按照发行人最近一次增资价格6元/股处置非现金资产，则会计处理如下：

借：长期股权投资（待分配）

45 000 000（注：750万股×6元/股）

贷：长期股权投资 11 350 000

清算损益 33 650 000

分配清算所得，进行会计处理：

借：清算所得 33 650 000

贷：合伙人资本——孙&卫 1 076 800（3.2%）

——曹& 225 455（0.67%）

——昆腾&同芯 14 779 080（43.92%）

——商&江 10 667 050（31.7%）

——刘&志 4 435 070（13.18%）

——李& 851 345（2.53%）

——亢&凯 807 600（2.4%）

——肖&屹 807 600（2.4%）

（注：取得股份形式清算所得的合伙人个人，应按照经营所得申报缴纳得个人所得税，此业务不属昆腾&富才核算范围，故不作账务处理）。

最后，分配股份，以非交易过户形式直接划转至各合伙人的股票账户，结束企业。

借：合伙人资本——孙&卫 1 439 900（3.2%）

——曹& 301 055（0.67%）

——昆腾&同芯 19 764 380（43.92%）

——商 & 江　　14 265 100（31.7%）

——刘 & 志　　5 930 720（13.18%）

——李 &　　1 138 845（2.53%）

——亢 & 凯　　1 080 000（2.4%）

——肖 & 屹　　1 080 000（2.4%）

贷：长期股权投资（待分配）　　45 000 000

附　　录

一、整理书稿主要税收政策依据

1.《中华人民共和国个人所得税法》（2018 年 8 月 31 日第十三届全国人大常委会第五次会议表决通过）

2.《中华人民共和国个人所得税法实施条例》（中华人民共和国国务院令 707 号）

3.《国家税务总局关于修订个人所得税申报表的公告》（国家税务总局公告 2019 年第 7 号）

4.《国家税务总局关于修订部分个人所得税申报表的公告》（国家税务总局公告 2019 年第 46 号）

5.《国家税务总局关于个人所得税自行纳税申报有关问题的公告》（国家税务总局公告 2018 年第 62 号）

6.《国务院关于个人独资企业和合伙企业征收所得税问题的通知》（国发［2000］16 号）

7.《关于印发〈关于个人独资企业和合伙企业投资者征收个人所得税的法规〉的通知》（财税［2000］91 号）

8.《国家税务总局关于律师事务所从业人员取得收入征收个人所得税有关业务问题的通知》（国税发［2000］149 号）

9.《国家税务总局关于〈关于个人独资企业和合伙企业投资者征收个人所得税的法规〉执行口径的通知》（国税函［2001］84 号）

10.《国家税务总局关于强化律师事务所等中介机构投资者个人所得税查账征收的通知》（国税发［2002］123 号）（废止）

11.《财政部 国家税务总局关于规范个人投资者个人所得税征收管理的通知》（财税［2003］158 号）

12.《财政部 国家税务总局关于企业为个人购买房屋或其他财产征收个人所得税问题的批复》（财税［2008］83号）

13.《财政部 国家税务总局关于调整个体工商户个人独资企业和合伙企业个人所得税税前扣除标准有关问题的通知》［条款废止］（财税［2008］65号）

14.《财政部 国家税务总局关于合伙企业合伙人所得税问题的通知》（财税［2008］159号）

15.《国家税务总局关于进一步加强高收入者个人所得税征收管理的通知》（国税发［2010］54号）

16.《国家税务总局关于切实加强高收入者个人所得税征管的通知》（国税发［2011］50号）

17.《国家税务总局关于个人终止投资经营收回款项征收个人所得税问题的公告》（国家税务总局公告2011年第41号）

18.《国家税务总局关于律师事务所从业人员有关个人所得税问题的公告》（国家税务总局公告2012年第53号）

19.《国家税务总局关于个体工商户、个人独资企业和合伙企业个人所得税问题的公告》（国家税务总局公告2014年第25号）

20.《财政部 国家税务总局关于个人非货币性资产投资有关个人所得税政策的通知》（财税［2015］41号）

21.《财政部 国家税务总局 证监会关于上市公司股息红利差别化个人所得税政策有关问题的通知》（财税［2015］101号）

22.《国家税务总局关于企业所得税有关问题的公告》（国家税务总局公告2016年第80号）

23.《国家税务总局关于推广实施商业健康保险个人所得税政策有关征管问题的公告》（国家税务总局公告2017年第17号）

24.《财政部 税务总局 保监会关于将商业健康保险个人所得税试点政策推广到全国范围实施的通知》（财税［2017］39号）

25.《财政部 税务总局 人力资源社会保障部 中国银行保险监督管理委员会 证监会关于开展个人税收递延型商业养老保险试点的通知》（财税［2018］22号）

26.《国家税务总局关于开展个人税收递延型商业养老保险试点有关征管问题的公告》（国家税务总局公告2018年第21号）

27.《关于责任保险费企业所得税税前扣除有关问题的公告》（国家税务总局公告 2018 年第 52 号）

28.《个体工商户建账管理暂行办法》国家税务总局令第 17 号（根据 2018 年 6 月 15 日《国家税务总局关于修改部分税务部门规章的决定》修正）

29.《财政部 税务总局关于公益慈善事业捐赠个人所得税政策的公告》（财政部 税务总局公告 2019 年第 99 号）

30.《财政部 税务总局关于继续实施全国中小企业股份转让系统挂牌公司股息红利差别化个人所得税政策的公告》（财政部公告 2019 年第 78 号）

31.《国家税务总局关于落实支持小型微利企业和个体工商户发展所得税优惠政策有关事项的公告》（国家税务总局公告 2021 年第 8 号）

32.《财政部 税务总局关于权益性投资经营所得个人所得税征收管理的公告》（财政部 税务总局公告 2021 年第 41 号）

33.《国家税务总局关于办理 2021 年度个人所得税综合所得汇算清缴事项的公告》（国家税务总局公告 2022 年第 1 号）

34.《财政部 税务总局 发展改革委 证监会关于创业投资企业个人合伙人所得税政策问题的通知》（财税［2019］8 号）

35.《财政部 税务总局关于创业投资企业和天使投资个人有关税收政策的通知》（财税［2018］55 号）

36.《中华人民共和国印花税法》（中华人民共和国主席令第 89 号）

37.《关于个人养老金有关个人所得税政策的公告》（财政部 税务总局公告 2022 年第 34 号）

二、参考文献

1.《中华人民共和国合伙企业法》（1997 年 2 月 23 日第八届全国人民代表大会常务委员会第二十四次会议通过　2006 年 8 月 27 日第十届全国人民代表大会常务委员会第二十三次会议修订）

2.《中华人民共和国律师法》（根据 2017 年 9 月 1 日第十二届全国人民代表大会常务委员会第二十九次会议《关于修改〈中华人民共和国法官法〉等八部法律的决定》第三次修正）

3. 财政部《关于印发《小企业会计准则》的通知》（财会［2011］17 号）

附件：小企业会计准则

附录：小企业会计准则——会计科目、主要账务处理和财务报表

4.《中华人民共和国民法典总则编理解与适用》（下）最高人民法院民法

典贯彻实施工作领导小组主编

5.《中华人民共和国民法典》（2020 年 5 月 28 日第十三届全国人民代表大会第三次会议通过）

6.《财政部关于印发〈律师事务所相关业务会计处理规定〉的通知》（财会［2021］22 号）

附件：律师事务所相关业务会计处理决定

后记：学习合伙企业相关税收业务温馨语

新的《个人所得税法》实施后，许多相关旧文件需要立、改、废，因为有些条款已经和新个税法规定相矛盾或冲突，但是文件目前还有效。所以学习经营所得个人所得税业务知识，尤其合伙企业合伙人经营所得相关税收政策，需要比较新政策来学习，否则影响业务定性，比如两处以上取得经营所得的纳税人汇总申报的问题。

经营所得个人所得税的征管制度，尤其申报系统"自然人电子税务局(ITS)"在不断升级、完善，功能模块包括操作方式也在不断更新，所以，需随时关注主管税务机关发布的通知、公告。

鉴于以上，对于后续政策和征管制度、申报系统的升级完善，笔者会在公众号"税和湛蓝"不时进行整理，以供大家学习。

关于本书写作中留下的小遗憾：本来计划专题里面写一个与《关于创业投资企业个人合伙人所得税政策问题的通知》（财税［2019］8号）相关的专题，就单一投资基金核算与创投企业年度所得整体核算反馈一下实务中政策的落实、适用与状况，但是未收集到有代表性的案例材料，所以只能暂时舍去，这是一个小小的遗憾。后续，笔者尽量在微信公众号"税和湛蓝"完成这个心愿。

2021年7月13日